中国传媒法典型事例评析

(2011—2020)

郑 宁 刘文杰 周俊武 主编

知识产权出版社
全国百佳图书出版单位
—北京—

图书在版编目（CIP）数据

中国传媒法典型事例评析：2011—2020 / 郑宁，刘文杰，周俊武主编 . — 北京：知识产权出版社，2022.4

ISBN 978-7-5130-8112-2

Ⅰ . ①中… Ⅱ . ①郑… ②刘… ③周… Ⅲ . ①传媒法—研究—中国 Ⅳ . ① D922.84

中国版本图书馆 CIP 数据核字（2022）第 051929 号

内容提要

中国传媒大学和北京市律师协会自 2011 年以来每年开展年度中国十大传媒法事例评选暨学术研讨活动，已经成为推动我国传媒法治进程的一项品牌活动。本书收录了 2011—2020 年评选的近百个典型事例及专家点评意见，对记录中国传媒法治发展历史，推动传媒法治发展具有积极价值。

本书适合新闻传播学、法学、文化产业等专业的高校师生、相关领域研究人员及相关行业的实务人员使用。

责任编辑：李石华　　　　**责任印制：**孙婷婷

中国传媒法典型事例评析（2011—2020）

ZHONGGUO CHUANMEIFA DIANXING SHILI PINGXI（2011—2020）

郑　宁　刘文杰　周俊武　主编

出版发行：	知识产权出版社有限责任公司	**网　　址：**	http：//www.ipph.cn
电　　话：	010-82004826		http：//www.laichushu.com
社　　址：	北京市海淀区气象路50号院	**邮　　编：**	100081
责编电话：	010-82000860转8072	**责编邮箱：**	lishihua@cnipr.com
发行电话：	010-82000860转8101	**发行传真：**	010-82000893
印　　刷：	北京中献拓方科技发展有限公司	**经　　销：**	新华书店、各大网上书店及相关专业书店
开　　本：	787mm × 1092mm　1/16	**印　　张：**	21.25
版　　次：	2022年4月第1版	**印　　次：**	2022年4月第1次印刷
字　　数：	400千字	**定　　价：**	98.00元

ISBN 978-7-5130-8112-2

本书编委会

（排名不分先后）

编写说明

一、编写缘由

在历史长河中，十年只不过是沧海一粟。但于一群人而言，一件事能坚持做十年，实属不易。自2011年开始，中国传媒大学法律系携手北京市律师协会传媒与新闻出版法律事务专业委员会、北京市律师协会影视与娱乐法律事务专业委员会共同开展年度中国十大传媒法事例评选暨学术研讨活动，至今已经走过十年的发展历程。从“40后”的魏永征教授、闵大洪老师到参与会议组织的“00后”本科生，七代人持续耕耘，薪火相传，共同把这一活动办成了我国传媒法领域的一个品牌活动，盘点年度典型事例的思想盛宴。这一活动的意义主要有以下三个方面。

第一，搭建了学界与实务界的良性互动平台。这个研讨会的设计初衷就是搭建学界与实务界的对话平台，不是象牙塔里的坐而论道，而是学者、政府官员、法官、律师、行业协会代表、传媒企业、媒体人、学生等一起探讨交流，总结传媒法治建设的经验和不足，提出颇具前瞻性的对策建议。很多事例设两位点评专家，从学理和实务不同层面进行解读，深化了对问题的认识。实践证明，研讨会上提出的很多观点为后来的立法、执法、司法实践所采纳，为传媒法治的推进做出了贡献。

第二，培养了一支传媒法研究和实务人才队伍。十年来，中国传媒大学法律系有上百位研究生和本科生参与事例评选及研讨会组织过程，数千名学生和校友现场旁听研讨会，领略了知名传媒法专家的风采，锻炼了研究能力和组织能力，培养了对传媒法热点问题的观察力和思考力。受此鼓舞，他们中有相当多的学生从事了传媒法研究或实务工作，有的已经在业界小有名气。

第三，广泛传播了传媒法治的理念。在社会公众心目中，传媒法是小众的，即使是媒体从业人员，对于传媒应当遵守的法治理念和法律制度也知之甚少。研讨会一直坚持开门研讨的精神，广泛邀请媒体参会报道，很多观点得到了媒体的广泛传播，传媒法治的理念得以普及。2016 年，我们评选了首届中国传媒法影响力人物，2020 年，研讨会首次采用网络直播方式，上万人收看直播，影响力进一步扩大。

为了纪念 2011—2020 年中国传媒法走过的十年历程，使十年中专家的智慧火花被更多公众看到，我们在取得作者授权之后，编辑整理了这本著作，希望历史记住这样一群为传媒法治奋勇前行的人。

本书分为十章，每章先概述年度事例研讨会的背景，然后简要介绍入选理由，最后是专家评析，每个事例由 1 ~ 2 位专家进行点评，有些事例还有主审法官分享审理心得。出于对历史的尊重，尽管后来一些机构名称、案例的判决结果发生了变化，但在专家点评中还保留了原话，编者在脚注中对现状加以说明，请读者进行对照阅读。这些变化恰恰反映了专家的前瞻性及研讨会的高质量。在编辑时，尽量对专家过于口语化的表述作了处理，但也保留了一些必要的口语化表述，使读者有身临其境的现场感。

二、传媒法典型事例是如何评选的

（一）年度传媒法事例的范围和对象

评选对象为与传媒法相关的各种事件和司法案件，统称“事例”。传媒法事例包括相关立法、政策和政府行为，在传媒实践中发生的与传媒法治具有密切关系、产生重大社会影响的事件，如传媒改革、传媒管理、媒体运营、传播秩序规范及传媒司法案件等。

评选对象：①党和国家发布的对传媒法治发展有直接影响的政策文件；②传媒立法，包括颁布的法律、行政法规、地方性法规、部委规章、地方政府规章、行政规范性文件、司法解释、国际条约；③传媒执法和传媒规制，包括政府主管部门对传媒组织作出的行政命令、行政处罚、行政许可、行政资助、行政奖励、行政指导等行为；④传媒业界的重大改革举措的推行；⑤在传媒领域发生的关涉公民基本权利的各类社会事件；⑥传媒司法案件，包括媒体或媒体从业人员作为当事人的涉及媒体的业务和媒体从业人员的职业行为的行政诉讼、民事诉讼、刑事诉讼案件。

需要说明的是传媒领域包括传统平面媒体、广播电视媒体、互联网及新媒体领域。

（二）评选标准

1. 影响范围标准

“事例”在以下方面产生了影响（只要符合其中之一即可考虑参选）：

（1）促进法治建设的总体发展；

（2）增强或促进对于公民基本权利的保护；

（3）强化政府的依法行政；

（4）促进传媒产业的竞争、提高传媒产业的效率；

（5）规范传播秩序、净化传播空间；

（6）促进传媒监督作用的发挥。

2. 价值标准

“事例”的影响达到如下程度（应兼具二者以上方可考虑参选）：

（1）产生了实质性的影响；

（2）引起社会广泛关注；

（3）预示新的发展趋势；

（4）在同类事例中具有代表性或典型性。

3. 时间标准

“事例”发生于当年 1 月 1 日到 12 月 31 日。“发生日”为“事例”发生的首日或媒体首次报道的日期。

（三）评选程序

（1）主办方成立年度中国十大传媒法事例评审委员会，由学界、传媒业界和法律实务界的资深人士组成。

（2）评审委员会设秘书处，负责评选的具体事务。

第一阶段（推荐阶段）：11 月至 12 月中旬。①征集事例：通过媒体发布评选公告，同时向有关专家征集推荐意见。②推荐方式：社会各界人士可填写推荐表，通过电子邮件方式向评审委员会秘书处推荐符合上述标准的传媒法事例。③汇总信息：评审委员会秘书处收集汇总推荐信息，为开展初评做好准备工作。

第二阶段（初选阶段）：12 月中旬。秘书处将各方推荐的事例以发生时间先后为序编写初选选票，送交评审委员会，每位委员评审出传媒法 20 个候选事例。根据评审结果选出得票最多的 20 个传媒法候选事例。

第三阶段（公众投票阶段）：12 月底。秘书处通过网络公开 20 个传媒法事例介绍，由社会公众进行投票。

第四阶段（决选阶段）：12 月底。由评审委员会委员对 20 个传媒法候选事例进行打分和讨论，根据评审委员会评审情况，最终确定十大传媒法事例。

第五阶段（研讨会）：次年 1 月初在北京举办"年度中国十大传媒法事例"发布会暨学术研讨会，公布评选结果并邀请专家进行点评。

本书的出版感谢众多单位和个人的大力支持。

感谢十年来参与过事例评选的 20 多位专家，他们是朱兵、陈锦川、魏永征、范周、闵大洪、郭镇之、徐迅、陈欣新、孟凡哲、刘毅、张峥、严波、续俊旗、任丽颖、周俊武、胡占全、孙彦、李丹林、王四新、刘文杰、阚敬侠等。大家本着客观公正、专业负责的精神，认真推荐事例，认真投下每一票，在每一次终评会上，热烈讨论，为年度十大传媒法事例的最终确定及入选理由的撰写做出了巨大贡献。

感谢历年来支持并且参加我们研讨会的中国传媒大学及北京市律师协会的现任及前任领导，他们是廖祥忠（时任中国传媒大学副校长，现任中国传媒大学党委书记、校长）、胡正荣（现任中国社会科学院新闻与传播研究所所长）、赵晖（时任中国传媒大学党委副书记兼纪委书记，现任中国网络社会组织联合会秘书长）、高慧燃（时任中国传媒大学政治与法律学院院长）、王保华（中国传媒大学文法学部原副学部长）、卜希霆（中国传媒大学文化产业管理学院原党总支书记）、刘京晶（中国传媒大学文化产业管理学院副院长）、李怀亮（中国传媒大学原文法学部学部长）及北京市律师协会副会长张峥、巩沙、张小炜、庞正中等。

感谢和我们一起主办或协办活动的北京市律师协会影视与娱乐法律事务专业委员会、北京市律师协会信息网络法律专业委员会、北京市律师协会著作权法律专业委员会及为我们研讨会提供支持的北京中视瑞德文化传媒有限公司、深圳市新纶科技股份有限公司、上方集团有限公司、联合信任时间戳服务中心、北京国圣投资公司、正义网、北京泽和律师事务所等单位。

感谢本书的50余位作者。十年来，我们一直与他们同行、成长。他们中有的已经年过八旬，有的职务职称晋升，有的换了工作单位，也有的已英年早逝。可以说，我们已经形成一个传媒法职业共同体，有着共同的价值追求，本次出版的想法一经提议，迅速得到作者们的支持，并且重新校对了自己的文稿。为我们卓越的作者团队感到骄傲。

感谢为事例评选及研讨会的组织付出大量心血的中国传媒大学李丹林、郑宁、王四新、刘文杰、何勇、周丽娜、韩新华、程科、王晋等老师及上百位同学，感谢北京律协传媒委的任丽颖、孙彦、周俊武、胡占全等律师，每年从事例评出到召开研讨会，留给筹备的时间仅有数日，但团队高效无间的配合，让每年的会议都能圆满成功。

感谢本书的责任编辑李石华老师，确保了本书的顺利出版。

感谢为本书的编辑和校对付出辛勤努力的团队成员，他们包括中国传媒大学法律系学生李寒雪、冯博予、魏思尔、韩旭光、王雨丫、乐灏辰、韦秉喆、陈一诺、华奕琳。

征途漫漫，唯有奋斗。我们必定不忘初心，不负热爱，继续记录和研讨中国传媒法大事，用微光点亮传媒法治道路，让更多人看见这份坚持和努力。

本书编委会

2021年4月

目 录

第一章　2011年度中国传媒法典型事例评析

编者按

2011年12月22日，2011年度中国十大传媒法事例发布会暨学术研讨会在中国传媒大学综合楼904会议室举行，此次活动由中国传媒大学媒体法规政策研究中心[1]和北京市律师协会传媒与新闻出版法律专业委员会主办，北京市律师协会传媒与新闻出版法律专业委员会协办，是国内学术界和实务界首次围绕传媒法治建设举办的评选活动。

时任中国传媒大学媒体法规政策研究中心主任的李丹林教授公布了2011年度中国十大传媒法事例。这十大事例由来自各大著名高校、科研机构、行政主管部门、司法机关及媒体的传媒法专家学者、资深实务界人士组成的评审委员会评出。

来自工业和信息化部、新闻出版总署[2]、北京市高级人民法院、中国记协、北京市律师协会、北京网络媒体协会、中国社会科学院、中国人民大学、清华大学、北京师范大学、北京理工大学、中国政法大学、中国传媒大学、炜衡律师事务所等10多家单位的40余名专家学者，围绕这十大事例进行了精彩点评和热烈讨论。专家普遍认为，该活动在我国传媒法历史上及我国整个法治建设历史上都是第一次。在党的十七届六中全会提出深化文化体制改革，促进文化大发展、大繁荣目标的背景下，传媒作为文化传承的渠道及文化软实力的重要体现和载体，迎来了重要的发展契机。这十大事例对于真实记录2011年度中国传媒法治的进展情况，促进国家传播

---

[1] 该中心现已更名为中国传媒大学文化产业管理学院文化法治研究中心。

[2] 2013年和国家广播电视总局合并为国家新闻出版广电总局，2018年改名为国家新闻出版署。

能力的提升，推动中国传媒法治进程，具有重大而深远的影响。

本次评选从2011年10月开始启动，分为推荐、初选、决选三个阶段。在推荐阶段，主办方共收集到传媒法事例636个，主要包括中国传媒大学媒体法规政策研究中心建立的传媒法事例库的事例、通过网络向社会各界征集的事例及评审委员会推荐的事例。主办方在此基础上筛选出50个候选事例，交由评审委员会投票选出20个入围事例，随后召开评审委员会会议，并在正义网上进行网络投票，根据专家投票和网络投票的结果，最终确定了2011年度中国十大传媒法事例。

本次评选活动还得到了正义网、深圳市新纶科技股份有限公司、上方集团有限公司、北京中视瑞德文化传媒有限公司等单位的鼎力支持。

一、党的十七届六中全会举行并通过深化文化体制改革的重要文件

◆ 事例简介

2011年10月15—18日，党的十七届六中全会召开。会议审议通过了《中共中央关于深化文化体制改革、推动社会主义文化大发展大繁荣若干重大问题的决定》（本文以下简称《决定》）。《决定》认真总结了我国文化改革发展的丰富实践和宝贵经验，对如何深化文化体制改革、推动社会主义文化大发展大繁荣的新的制度建设和举措都做了明确阐述，对夺取全面建设小康社会新胜利、开创中国特色社会主义事业新局面、实现中华民族伟大复兴具有重大而深远的意义。

《决定》主要包括以下九项内容：充分认识推进文化改革发展的重要性和紧迫性，更加自觉、更加主动地推动社会主义文化大发展大繁荣；坚持中国特色社会主义文化发展道路，努力建设社会主义文化强国；推进社会主义核心价值体系建设，巩固全党全国各族人民团结奋斗的共同思想道德基础；全面贯彻“二为”方向和“双百”方针，为人民提供更好更多的精神食粮；大力发展公益性文化事业，保障人民基本文化权益；加快发展文化产业，推动文化产业成为国民经济支柱性产业；进一步深化改革开放，加快构建有利于文化繁荣发展的体制机制；建设宏大文化人才队伍，为社会主义文化大发展大繁荣提供有力人才支撑；加强和改进党对文化工作的领导，提高推进文化改革发展科学化水平。

◆ 入选理由

《决定》为新形势下我国文化领域的改革指明了方向。传媒是文化行业的重要组成部分,《决定》的出台，对于改善传媒行业法治环境、保障传媒从业主体的权利、推动传媒产业的健康发展都具有深远意义。

◆ 专家点评

范周（中国传媒大学教授、北京京和文旅发展研究院院长）：

《决定》不仅仅是个事件，也是指引党今后相当长一段时间对整个文化发展的纲领性文件。《决定》分为九部分，我从三个方面对其进行分析。

第一，党的十七届六中全会对我们党近年来的文化发展做了全面的回顾，在回顾的第二部分提到了存在的八大问题，其中有四处提及要加强文化各个领域中的法治建设问题，其中也包括传媒法的建设问题。这是党的十七届六中全会和本次评选有关联的第一次体现。

第二，党的十七届六中全会确定了党的文化指导思想，即建设社会主义文化强国，而在目标中又一次提出，在社会主义文化强国的建设中要加强文化各个领域，包括文化事业和文化产业的法治建设问题。这是在党的十七届六中全会当中的第二次体现。

第三，党的十七届六中全会的第三部分到第八部分阐述了实现社会主义文化强国的六个路径，分别是进行文化体制改革、进行精品工程的生产、文化事业的发展、文化产业的发展、文化人才的培养和加强党对文化事业的领导。在这六部分中，特别是提到文化产业时，中央提出我们有传统的七大产业和新兴的四大产业，这十一个产业的提法不同于我国国家统计局目前对中国文化产业的九大分类。我们能够看到在这个文件中多次提出以传媒为核心的新型业态，本次十大事例的评选中以微博为代表的这些传媒业态成为整个文化产业中比较活跃的新型业态。

学习了《决定》之后，我谈两点体会。

第一，统观整个文件可以解读出，中央高度关注文化产业中的传媒产业所涉及的法治建设问题。作为中国共产党的文件，在提出问题时第一次使用了以下语言，“一些领域价值观失衡，一些人群人生观扭曲”，而非以往“个别人”的表述，可见问题之严重、范围之广泛，对社会影响危害之大都是前所未有的。在解读党的十七届六中全会的文件的过程中，我深深地感觉到我们现在对文化领域各个方面的建设中，存在的问题是相当严重的，特别是和本次主题相关联的法治建设上的缺失。因此在大力发展和繁荣文化事业和文化产业的同时，迫切需要加强法治建设。形势很迫切，需求很强烈，我们要正视，同时要积极地去探索。

第二，文化的发展，特别是产业的发展，情况比较复杂。随着艺术和科技的结合，许多新兴业态的发展速度远远快于法治建设的速度，许多业态在法制上是滞后甚至空白的，因此在司法界定、司法审判和相关的司法工作上遇到了很多盲点，这也要求我们思考如何让我们的立法工作能够为文化大发展、大繁荣这一课题。保驾护航文化越发展、文化越繁荣，文化领域中的门类、产业暴露的问题就越突出、越尖锐，对司法工作也会带来新的挑战。所以，我们要对这个新的形势有一个新的认识，不是一般地加强法治建设就能够应对我国文化发展的现状的。

党的十七届六中全会关乎我国整个文化事业和文化产业的发展，作为本年度的传媒法事件，它不仅仅是关于传媒法的，更是关于国内文化发展的方方面面的，包括人才、体制等，意义重大。

陈欣新（中国社科院法学研究所研究员）：

党的十七届六中全会通过的《决定》涉及的范围很广泛，对文化宣传领域的法治建设具有重要影响。

首先，《决定》根本上是为推动社会主义文化大发展、大繁荣来服务的，它延续着党的十一届三中全会以来发展的核心，我们的法治建设要为发展服务，为发展保驾护航，同时也要在发展的基础上解决问题。

其次，文化宣传领域的法治建设总体上和其他领域相比还有很大的发展空间，部分领域中还存在着立法滞后，甚至有局部空白。这样的现状与全国人大提出的中国特色社会主义法律体系已经建成的大格局存在一定程度的差异。虽然它不会影响到社会主义特色法律体系的形成，但是相对的空白和缺陷要及时弥补，这与促进文化领域大发展、大繁荣是同时进行的，可见该工作比较繁重。

再次，《决定》相比中国共产党以往与文化有关的文件，一个很大不同在于：它不仅提到文化事业的发展、意识形态的建设、核心价值的建设等单纯的思想意识形态领域的问题，同时还明确提到了文化产业的发展。这意味着在中央的基本思路中不仅仅把文化作为事业来看待，同时也把文化和经济的发展、产业结构的调整结合起来。过去文化宣传领域的法治建设更多强调的是对于内容的管理、对于事业单位的体制建设及对于相关从业人员、从业单位的规范，而为文化产业提供服务的内容就相对薄弱，这是今后需要去发展的，包括《决定》中明确和其他领域相协调的问题，如文化的发展过程中要重视多种所有制的参与，要为不同类型的产业单位和不同性质的机构的发展提供相应的发展环境。过去作为文化事业领域来说，绝大部分单位的所有制性质是国有的，尽管改革开放以来民营资本已经进入文化领域有很长一段时间，但毕竟距离《决定》提到的程度和要求来说还有差距，这意味着今后在相应的文化宣传领域的法治建设过程中也要与其相适应，具体包括要从市场准入、资本构成的规范及对于一些领域的开放和限制等做出相应的调整。这是一个十分重要且无法避免的问题。

最后，在促进文化大发展、大繁荣的基础上，《决定》也提到文化宣传领域的监管要适应新时代的要求，特别是要适应互联网条件下的变化。现在已有的文化宣传领域的监管体制和监管方式是在传统媒体的情况之下形成的，对于互联网条件下的新的变化还在适应中，这意味着在今后我们对于文化宣传领域的监管体制和监管方式也要进行相应的改革。过去形成的相对数量比较多的监管部门，监管类型相似的事务，很容易出现政出多门、在局部领域中齐抓共管和监管空白同时存在的情况，怎么去改革也是未来一个很重要的问题。文化的大发展、大繁荣从根本上说有赖于这个领域创造力的建设和培育，今后如何通过法治建设有效地保障文化宣传领域从业人员和从业单位相关的合法权益，间接为创造力松绑，使我们民族的文化事业和文化产业单位能够有更强的创造力和竞争力去参与国际上的竞争，也是我们要思考的问题。尽管在这个文件中没有太多涉及文化大发展、大繁荣与参与国际文化市场的竞争方面的内容，可是文化大发展、大繁荣必然包含这个过程，因为现在的文化市场同其他市场一样，都具国际性。这些都是今后在文化宣传领域法治建设当中应该加强的地方，《决定》实际上已经指出了基本方向和应该要达到的一些目标，接下来就需要从业人员进行参与。

二、《出版管理条例》的修订

◆ 事例简介

2011年3月19日，国务院总理温家宝签署第594号国务院令，宣布2011年3月16日国务院第147次常务会议通过了《国务院关于修改〈出版管理条例〉的决定》，公布新修订的《出版管理条例》。新修订的条例体现了时代发展的新要求。具体体现在以下七点：适应新闻出版体制改革和产业发展的要求，增加对出版单位分类管理的规定；适应信息时代新技术发展的需要，反映新技术、新业态的管理要求；完善了准入制度及监管措施，增加了有关监督管理的规定；巩固行政审批制度改革的成果，取消部分审批项目，缩短审批时限；深化中小学教材出版发行体制改革，修改中小学教科书出版、发行的管理规定；鼓励出版物"走出去"和文化创新、服务"三农"，完善国家支持鼓励的规定；加强了行政执法，完善了法律责任。

◆ 入选理由

《出版管理条例》作为一项行政法规，具有特殊的功能。它对于新闻出版的地位、责任、功能的界定，对我国政治、经济、文化领域的发展都具有重要影响。新修订的《出版管理条例》对于新形势下新闻出版领域如何更好地发挥其功能无疑将产生巨大的影响。

◆ 专家点评

魏永征（时任中国传媒大学媒体法规政策研究中心总顾问、教授）：

《出版管理条例》不只是改动的地方要注意，还有一个没有改动的地方更值得我们注意，就是主办单位和主管机关的制度没有改，而且有所加强。

出版单位改为企业后是否还要有主办单位和主管机关？这个问题在企改过程中曾经讨论过。一些报道提到，有一些报刊没了"婆婆"，就没有了政治资源，如作为卫生部主办的报纸《健康报》，如果离开了卫生部，再到各级医院采访，是否会被理睬，是否能够得到有关信息呢？现在《出版管理条例》规定主办主管机关制度继续保留，并且在第六章“监督与管理”里把原来旧的《出版管理条例》中第21条改为第49条，并且增加了一句话：“出版单位的主办单位及其主管机关对所属出版单位出版活动负有直接管理责任，并应当配合出版行政主管部门督促所属出版单位执行各项管理规定”，主办单位和主管机关制度非但没有改变，而且有所加强。

其实这个规定也不是新的，在《出版管理条例》公布的同一个月，新闻出版总署发布了第1号公告，宣布451个文件继续有效，其中一个文件就是《关于出版单位的主办单位和主管单位职责的暂行规定》，它是在《出版管理条例》以前公布的，在我国法律体系里应该算是部门规章。其中规定主办主管单位与出版单位是领导与被领导的关系，不能是挂靠关系。主办主管单位必须领导、监督所办的报刊符合党和国家规定的正确的政治方向。报刊如发生严重错误和其他重大问题，由主办主管单位承担直接领导责任。这些规定现在依然有效，现在新的《出版管理条例》只是再次重申而已。这个主办主管制度由来已久，作为子法比母法还要早。当然现在还是《出版管理条例》的子法。现在这个制度还是继续保留下去。

这个制度有什么问题呢？现在大批报刊正在改为企业，这里所说的“企业”同《中华人民共和国公司法》（以下简称《公司法》）所说的“企业”有很大不同。《公司法》所显示的层级是：出资人—董事会—公司管理机构。有限责任公司包括一人公司、国有独资公司，还有股份有限公司及上市公司等，其结构与《公司法》所显示的层级基本相同。但在出版机构里的企业，包括报业公司或者出版公司，其结构是主管机关—主办单位—报业公司或者出版公司。按照《公司法》规定，国有企业出资人应当是国资监管机构，就是国资委、国资局或者国资处，普通公司里国资委就直接置于董事会——公司管理机构的上面。但在新闻出版机构里，还是主管机关、主办单位下成立一个报业公司或者出版公司，可能主办单位就是出资人，也有可能成立一个有限责任公司或者股份有限公司，另有一些出资人参与。按照《公司法》规定，国有独资公司的出资人应是国资监管机构，即国资委、国资局或者国资处，普通公司里国资委就直接是董事会或者公司管理机构的上级。然而，在新闻出版机构里，主管机关和主办单位是它的上级，出资人国资管理机构只是在资产上有监督作用，其他管理包括内容监管等按照《出版管理条例》规定由主办主管单位进行。如果要成立一个有限责任公司或者股份有限公司的话，就需要有另外的出资人参加，这些业外出资人是不能与主办单位分享管理权力的。是否可以出版单位的主办单位不是出资人而是由别的地方出资的呢？这样的个案早已存在，如20世纪有家《财经时报》，主管单位是内蒙古新闻出版局，主办单位是内蒙古新华报业中心，但出资人是阳光公司，出资人对出版管理活动是没有任何权力也不负任何责任，还是由主办主管单位管理。

所以，报业公司、出版公司同普通理解的企业还是有很大的不同，报刊业改企还是在原有的主管机关、主办单位体制上进行。

三、国家互联网信息办公室成立

◆ 事例简介

2011年5月4日，经国务院同意，我国设立了国家互联网信息办公室（以下简称“国家网信办”）。其主要职责包括落实互联网信息传播方针政策和推动互联网信息传播法治建设，指导、协调、督促有关部门加强互联网信息内容管理，负责网络新闻业务及其他相关业务的审批和日常监管，指导有关部门做好网络游戏、网络视听、网络出版等网络文化领域业务布局规划，协调有关部门做好网络文化阵地建设的规划和实施工作，负责重点新闻网站的规划建设，组织、协调网上宣传工作，依法查处违法违规网站，指导有关部门督促电信运营企业、接入服务企业、域名注册管理和服务机构等做好域名注册、互联网地址（IP地址）分配、网站登记备案、接入等互联网基础管理工作，在职责范围内指导各地互联网有关部门开展工作。

◆ 入选理由

面对网络迅速普及和快速发展的形势，如何更好地规范网络传播秩序，是一个迫切需要解决的问题。作为专门从事互联网监管的机构，国家网信办的设立在一定程度上解决了互联网多头管理的格局，是我国加强互联网信息法治建设的重要举措。

◆ 专家点评

闵大洪（中国社会科学院新闻与传播研究所副研究员）：

国家网信办的成立有三点意义。

第一，国家网信办的设立是加强虚拟社会管理的机制保障，对提高虚拟社会的管理水平，健全及改善网上舆论引导机制具有重要意义。从网络传播的角度来看，2011 年的一个重要特点是进入了互联网复杂生态阶段，各类社交网站已经将 Web2.0 的功能和应用推进到极致，从而对社会的影响力和干预力度更加凸显。2011 年 2 月 19 日省部级主要领导干部社会管理及其创新专题研讨班在北京举行是大家近期关注的新闻，胡锦涛总书记在开班仪式上做了重要讲话，对当前需要重点抓好的工作提出了八点意见，其中第七点是进一步加强和完善信息网络管理，提高对虚拟社会的管理水平，健全网上舆论引导机制。这段话意味着虚拟社会的管理已经加入整个社会管理的框架之内。国家网信办就是在这个背景下设立的。

第二，国家网信办的设立是对目前互联网领域多部门监管的协调，它今后的地位肯定会不断加强，更有利于协调各相关部门的工作。1997 年，中央就确定国务院新闻办公室作为网络新闻传播的主管部门，由于互联网的快速发展，众多部门的业务管理延伸到互联网领域，于是形成了多头管理的局面。这种状况带来一些新问题，由于它对整个互联网的发展和管理缺乏宏观的规划和整体的规范，显然不利于中国互联网的发展和管理。国务院新闻办在它内部的设置中涉及网络传播的主管局，多年来只有网络新闻宣传局的建制。直到 2010 年才又增加了一个，即网络新闻协调局。再看法规的制定，十多年来，制定和修订了一部法规，即 2000 年和信息产业部共同发布的《互联网站从事登载新闻业务管理暂行规定》，2005 年再次和信息产业部共同发布了一个部门法规，即《互联网新闻信息服务管理规定》。尽管国务院称国家网信办不再设新的机构，只是在国务院新闻办公室加挂国家网信办的牌子，但实际上发生了很大变化。从它的职责来说，中央已经明确授权了新成立的机构在互联网管理、发展等事宜上更大的职权。它会很快地完成机构的设置，推进有关的工作，今后的地位肯定会不断地得到加强。

第三，国家网信办的设立将实现从中央到地方统一、垂直、高效的管理体系的建设。以往地方上的互联网管理机构的名称各不统一，有的叫外宣办，有的叫网管办，隶属关系也不一样。随着国家网信办的设立，这种状况会得到改变。2011 年

12月9日、10日国家网信办在江苏镇江召开网络文化建设和管理现场经验交流会，再次强调各地要认真贯彻落实谁主管谁负责的原则，切实履行互联网属地管理的责任。今后从中央到各省、自治区、直辖市再到计划单列市、省会城市，从“镇江经验”来看有可能直接到地级市，会形成一个垂直高效的互联网的管理体系。

四、百度文库版权纠纷

◆ 事例简介

2011年3月15日，包括出版界“四波”（沈浩波、路金波、黎波、张小波）、贾平凹、刘心武、韩寒、郭敬明、李承鹏、麦家等在内的近50位中国作家联名签署《“3·15”中国作家讨百度书》，称百度文库未获任何授权即收录上述作家的几乎全部作品并对用户免费开放，对中国原创文学造成了伤害，并提及百度提供的免费音乐下载“直接导致了中国唱片业的整体萎缩”，要求百度停止侵权。这也被外界称为“50作家维权”事件。此后引发业内广泛争议，其中以韩寒致百度公司董事长兼CEO李彦宏的公开信为标志，维权事件达到高潮。

早在作家维权之前，国家版权局就已有所行动，自开展全国专项行动和“剑网行动”以来，版权司不断接到举报百度侵权的投诉，对此国家版权局高度重视，版权司曾正式约谈百度，责令百度提交整改报告，在2011年3月初，百度方面也应版权司的要求提交了整改报告。其后，百度释放出和解信息，删除了其文库中280万份文学作品，同时百度文库版权合作平台正式上线。

◆ 入选理由

这一事件对于在互联网环境下如何协调与平衡作者、出版商、版权公司、网络服务提供商的利益，保护作者权益与促进作品传播产生了巨大影响，并引起社会广泛关注。

◆ 专家点评

张雪松（时任北京市高级人民法院知识产权庭副庭长，原中伦律师事务所合伙人）：

2011年3月15日，也是国际消费者权益日，50位著名作家和出版人的声讨书引起了轩然大波，面对似乎是庞然大物的百度公司，权利人的字字句句如匕首一般刺中百度要害，百度最终道歉，并迅速调整了文库的经营模式。中国几大网络巨头还是第一次如此驯服。2011 年，中国著作权法实行整整 20 年，这一事例既体现出中国著作权法制之路已经步入一个新的里程，也表现出这条道路仍充满坎坷。

首先，2011 年距王莽等六位作家诉世纪互联通信技术有限公司这一中国经典网络著作权案的审结已有十余年，这一事例凸显出网络著作权保护已经成为网络时代知识产权保护的重点领域。网络著作权纠纷的影响如此之大、如此之深远。这也许是中国历史上最大的一次著作权集体维权行动，虽然直接参与的权利人只有 50 位，但这代表了无数创作者的心声。被指控者的及时道歉与改过也反映出迅速强大起来的中国网站并不缺少认知、理智与智能，缺少的只是勇敢的行动。在知识经济时代，只有尊重知识、尊重创造、尊重人才的经营者才能赢得良好口碑，并千古流芳。

其次，这一事件的出现使关于著作权保护的问题成为更多公众热议的话题，无论他们支持哪一方，无论他们的观点是否偏激，这种思考与探讨无疑都是一次生动的法制教育。公民的著作权法律意识也随之增强，保护知识产权的理念更加深入人心。

最后，这一纠纷的出现使近年来一直活跃的网络著作权研究更加积极，引发了立法者、执法者及专家学者更加深入的思考。在比较健全的法律制度下，在建设创新型国家及促进文化产业大发展、大繁荣的政策指引下，如何立足中国国情建立起良好的网络著作权法制环境，如何平衡权利人、商业使用者和公众的利益，避风港原则是否能够适用，不当的商业模式能否直接被认定为侵权等，对这些问题深入的研究必将在推动理论研究的同时，对知识产权行政保护与司法保护起到积极的促进作用。

俗话说，物极必反，否极泰来，相信 50 位作家和出版人的声讨百度文库事件一定会成为中国网络著作权保护的转折点，中国的网络知识产权保护会早日步入洁净、健康、稳健的发展之路。

杨扬（时任工业和信息化部电信研究院知识产权中心研究人员，现任腾讯研究院高级研究员）：

这一事件对于互联网环境下如何协调平衡作者、出版商、社会公众、网络服务商的利益，保护作者权益与促进作品传播产生了重要的影响，也引起了社会的广泛关注。

第一，产业发展还需要构建全新的知识产权分享机制。百度文库的产品无疑是致力于知识的分享和传播的一个有益的尝试，使有价值的知识最大化地转化为推动行业进步、社会发展的动力，但是在知识传播、交流的同时，也必须要保护作者独创性的智力劳动，尊重著作权，这在全球文化交流日益密切和便捷的今天显得尤为重要。因此，百度文库这个传播平台应该更加注重对著作权的保护。

从 2011 年的“3·15”开始，作家和百度之间的纠纷似乎一直在继续，到最后的和解也用了很长时间。从源头上梳理信息可以发现，双方在源头上就出现了一些问题，如公众是否可以免费下载这些图书？如果不能免费下载，究竟应该由谁来付费？我们应该如何看待数字出版对于传统出版业的挑战？目前是否有成熟的商业模式足以支撑新兴的电子著作版权市场和作家的收入呢？在这些问题上取得共识是百度文库和作家联盟达成一致意见的关键，我们期待百度文库的纠纷可以使双方就以上问题达成共识，带来一次彻底的产业革命。

第二，对于网络时代各方利益应该如何平衡。百度文库的版权纠纷引发了包括政府、媒体和普通网友的广泛关注，一时间互联网版权问题被推到了风口浪尖。数字出版的问题虽然在百度身上爆发了，但却是目前全球互联网共同面临的一个国际性难题。不久前，谷歌公司与美国作家协会、出版商协会达成的和解协议也遭遇了被否决的尴尬，因此，版权之争是目前所有互联网公司正在面对而且也必须做出应对的一个问题。

2011 年 3 月 30 日，百度推出的版权合作平台中，公布了销售模式、广告分成模式、宣传推广方式和版权保护方案等具体信息，如果百度真正从细节着手，实现真正的分成方案，拿出网站收入与著作权人进行分配，以此保障各方的利益，无疑是对数字时代有效的版权商业运作模式。事实上，在百度之前，有很多阅读类的网站曾经试图尝试数字版权的销售，他们和网络作家签约，并把收费阅读的收益分配给作家。据统计，收入最多的作家号称年收入达到上百万元。很多正版的阅读平台虽然开放了这种付费的阅读模式，但是离真正的盈利还有很长一段距离，不少小说网站其实是靠推广网络游戏来盈利的。虽然百度在其合作平台给出分成方案是在推进产业进步过程中的一小步，但是任何一个搜索引擎都可以把这些盗版的结果整合起来，给作者提供免费阅读，因此面对盗版的不良风气，正版的数字阅读方案现在很难有出路，应当探索建立一个新的、基于正版的数字出版的阅读产业链。

第三，网络服务商应该如何探索合理的商业模式。在百度事件之前，谷歌侵权事件揭开了数字出版保护混乱的冰山一角，百度文库的版权纷争又将数字出版保护推向一个新的维权高潮，也许这场纠纷风波不久之后将会平息，但它留下的绝不仅仅是百度文库胜诉或败诉的结果，还有整个互联网产业，尤其是数字出版产业将更加重视数字出版的保护的新业态。百度文库的纠纷的处理也反映了在网络环境下创新商业运作模式与保护版权人利益之间的冲突和协调。经过权利人的一些行动，百度文库将自身的商业运作模式进行了调整。因此百度和版权方之间也将落实合作模式和利益分配的架构。

在整治百度文库侵权盗版的同时，现在是时候建立一个全新的知识产权分享机制了，因为对于作者而言，最大的敌人不是盗版，而是思想和智慧不能被合理地传播。

五、新闻出版总署发布《关于严防虚假新闻报道的若干规定》

◆ 事例简介

受网络虚假信息的影响，传统媒体的虚假新闻、不实报道也呈上升趋势，这在一定程度上损害了政府形象，扰乱了新闻出版行业的秩序，降低了媒体公信力，社会反响强烈。为切实维护新闻传播公信力，从源头上防止新闻造假，新闻出版总署依据国家有关法规和行政规章，制定了《关于严防虚假新闻报道的若干规定》，2011 年 10 月 14 日，新闻出版总署印发了《关于严防虚假新闻报道的若干规定》，该规定要求新闻机构建立健全内部防范虚假新闻的管理制度、纠错和更正制度，完善虚假失实报道的责任追究制度。该规定分别从“新闻记者采访的基本规范”“新闻机构管理的基本职责”“虚假报道的处理规则”和“法律责任追究的基本原则”四个方面对防止虚假报道做出明确、具体的规定。

◆ 入选理由

强化媒体的责任意识，确保媒体的生命底线“真实”是媒体存在的价值。新闻出版总署做出的这一规定，深刻揭示这一问题的严重性。同时，这一规定的特别影响还在于引发人们思考究竟如何才能够真正有效地防范虚假新闻报道。

◆ 专家点评

魏永征（时任中国传媒大学媒体法规政策研究中心总顾问、教授）：

这个规定是什么？有人在网上给我提问题，这个规定是行政法规吗？还是自律的规定？如果是自律的规定，怎么有这么多强制性的处罚措施？

新闻出版总署这个文件，我写过一篇评论文章予以充分肯定，指出这是在新闻规律基础上概括的新闻专业规则，可以成为司法审判判断主观过错的依据，并举美国和英国的例子作为印证。但是中西方有一个很大的不同，就是西方这些专业规则是行业或者媒介机构自己订立甚至是不成文的或自觉形成的，而我们要由政府出面来规定。

现在我们就要考虑这个文件到底是什么？这是法律吗？不是。它不是《中华人民共和国立法法》规定的法律文件的范围。连部门规章也不是，因为是由新闻出版总署办公厅印发的，所以不具有法律法规规章的地位和性质。有人说，这是规范性文件，不错，但是规范性文件是一个总称，还得考虑是什么规范、什么文件？是自律文件吗？也不是，因为它不是行业组织如中国记协颁布的，而且自律必须建立在协议的基础上。行业组织是采取会员制的，如中国记协，全国所有媒体都是其团体会员，要制订普遍性的规则，得征求代表性的常委、媒体的意见。西方也是如此，如英国报业投诉委员会（PCC），也是会员制，大家一起制定规则并共同遵守。自律必须建立在道义认同上，这个“规定”不是协议，新闻出版总署没有与大家商量过什么协议，因此它既不是法律也不是自律。

我们且看它的特点，首先，它是领导部门、政府部门或者别的行使权力的部门制定的。其次，它是采用了一种组织强制力。它不是法律，但是它有强制力，后面有很多处罚。要实施组织强制力，必须在一个组织的内部，如果不是法律，但它又有强制力，不在一个组织内部是做不到的。这在我国是一个重要的社会机制。法律可以用国家强制力保证，如国家工商总局[1]可以依法处罚违规的公司，因为它依法行政，有法律作依据。但是新闻出版总署与报刊、出版社的关系并不是国家工商总局与各种企业之间的关系，它的强制力在体制内部。还有一个特点，它的处罚是灵活随机的、区别对待的。

---

[1] 2018年该局改名为国家市场监督管理总局。

另一个处罚特点是单向性，而法律是双向的。如果对行政处罚不服可以向最高人民法院起诉，但是在新闻出版系统里，我们没有看见任何一个新闻单位向新闻出版总署提起行政诉讼，为什么？其原因就在于形态不同，它不是法律的问题，而是属于纪律的范畴。我们经常在讲宣传纪律，上级要求下级执行纪律，如有违反行为给下级的处罚是纪律处分。纪律是什么？纪律必须在一个组织内部实施，纪律就是凭借一个组织自身的等级结构推行的强制性规范。

所以回到我前面讲的，为什么我们要有主办单位和主管机关，就是要把全国所有的新闻出版单位纳入一个统一的组织里，这也就是通常我们说的“体制内”。新闻出版总署和各省各地的报纸、期刊、出版单位是上下级关系，而不是国家工商总局对大大小小企业的管理关系，这样我们才能用宣传纪律管理，这就是坚持要有主管机关和主办单位的一个重要原因。主办主管制使得各种报刊、图书出版机构都直接或间接地处于主管部门的领导之下。所以今后的新闻媒体，即使在产业化的背景下，还是在一个统一的主管机关的领导下，弘扬主旋律，坚持正确的舆论导向，传播社会主义核心价值观，不会出现方向上的问题。

阚敬侠（时任中国记协国内部维权服务处正处级调研员，现任中国记协国内部副巡视员）：

首先，从《关于严防虚假新闻报道的若干规定》的出台背景来看，2009 年以来，受网络虚假信息影响，传统媒体的虚假报道增多，特别是关于国家政策层面的报道，经常有刚报道就被辟谣的严重现象。中宣部等几个部门反应强烈，要求我们加强调研。2009 年半年内，我就搜到了 20 多条新闻，涉及一些重大政策，如房产税的出台、油价上涨、房价问题等，对于很多问题有反反复复的报道。从 2010 年 11 月开始到 2011 年 5 月，由中宣部、国务院新闻办、国家广播电影电视总局[1]、新闻出版总署和中国记协五部门联合开展了一个杜绝虚假报道、增强社会责任、加强新闻道德建设的活动，成立了一个专门办公室，我有幸在这个办公室工作，主要负责虚假报道督查工作。活动中，我们到访了十几个省市进行督导，如针对成都某报失实报道进行严肃处罚。起初，当地主管部门的处理仅是对记者进行批评教育和罚款。后来，我们去四川督导时，指出问题的严重性，当地重新作出了更为严厉的处

[1] 2013 年该局改名为国家新闻出版广电总局，2018 年又改名为国家广播电视总局。

分。还有对关于国税47号假文件的失实报道作了内部通报，有关媒体内部做了检讨。在这个过程中，一些地方和新闻媒体制定了防止新闻虚假报道的制度。活动最后，原计划每个部门出台一个文件，我当时提出以五部门名义出台一份指导性文件，中宣部领导表示同意，并建议各部门还应分头起草、单独出台自己的文件。新闻出版总署2011年5月份公布了《新闻采编人员不良从业行为记录登记办法》，当时我们记协起草了一个新闻采编人员防范虚假事实报道的自律守则，广泛征求了70位常务理事意见，上报给中宣部。2011年11月，以中宣部等五部门名义联合制定了一个指导性规范《关于进一步规范新闻采编行为的意见》，属于内部文件，只传达给新闻单位。公开发布的文件就是由新闻出版总署颁布的《关于严防虚假新闻报道的若干规定》，该规定进一步体现了规范意见里的主要观点，也包括记协起草的自律守则的主要内容，可以说是五部门综合意见的反映。

其次，从规范的法律依据和法律效力来看，这个规范依据了《出版管理条例》第27条对于不真实或不公正新闻报道的规定。它还依据了《新闻记者证管理办法》中关于虚假报道的相关规定。该规范的制定主要根据上述行政规章和行政法规，是一个法律层级比较低的规范性文件，属于法律层面。

再次，该规定实际有两个方面创新。第一个方面包括五点。一是明确了新闻报道的基本专业规范，首次全面提到了新闻报道五项基本原则：真实、准确、全面、客观、公正，在记者自律守则里也有这样的表述。二是首次明确强调要有确切的消息来源。大多数虚假报道的主要原因就是消息来源不直接、不清楚，现在强调要实地采访、要有两个以上的消息源、保存具体采访材料、不使用匿名或模糊身份、要有确切消息来源，这些规定都借鉴了西方经验。三是明确了新闻评论依据的事实应当准确。四是规定新闻机构应予核实的内容范围，不仅对记者获得的新闻线索进行核实，对转载的稿件、互联网信息等都要进行核实。五是强调了新闻机构首先应该自律。第二个方面，该规定首次提出新闻主管部门对“损害国家利益和公共利益的虚假事实报道行为”要加强行政监督，严肃查处。行政监督主要针对比较严重的失实报道，行政处罚措施包括通报批评、责令更正、检讨、引咎辞职等。

最后，从意义和作用来看，该规定是互联网时代对传统新闻报道规则的重申，标志着传统大众传播媒体面对自媒体时代正在重拾自信。它还具有两个作用：一是指导我国新闻行业建立基本专业规范；二是为处理有关虚假报道纠纷提供了依据和参考。提供依据主要是对以下两个方面：一是为新闻机构、行业组织和新闻主管部门处理虚假报道提供了依据；二是为司法机关对于民法和刑法上的处理提供了依据。

六、金山诉周某微博侵犯名誉权案终审判决

◆ 事例简介

2010年5月25—27日，北京奇虎360公司董事长周某在其新浪微博、搜狐微博、网易微博、腾讯微博发表了多篇博文，内容包括“揭开金山公司画皮”“微点案”“金山软件破坏360卫士”等，对北京金山软件公司使用了诸多具有贬损色彩和否定意义的词汇，于是北京金山软件公司向最高人民法院提起诉讼，认为周某侵犯了其名誉权和商业信誉。

北京金山软件公司诉称，这些微博虚构事实、恶意诽谤，诋毁了原告商业信誉及产品信誉，且经网络和平面媒体报道后，导致北京金山软件公司社会评价降低。因此，请求周某停止侵害，在新浪微博、搜狐微博、网易微博首页发布致歉声明并赔偿经济损失1200万元。

一审法院认为，微博的特点在于寥言片语、即时表达对人对事所感所想，是分享自我的感性平台，与正式媒体相比，微博上的言论随意性更强、主观色彩更加浓厚，对其言论自由的把握尺度也更宽。考虑微博影响受众不特定性、广泛性的“自媒体”特性，对微博言论是否构成侵权，应当综合考虑发言人的具体身份、言论的具体内容、相关语境、受众的具体情况、言论所引发或可能引发的具体后果等加以判断。周某作为北京金山软件公司的竞争对手、北京奇虎360公司的董事长，且是新浪微博认证的加“V”公众人物，拥有更多的受众及更大的话语权，应当履行比普通民众更大的注意义务，对竞争对手发表评论性言论时，应更加克制，避免损害对方商誉。周某将微博作为“微博营销”的平台，密集发表针对金山软件的不正当、不合理评价，目的在于通过诋毁金山软件的商业信誉和商品声誉，削弱对方的竞争力，从而使自己任职的公司在竞争中获得优势，有侵权的主观故意，其行为势必造成北京金山软件公司社会评价的降低，侵犯了北京金山软件公司的名誉权，应承担停止侵权、赔礼道歉、消除影响并赔偿损失的责任。但北京金山软件公司并无证据证明其股价下跌与周某微博言论的关联性，故判决周某停止侵权，删除相关微

博文章，在新浪微博、搜狐微博、网易微博首页发表致歉声明，并赔偿经济损失 8 万元。

2011 年 8 月 25 日，北京市第一中级人民法院对北京金山软件公司诉周某名誉侵权案作出终审判决，维持北京市海淀区人民法院的一审判决，判决周某的行为构成对北京金山软件公司名誉权的侵犯，改判赔偿经济损失 5 万元。[1]

◆ 入选理由

在新媒体时代，如何行使表达自由权、如何通过媒体传播意见，网络媒体应该如何依法行为以促进良好的传播秩序，该案给出了很好的启示。该案原被告不仅是具有市场竞争关系的市场主体，同时被告又是网络环境下具有众多“粉丝”的名人，由此进一步增强了该案的被关注度。

◆ 专家点评

刘德良（北京师范大学法学院教授）：

该案可以从以下三个方面来看：一是言论自由；二是言论自由的界限；三是如何把握好言论自由和言论自由的界限。

在现代法治社会中，公民享有宪法赋予的言论自由的基本权利，该权利在法律层面是有界限的，即以不侵犯他人的合法权利和不危害公共利益作为基本前提。实际操作中，言论自由一旦侵犯了他人的合法权利应如何救济？2009 年通过的《中华人民共和国侵权责任法》（以下简称《侵权责任法》）[2]里有规定，但其背后还有问题。我们在互联网上的言论自由都离不开第三方主体，如微博平台、微博空间提供者，这个中介服务提供者在言论自由侵犯了他人权利的情况下承担怎样的角色？

从这个案件背后我们应当更深层次认识到如何防止侵权行为的发生。考虑到互联网是开放性的，有高效、快速的传播特点，网络侵权有其特殊性，一旦发生，范围不可预测，后果难以控制。所以《侵权责任法》的补偿机制或者事后救济机制在救济的责任方式上是否可以考虑到互联网的特点，规定较传统的侵权行为更严格的

---

[1] 北京金山安全软件有限公司与周鸿祎侵犯名誉权纠纷案［EB/OL］.（2014-10-09）［2020-03-03］. https://www.chinacourt.org/article/detail/2014/10/id/1456165.shtml.

[2] 该法已被《中华人民共和国民法典》取代，现已失效。

责任方式。我国目前的《侵权责任法》虽然为网络侵权行为提供了事后的救济，但缺乏预防机制。建议由网络服务提供者如微博平台和BBS论坛，与网友基于民事服务合同关系约定，对显而易见的侵权行为进行审查，从而起到预防的效果。而对于那些难以判断的侵权行为，则通过《侵权责任法》第36条的第2款、第3款来解决。

很遗憾的是，我国的《侵权责任法》没有预防机制。这个案件表面上是关于言论自由的范围、边界，但深层次的问题是如何有效预防显而易见的侵权行为，不让它发生，这是未来法律制度需要完善的。

审查机制并不是侵害公众的言论自由，言论自由不是无限的，是有限制的，但审查机制是针对政府而言的，在政府不干涉的情况下，网络服务商根据与网友的合同约定，对其言论进行显而易见的违法侵权行为的事先审查，在法律上是可操作的。

任丽颖（时任北京市律师协会传媒与新闻出版法律专业委员会主任，现任北京中勉律师事务所高级合伙人）：

该案二审改判的内容最主要的有两点：一是将一审判决删除20条博文改为2条；二是将赔偿数额减少3万。改判的主要理由是，认定第13 ~ 18条是涉及发生在2005年的“微点案”，与成立于2009年的原告北京金山软件公司无关，法院认为，针对损害赔偿，北京金山软件公司提出赔偿的根据是周某的言论导致其股票大跌，由于没有证据表明两者之间的因果关系，因此不能支持。而且，由于二审对被指控的部分博文的定性做了改变，因此认定赔偿数额应当予以酌减。

综观该案两审判决，不难看出，二审虽然并未改变名誉侵权的定性，但从判决结果来看，认定侵权的标准更为严格，对言论自由的限度表现得更为宽容，对言论自由的保护体现得更为充分，在事实的查证方面也更为细致和清晰，但二审判决也有值得进一步研究商榷之处，后文将会谈到。

首先，该案的价值和积极意义。

第一，该案首次从司法意义上对微博予以定性，充分肯定了微博的积极作用。

一审判决书中，在认定周某的微博言论是否侵权前，法院对于微博的特点首次进行了司法意义上的定性，具体表述为：“个人微博的特点是分享自我的感性平台而非追求理性公正的官方媒体，因此相比正式场合的言论，微博上的言论随意性更强，主观色彩更加浓厚，相应对其言论自由的把握尺度也更宽。”终审判决认为，“个人微博作为一个自由发表言论的空间，可以以个人的视角，通过寥言片语，表达对人对事的所感所想，为实现我国宪法所保障的言论自由提供了一个平台。同时，由于微博上的言论具有随意性，主观色彩浓厚，甚至一些语惊四座的表达方式，都成为吸引'粉丝'关注的要素。特别是涉及批评的内容，还往往起到了舆论监督的积极作用。”

这是首次从司法意义上对微博的定性上升到宪法保护言论自由的平台这一高度。尽管二审法院把侵权微博减为两条，判决结果有所区别，但两审的法官都在探索微博言论自由的边界，用法律秩序来维护公民的言论自由。在今天，网络传播已进入迅速发展的微博时代，法院的判决对保障公民言论自由，促进舆论监督，规制传播秩序，无疑有着重要的意义，其作为微博第一案的影响是深远的。

第二，树立规则，探索言论自由的边界。

言论自由的行使，同其他权利一样，应受到限制，其行使以不侵犯他人的合法权利为限，正所谓“人得自由，而必以他人之自由为界”。而言论自由与名誉权的冲突碰撞，在微博这一快速迅捷，并且相较其他传统方式在表达形式上极为自由与较少束缚的传播媒介出现后，就显得格外引人关注。在此基础上，厘清法律解释与适用的界限，依据个案对权利冲突作出衡量，检讨侵犯名誉权行为的成立及其违法阻却事由，对于解决这类因微博发表言论而引发的侵犯名誉权纠纷，具有积极意义。因此，树立什么样的规则，如何确定和掌握这个言论自由的边界，是这个案件中法官们做出的积极探索。尽管这种探索体现在一审、二审中对微博侵权数量的认定上，但仍能让人们通过案件领会到，微博作为“自媒体”，虽然是个人自由表达、自由操作的平台，但并不是想说什么就说什么的无限空间。微博的随意性和主观色彩决定了它的语言难免用词激烈，较其他平台更缺乏自律性，但绝不意味着可以任其发展成为互相谩骂的空间，超过了言论自由的界限就会触碰到侵犯名誉权的红线。

该案两审均将最高人民法院《关于审理名誉权若干问题的解答》第 8 条、第 10 条作为判决依据。第 8 条规定的精神为，因撰写、发表批评文章引起的名誉权纠纷，一是看问题是否失实，二是看是否有侮辱人格的内容。二审判决指出，通观周某微博的前后文，确实读不出周某主观上的善意，也不能排除其借助对北京金山软件公司技术上的指责而获得自己利益的可能性。针对微博中所进行的诸如“俨然一副正人君子的模样”“金山真是道德君子吗”等描述具有明显的侮辱性质。对此，应当通过删除的方式实现北京金山软件公司停止侵权的诉讼请求，并通过发表致歉声明等方式赔礼道歉，消除影响。其他博文内容虽然尚未达到构成侵犯名誉权的程度，周某应当以此为警戒，审慎自己的言行。

根据司法解释精神，批评文章，对于客观事实，应当做到准确。对于主观见解，则法律应当允许其畅所欲言，但不能有侮辱人格的内容，此乃言论自由的边界。

第三，公众人物及竞争对手的注意义务应严于普通民众，其对批评的容忍也应高于普通民众。

该案中，周某自称是“网络老兵”，拥有170万粉丝。一审判决用较大篇幅阐述了作为公众人物和竞争对手的周某具有的特殊或者双重身份，认为周某是一个公民，但并非普通公民，他是北京金山软件公司的竞争对手，北京奇虎360公司的负责人，同业竞争对手负责人的身份和与任职公司之间的密切利益关系，使其难以保证客观评价，因而将个人对于竞争对手的负面评价公之于众时，更应三思而行、克制而为。同时，作为现实社会中的公众人物，投射在微博领域也是重要的层级，拥有众多的粉丝，更多的话语权，理应承担更多的责任，对于微博上的个人言行及其后果应有更为自觉的认识，应注意克服自己对于竞争对手主观臆断、意图恶意打压的内在冲动，更加自觉地对自己的言论予以克制，避免因不实或不公正客观的言论构成对竞争对手的诋毁，进而损害其商誉。故对于周某微博言论自由的限制和注意义务的要求要适当高于普通网民或消费者。而与此对应，一审原告作为一家在业内成立运营时间较长，资历较深的知名企业，作为独立的法律主体，同样可以被认为是“公众人物”其对于批评的容忍也不能与民众相提并论。

事实上，在新闻传播的能量上，有些传统媒体可能还不如一些名人微博，这也就是为什么该案周某微博一发，金山股票蒸发了几个亿，法院判周某道歉后，金山股票又涨了几个百分点。虽然从法律上不能认定这中间的因果关系，但并不影响人们对其存在着实质关联这一事实的判断。这个案件也折射出当今社会处于残酷激烈竞争环境下的IT企业及其领军人物的状态。通过这个案件，我们需要充分思考如何通过法律保护言论自由，保护正当竞争，虽然此案并非不正当竞争纠纷，但在我们的生活中也时常看到不正当竞争纠纷裹挟着名誉侵权纠纷，希望该案能对那些不正当竞争引发的微博大战、网络大战、口水仗起到判例的作用，这也是该案超出名誉权侵权纠纷的价值和意义所在。

其次，该案值得进一步探讨之处有以下两个方面。

第一，关于周某侵犯的金山主体的问题。周某的博文中并未直接表明针对的是该案当事人北京金山软件公司，而用的是“金山”或“金山公司”。为此，一审法院认为受损的可能不仅是北京金山软件公司，而是整个“金山”品牌，从口水战发生后金山市值蒸发6个多亿，到二审判决后股票大涨5%，不难看出，微博影响的是整个金山品牌。二审法院把删除20条博文改为2条，认为其中13～18条是北京金山软件公司成立之前的金山，而与北京金山软件公司（2009年成立）无关。但是，同时法院又认为在北京金山软件公司提交的要求删除的博文目录中的第（3）至（6）博文内容虽然涉及了“2008年为了免费杀毒”这样的言论，如果构成侵权，对北京金山软件公司来说，具有实体法上的请求权。这与前边的认定似有矛盾之处。2008年的事件指的也是北京金山软件公司成立之前的金山系，认定受损的不能排除北京金山软件公司，而认为涉及2005年的“微点案”的言论与原告无关，显然有些矛盾，并且在侵权微博数量上的差别直接影响了责任的承担。

第二，侵权成本低，维权成本高，难免产生“赢了面子，赔了金钱的现象”。既然认定侵权，竟然只判8万元（二审还减了3万元），不仅没有惩罚性赔偿，连基本的公平性赔偿都没有实现。此案一审、二审诉讼费原告就承担了11万元，还不算公证费等合理支出。诚然，并不是原告诉请多少就应支持多少，但是对于作为受害人竞争对手且拥有170万粉丝的周某而言，这个赔偿显然与侵权造成的影响不相匹配。试想，有多少传统媒体的力量能与之比肩？实际生活的侵权案件中，维权成本高，侵权成本低，不能不说是众多网络传媒恶性辱骂事件层出不穷的一个重要原因。

综上所述，发生在微博这一新兴媒体上的“第一案”，使得人们再次直面言论自由的界限应该如何划定这一法律上重要的问题。特别是当公民的表达权利与他人的权利如名誉权发生冲突时，如何划定二者的界限。在可以预见的未来，随着更多不可预知的新兴媒体的涌现，人们在公共事务中的表达意愿必将更为强烈，对公共事件发表见解的话语权分配必将更为均匀，表达的机会必将更为平等，不同见解的交锋碰撞更为频繁，在新媒体时代，如何行使表达自由、如何通过媒体传播意见，网络媒体应该如何依法行为以促进良好的传播秩序，该案给出了很好的启示。

七、国家广播电影电视总局下发《关于进一步加强电视上星综合频道节目管理的意见》

◆ 事例简介

2011年10月，国家广播电影电视总局下发《关于进一步加强电视上星综合频道节目管理的意见》，该意见从2012年1月1日起生效。主要内容是：全国34个电视上星综合频道是以新闻宣传为主的综合频道，要扩大新闻、经济、文化、科教、少儿、纪录片等多种类型节目的播出比例，同时对部分类型节目的播出实施调控，以防止过度娱乐化和低俗倾向，满足广大观众多样化、多层次、高品位的收视需求。该意见提出，对节目形态雷同、过多过滥的婚恋交友类、才艺竞秀类、情感故事类、游戏竞技类、综艺娱乐类、访谈脱口秀、真人秀等类型节目实行播出总量控制。该意见要求各广播电视播出机构要坚持把社会效益放在首位，坚持社会效益和经济效益的有机统一，建立科学、客观、公正的节目综合评价体系。该意见在强化监管方面也提出一系列要求。此外，该意见还对加强行业自律、支持社会监督、开展教育培训、表彰优秀节目、加强引进电视节目形态管理等提出了明确要求。[1]

◆ 入选理由

具有特殊传播效果的电视如何履行自身的社会责任、服务公共利益是每一个现代国家对广播电视进行管理的时候都要认真对待的问题。该意见的出台及实施所具有的独特价值还在于对如何有效地减少过多过滥的低俗节目，如何处理好为公共利益服务与促进传媒产业的发展、保护媒体权益之间的关系提出了要认真研究的问题。围绕这些问题引起的争议，对于促进传媒法治化建设具有重要意义。

---

[1] 广电总局下发加强电视上星综合频道节目管理意见［EB/OL］.（2011-10-25）［2020-03-03］. http：//www.gov.cn/jrzg/2011-10/25/content_1977909.htm.

◆ 专家点评

李丹林（时任中国传媒大学媒体法规政策研究中心主任、教授，现任中国传媒大学文化产业管理学院文化法治研究中心顾问委员会主任、教授）：

该意见的出台是针对现在的电视特别是卫视播放娱乐节目过多过滥的情形而制定的。由于该意见是针对有着最大受众群体的卫视提出的要求，同时又由于卫视是中国广播电视产业领域中最为重要的部分，因此，它的发布反响非常强烈，带来的影响和变化已经显现。

它对整个中国电视领域的传播秩序及整个传媒产业的影响都是多方面的。如果从世界广播电视管制和规范的视野看，该意见里体现的一些积极的、亮点的东西我们不能忽视。

其积极意义体现在以下三个方面。

第一，该意见当中对于地方卫视功能和任务的确定。该意见特别强调地方卫视要宣传地方成就，展现区域特色，这样的规定反映了政府主管部门对电视传播格局的新要求，对电视传播的内容及其价值取向要求都有了一些新的色彩。这与其他国家的广播电视管制中的“地方主义原则”也有相通之处。地方主义原则是对广播电视节目特别是新闻节目的要求。根据地方主义原则，广播电视作为一种公共空间，能够使人们更多了解与自身利益有密切关系的公共事务和信息，有助于人们更多参与到对公共问题的讨论之中。由此，广播电视作为政治传播途径的价值和功能才能很好地实现。虽然该意见从国家立法体系上来说还不能算作一个法律、行政法规，但是它体现出来的对于广播电视特别是电视新闻的义务性要求是符合潮流发展趋势的。

第二，该意见对于地方卫视播放节目的构成要求。该意见相关要求也体现了一般广播电视管制中对于广播电视要求的原则。由于广播电视特别是电视的传播特性，相对于其他媒体更有优势，尤其对于文化水平低的受众群体，因此，各个国家的广播电视的管制和立法，无论对于商业广播电视还是对公共广播电视都有相应的节目政策、标准和规范。该意见要求卫视要扩大经济、文化、科教、少儿纪录片等多种节目类型的播放比例，改善节目类型结构，着力提高节目质量，这对地方卫视播放节目的内容质量的提升、促进广播电视更好地发挥它的文化社会功能，具有导向性的作用。该意见所体现出来的一些内容对于未来制定相关的行政法规或法律也有一定的基础性作用。

第三，该意见中关于节目评价的要求。该意见强调要重视社会公众对节目频道的评判和监督，建立科学、客观、公正的节目综合评价体系，不得搞节目收视率排名，不得单纯以收视率搞末位淘汰制。这些规定强调了社会监督对广播电视节目的监控和约束作用。发达国家的社会监督机制对于节目内容和水准、品位的监控发挥着非常关键的作用，当然同时配之以相应的法律救济机制。该意见规定的意义在强调了社会监督这种对于广播电视内容监控和约束的机制的同时，也显示出政府管理部门作为公权力的行使者对于社会成员的信任和理性尊重。对于广播电视的衡量标准和取舍的决定权不再仅仅放在少数人手中，这是法治建设的重大进步。同时，对于以传播思想文化、观念、信息、事实材料为内容的广播电视不再强调单一的标准，而是提倡建立科学、客观、公正的节目综合评价体系，在管理理念上也是一个进步。

所以，该意见体现了遵循科学发展的思想，坚持与时俱进的原则。但是从制度构建和法治建设层面来说，该意见的制定和实施还有需要思考的地方。比如，关涉产业重大利益、事业健康发展，影响人民接受信息、教育、娱乐的权益，具有相当约束力的公共政策规范的制定，应该如何平衡和协调其间的利益和价值冲突？应该如何依照科学的程序进行制订？如何依法科学构建广播电视节目内容的规范机制？如何保障广大广播电视组织的自身权益和广大社会成员的相关权益？这些问题我们还需要有更多的思考和探索。因此，广播电视的改革和法律制度的完善在整体的法治建设过程中还任重而道远。

陈欣新（中国社科院法学研究所研究员）：

这一事例给我们提出了以下几点思考。

第一，能否考虑区分公共频道和商业频道。该意见本身是关于进一步加强电视上星综合频道节目管理的意见，影响比较大的是部分娱乐类节目。该意见主要考虑的可能是规范电视上星的综合频道节目，我们的部分播出机构借鉴其他一些国家和地区非综合频道或没有承担很多公共职能及公共服务责任的频道的做法来办综合频道，这涉及此前在业界广泛讨论的问题，我们应该认真考虑在将来电视频道多样化的情况之下，是否应该借鉴一些国家和地区区分公共频道和商业频道的做法。

第二，该意见对于不同类型的节目采取了不同的规管方式，如对于新闻类节目采取播出量的方式进行规管，对于一部分娱乐化程度比较高的节目则采取播出时段、时长和数量的控制。这显示出国家广播电影电视总局有所考虑，但是还没真正成熟，做法有些不太合适，无形中使总量控制形成了频道稀缺资源效应，它可能会影响媒体、播出机构在节目的选择、制作方面的自主性。作为监管机关，采取监管措施很重要的亮点一个是媒体社会责任，一个是公共利益。然而，媒体的社会责任和媒体的自由需要平衡，至少是与运营自由之间的平衡，媒体的商业利益与公共利益也需要平衡。强调节目综合评价是希望能够调整部分播出机构“唯收视率”为办节目宗旨的思路，但是否能够靠这种方式达到、这两个平衡点应该建在哪里还需要斟酌。

第三，如何完善我们的内容监管体制，建立有中国特色的节目分类监管机制。现在反映的防止过娱乐化和低俗化，背后有电视播出机构节目创新如何实现的问题，除了防止单纯的模仿，防止庸俗化，也同样应该通过完善内容监管体制，间接引导节目播出机构、制作机构在其他领域拓展空间。对于不同类型的节目是否需要考虑分类监管的问题，现在看来，借鉴部分国家和地区的分级可能有一定难度，但是这并不意味着区分节目类别进行监管无法实现。实际上，该意见当中已经对节目进行了分类，只不过是按大类分的。中国特色的节目分类监管制度将来如何建设，也是要思考的问题。

第四，探索法律规制、行业自律和播出机构自身的节目规范这三种方式如何进行分工和协作。现在监管机构直接一查到底，实际上很多问题应该通过行业的自治、自律甚至通过播出机构自身的节目规范标准方面来进行处理，而非监管机构包打天下。

八、余女士诉新浪关闭微博违约案

◆ 事例简介

2011 年 4 月 12 日，余女士发现自己的新浪微博被禁止访问，搜索注册的昵称显示“用户不存在”。新浪客服回复称，由于微博中发表的内容包含攻击他人的信息，微博功能无法恢复。2011 年 4 月 18 日，余女士用新邮箱重新注册微博，只发了两三条评论，就再次被禁止访问。2011 年 4 月 29 日，客服人员回复称，“通过微博发表的内容或评论干扰其他用户使用微博，违规操作，此功能无法恢复”。

2011 年 5 月初，余女士委托律师将新浪网技术有限公司、新浪互联信息服务有限公司起诉至北京市海淀区人民法院，要求新浪方面道歉、恢复其微博的使用权限，并赔偿公证费、咨询费、律师费。

经过法院调解，2011 年 11 月初，新浪方面恢复了余女士两个微博内的文章、图片等内容及正常使用功能。2011 年 12 月 2 日，北京市海淀区人民法院就余女士诉新浪关闭微博案作出一审判决。法院认为，从证据中的言论看，余女士没有侵害他人的相关权利。余女士与新浪方面形成网络服务合同关系。双方的网络服务协议内容显示，微博用户同意新浪以各种方式投放商业性广告或其他商业信息，用户也同意接受新浪通过电子邮件或其他方式向用户发送商品促销及相关商业信息。可见，新浪微博虽名为免费，但实际上微博用户可以为新浪带来广告等其他形式的商业利益。新浪方面在对用户停止提供服务前，需提前通知用户。新浪方面在未提前通知余女士的情况下，采取停止其账号微博服务的措施，影响了余女士的使用，超出了采取必要措施的合理限度，其行为有失妥当。在余女士使用新的微博账号并不存在违规行为的情况下，新浪方面采取对账户进行技术屏蔽并停止该账户服务的行为明显不当。遂判决被告行为构成违约，应向余女士赔偿因违约造成的经济损失 2520 元，该损失系余女士在诉讼中支付的公证费和咨询费。

◆ 入选理由

该案是新媒体环境下，民事法律关系中出现的新问题。这样的纠纷反映了网络服务提供商多重的法律地位和不同性质义务的履行，会同时影响网民的普通民事权利和言论权利。法院对该案的受理与判决，对于新兴的网络媒体秩序的规范，权利冲突的解决产生了良好的效应。

◆ 专家点评

王四新（时任中国传媒大学法律系教授，现任中国传媒大学人类命运共同体研究院副院长、教授）：

目前，我国网络用户已经超过了 5 亿人，微博用户已经超过了 2 亿人，在这样的网络环境下，形成了上亿的用户使用少数几个互联网服务提供商提供的网络服务的局面。在使用微博服务的过程中，必须由网络服务提供商提供硬件条件或者相关的服务型软件，由用户日积月累形成一个自己的数据库，在这个过程中就会产生一个重要问题，即微博这种服务平台的性质如何界定。它是属于纯粹提供服务并且提供基础物理设施的服务提供商，还是具有某些公共的性质？这个问题如果用传统的民法侵权理论，提供物理基础设施和软件服务者应该有权对其用户进行处分。但是在该案中，如果按照传统民法侵权理论处理不利于广大互联网用户，从长远来看也不利于网络服务提供商，这样的处理方法不是双赢的。因此需要考虑用户的利益及用户和互联网服务提供商之间的关系如何平衡的问题。

使用微博服务的过程对于用户的意义非常重大，微博有利于公众行使《中华人民共和国宪法》（以下简称《宪法》）上的接收、传递信息，表达自由的权利，是个体进行自我身份建构的一个平台。现在，微博也成为个体桥接自己各种社会资源的平台。

另外，网络服务提供商处于非常尴尬的境地，根据《侵权责任法》，网络服务提供商对于自己服务平台上的非法有害内容，尤其对他人形成攻击性的内容，负有审核和合理告诫以后删除的义务，删除的义务可能面临法律责任的承担问题，即它有无权力下权威性地定义判定平台上的内容是否非法有害。它若有这个权力，是代替法院在行使权力，若没有，删除的依据是什么？它要不要遵守信息发布者的基本权利问题？谁来评定这个内容的非法问题？谁是侵权内容的最后评判者？因此，我们需要讨论网络服务提供商是否具有评判微博内容合法性的资格与能力，以及如果评判错误需要承担何种责任。

该案中，一审法院的基本态度和判决值得肯定。在服务提供商不能提供充分证据的情况下，判决服务提供商恢复用户账户信息，这实际上是充分考虑了微博服务平台既具私人属性又具公共性的特点，同时也考虑了服务提供商和用户之间利益的平衡，即个人利益和社会利益的平衡。

饶宏斌（北京炜衡律师事务所合伙人）：

从一审判决结果分析，新浪公司败诉的主要原因在于它没有就余女士谩骂或者攻击他人行为进行充分举证，新浪公司面临的困难在于电子证据举证的问题，以及缺乏对发布者是否侵犯第三人权益的判定依据的问题。

就举证而言，新浪公司需要提取后台中的数据来证明余女士确实进行了攻击和谩骂，不仅证据形式上需要公证，而且后台数据由新浪单方掌握和提供，还会涉及在技术上数据可能虚假、被篡改等可能，法院在采信时就面临比较大的挑战。

从律师的实务角度来看，目前网络案件在采用电子证据时，实务中一般要求进行公证，但是实际上在很多情况下没有办法公证，一是技术上公证存在一些困难，二是公证处目前对于电子证据的公证持保留态度。另外，经过了公证的电子证据的真实性，法院采信也是不确定的，因为公证处往往只是对于当事人在相关电脑和网络上进行的操作过程进行公证，实际上操作过程存在伪造或是事先准备的可能性，所以这个案件其实也是一个非常好的契机，使我们更多思考在现在网络经济迅速发展的情况下，对于民事纠纷之中电子证据的提供和采信，是否应该制订出一个更有操作性的操作规范和证明规则。

从网络服务的提供者的角度来看，在类似事件发生时面临着选择的问题。就该案来说，新浪败诉了，恢复了余女士的账号，承担了2520元的经济赔偿，对新浪来说损失不大；反之，如果当时新浪不采取任何措施，则可能会面临余女士被投诉，自身需要承担第三者责任的情况，所承担的责任可能大于该案的责任。所有的网络服务提供商面对这个问题时都会陷入两难境地：是应该马上采取相关措施还是避免产生类似新浪违约的情况。另一个案件，蔡某诉百度贴吧侵犯人权案则与该案结果相反。蔡某参与了取消“黄金周”的改革，有人就在百度贴吧对他进行谩骂，使用侮辱性言辞，法院认定百度公司没有积极采取相关措施，判决百度赔偿蔡某精神抚慰金10万元。对于网络服务经营商来说，很难判断到底是否构成侵犯了名誉权、肖像权、隐私权、姓名权，是否有必要马上采取相关措施。如果它采取了措施，可能构成了对用户的违约责任，采取了超过必要限度的措施。如果不采取措施，可能根据《侵权责任法》第36条第2款承担连带责任。对于企业来说，缺乏一个具体的标准；对于法院来说，在这个问题上也有比较大的裁量权。企业经营者会评估哪个风险更大，10万元的风险远远大于2520元的风险，这样便会产生一个结果，即“宁可错杀一千，不可放过一个”。如果产生这种情况，整个网络环境、微博事业的发展将会受到一定影响。

该案提出了一个议题：学术界和理论界如何在维护公民的言论自由和规范网络的秩序中寻求平衡，如何出台一些切实可行的操作规范和标准以供各方遵守。这也是该案的一个重要意义所在。

第二章 2012年度中国传媒法典型事例评析

编者按

2013年1月12日，2012年度中国十大传媒法事例发布会暨学术研讨会在中国传媒大学举行，此次活动由中国传媒大学媒体法规政策研究中心、北京市律师协会传媒与新闻出版法律专业委员会主办，北京中视瑞德文化传媒有限公司、北京市泽和律师事务所协办。时任中国传媒大学媒体法规政策研究中心主任李丹林教授公布了2012年度中国十大传媒法事例。这十大事例由来自各大著名高校、科研机构、行政主管部门、司法机关及媒体的传媒法专家学者、资深实务界人士组成的评审委员会评出。

在学术研讨会上，来自新闻出版总署、工业和信息化部、北京市高级人民法院、中国记协、北京市律师协会、中国社会科学院、中国人民大学、清华大学、北京师范大学、山东大学、中国政法大学、北京航空航天大学、中国传媒大学、北京市泽和律师事务所等10多家单位的20多名专家学者，围绕这十大事例进行了精彩点评和热烈讨论。

截至2012年12月15日，主办方从中国传媒大学媒体法规政策研究中心建立的传媒法事例库收集的900个事例中筛选出49个典型事例，加上通过正义网、传媒学术网和北京律协网向全社会征集的24个传媒法事例中的7个典型事例，以及评审委员会专家推荐的5个事例，共计61个，交由评审委员会投票选出20个入围事例，随后召开评审委员会会议，根据专家评选结果，最终确定了2012年度中国十大传媒法事例。

一、《中华人民共和国刑事诉讼法》第二次修正案通过

◆ 事例简介

2012 年 3 月 14 日，第十一届全国人大第五次会议通过了第二次修正《中华人民共和国刑事诉讼法》(以下简称《刑事诉讼法》)，并于 2013 年 1 月 1 日起实施。

该修正的《刑事诉讼法》的讨论和通过，以及相关条款的修正，对媒体关于刑事案件的报道产生了不小影响。相关条款有：第 12 条中的“未经人民法院依法判决，对任何人都不得确定有罪”；第 50 条中的“不得强迫任何人证实自己有罪”；第 150 条中的“采取技术侦查措施获取的材料，只能用于对犯罪的侦查、起诉和审判，不得用于其他用途”；第 275 条中的“犯罪的时候不满十八周岁，被判处五年有期徒刑以下刑罚的，应当对相关犯罪记录予以封存”“犯罪记录被封存的，不得向任何单位和个人提供”。

◆ 入选理由

在现代民主法治国家，传媒与司法的关系既关涉民主社会的正常运转，又关涉公民基本权利的保障。二者之关联经常而具体地体现在新闻媒体对于刑事司法活动的报道。针对如何协调二者关系并达成价值平衡问题，各国与国际社会都已有诸多制度、经验和有益做法，但就我国而言，还存在许多值得改进的地方，如媒体报道与司法公开的冲突，更为重要的是，在二者之碰撞中，对于嫌疑人、被告人基本权益的保障。该修正的《刑事诉讼法》对于媒体在进行刑事司法报道时的基本原则及能够报道和披露的信息范围做出了规定。这对构建媒体与司法的良性关系，保障嫌疑人、被告人的人身权益，满足广大公众的知情权益，有着重要意义。

◆ 专家点评

徐迅（中国政法大学传播法研究中心执行主任）：

媒体竞争，内容为王。案件报道具备了所有好故事的要素，其中以刑事案件报道为首。2012 年 3 月，由全国人大通过的第二次修正《刑事诉讼法》，已在 2013 年 1 月 1 日起实施，与之同时生效的还有两部司法解释。因此，本次修订被

称为一次“大修”。

中国新闻界在高调解读本次大修对公民人权保障、规范公安司法机关诉讼行为的价值同时，似乎忘记了这部重要的法案对新闻界本身的影响。事实上，《刑事诉讼法》的百余处修订中，至少有20处与媒体的采访报道行为有关。本人解读该修正的《刑事诉讼法》的心得是：以往从来没有一部新颁布，或新修订的法律（包括司法解释）有如此多的规定与新闻媒体的采访和报道行为有关。

本次大修对媒体的综合影响在于：①媒体在刑事侦查阶段获取案件信息的合法空间大为缩减；②未成年人犯罪领域几乎可以视为新的报道禁区；③使案件报道的专业化程度明显提升。

我将从以下三个方面发表点评意见。

首先，落实该修正的《刑事诉讼法》是公安司法机关与媒体的共同责任。本次大修中，限制侦查阶段的信息流动的新规定有十余项，“保密”“不公开”的字样触目可见，以前被中国媒体认为关乎职业道德的许多问题（如涉及商业秘密、个人隐私的证据保密、证人身份信息保密、秘密侦查的手段及材料保密等），现在已经上升为法律规范。这是刑事诉讼中保障人权及确保侦查活动顺利进行的必然逻辑，也是中国逐步建立世界通行的公平审判制度的必经道路。但这或许与传统的、在侦查阶段就开始大量披露案情的模式存在冲突。此外，网络时代公众对重大刑事案件的知情渴望、侦查机关对案情的发布冲动也为该修正的《刑事诉讼法》的落实带来了全新考验。有必要注意到，一项名为《公安机关执法公开规定》的行政规章已经与该修正的《刑事诉讼法》同时生效，其中第10条第1款规定：“公安机关应当向社会公开涉及公共利益、社会高度关注的重大案事件调查进展和处理结果。”这项规定被多家媒体选用，在新闻导语中刊发，甚至直接作为标题，可见媒体对侦查机关披露案件信息的高度期待。但是，这项规定如何与无罪推定、侦查活动保守秘密等原则有机契合但又划定边界，以及媒体应当在其中扮演何种角色，都是重要的观察点与研究点。

其次，《刑事诉讼法》大修使法制新闻报道的专业化程度明显提升。谈及法制记者的专业素养，受多数媒体重视的是记者“讲故事”的能力，而记者的法律意识、法治精神被视为次要的个人素质。由于缺少必要训练，许多记者难以理解法治的逻辑，也难以与法律专业人士沟通与对话。有一本名为《如何成为顶级记者——美联社报道标准》的书中，将法庭新闻报道列为“专业报道”领域的第一类。换句话说，法庭新闻的报道最有资格被称为专业报道。通过本次《刑事诉讼法》的大修，我国的刑事司法制度与国际标准逐步接近，媒体案件报道标准与发达国家同行的差距也逐渐缩短。其实，已有的一些重要法律制度远没有成为媒体从业者的内心标准，如无罪推定等，本次大修产生的一系列制度变化又扑面而来，真是陷阱处处，考验重重。这提醒各媒体要重视法制新闻报道的专业化问题。而能够根据法律的变化主动调整报道角度与节目样态的媒体必定占尽先机，从而更具竞争力与公信力。

最后，网络时代的中国特色正紧迫地促使传统媒体建立并公开专业规范。这一中国特色是：典型的网络媒体目前尚没有采访功能。如果传统媒体不能坚守法治底线和专业标准，一味充当网络信息的应声虫而非积极地去进行专业调查并追求真相，则传统媒体的非专业化与网络媒体的众声喧哗相结合，将会使认真落实《刑事诉讼法》新规定的努力化为乌有，进而损害公民获得公平审判的权利。由此，传统媒体专业规范的建立与公开比任何时代都要紧迫，这是全社会对表达自由的法律标准建立共识的基础，而其中案件报道的专业规范，因其法律底线十分具体，且最为清晰，而理所当然地成为其最重要的组成部分。

孙斌（时任北京市律师协会传媒与新闻出版法律专业委员会副主任，现任北京市亿嘉律师事务所主任）：

该修正的《刑事诉讼法》首次规定了保护当事人的隐私权，特别是对未成年人犯罪的隐私保护。对判处5年以下有期徒刑的未成年人犯罪的犯罪记录予以封存、不得泄露的规定，反映了该修正的《刑事诉讼法》在加强对公民基本权利的保护，特别是在未成年人保护方面确实是前进了一大步。按照《刑事诉讼法》关于保护公民基本权利的规定精神，对公民包括犯罪嫌疑人名誉权加以保护也应当是其中应有之义。虽然在一些案件中存在着“媒体审判”的问题，但我个人认为，媒体对刑事案件的报道的正面影响还是大于其负面影响，尤其是在如今的反腐败过程中媒体确实发挥了巨大的作用。该修正的《刑事诉讼法》第12条中的“未经人民法院依法判决，对任何人都不得确定有罪”的规定与媒体对刑事案件的新闻报道并不矛盾，对于《刑事诉讼法》的实施对新闻报道有较大影响以致新闻报道会因此产生较大变化的观点，我个人持保留态度。

二、人民网股份有限公司上市

◆ 事例简介

2012 年 1 月 13 日，人民网股份有限公司（People.cn CO.，LTD）的首次公开募股（Initial Public Offerings，IPO）申请通过了中国证监会的审核，2012 年 4 月 27 日，该公司在上海证券交易所正式上市，成为第一家在国内 A 股上市的新闻网站和第一家在国内 A 股整体上市的媒体企业。人民网股份有限公司由人民日报社、环球时报社、京华时报社、中国汽车报社、中国出版集团公司、中国电影集团公司、上海东方传媒集团有限公司联合发起创立，该公司的控股股东及实际控制人为人民日报社，人民日报社直接和间接持有该公司 79.54% 的股份。根据该公司的招股说明书，其拥有 121 名取得新闻出版总署颁发的记者证的专业采编人员，是 A 股市场上第一家将新闻编辑业务纳入上市公司的传媒企业。人民网股份有限公司在董事会之下设置编辑委员会，编辑委员会在业务上接受人民日报社的指导。

◆ 入选理由

人民网股份有限公司通过 IPO 进而上市，成为一个公众公司，必然要按照公司法、证券法等法律规范依法运营，这对既有的媒体管控制度有突破意义。这是改革开放以来，我国在文化传媒领域坚持秩序价值与效益价值兼顾的政策实践的最新成果。人民网股份有限公司的核心部分“人民网”是国家重点新闻网站，尽管其上市是诸多因素交互作用的结果，但是新闻采编业务能够进入上市公司，对人们关于新闻内容管控的保守、狭隘的非理性心态的改变，具有良好的促进作用。同时，这也是迄今新闻传媒领域改革最重要的表现。

◆ 专家点评

李丹林（时任中国传媒大学媒体法规政策研究中心主任、教授，现任中国传媒大学文化产业管理学院文化法治研究中心顾问委员会主任、教授）：

我将从“人民网上市”体现的政策突破、可能产生的影响两个方面来谈一谈我的看法。

第一，人民网上市所体现的政策突破体现在以下方面。①人民网上市，是传媒领域集团化、产业化、资本化的一个典型事例。尤其当其大股东是人民日报社时，其象征意义不言而喻。当然，人民网能在这一时刻上市，绝非某一个开明领导者的心血来潮，或者仅仅是资本、利益集团博弈的结果。可以说人民网成功上市，是中国改革开放30多年来，政治、经济、文化、社会领域发生重大变化的背景下实现的，与社会、传媒领域的整体诉求有着内在深刻的关联。②人民网将其编辑业务纳入上市公司的整体业务之中，是现行媒体内容管控制度的重大突破。从公司法的要求来说，作为上市公司，其最高决策机构是股东大会，董事会是其常设机构。公司重大事项的决议，应按规则由董事会或股东会决策。从形式来说，关涉编辑业务的重大事项也应依照规则由董事会或股东会决定。这相较于作为事业单位的新闻媒体一直以来由当地宣传部门、政府主管部门和媒体主办单位的领导指挥和决定的情形，具有显著的变化。③虽然在人民网的内部组织结构中设置有编辑委员会，且后者在业务上受人民日报社的指导，但人民网作为上市公司，要受证券监管部门和社会的监督，公司的重大事项要依法披露，这与以往对新闻媒体的内容管控方式，至少在形式上有了不同。这是对2001年以来党始终坚持的对于新闻媒体要"始终掌握对重大事项的决策权，对资产配置的控制权，对宣传业务的审核权，对主要领导干部的任免权"状况的一种新的尝试。

第二，人民网上市可能带来的影响包括以下方面。①促进理性心态的构建，缓解意识形态之争。在中国，宣传部门经常会确定很多不能探讨和实践的敏感问题。2001年国家广播电影电视总局印发《关于深化新闻出版广播影视业改革的若干意见》，在提出"四个不能变"的同时，还提出"要加强党对新闻出版广播影视业改革的领导，始终掌握对重大事项的决策权，对资产配置的控制权，对宣传业务的审核权，对主要领导干部的任免权"。这反映了决策者和宣传部门意识深处的忧虑，担心媒体的"喉舌"功能被削弱，担心由此带来对统治的合法性、神圣性和现有社会秩序的冲击。人民网——作为一个国家重点新闻网站在资本市场的实践，可以从观念和心理上对以往的管制理念的改变提供一个可观察的对象。②公司上市，意味着产权结构的多元化，这对于长期坚持在文化，特别是传媒领域党对媒体资产的严格控制权的原则来说，是一种改变。但按照2007年的相关规范，以及根据"人民网"招股说明书对于人民日报社性质的描述，人民日报社是中共中央举办的国有事业单位，人民网上市前属于国有性质，上市后仍然由国有股权占据绝对比重。"一股独大”，从股东权益来说，虽然会有对中小股东的权益造成损害的风险，但明确其为国有资产，已经比过去理论上单位性质模糊不清、实践上可以被任意处置的情况有所进步。发达国家的媒体的产权制度以确保媒体独立于政治或商业控制，促进多元化为宗旨，并以在尊重媒体商业利益和表达自由，与保证公民的表达自由与知情权的公共利益之间寻求平衡为目标，现在的中国尚未能进入此阶段，但较为明确的产权界定将为进一步的改革提供必要的基础。

应该说，人民网上市，虽然对于传媒体制、传媒产业、内容管控方面的改革和发展有着积极意义，这种意义是社会向着良性方向发展所需要的，但有些积极意义属于决策者的“无心插柳”，即其是超出决策者意志之外的，并非其明确、主动追求的影响和后果，因此，对于人民网上市，我们不仅应当表现出乐观，还应该保持谨慎。

魏永征（时任中国传媒大学媒体法规政策研究中心总顾问、教授）：

对于人民网上市，我要说的是，它为中国新闻单位的透明化提供了一个条件。因为上市公司有一个重要的制度，就是信息披露制度，每年两个季报，一个中报，一个年报，还有重大信息随时公布的原则，这在《中华人民共和国证券法》（以下简称《证券法》）里面有非常明确的规定。它的披露制度比《政府信息公开条例》要严格得多。所以，我们阅读人民网上市报告及它上市以后出的一期季报和一期中报，就可以知道人民网有很多很有趣的消息。

比如说人民网的收入，一个是广告，它的广告收入占的比例是50% ~ 60%。还有一个重要的收入是新闻采编权，为什么新闻采编权可以有收入？因为它作为新闻单位享有采编发布新闻的权利，它可以把自己的新闻版权转让给新浪、搜狐、腾讯之类没有新闻采编权的商业网站，它这个方面收入占的比例是24%。再有就是政府采购，因为它承建了一些重要网站的建设，中国共产党新闻网、中国工会新闻网、中国妇女新闻网，这些新闻网的建设谁买单？政府。所以财政部是人民网最重要的第一客户，从2008年到2011年，财政部采购费用分别占了人民网营业收入的29%、22%、22%、23%。

人民网的经营优势，年报上面公布，如拥有10种许可证。有的许可人民网不需要，如外商许可同人民网没有关系，有的是支付许可，那是银行的网站才要有的。现有这10项许可非常重要，如第6项广播电视节目制作经营许可证，这个许可证包括了两项许可，其中一项是播放节目的许可，就是可以像央视网络广播台那样播放节目，这个许可证其他网站没有，这是它的一个经营优势。还有一个经营优势就是 121 名持有记者证的专业记者。在我国颁发记者证也属于行政许可，商业门户网站就不可能申领记者证。我们在 2012 年 5 月看到一个消息，说中国终于给新闻网站发记者证了，实际上人民网在 2011 年或者更早时候已经有多个记者了。还有，它自 2010 年到 2011 年一直享有政策优惠，即中央转制文化企业的税收优惠，占税前利润总额的 25% ~ 29%。

还可以看人民网的产权关系。其实际控制人是人民日报社，人民日报社下面还有几家单位共同控制——环球时报社、京华时报社、汽车报社，人民日报社单独控股 66%，那三家是人民日报子报，京华时报社现划归北京日报报业集团主办，它们分别控股 11%、0.8% 和 0.8%，三报的关系是一致行动人。在股票发行以后，他们的份额就降低了，因为有 20% 到了公众股。所以人民日报社的控股是 47.8%，环球时报社是 8.6%，两个加起来就已经超过了 50%。所以单这两个一致行动人的控制，就是一个绝对控股。另外，人民日报社是中共中央举办的。这样一个产权关系，可以保证人民网牢牢掌握在党的手里。

人民日报社现在有多少资产？报表上面也有，它的总资产是 55 亿元，其中净资产是 32 亿元，二者之间的差异就是负债。人民日报社的负债率很容易就能算出来。根据人民网的报表，人民日报社在 2010 年的营业收入是 28 亿元，扣除税后的净利润约为 3 亿元。

当然，人民网不能光说它的优势，它也有不如别人的地方。根据人民网的上市报告，它同“新浪”“搜狐”“网易”等网站都有很大的差距，按照中国网站排名网（China Rank）[1] 的统计，其综合排名在中国国内的网站中仅为第 50 位，排名前 10 位的网站都是商业网站，其中，网易位居第七，搜狐位居第五，新浪位居第三，腾讯位居第一，这四大商业网站稳居前列。所以，人民网存在较大的发展空间，要追上这些网站还需要继续努力。

[1] 由中国互联网协会主办，国务院新闻办公室网络局、信息产业部电信管理局指导，北京中乾网润信息技术有限公司提供技术支持的大型网站排名项目。

三、方某因微博言论致劳动教养[1]被确认违法案

◆ 事例简介

2012年，重庆数起因微博言论引发的劳动教养案及其后续司法程序引起全社会的普遍关注，其中之一便是“方某因微博言论致劳动教养被确认违法案”（以下简称“方某案”）。案件当事人方洪于2011年4月22日在其微博发表“一坨屎”言论，重庆市劳动教养委员会以此言论“虚构事实扰乱公共秩序”为由，处以方某劳动教养一年。期限届满后，方某于2012年5月28日向重庆市第三中级人民法院提起行政诉讼，请求撤销劳动教养决定。法院经审理认为：原告在微博上发表评论时虽然言辞不雅，但不属于散布谣言，也未造成扰乱社会治安秩序的严重后果，更不具备“严重危害社会秩序和国家利益”这一基本要件。被告以原告方某虚构事实扰乱社会治安秩序作出劳动教养一年的决定事实不清、证据不足。被诉劳动教养处分违法，本应撤销。但由于该行政强制措施已经执行完毕，不具有可撤销内容，故依法确认该劳动教养处分违法。

◆ 入选理由

确定言论自由的边界和公权力行使的边界，一直是现代民主法治国家始终不变的，同时又是动态的法律实践。以“方某案”为代表的因微博言论致当事人受到劳动教养的事件及随后所进行的司法程序，揭示了当下中国保障公民表达权利之艰难，但又体现出了进步。

◆ 专家点评

陈欣新（中国社会科学院法学所研究员）：

言论自由是宪法明确规定的公民权利，也是相关国际人权公约明确规定的基本人权，其重要性自不待言。虽然国际人权公约和各国法治实践均显示，言论自由与

---

[1] 2013年12月28日，全国人大常委会通过了《关于废止有关劳动教养法律规定的决定》，劳教制度被依法废止。

国家安全发生冲突时，可以适当地对言论自由加以限制，但是，这些限制本身也是应当受到法律约束和限制的。首先，相关限制必须由法律而非其他规范性法律文件予以规定。其次，必须符合比例原则。最后，相关限制只有在没有其他合理的替代措施的情况下才能实施。

从多数发达国家的具体案例看，运用言论自由权利揭露国家机关或公职人员的腐败或其他违法行为，或对公权力的运用表达质疑及不满，只要目的是保护更重大的公共利益，即使存在不实之词，只要并非基于恶意，就不受刑事或行政制裁，且证明存在恶意的举证责任在公权力机关或作为公职人员的原告一方，并奉行证据疑点归利被告的原则。[1]

就此类案件而言，其本质不是言论自由与公权力行使的冲突，而是典型的公权力的滥用。其实，腐败和滥用公权力的行为才是真正“严重危害社会秩序和国家利益”的，情节严重的无疑构成“危害国家安全罪”。从某种意义上讲，所有构成腐败类罪行或滥用公权力类罪行，情节严重的，都涉嫌构成“危害国家安全罪”，因为这些行为的确会导致动摇国家和政权根本的客观效果的产生，且当事人主观上并非不知此理。相反，运用各种表达方式行使言论自由权，揭露这些违法行为的做法，倒是公民积极履行宪法和法律上维护国家安全和公共利益的义务的正当之举。

国家安全和公共秩序不应当成为“少数腐败分子”掩盖其以权谋私的事实及证据的工具，这是解释相关法律条文时的当然之义。在涉及限制言论自由的相关刑事诉讼、行政诉讼和民事诉讼中引入公共利益抗辩，作为言论表达方当事人可以免除相关责任的依据，应是法律界和传媒界共同的当务之急。

四、“微笑局长”杨某舆论监督事件

◆ 事例简介

2012年8月26日，陕西省延安市发生特大交通事故，陕西省安全监察局党组书记、局长杨某赴现场进行处理，面对惨烈的车祸现场，其露出微笑。事故相关图

[1] 又称“存疑时有利于被告”原则，是指在刑事诉讼中遇到事实无法查清或查清事实所需成本过高的情况，依有利于被告的原则判决。

片在网络迅速传播后，引起了人们的普遍义愤。此后，杨某佩戴若干名表的照片曝光。随后，又有杨某对其收入作虚假陈述、有公民向陕西省财政厅申请公开杨某个人收入等事件。2012 年 9 月 21 日，陕西省纪委宣布，依据有关纪律规定，经陕西省纪委常委会研究并报经省委研究决定：撤销杨某陕西省第十二届纪委委员，省安监局党组书记、局长职务。

◆ 入选理由

该案如同 2012 年发生的诸多类似事件一样，显示出网络这种新媒介在揭露腐败方面的重要作用。而本事例最为突出的一点在于，这是广大网民纯粹基于人类的一般情感要求，对于当事人对他人生命之极端冷漠的态度，利用新媒体表达谴责的正义之举。

◆ 专家点评

郭镇之（清华大学新闻与传播学院特聘教授）：

这一事件提出的问题在于：如何实现体制内的反腐，以及法治化的反腐应该如何进行？

最初引起关注时，杨某是“微笑局长”，到后来又变成“表哥”[1]，这是一个偶然的转折，他的微笑和他后来被揭露出来的问题实际上没有必然性联系。本来不相干的事情是怎么样联系起来的？这反映出新媒介对于官员的监督是无影灯式的，姿态、着装等细节，都可能被群众捕捉到，并且同反腐联系起来。还有比较重要的一点是，少数网民具有专业性的调查和鉴别能力。

推动该事件的有两个重要因素。一是公众的人肉搜索和网络的互动交流。从舆论监督的意义上说，我个人觉得，人肉搜索是值得关注和保护的。二是大众媒介的导向和聚焦作用。大众媒介的介入实际上起到了促进群众关注的作用。在这次舆论监督成功的事件当中还有一个不可缺少的环节，就是官方的肯定和认可，使该事件得以持续地发展。

舆论监督的成功不仅需要公众的主动参与，公开的交流平台，还需要政府部门，包括法律机构的积极回应。

---

[1] “表”指名表，“表哥”是杨某佩戴多块名表的照片曝光后，群众对其的戏称。

宋全成（山东大学哲学与社会发展学院社会学系教授）：

对该事件，就我个人而言，有如下几个看法。

第一，杨某事件与舆论监督的结果，验证了社会学家安东尼·吉登斯[1]的结构化理论，实现了传媒的基本社会功能。安东尼·吉登斯从行动和结构的交织角度，对社会结构与社会互动的关系做了深入阐释，他认为社会结构的构成及其发展是社会化的过程，具有行动和结构的双重特征。即一方面，社会结构规定着人们的社会活动；另一方面，人们的社会活动也产生和再生出新的社会结构。尽管我国现有的体制约束着人们的社会行为，但人们通过网络监督官员的社会行为正在改变着中国的社会结构，使其向着民主化的目标迈进。

同时，该事件也表明，传媒发挥着两大十分重要的社会功能。美国政治家、传播学奠基人哈罗德·拉斯韦尔[2]曾指出，传播学具有三种社会功能："①监视环境，揭示那些会对社会及其组成部分的地位带来影响的威胁和机遇；②使社会的组成部分在对环境做出反应时相互关联；③传播社会遗产。"他甚至乐观地设想："在民主社会中，合理的选择取决于教养，而教养又取决于传播，尤其取决于领导者、专家和普通百姓之间能有相同的注重内容。"的确，该事件表明，传媒正在发挥着十分重要的社会功能。

第二，"微笑局长"杨某事件再次体现出了新型媒体——互联网在发挥舆论监督方面的巨大作用。无论是杨某在车祸现场的微笑照片，还是杨某佩戴各种名表的照片，都由公众通过网络发布出来，并且在网络上迅速传播。尽管在事件发生后，电视、报纸等传统媒体也纷纷报道此事，但网络媒体的传播速度和规模远远超出了传统媒体。由此可见，新型传播媒体——互联网已成为舆论监督的重要载体。

第三，尽管在现行的体制内也有各种防止腐败和公权力滥用的监督机制，但往往运行缓慢，而且因机制的不健全难以发挥应有的监督作用。在这种背景下，必须发挥媒体——无论是互联网等新媒体，还是报纸、电台、电视台等传统媒体的公正、客观的监督作用。

第四，政府部门及掌握公权力的领导干部，必须接受和高度重视媒体和社会公众的监督，及时响应媒体、舆论和社会公众的监督诉求。毫无疑问，媒体、舆论和

---

[1] 安东尼·吉登斯（Anthony Giddens），英国社会学家，是当今世界最重要的思想家之一。他在当代社会学领域做出了卓越的贡献，是约翰·梅纳德·凯恩斯（John Maynard Keynes）以来最有名的社会科学学者。

[2] 哈罗德·拉斯韦尔（Harold Lasswell），著名的政治学家，传记作家形容他为"犹如行为科学的达尔文"。

公众的监督，既给权力监督机关提供了反腐败的线索，又给权力监督机关以巨大的压力，迫使他们对公众舆论及时做出回应和交代。

第五，权力的眼睛——公众监督。在促进建立健全惩治和预防腐败体系的教育、制度、惩处、监督、纠风、改革六大要素中，监督最为重要。只有将公共权力置于舆论和公众的监督之下，使后者犹如监督权力的眼睛，才能从根本上防止权力的滥用和腐败的发生。

第六，从长远看，反腐败最终有赖于健全民主制度、完善法治，但公众舆论的监督，不仅可以让那些“不洁身自好的、失职渎职的、贪污腐败的”官员暴露在公众的面前，而且有利于促进中国的法治化和政治民主化进程。

第七，公权力是人民的权力，官员只是人民的公仆，代表人民行使权力，因此，其必须置于各种透明的制约机制、法规法制、舆论监督的约束力量之下，必须接受人民的监督。只有这样，才能使我国的公务员队伍更加健康，才能实现我国的政治民主化目标。

五、第二批非时政类报刊出版单位转企改制基本完成

◆ 事例简介

2012 年，平面媒体的改革继续深化。截至 2012 年 10 月底，3388 种应转企改制的非时政类报刊，已有 3271 种完成改革，占总数的 96.5%。这是在 2011 年 5 月，中共中央办公厅、国务院办公厅联合下发《关于深化非时政类报刊出版单位体制改革的意见》（本文以下简称《意见》）之后，新闻出版总署根据《意见》，对非时政类报刊出版单位体制改革提出总体时限改革的结果。虽然未按要求在 2012 年 9 月底前全面完成转企改制任务，但是改革目标已基本实现。

◆ 入选理由

非时政类报刊转企工作的基本完成，奠定了平面媒体继续改革的基础，同时这也意味着媒体从单一功能向多重功能演进。这一情形还带来了需要人们进一步思考的问题：新闻出版管理改革的路径和方向如何进一步明晰；媒体在转为企业、实行商业化之后，在单级的产权制度下，如何确保其更好地履行社会责任。

◆ 专家点评

魏永征（时任中国传媒大学媒体法规政策研究中心总顾问、教授）：

这个事件可以说是发生过两次：2012 年 10 月 24 日，文化部[1]部长蔡武向人大常委会作报告，宣布全国有 3388 种应该转企的非时政类报刊，其中已经有 3271 种完成改革任务，占总数的 96.5%。还有一次是党的十八大期间，中宣部副部长、中央文化体制改革领导小组办公室主任孙志军在党的十八大第三场记者会上做了同样的宣布。两次宣布的级别相同，但是提法有不同：蔡武部长说的是国有经营性文化单位转企改制任务全面完成，而孙志军副部长是肯定文化体制改革阶段性任务基本完成。

非时政类报刊转企体制改革最早来自党的十六大报告，把“文化事业”和“文化产业”分开，正式提出文化体制改革。然后是中共中央办公厅、国务院办公厅出台了 2003 年第 21 号文件，提出要进行转企体制改革。2003 年 6 月，正式展开文化体制改革试点，有 35 家单位进行试点，其中有 8 家报业，4 家报业集团，4 家报纸。2003 年 10 月 21 日，党的十六届三中全会决定对区分文化事业单位和文化产业单位做出了规定。到 2004 年，中国证券报社和电脑报社转为企业。2005 年 4 月，中国保险报社整体改制为中国保险报业股份有限公司。2005 年，中共中央办公厅、国务院办公厅联合下发的第 14 号文件，正式提出了一般的出版单位和文化、艺术、生活、科普等报刊社（现简称为非时政类报刊）要逐步转为企业。此时，非时政类报刊转企体制改革作为正式的任务向全国推行。2009 年，新闻出版总署发布了《关于进一步推进新闻出版体制改革的指导意见》，开始部署转企。2011 年，中共中央办公厅、国务院办公厅出台了第 19 号文件，正式对非时政类报刊转企做出全面部署，即所谓第二批新闻网站的转企改制。自 2011 年到 2012 年，我们已经基本完成了非时政类报刊转企的任务。

我曾说过，对我们新闻媒体的改革无论是忧虑或期待都是不切实际的。转企的任务完成以后，我们报刊本身的定位和它的任务有没有什么变化？我的看法是，我们还是在原来赋予的性质和任务，以及方向上坚持不变。所以转企的任务完成后，报刊仍保持其原本被赋予的性质，其任务不变，方向上也坚持不变，坚持“党管干部，党管

[1] 2018 年该部改名为文化和旅游部。

媒体”，确保正确的政治方向。

再就是准入问题。报刊转企后，其资本性质并无变化。在中共中央办公厅、国务院办公厅联合下发的2005年第14号文件中，明确规定要坚持国有独资和国有绝对控股，实行特许经营或许可证管理。按照这个文件制定的《国务院关于非公有资本进入文化产业的若干决定》，规定了非公有资本不能投资设立和经营通讯社、报刊社、出版社、电台、电视台等。中共中央办公厅2008年第27号文件规定了要强化报刊主管主办单位的职责，这也就是我2011年解读修订《出版管理条例》的重要依据。

在结构上，中共中央办公厅2011年第19号文件提出，在深化非时政类报刊单位体制改革的过程中，要鼓励和推动以党报党刊所属的非时政类报刊及实力雄厚的行业报刊出版单位为龙头，培育形成一批大型的综合性或者专业性报刊出版传媒集团公司。

阚敬侠（时任中国记协国内部维权服务处正处级调研员，现任中国记协国内部副巡视员）：

关于这个问题，我认为以下几个方面是值得注意的。

第一，尚未完成转企改制的非时政类报刊中，主要是中央的部委机关报，后者只有少数几家实行了转企改制，因为许多部委的行业报转企改制时遇到了很多难题。例如，有的报社负债数千万，单位职工很多没有缴纳社保。作为央企的报社进行转企改制后，职工可能就不再是国家干部身份，这个变化也是关系职工现实利益的问题。在非时政类报刊改制过程当中，地方党报的农村报是否要转企改制及是否划到非时政类报刊中也是难以解决的问题。

第二，关于进入市场后报刊如何把握导向的争论。在新闻界，对于非时政类报刊转企改制，存在一些争论。有些人认为，非时政类报刊转企改制是媒体走向市场化，将对舆论导向的把控带来一定的危险或者难题。有些人对转企改制仍然持观望态度。最近，中宣部下发《关于贯彻党的十八大精神 切实改进文风的意见》指出，要避免“千报一面”，报纸要办出自己的特色。我想这对关于市场导向的争论是一种化解。中央坚定地推动报刊体制改革，希望他们能够更好发挥自己的特色。

第三，关于新闻工作者的切身利益问题。非时政类报刊转企改制过程当中，可能被注意到的是其对中国文化体制改革、新闻体制变革的意义。但可能很少有人关注到新闻媒体，特别是新闻工作者的切身利益的问题。据了解，在转企改制的过程当中，可能存在部分新闻工作者的利益受到损害的情况，如工资、社会保险、退休金等减少或缺乏前期补偿支付等情况。

第四，为了适应非时政类报刊体制转变，要改变新闻宣传管理方式。在此过程中，对逐渐进行市场化经营的媒体，党管媒体的基本制度是不变的，但具体的管理方式可能将面临改变。市场化经营的媒体可能会更少考虑社会效益，更多考虑自己的商业利益，在此情况下，可能会放弃原本应该坚持的社会责任。在这个方面，我认为对媒体的管理应该更多地重视社会责任、媒体行业自律等方面。

六、国家广播电影电视总局因《棒棒棒》节目处罚江苏教育电视台

◆ 事例简介

原江苏教育电视台竞猜节目《棒棒棒》中某一期在制作过程中出现嘉宾不当言表问题，该片段被现场网友上传至网络。2012 年 11 月 28 日，国家广播电影电视总局发出通知要求江苏教育电视台停播《棒棒棒》节目，同时声明严禁有丑闻、劣迹者发声和出镜。该通知认为，江苏教育电视台违反《广播电视管理条例》，罔顾媒体社会责任，为丑恶言行提供舞台，造成恶劣社会影响，应当受到严厉谴责。其擅自改变频道定位，违规制作播出低俗娱乐节目，明显违反法规规定。而且其对录制现场的恶言丑行不加制约，致使粗俗视频在网上流传，违背了媒体职业道德，败坏了媒体形象。与此同时，国家广播电影电视总局新闻发言人表示："国家广播电影电视总局已责令立即停播《棒棒棒》栏目。总局正对这一事件作深入调查，近日将依法依规作出进一步严肃处理。"2012 年 12 月 28 日，国家广播电影电视总局通报，被停播整顿的江苏教育电视台并入江苏电视台，开办江苏电视台教育频道，该频道于 2012 年 12 月 29 日零时正式开播。

◆ 入选理由

对庸俗节目的自律和管制是世界各国对广播电视节目进行规范的重要内容。在我国，制作和传播"三俗"内容不符合广播电视"正确舆论导向"的使命，不符合社会主流伦理道德，这也是国家广播电影电视总局的处理决定获得舆论肯定的原

因。本事例引发了我们对于媒体管制中一些基本问题的思考：网络内容与广播电视内容管控是否应该有同样的标准？如何界定“三俗”内容标准？如何认识程序正义与实体正义的关系？这些问题的解决既关乎媒体社会责任是否能够被切实履行，又关乎公权力是否能够被依法行使，从而更好地保护公民、社会组织的权益。

◆ 专家点评

陈欣新（中国社会科学院法学所研究员）：

“庸俗、低俗、媚俗”被称为“三俗”，业界和群众虽然都能明白其所指对象，但具体的认知差异极大。如果要将其纳入法制之中，就必须赋予其准确、合理的法律含义和界定标准，否则谈不上符合“法治”标准，实践中也无法操作，难免沦为笑柄或滥用公权力的工具。从许多国家的法律看，其从保护青少年的角度，对某些领域设置了较为严格的限制，但对于以成人为消费对象的文化商品，则限制不多。此外，基于对社会公德的维护或对宗教、习俗的尊重，也做出了相应限制，但目前我国有关部门所指的“三俗”在内涵和外延上存在明显差异，不能简单照搬其他国家的相关限制性规定。

电视电影分级制度在我国尚未确立，法律上也没有相关的规范以区分未成年人与成年人的消费界限，导致了以下难题：如果以未成年人的标准对待成年人，则成年人的文化权利就会受到不合理的限制；如果以成年人的标准对待未成年人，则未成年人的心智就无法健康发展；而如果采取折中标准，则必然导致“两伤”。因此，从依法监管电影电视内容，保护不同人群的正当权益出发，有关部门应当会同行业组织，在征求不同方面意见的基础上尽早建立符合现阶段中国国情的电影电视内容分类监管制度。

在网络领域的音像类或动漫类内容的监管方面，就保护未成年人合法权益而言，与其他领域并无本质性区别，其监管标准是一致的，只不过对其所采取的具体限制方法，可以按照法律与技术相结合的思路予以确定。

李丹林（时任中国传媒大学媒体法规政策研究中心主任、教授，现任中国传媒大学文化产业管理学院文化法治研究中心顾问委员会主任、教授）：

国家广播电影电视总局处罚原江苏教育电视台，获得了少有的舆论较为一致的好评，这反映出当下媒体“三俗”内容之恶俗到了令许多人无法容忍的地步，国家广播电影电视总局的处罚决定，被认为深得民心。

而作为专业人员，在公众欢呼的时候，我们要思考的是，在国家广播电影电视总局多年来一直强调媒体的正确舆论导向，一直在不断制定、下发各种带有“严禁”“进一步加强”“重申”“管理”“限制”等字眼的规范性文件和命令的情况下，同时还有严格的制作、播出、播后审查环节的管控制度的情形下，为什么在距2011年刚刚生效的《关于进一步加强电视上星综合频道节目管理的意见》实施只有几个月的光景的时候，就有这样的事情发生？一个教育电视台如何还能够如国家广播电影电视总局在其通知所描述的那样，邀请有丑闻劣迹的人做节目嘉宾，对录制现场的恶言丑行不加制约，任其放肆，致使粗俗视频网上流传，放大了丑恶现象，违背了媒体职业道德，败坏了媒体形象。

从一个教育电视台的定位与职责来看，它制作这样的节目，如果不被处罚，或许还会播放，确实完全失去了一个教育电视台应有的责任感。

借鉴发达国家经验，并吸纳其教训，以下几个方面应作为建设的重要内容。

第一，无论是国家行政主管部门，还是行业自律机构，都应该有较为细致和科学的内容规范标准。纵观国家广播电影电视总局处罚江苏教育电视台所依据的规范——《广播电视管理条例》，除了原则性的规定，几乎没有任何具体标准。

第二，互联网和广播电视应该区别对待。从我们现有的制度和内容管控标准来看，网络与广播电视方面并没有区别。这里简单介绍英国主管通信行业的通讯办公室对于广播电视监管遇到类似情形的做法。首先，通讯办公室有一套非常便利公众进行投诉的机制。每两周，通讯办公室的网站会将其接到的投诉超过10人的广播电视节目予以公布，公布的内容包括播放节目的媒体、频道、节目的名称、播放时间、投诉理由。接下来，通讯办公室会对这些节目进行分析研究，根据通讯法和广播电视节目规则判断该节目是否违反了规定。之后会让涉嫌违反规定的被诉人提出答辩。然后通讯办公室会综合各种情况做出处理，如果构成违反相关规定，就做出处罚决定。并将处罚结果向社会公示。公示内容包括被处罚人情况，被处罚节目播放情况，通讯办公室认定的情况，被处罚人的答辩理由，通讯办公室处罚的理由和根据及采取的具体处罚措施。英国的做法，虽然不可照搬，但能给我们一定的启示。

总之，国家广播电影电视总局对原江苏教育电视台的处罚，能够为电视荧屏带来一股清新之风，但是对由此带来的问题的思考，以及对今后制度建设的改进完善，才能有助于荧屏长久的净化与品位的提升。这或许就是本事例能够入选的原因。

七、“药某诉张某名誉侵权案”作出终审判决

◆ 事例简介

2012年11月30日，西安市中级人民法院对药某诉张某侵犯名誉权案做出二审判决，判决驳回药某的上诉请求，维持原审判决。此案源于原告药某之子故意杀人案，作为本案的被害人的诉讼代理人，张某原创和转发的微博与博客内容涉及对刑事被告人之父的家庭信息的失实传播及人格贬损。2011年8月4日，药某以张某侵犯其名誉权向西安市雁塔区人民法院提起诉讼。2012年7月，法院作出一审判决，认定被告行为构成侵权，判令被告立即停止侵权、赔礼道歉，消除影响，并支付原告精神损害抚慰金1元。原告则以一审判决对被告的侵权行为未予全面认定、惩戒力度较小等为由提起上诉。二审法院经审理认为，原审判决正确，应予以维持。

◆ 入选理由

一个好的判决是要注重符合民族情感、舆论要求，还是要注重依据法律规范和事实，不同的司法制度和司法理念会有不同的秉持和侧重。该案与引发该案的一审原告之子故意杀人案，典型地体现了上述两种不同的情形。无论是媒体舆论对前案的影响，还是借助新媒体对该案当事人带来的影响，媒体与司法的关系，以及这种关系对保护公民权益带来的意义，都促使人们从传媒法律的角度来思考相关问题。该案自身的意义还在于，其确定的在新媒体环境下发生的责任人承担侵权责任的方式和途径，具有一定的开拓价值，围绕该案发生的媒体报道与网络信息传播，对建构理性宽容社会也具有积极意义。

◆ 专家点评

李昊（中南财经政法大学法学院教授）：

和其他案例相比，该案本身并没有特别大的特殊性，最大的特殊性就是因为原告药某之子故意杀人案，这个身份使得这个案子受到了太多的关注。从案件本身的审理来说，其实没有太多特殊的地方。从零星的媒体公布的判决书的内容来看，法官所做的判决是到位的。比如，一审法院认为，被告张某作为网络认证的公众人

物，采用自行书写或者转载他人的微博等对原告进行诽谤，使原告受到损害。这种裁判意见其实跟普通的侵权案件的表述没有特别大的区别，仍然采用的是传统的侵权法律规范，如《中华人民共和国民法通则》（以下简称《民法通则》）[1]第101条、第106条及第140条，《侵权责任法》第6条第1款、第2条及第36条第1款等。

从名誉侵权构成要件上看，一审法院法官的裁判意见值得认真对待。在案件中，张某抗辩说药某起诉纯粹是化解压力、解开心结，但是法官没有采信。药某自身是什么动机，对案件没有任何影响。即使药某是药某鑫的父亲，也不应该受到儿子的牵连。法官在该案中并没有让舆论影响判案结果，这是值得称赞的。

该案的亮点，除了涉及药某本人的特殊身份，还涉及以微博和博客为平台的侵权方式，但判决对于微博和博客侵权的特殊性其实没有给予过多地强调。关于利用微博和博客侵权和普通侵权的区别，我个人觉得体现在以下几个方面。①网络有匿名性。张某的微博下就有许多回帖，对没有采用实名认证，其中也实行了诽谤的用户要不要认定名誉侵权？网络的匿名性会导致加害人认定存在困难。②网络服务提供商本身的责任。张某借助网络进行诽谤，那么网络服务提供商要不要和张某本人承担连带责任？我们需要再进一步思考。③网络转载行为的特殊性。网络转载行为本身应不应该构成侵权行为？转载人要尽到何种审查义务？转载人和被转载人是否需要承担连带责任？对这些问题该案判决并没有充分表达。我们应当认识到，实行网络转载的行为，特别是博文转载时，转载人也要尽到一定的审查义务，但这种义务不能过于严厉，因为网络本身需要有言论表达的空间。

该案的亮点还在于侵权赔偿的认定。在该案中，药某于2011年9月5日增加了两个诉讼请求：①张某刊登不少于3000字的声明；②赔付精神抚慰金1元。二审法官基本上支持这些请求。这种做法很恰当，和最高人民法院《关于审理名誉权案件若干问题的解答》中表达的“消除影响范围和侵权不良影响的范围相当”的意见一致。同时，该案也承认了侵权法中所谓的“名义上的损害赔偿”。将来在司法实践中，精神损害赔偿也可以考虑通过这种名义上的赔偿来实现抚慰作用。

[1] 该法已被《中华人民共和国民法典》取代，现已失效。

八、最高人民法院发布《关于审理侵害信息网络传播权民事纠纷案件适用法律若干问题的规定》

◆ 事例简介

2012年11月26日，最高人民法院通过了《关于审理侵害信息网络传播权民事纠纷案件适用法律若干问题的规定》，该规定于12月26日正式公布。该规定共16条，对审理涉及信息网络传播权纠纷案件进行了规范，并于2013年1月1日开始实施。该规定首先明确了审理侵害信息网络传播权民事纠纷案件要遵循的原则，界定了信息网络的范围，同时，对侵害信息网络传播权行为的构成，网络服务提供者的过错、教唆侵权、帮助侵权，“明知”“应知”的判定标准都做出了具体的规定。同时，对人民法院关于此类案件的管辖和法律适用等问题也做出了规定。

◆ 入选理由

互联网的兴起，产生了如何协调网络服务提供者、著作权权利人、公众的利益关系的问题，这一问题成为全球范围内著作权立法与司法探索的焦点。随着媒介融合的不断扩大和加深，网络服务提供者不再是单纯的计算机网络。该规定的内容，体现了我国审判机关经过多年探索，在整个信息网络领域，对于协调平衡三者关系较为成熟的把握，表明了在一定程度上保护和促进信息网络产业发展的价值取向。

◆ 专家点评

张雪松（时任北京市高级人民法院民事审判第三庭副庭长，前中伦律师事务所合伙人）：

2006年5月，国务院颁布了《信息网络传播权保护条例》以后，网络技术的发展应该说还是非常迅猛的。与发展的技术相适应，网站推出了许多应该说令人非常眼花缭乱的、适应网民需求的一些经营模式。因此导致涉及网络环境下的侵权问题不断翻新，层出不穷。从我们自己的感觉来看，相关的纠纷越来越多，而且感觉这个问题一个接着一个，好像根本没有一个喘息的机会，这是作为一线法官的一些体会。

2012年11月26日通过的最高人民法院《关于审理侵害信息网络传播权民事

纠纷案件适用法律若干问题的规定》对网络环境下的著作权保护具有非常重要的意义。可以说，它是继国务院《信息网络传播权保护条例》之后最重要的规范性指导意见。从案件类型和数量来看，全国法院受理著作权保护的案件远高于其他的像专利、商标权等案件，大概能占到民事案件总数的60%，在一些基层法院，如北京的基层法院，基本上能占到民事案件总数的90%。从其本身的分类来看，涉及网络的又大概超过该类案件总数的60%。因此，该司法解释的出台一定会对加强我国整体的著作权保护水平起到非常重要的作用。

该司法解释的出台弥补了《侵权责任法》《中华人民共和国著作权法》（以下简称《著作权法》）和《著作权法保护条例》原则的问题，适应了形势的发展，同时具有非常强的实践操作性。因此，它在指导司法审判的同时，也为互联网企业和广大的网络用户进一步明晰了侵权与否的界限，可以充分发挥其互联网环境下对著作权保护的作用，引导我国建立更加清朗的网络环境。关于该司法解释的内容，其中许多规定来源于法院做出的判决，是对审判经验的总结，没有新的值得推崇的内容，但其中有三点令我印象深刻。

第一，该司法解释区分了作品提供行为和网络服务提供行为，这对区分网络环境下著作权保护的责任体系具有非常重要的意义。对于网络环境下的著作权保护，信息网络传播行为的界定是最基本的问题。这些年来，主流观点认为，信息网络传播行为就是在信息网络环境下提供作品的行为，其中"提供"指的是将作品上传或者是以其他方式置于向公众开放的网络服务器中，除此以外的提供网络服务的行为均不属于信息网络传播行为。但是，随着相关技术的发展，不经过服务器的存储或者中转，通过文件分享也可以使相关作品置于信息网络之中。因此，以过去的标准来界定信息网络传播行为已经脱离技术的发展。基于此，该司法解释将信息网络传播行为的概念做了扩大解释，以"是否直接提供作品"的法律标准，取代了原先的"服务器"标准。将信息网络传播行为区分为作品的提供行为与其他的信息网络传播行为。所谓的"其他的信息网络传播行为"，指的是以技术、设施提供网络中间性服务的行为，是一种提供服务而非直接提供作品的行为。在做出这种区分的基础上，又做出了直接侵权和间接侵权的划分。

第二，定义了网络服务提供者间接侵权的行为，即不得"引诱和怂恿"，这具体表现为某些网站奖励积分的行为。帮助侵权则是在侵权行为已经存在的情况下，网络服务提供者已经明知或者是应知其存在，没有采取删除、屏蔽等措施。前者一般为直接侵权发生之前的怂恿和引诱行为，后者一般是直接侵权发生之后的行为。但从近年来的实践来看，认定教唆侵权的难度很大，此类案件非常少，因为这可能涉及对网站经营模式的判断。某些外国法院认定此种经营模式是非法的，由此判决关停网站，这种情况在中国很少出现。事实上，网络服务提供者或多或少会鼓励网络用户更多地上传，提供作品、表演或者是制品等。鼓励方式有提供技术便利，也有精神上的鼓励。但是，能否认为这种鼓励是一种教唆侵权行为？我认为这将是该司法解释及司法实践面临的非常棘手的问题。

第三，特别重要的是，该司法解释贯穿着利益平衡原则，这对今后的网络著作权保护具有重要的指导意义。因为该司法解释第1条就非常明确地指出，人民法院审理侵害信息网络传播权民事纠纷案件，在依法行使裁判权时，应该兼顾网络用户、网络提供者和社会公共的利益。对于网络用户，由于其行为比较隐蔽，追究其责任并不现实，也不经济。现在，可能有涉及软件最终的使用者的判例，但涉及具体的网络用户的判例还没有。而对于网络服务提供者，一些大网站客观上为侵权提供了便利，并从中受益，使权利人利益受损。因此，实践中最关键的一点是如何依法公正地界定网络服务提供者在何种情况下要承担侵权责任。如果对其要承担的责任要求过严，势必阻碍网络产业，甚至知识经济文化产业的发展。而如果对网站要求过宽，不利于保护权利人的利益。因此，该司法解释平衡了三者的利益关系，符合国际上普遍的认识和做法，其对今后法院裁判著作权纠纷案件的重要作用是不言而喻的。从网络著作权保护司法实践十几年的历程来看，自1999年北京市海淀区人民法院受理第一件网络著作权纠纷案件以来，网络技术的发展和经营模式飞速变化。但我感觉，目前关于著作权侵权案件的裁判标准已经越来越清晰了，并且逐渐形成共识，这个司法解释的出台就是一个最好的事例。

刘文杰（时任中国传媒大学法律系副教授，现任中国政法大学比较法学研究院教授）：

该司法解释是一个稳健的、综述性的司法解释，它具有三个特点。

第一，补充了美国《数字千年版权法》中有而我国《信息网络传播权保护条例》里面没有的规定。研读本司法解释可以发现，最高人民法院似乎注意到了这一点，将美国《数字千年版权法》中存在而我国《信息网络传播权保护条例》缺失的内容补上了。该司法解释第9条的第四五六项，在内容上同美国的法条比较相似，但美国《数字千年版权法》把这3项中规定的内容作为进入避风港的前提，而该司法解释将其作为判断网络服务提供者是否构成“应知”的考虑因素。

第二，吸收了各级法院的审判经验和各省高级人民法院的规范性文件里所确立的规则。比如，该司法解释的第5条，关于网页快照缩略图的规定，采用了市场替代的标准，似乎是对相关判决和北京市高级人民法院《关于网络著作权纠纷案件若干问题的指导意见（一）（试行）》（以下简称《指导意见》）的完整采纳；该条关于网络服务提供者是否构成应知的考虑因素的规定，应该是对相关的判决，即北京、上海、浙江等多地的法院的判决和上述《指导意见》的第16条、第19条、第20条，浙江省高级人民法院《关于审理网络著作权侵权纠纷案件的若干解答意见》第30条等规定的采纳。

第三，采纳了我国著作权法学界的若干理论，其中最重要的就是对直接侵权和间接侵权二元说的采纳。直接侵权一般是指未经版权人许可，也没有法定许可事由而实施应受著作权人控制的行为，这是我国著作权法理论界的通说。该司法解释的第3条就采纳了此种理论。而所谓间接侵权是指以过错为要件的教唆、引诱他人的侵权，这体现在该司法解释第7条。互联网领域版权侵权的间接侵权理论也是从美国《数字千年版权法》借鉴而来的，但美国《数字千年版权法》除了上述两种侵权形式，还存在一种替代责任，即有权利和能力控制侵权行为，却从侵权行为中获得直接经济利益，这是一种不以过错为要件的侵权类型。这在我国的司法解释中没有被明确规定，但该司法解释的第4条，包括上述《指导意见》的第4条非常类似于美国《数字千年版权法》中的替代责任。

顺带要说的是，我国著作权法在体系架构上属于大陆法系，但在解释上往往偏向普通法系，这是一个很有趣的现象。

总结一下，新出台的这个司法解释是一个稳健的、综述性的司法解释。稳健是对既有的审判实践和各省高级人民法院已经确立的规则的一个归纳，这是一件好事，当然也会留下遗憾，如在上述《指导意见》中，已经有对技术保障措施的限制的规定，但司法解释则付之阙如。

九、作家维权联盟成员诉苹果公司等侵犯著作权系列案件作出一审判决

◆ 事例简介

2012年12月28日，北京市第二中级人民法院对“作家维权联盟成员诉美国苹果公司等侵犯著作权案”系列案件中的部分案件作出一审判决，判决认定苹果公司构成侵权。法院阐述判决理由时指出，苹果公司作为综合性的网络服务平台苹果商店（App Store）的运营者，对苹果商店网络服务平台具有很强的控制力和管理能力，其通过苹果商店网络服务平台对第三方开发商上传的应用程序进行商业上的筛选和分销，并通过收费下载业务获取了可观的直接经济利益，故对苹果商店网络服务平台提供下载的应用程序，应负有较高的注意义务。在本案中，苹果公司未适当履行其注意义务，故对于涉案应用程序的侵权，应承担相应的法律责任。

◆ 入选理由

该案中，法院关于被告应承担侵权责任的判决理由，相对于此前针对同一被告的同类型案件，有一定的不同，此前的相关判决认定被告行为构成共同侵权，该案则认定为“未适当履行其注意义务”。这种变化意味深长。这表明我国司法机关为协调平衡权利人、信息网络、公众之间的利益关系作出了努力，同时给予信息网络产业以相应的发展空间方面，达到了一种较为成熟的状态。

◆ 专家点评

续俊旗（时任工业和信息化部电信研究院知识产权中心主任，现任英特尔（中国）有限公司法律政策总监）：

理论上说，苹果公司作为平台的服务提供者，它不知道，也不可能知道这种应用程序涉及著作权侵权的内容，从而承担应有的责任。但法院认为苹果公司作为运营者，其对平台具有很强的控制和管理能力，并且通过收费下载业务以三七分成的方式获得分成。因此，苹果公司应对其平台上的应用程序下载业务负有更高的注意义务。

我个人认为，在信息网络传播权保护方面，如果平台服务提供者从平台的应用

程序下载业务中获得了直接的经济利益，不应该适用避风港原则，而是应该承担更多的法律责任，如采取一定的预防侵权的合理措施。在此案件中，苹果公司没有证明它已经采取了非常充分的，或者说合理的但仍然不能避免侵权的措施。

关于案件的管辖权，因为互联网的特点就是“一点接入，全网服务”。网络的无地域性、无国际性是我国管理及互联网著作权司法实践中所面临的现实难题。苹果公司认为，其注册地在美国，应该由美国的法院来管辖。但是中国法院认为，根据中国的法律规定，网络著作权侵权诉讼由侵权行为地或者被告住所地法院管辖。侵权行为地既包括发生地，也包括一些侵权行为的网络服务器、网络终端的所在地。难以确定侵权发生地时，可以由计算机终端所在地或服务器所在地，该案正是如此。这实际上与最高人民法院《关于审理涉及计算机网络著作权纠纷案件适用法律若干问题的解释》不谋而合，该司法解释规定，对侵权行为地或者是被告住所地难以确定或者在境外的，可以按照发现侵权内容的侵权终端所在地对人民法院实行管辖权。这也就是说，对于侵权服务地在国外的，权利人在我国提起诉讼，其合法权益也会获得保护。

总的来看，该案件具有标志性的意义。随着应用平台的广泛使用及应用侵权事件的发展态势，适当强化应用网络平台提供者的义务，细化侵权责任的承担标准，对保护网络环境下著作权人的合法权益是非常必要的。而如何平衡保护著作权人的合法权利与不对平台服务者施加过重负担两者之间的关系，则需要考验司法者的智慧。

许炜（时任国家版权局法规司行政复议处副处长，现任国家版权局版权管理局社会服务处处长）：

近年来，特别是我国 2006 年颁布《信息网络传播权保护条例》以来，人民法院一直通过个案探索关于互联网开放平台、服务商的注意义务的边界，目前这个边界正在逐渐清晰化，“作家联盟诉苹果公司侵权案”即是一个典型的案例。该案中，法院认为苹果公司对苹果商店具有强大的控制力和管理力，并从中获得了直接收益，因此其承担的义务应与收益对等和匹配。人民法院这种探索对权利人维护其合法权益和技术服务商开发、运营和创新其商业模式具有明确的指引作用。同时，近年来类似案件也反映出一个普遍性问题，即网络内容服务提供商与技术服务提供商之间的界限开始模糊，因此在实践中我们要更加灵活地、与时俱进地适用相关法律规定，平衡好各相关方的利益。

关于互联网开放平台的问题。数字和网络技术的迅猛发展和广泛使用带来了很多新问题。比如，平台方与开发方之间怎么进行利益分成？平台服务商有强大的数据流，强大的客户信息资料，这些数据流和信息资料在商业运营过程当中如何提供给那些第三方的开发商，用作何种用途？长期以来，基于我国网民多年形成的免费消费习惯，我国的互联网商业模式与其他国家或地区可能还有差异。显然，互联网的产业化与一国的发展阶段、法制环境、消费习惯、内容服务商及技术服务商的商业化程度等因素密切相关。但无论如何，一个行业或者产业要做大做强，必须兼顾各方利益，实现各相关方利益的总体和动态平衡。这对立法者和司法者是巨大的挑战和考验。虽然我们和世界上很多国家或地区在互联网商业模式上有差异，但在平衡相关利益方的问题上，我们与全世界站在同样的起跑线上。

关于技术发展与版权制度的关系。从历史来看，版权制度的更新和发展一直是技术在推动，技术革新使得版权客体和内容不断扩张，由此形成了新的产业生态。从我国情况来看，有两个数字令人印象深刻。第一个是我国著作权案件的数量。2001 年刚加入世界贸易组织时，我国的知识产权案件大概有 5000 多件；10 年后，我国的知识产权案件数量大约有 5.9 万多件，其中 3.5 万件是著作权案件。著作权案件显著增加是我国文化体制改革的深入推进、数字技术和网络技术的迅猛发展、我国法制环境日趋良好等多种因素共同作用的结果。第二个是我国版权产业的规模。根据中国新闻出版研究院的调研统计（按照世界知识产权组织相关统计口径和方法进行），2009 年中国版权产业的经济贡献率占 GDP 的 6.55%，同年美国版权产业的经济贡献率约占 GDP 的 11%，从产值上看，我国版权产业的总量约为美国的 1/4，因此，我国版权产业还有非常大的发展空间。

十、全国人大常委会通过《关于加强网络信息保护的决定》

◆ 事例简介

2012 年 12 月 28 日，第十一届全国人民代表大会常务委员会第三十次会议通过了《关于加强网络信息保护的决定》，该决定自公布之日起施行。其主要内容是，规定国家保护个人电子信息，网络服务提供者、国家机关和其他企业事业单位对于保护个人电子信息的义务和责任，网络服务提供者为用户办理网站接入服务，办理固定电话、移动电话等入网手续，或者为用户提供信息发布服务，应当在与用户签订协议或者确认提供服务时，要求用户提供真实身份信息，即网络实名制。

◆ 入选理由

公民的个人信息数据需要保护，否则便会处于个人信息被滥用的无尽烦恼之中。公民的言论自由需要保护，寒蝉效应是言论自由的无形杀手。作为最高立法机关颁布的此项决定，网络实名制这柄双刃剑，无论带来的是喜还是忧，都会对公民的日常生活和政治生活带来重大影响。

◆ 专家点评

刘德良（北京师范大学法学院教授）：

我认为，该决定主要有三个方面的内容：一是个人信息保护；二是实名制；三是涉及关于垃圾信息规制的问题。从名称来看，尽管其名为《关于加强网络信息保护的决定》，但实际内容，除了第 5 条和第 6 条，都是涉及个人信息滥用方面的规定。实际上，该决定的第 5 条、第 6 条才是其核心，即实名制。

该决定用了“电子信息”的概念，实际上应当是“个人信息”，这在立法的时候，可能是一个问题。

而如今我国对于个人信息保护的观念是存在问题的。该决定的内容，特别其中关于隐私的概念，存在很大的分歧。我认为应当对个人信息进行区分。一类个人信息可以被他人知道，知道本身不会对我们造成任何损害，损害是后续的滥用，如家庭住址、工作单位、手机号码的滥用。此类信息在正常的社会交往活动中产生，正常的利用不会对我们造成任何的损害。法律要做的是防止滥用，防止买卖。还有一类信息，不仅不能滥用，不能买卖，被他人知道后将对个人的尊严产生严重的影响，从传统观念而言，这是隐私。《民法通则》没有关于隐私的观念，我认为很好，因为隐私在不同学科、不同语境下有不同的含义，如果不加区分，都纳入法律，肯定会导致认知混乱。

因此，我赞成回归我国传统的隐私观念，对于上述我认为的隐私，防止其扩散，而对隐私之外的个人信息要防止滥用、买卖。

隐私之外的个人信息，与公众的言论自由密切相关。对此，欧洲的极端个人主义的隐私观不利于言论监督。该决定与我国的网络反腐制度、实名制密切相关。如果按照欧洲的极端个人主义的隐私观来理解该决定第 5 条和第 8 条，不利于网络反腐。对于个人信息保护，该决定的第 9 条作为起诉依据，但诉由却是人格权，这有悖大陆法系对人格权和财产权的区分。

就理论而言，现行的这种人格权利的观念，恰恰是导致个人信息买卖、滥用的根源。如果继续采用人格权的这种保护理论，不仅不能够达到遏制买卖和滥用个人信息行为的效果，还将客观地起到帮助作用。因为人格权受到侵犯以后，受害人可以寻求的救济方式是停止侵害、恢复名誉，消除影响、赔礼道歉等，然而，受害人的维权成本非常高，甚至其起诉很可能不被受理。而对于买卖的人而言，却不需要承担财产责任。而遏制侵权，势必要加大侵权成本，加大侵权行为的成本的必然前提是侵犯对象是财产权益，而不是人格权益。因此，现今的人格权利的保护观念客观上不利于受害人维权，而且会帮助非法买卖和滥用个人信息。该决定第 7 条对垃圾信息的规定同理。在美国，发送垃圾短信或者打骚扰电话，行为人不仅在公法上要承担责任，私法上也被认定为侵犯财产权益，而从大陆法系而言，到底侵犯了何种财产权益？就是对信息存储空间享有的权利，如手机内存。因此，在未来解决这个问题的时候，必须要承认信息存储空间的独立财产权益。发垃圾短信，打骚扰电话此类行为，如果对我们安全造成损害，可以认定为侵犯人格权，但同时要有侵犯财产权益的认定，否则不仅不利于受害者维权，反而会帮助侵权者。

该决定的立法目的是保护国家、公民利益，而个人信息买卖涉及对个人信息商业价值的侵犯。个人信息商业价值是一般的财产权益，严格而言与公共利益没有太大的关系。但该决定第 6 条关于实名制的规定，可能与公共利益有关系。

第三章　2013年度中国传媒法典型事例评析

编者按

2014年1月11日，2013年度中国十大传媒法事例发布会暨学术研讨会在中国传媒大学举行，此次活动由中国传媒大学媒体法规政策研究中心、北京市律师协会传媒与新闻出版法律专业委员会主办，北京市律师协会信息网络法律专业委员会、北京市律师协会著作权法律专业委员会、北京中视瑞德文化传媒有限公司协办。时任中国传媒大学媒体法规政策研究中心主任李丹林教授公布了2013年度中国十大传媒法事例。这十大事例由来自各大著名高校、科研机构、行政主管部门、司法机关及媒体的传媒法专家学者、资深实务界人士组成的评审委员会评出。

在学术研讨会上，来自工业和信息化部、中华全国新闻工作者协会、北京市律师协会、中国国际广播电台、中国人民大学、清华大学、中国社会科学院、北京师范大学、山东大学、中国政法大学、北京外国语大学、中国传媒大学等10多家单位的20多名专家学者，围绕这十大事例进行了精彩点评和热烈讨论。

截至2013年12月25日，主办方从中国传媒大学媒体法规政策研究中心建立的传媒法事例库收集的900个事例中筛选出53个典型事例，加上从向全社会征集的12个传媒法事例中筛选出的3个典型事例，以及评审委员会专家推荐的3个事例，共计59个，交由评审委员会投票选出20个入围事例，随后召开评审委员会会议，根据专家评选结果，最终确定了2013年度中国十大传媒法事例。

一、国家网信办等部门打击利用互联网造谣传谣行动

◆ 事例简介

2013年4月12日，国家网信办网络新闻协调局负责人、工业和信息化部通信保障局负责人在接受新华社记者采访时表示，对网络上的谣言制造与传播乱象，将依法严厉惩处。2013年4月下旬，国家网信办联合相关部门开始部署打击利用互联网造谣传谣行为的活动。根据新华网报道，此次活动清理了网上大量虚假信息，关闭了一批造谣传谣的微博账号和网站，查处了一批利用互联网制造和故意传播谣言的人员。一些网络“大V”还因其相关行为涉嫌构成寻衅滋事罪、非法经营罪等被刑事拘留。这一行动持续了两个月，之后，针对治理网络谣言的其他相关活动仍在有序进行，如最高人民法院与最高人民检察院联合发布《关于办理利用信息网络实施诽谤等刑事案件适用法律若干问题的解释》、一些主流网站联合推出了“辟谣平台”等。

◆ 入选理由

社交媒体的快速发展，扩展了民众的言论自由空间，但也带来了网络传播秩序混乱的问题，催生了一些新的违法犯罪行为。对此进行治理，为社会发展所必需，这是关涉国家利益、公共利益、个体权益等多种利益冲突与平衡的问题。此次打击活动是自2010年“微博元年”以来最为严厉的集中治理“网络谣言”的行动，为活跃而秩序混乱的社交媒体网络带来了新的气象。

◆ 专家点评

张文祥（时任山东大学文化传播学院副教授、新闻系主任，现为浙江大学教授、浙大宁波理工学院网络空间与社会治理研究所所长、网络空间治理与数字经济法治（长三角）研究基地执行主任）：

谣言处罚除涉及具有一定影响力的人物，也涉及一些普通网民。广州一网民因诬蔑“狼牙山五壮士”被行政拘留。河北清河县一女子发帖“听说娄庄发生命案了，有谁知道真相吗？”被行政拘留5天。安徽砀山一网民将车祸死亡人数10人错

误发布为16人，也被行政拘留5天。据《南方周末》报道，从2013年8月20日至8月31日，短短12天内，数以百计的网民因制造、传播谣言而被处理，被关闭的网站约有107家，仅河南就查办了涉网案件463起，逮捕了130多人，全国各地被关闭的网站数目、被逮捕的人数都不少。

行动声势很大，但也出现了一些偏差。至2013年9月初，地方行政的偏差已经引起有关部门的注意，舆论风向发生改变。新华社发稿《打谣言，更应打“官谣”》。《人民日报》发表评论称，不能因噎废食，不能遏制网络的活力，否则同样有违中央精神和时代潮流。2013年9月初以后，各地方公布的有关网络谣言新的案例已经减少。

二、最高人民法院和最高人民检察院发布《关于办理利用信息网络实施诽谤等刑事案件适用法律若干问题的解释》

◆ 事例简介

为保护公民、法人和其他组织的合法权益，维护社会秩序，2013年9月9日，最高人民法院和最高人民检察院联合发布了《关于办理利用信息网络实施诽谤等刑事案件适用法律若干问题的解释》（本文以下简称《解释》），对办理利用信息网络实施诽谤、寻衅滋事、敲诈勒索、非法经营等刑事案件适用法律的标准进行了细化。

《解释》对利用信息网络实施的一些刑事案件的办理标准做了较为具体的细化，对信息网络犯罪加强了规制，如对“捏造事实诽谤他人”的情形做出认定；对“利用信息网络诽谤他人”的“情节严重”与“严重危害社会秩序和国家利益”的情形进行细致分类；对“利用信息网络辱骂、恐吓他人，情节恶劣”的情形与刑法上的寻衅滋事罪进行联系；对“编造虚假信息，或者明知是编造的虚假信息，在信息网络上散布”“以在信息网络上发布、删除等方式处理网络信息为由，威胁、要挟他人，索取公私财物”“通过信息网络有偿提供发布信息等服务，扰乱市场秩序”“明知他人利用信息网络实施诽谤、寻衅滋事、敲诈勒索、非法经营等犯罪，为其提供资金、场所、技术支持等帮助”等行为进行了明确规制。

《解释》还对信息网络的范围进行了具体、明确的限定，即信息网络包括以计算机、电视机、固定电话机、移动电话机等电子设备为终端的计算机互联网、广播电视网、固定通信网、移动通信网等信息网络，以及向公众开放的局域网络。该限定为《解释》和有关信息网络的法律法规的有效、合理、具有针对性地实施奠定了基础。

《解释》中的某些条款也引发了一些争议，如“同一诽谤信息实际被点击、浏览次数达到5000次以上，或者被转发次数达到500次以上”被认定为诽谤行为“情节严重”的解释。

◆ 入选理由

《解释》对自媒体环境下构成诽谤罪等利用信息网络实施犯罪的主客观要件做出了具体解释，这是我国诽谤法律制度在网络时代的一个新变化，也是刑法设定诽谤罪30多年以来第一次在此方面出台相关的司法解释，但其社会效应还有待进一步观察。与此同时，社会上对《解释》的争议和质疑，一定程度上引发了对应该如何平衡言论自由与网络秩序规范、如何合理行使公权力等问题的思考。

◆ 专家点评

徐迅（中国政法大学传播法研究中心执行主任）：

《解释》虽至少涉及刑法中的四个罪名及若干法律问题，但是它的标题中有“实施诽谤等”这样一种表述，所以,《解释》凸显的是诽谤问题的复杂性和重要性。

之所以说诽谤问题非常重要，是因为诽谤问题是表达自由所要面对的第一个重要的法律问题。诽谤罪在“沉寂”了大约20年后，在21世纪又一次跃上了舆论关注的高点，伴随这种关注的有“彭水诗案”“五河短信案”“高唐网案”“稷山文案”“儋州歌案”等一些案件。这些案件的被追究者中既有普通公民，也有职业记者。这些案件之所以引起关注，一是因为这些案件不符合犯罪构成的要求却被定罪，后来都被依法纠正，二是因为这些案件大多都经过了公诉这一环节，违背了诽谤案是“告诉才处理的案件”的法律规定。后来，公安部、最高人民检察院都下发通知，遏制对诽谤罪滥用公诉的势头。所以，对诽谤案的判决中常常出现“错误适用法律”的字眼。

真正被舆论关注的诽谤案都涉及一个共同的问题：公民的言论自由与官员的人格尊严之间的冲突和平衡的问题，还有《宪法》第35条、第38条和第41条涉及的权利如何获得实现的问题。法律把这种平衡的界限划在哪里呢？平衡这种冲突的问题已经成为我们国家诽谤法律制度的一个典型困境。

我认为我们在研究《解释》的过程中，不能简单地把诽谤看成一个刑法问题，而应当把分散在我们国家宪法和法律当中的所有关于诽谤的法律规定集中在一起做综合研究。在刑法之外，对诽谤进行规制的最重要的制度就是民法上的名誉权制度。名誉权制度诞生于 1987 年生效的《民法通则》，一直发展比较快，在平衡人格尊严和言论自由的冲突方面发挥了非常大的作用。然而进入 21 世纪以来，出现了一些错误适用法律来限制言论自由的案件，与此同时，民法也停止了前进的脚步。自从 2001 年最高人民法院出台《最高人民法院关于确定民事侵权精神损害赔偿责任若干问题的解释》后，在民法的名誉权制度方面几乎没有出现任何新的规范，而在调整公民言论自由和官员人格尊严方面也没有产生任何富有创新意义的新判决。虽然侵权责任法的生效给名誉权制度的发展带来了重要机遇，但是侵权责任法已经生效三年半了，司法解释仍然不见踪影。于是我们看到，一方面国家机关和国家工作人员起诉媒体侵害名誉权的民事案件数量自 1999 年后一路下滑走低，到了 2007 年降为零，而另一方面就是滥用公诉审理诽谤案的情况一再发生。名誉权的制度几乎已经被某些特定的原告弃之不用了，而刑法、行政法从法律规定到法律适用都在大步前进。

当我们把诽谤法作为一个整体加以观察和研究时会发现，在诽谤法的领域中，公法与私法之间，或者刑法、行政法与民法之间存在着一种你进我退、此消彼长的关系。民法如果不能适时发育与进步，刑法和行政法就会“冲上一线”来调整社会关系。在这种进退的过程中，又恰巧出现了新媒体，新媒体成为进退消长的加速器。

自由和秩序总是一对矛盾，表达自由是一种极度富有张力的自由，人们希望尽可能无限制地表达或者最低限制地进行表达，而社会又总是需要秩序，而且政府对维持秩序负有责任。当民法上的名誉权制度在某一些领域里绵软乏力、无所作为、不能调整社会关系的时候，特别当政府认为它不足以维持秩序的时候，行政法和刑法就是公权力的必然选择。

《解释》一共有十条，一共涉及刑事法律的四个罪名，其中四条都是用来直接细化诽谤罪入罪的条件的，还有两条是间接地对诽谤罪进行了细化，这是自 1979 年刑法设立诽谤罪后，我国刑事法律制度最重要的一次发展。

可以预测，今后诽谤罪，特别是经公诉的诽谤罪会有更多的适用。法院究竟如何把握犯罪构成、如何适用《解释》当然是观察点，而在典型困境问题上如何定罪量刑是观察的重点。

我们当然赞同对表达自由的限制，能自律就不他律，能通过民事领域解决就不要走入刑事领域，如果一定要进入刑事领域，能自诉就不要公诉，如果一定要受到制裁，能适用一些附加刑（如剥夺政治权利、罚金等）就不限制人身自由，但这只是一种理想的状态，真正实现这种状态需要经过一系列制度上的调整。首先就是民法的进步，要想刑法少用、不用，就要民法够用、好用。因此，我个人对侵权责任法的司法解释的快速出台抱有期待，当然，真正的出路可能还是人格权法的制定能尽快提上立法机关的日程。

王四新（时任中国传媒大学法律系教授，现任中国传媒大学人类命运共同体研究院副院长、教授）：

《解释》的出台是一个重大的司法活动，一个对于整个网络生态、对于整个网络的言论生态，甚至对于整个互联网产业都要产生很大影响的司法解释是在什么情况下出台的信息很重要。

《解释》是在什么情况下出台的？它是在2013年全面整治网络、重构网络秩序的过程中出台的。在《解释》出台之前，经过一系列整顿网络谣言的行动，我们觉得有必要出台相关的司法解释。因为网络成为诽谤的主阵地，网络水军猖獗，甚至谣言、诽谤成为有目的的商业营销手段。此外，网络空间也成为侵犯个人隐私的一个很大的平台。

所以，我认为《解释》是在中国全面整治网络过程中一个系统化措施里的一个环节，而且这个环节有承前启后的作用。《解释》为以后的网络整治制定了标准，特别是关于网络谣言，《解释》里还规定了一些非常具体的标准。

而在对网络的管理过程中如何做到适用法律正确，这恐怕是一个问题。

三、最高人民法院发布《关于推进司法公开三大平台建设的若干意见》和《关于人民法院在互联网公布裁判文书的规定》

◆ 事例简介

2013年11月21日，最高人民法院发布《关于推进司法公开三大平台建设的若干意见》（本文以下简称《意见》）和《关于人民法院在互联网公布裁判文书的规定》（本文以下简称《规定》）。

《意见》和《规定》强调，要依托现代信息技术，打造阳光司法工程，全面推进审判流程公开、裁判文书公开、执行信息公开三大平台建设。《意见》强调了推进司法公开三大平台建设的意义、目标和要求，为推进审判流程公开平台建设、裁判文书公开平台建设进行具体部署、安排，规定了相关部门的工作机制。《规定》对人民法院在互联网公布裁判文书的相关事项做出规定，包括应当公布的裁判文书类型、不公布的裁判文书类型、公布时限等，并要求将裁判文书公开纳入审判流程管理中。依照《规定》，除四种情形外，人民法院的生效裁判文书均应当在互联网公布。裁判文书生效后 7 日内必须按照《规定》的要求在中国裁判文书网公布，除一些特定案件外，在互联网公布的裁判文书应当保留当事人的真实姓名或者名称，以满足公众获取真实信息的需要。

◆ 入选理由

司法公开是司法公正的前提和条件，也是让正义以看得见的方式得以实现的重要途径。信息公开三大平台的建设和裁判文书的网上公布，为司法公开和公民知情权、监督权的保障，提供了可操作的制度和具体办法，对于提升我国法院的审判质量和裁判文书的制作质量也具有积极作用。

◆ 专家点评

高芳（时任中国国际广播电台法规处处长，现任中央广播电视总台办公厅法律事务处处长）：

《意见》和《规定》极大地推进了司法公开的进程，受到了社会各界的广泛关注和高度评价，被誉为近年来司法公开领域一道最为灿烂的阳光。以下是我的一些感想。

第一，我认为《意见》和《规定》的颁布彰显了司法者司法公开的勇气和自信。从两份文件发布后社会公众的评价来看，认为文件的落实会倒逼司法公正的观点是不在少数的。这固然是两份文件发布的重要作用之一，但在此之上我个人认为司法者的勇气更为可贵。混沌止于智者，谣言止于公开，有勇气公开司法逻辑和司法结果，将司法者的核心执业行为与结果展示在公众的评判下，这本身就充分说明了司法者努力改进工作的真诚愿望和谦虚态度。审判流程公开、裁判文书公开、执行信息公开三大平台建设和裁判文书互联网的发布开辟了更为广阔的倾听渠道，不仅是对公众的尊重，也是内心谦虚的表现。诚然，现实司法领域确实存在一些问题，但正如古谚所说，“心傲是灭亡的前导，心谦是光荣的前驱”，相信司法机关一定能抓住这个宝贵的契机，撑起依法治国的蔚蓝天空。

第二，我认为《意见》和《规定》的颁行是适用新媒体传播的智慧举措。互联网技术革命前所未有地改变了人类世界，它在便利人们工作、生活的同时，也考验着中国司法者的执业能力。把握互联网的传播规律，顺应技术革命潮流，及时满足公众对司法判决执行结果的知情需要，把公众关心的结果公之于众，让司法权坦然地接受阳光的晾晒，从而避免“舆论审判”的风险，实乃司法者的智慧之举。

第三，《意见》和《规定》的落实，必将推动司法职业群体综合素养的提升。司法文书的撰写是司法者综合能力的集中展现，是不亚于任何文学艺术创作的智力活动。文书中的事实部分，精准翔实，说理部分丝丝入扣，逻辑严谨，不仅如此，优秀司法文书字里行间闪烁的人性和哲理的光辉更是沁人心脾、耐人寻味。改革开放以来，我国的职业司法群体经过调整和历练，其人员结构、综合素质都有了不同程度的改善和提高，应该说已经具备了较为良好的基础。在《意见》和《规定》的推动和促进下，必将前所未有地增强司法者的责任感。可以期待，能够经世流传的司法文书必将不断涌现，司法者的综合素养必将稳步提高，社会的基本秩序、公平正义的底线标准也会因司法公信力的提升而更加稳固和稳定，和谐社会的可持续发展将得到更强有力的保障。

第四，《意见》和《规定》的实施极大地丰富了权威新闻传播素材，拓展了报道豁免权的空间，同时也是传媒法务人员处理实务、普及法律的良好教材。法治报道是新闻报道中颇具专业性的一个分类，缺乏法学教育背景的传媒人要做到游刃有余并不是一件容易的事。两个文件的颁行，形式上减轻了媒体人核实、调查的负担，实际上提高了报道的专业质量，为报道豁免权的应用创造了更为广阔的空间，媒体的公信力，舆论引导能力也会相应增强，不仅如此，两个文件为业界、学界研究法律适用，特别是与传媒业密切相关的法律适用提供了更为丰富的参照系。我想这些鲜活的案例也为警示后人提供了丰富的教材，对媒体人职业素养整体提高是非常有利的。

第五，《意见》和《规定》的实施质量有赖于公众的监督。两个文件发布以后，各地司法机关的反应相当迅速。从网站的搜索和链接来看，很多地方已经陆续出台了本地区的落实措施，然而任何制度的实施都不会是一帆风顺的，特别是在既往的实践做得还很不够的情况下。我想良好秩序的形成不能一蹴而就，会有很多反复的过程。对此，我想制度设计者要狠抓落实，公众的监督意见应该通过畅通的渠道送达，并获得一个合理的回复和处理。幸运的是，我们正处于大数据时代，对司法公开信息的积累能够帮助司法者进一步发现问题和不足。我们有理由相信，这两个文件完全有可能在很短的时间内发挥出应有的作用。

中国的司法者已经张开了广阔的胸怀等待接受公众监督的洗礼，中国司法的更大进步让我们拭目以待。

陈欣新（中国社科院法学研究所研究员）：

权威不是靠吹捧、施舍或者迷信，而是靠人们能够看得见的作为积累起来的。归根结底，要想树立起大家能够信任的司法权威，还是要靠看得见的公正的判决。最高人民法院推动司法公开的建设及裁判文书网上公布的改革，目的就是要通过这样的一些做法来使司法的权威，以及司法的公正能够真正落实，并且能为大家感知和理解。

《意见》和《规定》要求各级人民法院都要依托现代的信息技术去创新公开的方式，去拓展公开的渠道，包括建立网上办案的系统、司法公开平台等。采取这种方式，能够使公众通过多种途径实现资源共享，既方便公众和当事人查询，又能够减少司法审判人员的工作。它实际上是一个有利于司法公开的举措，我们应该积极帮助它往前推进。

在成熟的法治社会里，我个人认为裁判文书应该是法院和法官唯一的官方“喉舌”，即使在司法判决当中可能会出现具有变相立法功能的“法官造法”的情况，但从司法的自身规律及司法机关和其他机关的角色区分出发进行考虑，也应该是借助裁判文书来表达法官的思考，来展示其对具体法律条文的理解与适用。

裁判文书的公开，可以衡量司法透明度和树立司法权威，并借以引导民众理解司法行为。实际上，公众对于一些裁判文书的不理解源于他们对司法行为的不理解和对法律的不理解，那么我们为什么不能用说理充分的判决书来引导大家慢慢去理解呢？这样是不是更有利于建立司法机关和普通民众之间的良性互动关系呢？我个人认为,《意见》和《规定》在这个方面实际上跨出了艰难但却是明智的一步。

《意见》和《规定》的落实将引导司法改革沿着一个不可逆的方向稳步前进，我认为这一点是未来值得期待的。

四、国家版权局处罚“百度”“快播”案

◆ 事例简介

2013年11月，若干视频网站联合发布《中国网络视频反盗版联合行动宣言》，表示将联合对抗百度网讯科技有限公司和深圳快播科技有限公司通过播放器软件传播侵权视频作品的行为。2013年11月19日，国家版权局针对百度公司和快播公司的相关行为正式立案调查。调查认为，百度公司和快播公司通过其运营的播放器软件，向公众提供定向搜索、链接服务，直接定向搜索、链接到大量盗版网站，具有一定主观过错，不仅侵犯他人信息网络传播权，同时也损害了公共利益。2013年12月27日，国家版权局下发行政处罚决定书，对百度网讯科技有限公司、深圳快播科技有限公司分别给予责令停止侵权行为、罚款25万元的行政处罚，同时，对两家公司提出明确整改要求：必须尊重版权行业管理秩序，对存在的问题积极认真地进行整改，国家版权局将根据整改情况采取下一步措施。[1]

◆ 入选理由

传播技术的新发展，既给作品带来了新的形式和传播方式，也诱发了一些新型的侵害著作权的行为。国家版权部门能够及时应对新的情势，惩治侵犯信息网络传播权的行为，对维护正常的网络版权管理秩序、寻求符合公平正义的利益平衡之路，进而保护著作权人的权利、促进文化创意产业的发展，都有重大影响。

◆ 专家点评

孙彦（时任北京市律师协会信息网络法律专业委员会主任，现任天元律师事务所合伙人）：

互联网企业一直在积极地对自己的商业模式进行创新，但是在创新商业模式的过程中经常越界，且这个“界”的尺度很难把握得好。其实互联网发展本身确实存在其自身的特点，如新技术发展比较快、商业模式发展比较快等，最重要的一个特

---

[1] 赖名芳．国家版权局行政处罚百度快播两公司［N］．中国新闻出版报，2013-12-31（001）．

点就是无论企业还是普通网民，对互联网信息的获取都喜欢用免费的模式。为了迎合用户免费获取作品的心理，企业在创制商业模式时，首先考虑的就是提供一些免费的东西，百度、快播两个公司亦是如此。

当我们在百度上搜索信息，网页会出现大量的链接，用户通过点击链接的方式就可以进入原始的网站浏览信息。网络信息如此庞杂，让一个网络服务提供者甄别和审核这些信息从技术上来说是不可能的，从经济上来说是没有效益的。因此，对于提供空间、搜索、链接的网站，法律上没有明确进行规制。

我认为国家版权局的认定是正确的。关于版权行政部门出面认定这种商业模式构成盗版，值得鼓励。在司法实践中，最早一些权利人通过诉讼的方式来解决相关的侵权问题，但每个法院的理解不同，判决五花八门，甚至互相冲突的判决在全国各地都是存在的。因此，国家版权局统一发布、统一指导，有利于引导互联网企业的商业模式发展，对有关商业模式合法与否进行认定，也提高了行政和司法效率。

在一些国家和地区设立了一些机构，当互联网出现一些新型商业模式的时候，这些机构会对这些商业模式进行分析、认证、评估，若机构认定企业侵权，那么企业可以事先预防。我们也可以考虑进行一些改革，即对新的模式不完全通过行政机关行使执法权来规制，而是通过行政管理来保护著作权。这些都是值得我们思考的问题。

续俊旗（时任工业和信息化部电信研究院知识产权中心主任，现任英特尔（中国）法律政策总监）：

网络环境是盗版作品泛滥的重灾区，网络环境下的版权保护既是困扰政府部门、司法机关的难题，也是社会公众普遍关心的领域。国家版权局对重点视频网站实行主动监管，对主要的视频网站实行汇报制度，建立了一个正版数据库，力图从源头上对症下药，缓解甚至解决网络版权侵权问题。

就该案而言，不论是国家版权局还是司法机构认定侵权，其判定的基本原则还是认为这两家公司是有过错的，即知道盗播、直接定位链接的情况，属于知道或者应当知道的情况。

在互联网上没有永远的朋友，也没有永远的敌人。其实百度的根本目的不是通过在视频中插播广告的方式来赚取利润，而是希望通过搜索引擎，通过与视频网站的合作带来流量。如果不是这么多的视频网站联合起来，我想不会这么快就受到处罚。问题曝光以后，百度也在进行转型、调整，搜索引擎商业模式今后的格局会怎么变化，是不是能成为一个重要的竞争因素，还有待观察，但我个人认为正版化的趋势是不可阻挡的。

此次事件发生以后，很多中小网站纷纷关闭了，也说明了跟着互联网的“大哥”“混”未必能得到一个好的保护。互联网企业确实需要探索好的商业模式，而好的商业模式必须要有好的制度环境来进行保护。

从长远来看，好的、高质量的媒体、作品对消费者长远利益的保护具有促进作用。该案也再一次警示我们，不管是行政机关还是司法机构，抑或是网站行业的运营者，在保护版权、促进文化产业的发展上，任重而道远。

五、甘肃省张家川县中学生杨某发帖被拘留案

◆ 事例简介

2013 年 9 月 12 日，甘肃省某 KTV 从业人员高某非正常死亡，16 岁的初中生杨某在 QQ 空间中发布了一条“说说”帖子，认为这是一起刑事案件，斥责警方不作为。该“说说”下附的图片显示，死者生前的工作单位被涂上“官官相护”等字样。2013 年 9 月 17 日下午，杨某被警方以涉嫌寻衅滋事罪刑事拘留。此案经网络发布，引起社会广泛关注。2013 年 9 月 20 日，当地公安局对杨某涉嫌寻衅滋事一案的情况进行说明：在高某死因未确定的情况下，杨某于 2013 年 9 月 14 日中午在其微博、QQ 空间发布所谓高某死亡真相误导群众，造谣发布“警察与群众争执，殴打死者家属”“凶手警察早知道了”“看来必须得游行了”等虚假信息煽动游行，导致高某系他杀的言论大量传播。2013 年 9 月 22 日，经调查核实，鉴于杨某系未成年人及归案后的悔罪表现，根据刑法、刑事诉讼法的有关规定和宽严相济的刑事政策，本着“教育为主、惩罚为辅”的原则，决定撤销刑事案件，依照治安管理处罚法，对其行政拘留 7 日的处分。[1]

---

[1] 朱明刚．甘肃初中生发帖被刑拘事件舆情分析［EB/OL］．（2013-10-18）［2020-03-03］．http：//yuqing.people.com.cn/n/2013/1018/c210118-23252209.html.

◆ 入选理由

传统媒体和新兴媒体的报道及社会舆论的影响，使本事件的走向发生了改变。这引发了社会对刑事法治、公民权益保障的反思与关注，同时也使人们深切体会到媒体的社会责任和信息自由流动的价值。

◆ 专家点评

李丹林（时任中国传媒大学媒体法规政策研究中心主任、教授，现任中国传媒大学文化产业管理学院文化法治研究中心顾问委员会主任、教授）：

诽谤法伴随着整个人类社会的发展，其自身也有一个发展的历程。既有的研究已经表明，这个历程可以分为古代、近代、现代三个阶段。在古代，诽谤无论是在西方还是东方，都主要是指一种对统治者的非议。到了近代，诽谤从原来的一直适用刑事法律惩治的情况发展为对诽谤依据具体情形，分别实行民事、刑事制裁的制度。现代以来，有关以言治罪的法律制度和规范，从形式上来说在不断减少和消亡。诽谤法律的核心功能从过去的维护统治秩序、保护统治者的尊严和神圣、打击异己、压制言论自由，转变为现在的维护传播、保护公民的名誉权。与此同时，也进一步发展为在维护名誉权的同时，要强调名誉权的保护与言论自由的平衡，在某种程度上又通过宪法对言论的特别保护来达到一种新的平衡。

英国诽谤法的历史发展完整地体现出上述变化演进的轨迹。12—16 世纪是英国诽谤法普通法的形成时期，在这个时期，诽谤法的核心功能是对社会权贵及一些特权人士的不利言论予以钳制，它不是以让名誉受到损害的人得到补偿为目标，而是以惩治有诽谤言论的人为目标。16 世纪以后，英国的诽谤法就沿着民事、刑事两条脉络发展。19 世纪以后，英国的诽谤法就从过去的注重维护社会秩序和更广泛的社会政治与道德秩序为目的转变为以保护个人名誉为目的，适用刑罚来惩罚诽谤的案件数量也开始减少，到了 20 世纪以后就少之又少。2005 年，英国议会全面废除了英国的刑事规制诽谤的制度，实现了诽谤在英国的除罪化。

该案中，公安机关适用的“两高”的司法解释与英国的煽动性诽谤法有很多的相似之处，英国的煽动性诽谤法的立法目的就是对批评王室成员和政府官员的政治性诽谤言论进行惩罚，因为这些诽谤性言论可能会导致整个国家的秩序受到威胁。所以，我们可以看到，现在有关诽谤的相关规范，无论是刑法还是司法解释，其核心价值目标都不是公民个人的名誉权，其功能和指向也是维护统治秩序。因此，我认为“两高”的解释强化了诽谤制度在维护社会秩序和统治秩序方面的功能。在世界范围内来看，它与现代诽谤法在去刑化的同时侧重保护公民权益与言论自由的平衡相比，差距扩大了。这表明我国的诽谤法律制度的现代化过程还有很漫长的路要走。

当然，我们的诽谤法这样一棵法律之树，是在我们整个国度的土壤上成长起来的，我国诽谤法的此种状况也是由我们整个社会的发展程度所决定的。当下我国尚处在现代化转型期，所以，诽谤法也难以脱离它存在的社会、文化、政治制度的土壤。虽然我认为我国诽谤法律制度现代化还有很漫长的路要走，但并不悲观，因为互联网对整个人类社会发展带来的颠覆性的影响，促进了中国现代化的进程。当然，这些进步和有益的影响都是由网络时代信息的自由流动所带来的。因此，我希望诽谤法在现代化的过程中能够对整个社会的现代化起到积极的作用，而在此过程中，法院应该扮演积极的角色。

刘培峰（北京师范大学法学院教授）：

解读这个案件的时候，我们会看到一些错误。第一是认知有错误。第二是我们的正面媒体没有真正发挥它的作用。第三是媒体还没有真正形成相应的集群。所以，化解网络上的表达或者网络上的问题，不是一个权利过度滥用的问题，而可能恰好是权利缺失、权利不平等、权利实现的方式单一引起的问题。

对于“两高”的解释，有以下问题是值得深思的。

首先，最高人民法院究竟有没有针对此领域的解释权？相关的解释远远超出了法律原有的尺度。即使有解释权，相关的司法解释也不是恰当的。要控制表达自由其实有一定标准，如恶劣倾向标准、明显的威胁标准和明显的恶意标准。相关的司法解释中更多的是恶劣倾向标准，而且存在着一种恶意推定。

其次，相关司法解释里还存在着兜底条款。法律解释应该要求明确和具体，让法律更加清晰，而不是更加不清晰。

最后，针对诽谤行为相关制裁措施的应用的问题。针对诽谤等行为，最简单的一个制裁方法是正面的回应措施，然后是民事措施，再到行政措施，最后才是刑罚措施，因为刑罚是一种最严厉的社会处罚。

六、《新快报》记者陈某事件

◆ 事例简介

2012 年 9 月至 2013 年 5 月，陈某在其供职的广东新快报社发行的《新快报》上署名发表了《中联重科大施财技 半年利润“虚增”逾 7 亿》《子公司成立未满月即遭“打折”甩卖 中联重科被指利益输送》《一年花掉 5.13 亿元广告费 中联重科畸形营销高烧不退》《中联重科再遭举报财务造假 记者暗访证实华中大区涉嫌虚假销售》等多篇不实报道。上述不实报道经《新快报》发表后，被多家网站转载，造成重大影响，损害了企业的商业信誉。另外，陈某在任广东新快报社经济中心记者期间，利用职务之便，损害企业商业信誉，于 2013 年 5 月 28 日收受他人钱财 3 万元。

2013 年 10 月 26 日，中央电视台播放了陈某向警方认罪的节目。陈某承认自己“收受贿赂”“在未经核实的情况下，发表了那些报道”。在事件发展进程中，陈某供职的媒体主办单位和主管部门，以及中国记协、国家相关主管部门都有不同的表态和举措。2013 年 10 月 31 日，广东省新闻出版广电总局对陈某给予了吊销新闻记者证的行政处罚，并责成羊城晚报报业集团对新快报社进行全面整顿。

2013 年 10 月 18 日，《新快报》记者陈某被长沙警方以涉嫌损害商业信誉罪刑事拘留，随后被检察机关批准逮捕。[1]

◆ 入选理由

这一事例综合反映了在社会转型时期，媒体从业人员、媒体机构、行业协会、主管部门、司法机关在各自行使权利或职权、履行义务或职责过程中存在的多重问题：专业水准不高、违反职业伦理和法律等，于是有了这一被称为“反转剧”的事件。在网络时代，这一事件对提高媒体从业人员的职业伦理水平、提升媒体机构的专业报道水平、改善相关组织机构的工作作风、促使公权力依法合理行使，都具有重要意义。

---

[1] 《新快报》原记者陈永洲一审获刑一年十个月［N］. 人民法院报，2014-10-18（003）.

◆ 专家点评

郭镇之（清华大学新闻与传播学院教授）：

这一事件是一起形势“突变”、舆论逆转，被称为“反转剧”的事件，它的前后“突变”是非常明显的，也是让人特别错愕的。起初,《新快报》发表文章称“请放人”“再请放人”，就有一种公然对抗的意味。当时舆论一度偏向同情陈某，支持《新快报》。此后却“风云突变”，陈某在屏幕前现身并承认受贿，一时之间舆论“突变”。

这个事件暴露了记者、媒体、行业协会、宣传主管部门，以及公安机关、检察机关、法院等存在的一些问题。

法律上有不能强迫自证其罪的规定，不能以被告的自证其罪作为定罪的依据。广东省新闻出版广电总局对陈某作出的吊销新闻记者证的处分，实际上依据的是中央电视台的报道，此后，羊城晚报报业集团也对社长、总编辑和副社长做出了行政处罚，也是在案件还没有非常清楚的情况下做出的决定。

当然，对于记者来说，收受贿赂，报道事件，肯定涉嫌“红包新闻”这类不规范的行为。这是整个新闻传播界需要反省的。

针对该案，以下问题值得我们思考。

第一,《新快报》的管理层对于陈某是失察还是包庇，还是共同腐败？收受贿赂所得的钱财，是记者个人揣入了腰包还是进了单位的小金库？这些都需要进一步的调查。

第二，中央电视台在尘埃尚未落定的情况下匆匆忙忙报道案件，这种做法是否破坏了法律的程序？这属不属于媒体审判？报道中，对陈某的面部、声音没有做技术处理，是否侵犯了他的隐私权？这些问题都是值得关注的。

第三，在事件的进程中，舆论的突然转向表现得十分惊人，这种舆论生态是否是正常、健康的？

第四，在一个案件当中，司法部门有没有选择性办案的问题？执法中有没有不符合程序的做法？因此，对此案中对陈某进行先押后审的做法，一些新闻工作者也提出了质疑。

总而言之，陈某事件是一个非常复杂的案例，它提示我们必须全面加强法治建设，强化新闻媒介和新闻工作者的职业自律意识，避免媒介审判，提升媒体公信力，同时也必须避免公权力和资本各自施威或者联手操作，干预公民舆论监督权的行使。

陈力丹（中国人民大学新闻学院教授）：

通过媒介审判的方式遏制不良现象，很容易成为另外一种不良现象。不能再沿用过去非法治年代的宣传方式。此次中央电视台对陈某的报道显然没有意识到我们的外部环境正在向法治社会迈进，而传播方式和内容却没有做到因时而变。

在陈某案件还在审理、案件结果尚未尘埃落定的情况下，却在全国性电视台的镜头前让犯罪嫌疑人陈述自己的“罪过”，这是一种媒介审判。中央电视台过早地定性报道案情，带有认为其绝对构成犯罪的倾向。这样的报道角度存在很大问题。

法治社会下出现这样的传媒行为，违反我国法律关于“不得示众”的规定，同时也违反国家保密法，因为嫌犯的供述属于侦查过程中的核心机密，怎么可以即刻之间公之于众？被告人供认的事实未必是将来能够被法院认定的法律事实，倘若将来法院审查的时候，认为这些供认的事实不真实，那么中央电视台如何给全国观众一个交代？同时，媒介审判还会无形中影响法院的判决，既然中央电视台进行了对外报道，那么法院会不会迫于舆论压力而将错就错？

从另外一个角度看，《新快报》连续两天在头版呼吁“请放人”“再请放人”，也是违反新闻职业规范的，即违反了涉诉方不能在自己的媒体上发表意见的职业规范。

从传媒工作角度看，陈某事件说明了中国的传媒行业游走在权力和金钱之间。从 2012 年 9 月 29 日至 2013 年 8 月 28 日，《新快报》发表了 18 次关于中联重科的报道，其中 14 次是陈某撰写的。媒体以这样的力度介入企业纠纷应该不是陈某个人的行为，而利用媒体介入企业的恶性竞争风险很大。在通常情况下，记者的此类稿件一般要和其领导事先沟通才能获得发表的批准。如此密集的发稿，暴露出《新快报》的领导无疑是该事件的知情者。

也有网民认为，即使陈某真的收受了贿赂、写了文章，但如果其报道属实，陈某只能构成商业受贿罪，而不构成损害商业信誉罪。这应该是法院去调查的事情。

七、李某某强奸案的报道与信息披露事件

◆ 事例简介

2013 年 2 月 17 日，李某某与他人共同实施轮奸行为。22 日，李某某因涉嫌强奸罪被批捕。案发初，李某某的个人资料即被公开，旋即引发网络上对李某某及其父母相关信息的大规模报道。在对李某某等人进行侦查、审判过程中，被害人与被告人双方律师又各自利用博客、微博或者接受采访的形式泄露当事人隐私，不当披露案件信息。媒体及大量网站在娱乐频道中纷纷报道、披露了这起涉及未成年人犯罪和遭强奸的受害人隐私的各种信息，包括披露李某某母亲的举报信、辩护人的辩护词等。

◆ 入选理由

这一普通刑事案件，从案发到终审，时间跨越几乎整个年度，被高度关注。造就不当披露这一状况的因素，除了被告人自身的特殊经历，还有网络时代信息传播的便宜、案件报道与信息披露过程中的诸多对传媒伦理与法律规范底线失守的情况等。这个案例对信息时代的刑事案件报道、信息披露、当事人权益保护，媒体与司法的关系，都提供了诸多值得分析和汲取教训的地方。其引发的对如何建立法治、理性社会的思考，远远超过了案件本身的意义。

◆ 专家点评

任丽颖（时任北京律师协会传媒与新闻出版法律专业委员会主任，现任北京中勉律师事务所高级合伙人）：

李某某的案件无疑是一个具有重大影响的案件，从 2013 年 2 月公安机关立案开始，就引发了公众高度的关注，无论是主流媒体，还是自媒体、博客、微博，一直热度不减，其间作为未成年人的李某某和他的家人的相关信息、受害人的信息，以及其他一些涉及个人隐私的信息，都被广为传播，几乎无人不知、无人不晓。被害人与被告人双方律师各自利用微博、博客或者是接受采访发表声明等，争相表态。围绕着这个案件的各种声音在各网络媒体上一直没有停止，乃至国外媒体也都争相

报道。

这个案件带来的影响和思考远远超过案件本身。一个未成年人涉嫌犯罪的信息被披露和报道达到了空前的程度，分析其原因，有以下几点。

第一，报道当中使用办案机关对该案的描述和援引造成信息披露的混乱。比如，许多报道用的是“被告人家属原名”的标题；电视台对这个案件进行的第一时间的报道中，电视屏幕上也打出“被告人家属原名”的字样。媒体第一时间就把未成年人的信息披露出来了。

检察院的公诉报道中用的也是真名。那么人们也会理所当然地认为，既然公权力机关都以这样的方式披露了，媒体和大众还有什么不能说的呢？因此，各种媒体在报道中很少顾及如何保护未成年人信息的问题。

第二，该案存在着法律底线被突破的问题。律师在案件侦查、审理过程中，各自利用博客、微博发表声明，或者以接受采访的形式争先恐后地披露涉及当事人隐私的相关信息，甚至辩护词都在网络上流传，这无疑对一个既涉及未成年人，又涉及强奸案受害人隐私的不应公开审理的案件信息的不当披露起到了推波助澜的作用。律师如何坚持职业操守在该案中受到了严厉的拷问，律师的职业伦理受到了舆论的质疑，也为律师行业规范律师言行提出了新的要求。

第三，诉讼参与人不当泄露受害人信息、隐私等情形也是造成不当泄露的原因。该案中某些诉讼参与人在案件审理过程中将涉及被害人隐私的资料在网上详细发布，其泄露他人隐私的不当行为本应该受到制止和干预，但我们却没有看到相关权威部门的干预和制止。

该案的特殊之处在于案件涉及隐私保护与信息披露的冲突。一方面，李某某是明星之子，可谓是一个公众人物，为了保护公民的监督权，公众人物的名誉权、隐私权是受到一定限制的；另一方面，李某某系未成年人，受到法律的特殊保护，涉及未成年人的案件，不能披露其姓名、照片、地址，以及能够推断出其身份的信息。这种冲突对办案机关来说是一个难题，考验着公权力机关执法的水平。

第四，网络及自媒体的发达对信息的不当披露造成了一定影响。被告人具有的特殊身份引发了公众对该案的关注，过度的娱乐化使这一事件成了一个舆论新闻，也反映了公众疑虑下的喧嚣和过度的臆测。许多人都在表达自己对此案的判断，人人都想当这个案件的法官，也难免让公众对这个案件的审视偏离了案件的本身，消融了法治理性，模糊了民众对公平正义的认知。该案从始至终充斥着媒体与司法的较量，体现了媒体的表达自由和法院独立审判的博弈。在媒体对李某某进行舆论审判的过程中，李某某作为未成年人的权利显然没有受到人们的重视。

该案中值得分析的问题和从中汲取的教训给我们带来了一些长久的启示，以下是我对这个案件的思考。

第一，传媒职业操守与传媒伦理规范的底线在哪里？有媒体形容，这个案件自2013年2月被曝光以来，几乎每天都在为媒体贡献新话题，使得这起案件逐渐演变为一个“全民连续剧”。媒体的过度曝光和娱乐化报道将对未成年人的保护与受害人的隐私抛于脑后，此案实际上已经没有隐私可言。对于这种现象，许多媒体也提出了批评，有媒体人表示：“为人父母，都应提出抗议，这几天的新闻太脏，不管是李某某还是谁。不管真相多么复杂，都是肮脏和恶心的，媒体对违背道德的行为都不应描述过于详细，污浊青少年的听觉、视觉。媒体应当自省自律，为自己的孩子想一想。”

在对这一事件的报道中，包括中央媒体在内的各级媒体和门户网站虽然有报道和监督案件审理的权力，但是对未成年被告人的照片这样的隐私信息进行曝光，显示出媒体操作的明显违规。在法院一审判决后的相关报道中，也有媒体提出“希望相关人员和新闻媒体严格遵守法律，保护当事人的个人隐私和其他权利”，但是媒体对该案相关的讨论和论战却从来没有就此停歇。自媒体有它的传播规律，在没有可靠、权威信息源的情况下，在法律人、网友都在对未成年人的隐私不管不顾的情况下，媒体如何独善其身，尤其是主流媒体、官方媒体应当如何起到表率的作用，引导舆论发出理性的声音，值得我们思考。

第二，律师的职业操守与伦理规范不容突破。该案让人们看到了一些律师的表现。从执业律师的角度看，涉及未成年人和当事人隐私不应该公开审理的案件，律师应当谨言慎行，为当事人保守秘密，这是最基本的要求，不能认为没有对在采访中如何发表言论的规定就可以随意而为。作为专业人士的律师应该有不同于普通人的职业操守和职业要求。律师的任务是维护当事人合法权益及当事人合法维权，他们应该立足在法庭进行对峙，即双方律师的较量应该在法庭上，而不是在媒体和网络当中。公开和当事人交流的细节，为达到个人的某些目的进行炒作，发表不当的言论，甚至诋毁同行，无疑触犯了律师职业道德的底线，用公开被害人一些隐私的方式“打舆论战”就更有违背法律的嫌疑。同时，该案也向我们提出如何建立律师言论规则的重要课题，随着媒体的发展，律师如何利用微博、微信发表言论，亟待相关规则和职业行为规范来解决。通过这个案件总结经验教训，尽快完善相关规则，在内心构筑和坚守一条底线，是每个律师和整个律师行业都应当思考和解决的问题。

第三，公权力机关应该有所作为。在发现律师、诉讼参与人对案件进行不当的泄露时，法院应该及时制止和干预。

魏永征（时任中国传媒大学媒体法规政策研究中心总顾问、教授）：

这个案件让我们看到了信息的无序公开造成的恶劣后果。党的十八届三中全会通过的《中共中央关于全面深化改革若干重大问题的决定》中提出，要使人民群众从每一个司法案件中都感受到公平正义。这个案件做不到，为什么做不到？在信息的披露上的无序，这些无序信息有很多是假的，有的是真的，有的是道听途说的，莫衷一是。法院依法办事，做出了正确判决，但是公众还是不能感受到公平和正义，很难做出甄别和判断。

对这个案件，我有以下几点思考。

第一，警方应该建立侦查不公开的制度，与国际接轨。

第二，我们的媒体对自己的网络自媒体平台要加强内容监管，完善审查制度，一篇文章登上报纸要三审，在报社微博上发一条什么帖子可能就比较随便了。一些虚假的东西就这么顶着报社的名义出去了。

第三，网络舆论不应该影响司法制度。律师庭内的发言有特权保护，庭外的言论怎么样，特别是互联网上人人都可以有自媒体，它利用舆论来影响司法，怎么办？这个问题要很好地研究一个办法。

第四，法院是否有权力来限制诉讼当事人和其他诉讼参加人的言论？在审判过程中，法庭是不是可以跟嫌疑人的妈妈谈话，要求她不要在媒体面前乱说了？法庭是不是可以警告律师不要利用网络干预审判？我想是有法律根据的，我们没有藐视法庭的规定，但是我们有妨碍诉讼程序的规定，有律师执业的规范，应该用起来。

第五，法制新闻无疑属于时政类新闻。但有些没有新闻采编发布权的商业网站利用当事人有娱乐界人士的身份，放在娱乐频道上发布有关信息，把严肃的法制新闻娱乐化，后患无穷。

八、"农夫山泉"和"京华时报"互诉名誉侵权案

◆ 事例简介

2013年4月10日至5月7日，《京华时报》连续28天，用67个版面、76篇报道质疑农夫山泉水质标准问题。2013年4月26日，农夫山泉股份有限公司向人民法院提起诉讼，诉京华时报社侵犯其名誉权。后京华时报社也以农夫山泉股份有限公司指责其报道虚假失实，向法院提出侵犯名誉权诉讼。2013年7月23日和8月6日，法院分别受理了京华时报社诉农夫山泉股份有限公司和农夫山泉股份有限公司诉京华时报社两起名誉权纠纷案。2013年11月29日，法院对两案合并进行了公开审理。

农夫山泉股份有限公司称，2013年4月10日至5月7日期间，京华时报社在其主办的《京华时报》和"京华网"上发布系列不实报道，降低了农夫山泉的社会评价，严重侵犯了其名誉权，使其造成了巨大的经济损失，请求法院判令京华时报社停止侵犯农夫山泉名誉权行为，删除相关系列报道，在《京华时报》和"京华网"连续30日书面公开赔礼道歉并赔偿经济损失2亿余元。

针对农夫山泉的起诉，京华时报社答辩称，其对农夫山泉执行标准的报道客观属实，来源合法，未使用任何侮辱性言辞，属正当行使舆论监督权，而非恶意侵权，请求法院驳回农夫山泉全部诉讼请求。

京华时报社称，2013年4月，《京华时报》刊登了有关农夫山泉适用标准的系列报道，农夫山泉即于2013年4月12日—19日，在新浪微博和全国各大媒体发布消息，称京华时报社报道失实，缺失"新闻道德良心"，该行为严重侵害了京华时报社的名誉权。请求法院认定农夫山泉发布的信息公告侵犯了其名誉权，并判令农夫山泉在各大媒体及门户网站刊登道歉声明，为其恢复名誉、消除影响，赔偿经济损失1元等。

针对京华时报社的起诉，农夫山泉答辩称，其在信息公告中对《京华时报》作出的相关评论缘于对方报道明显失实、混淆是非，其行为不构成名誉权侵权，京华

时报社提出的诉讼请求无事实和法律依据，请求法院全部驳回。[1]

◆ 入选理由

在市场经济条件下，舆论监督与虚假新闻、新闻报道服务公共利益和公器私用追逐商业利益经常纠缠在一起。本事件中双方互为原被告，深刻揭示了媒体监督行为的方式和动机的不同可能产生的后果不同。从传媒法制角度来看，媒体与被其监督的对象产生纠纷，选择民事诉讼途径来解决，通过法院审理认定真伪，无论审判结果如何，都是社会进步的表现。

◆ 专家点评

孙彦（时任北京市律师协会信息网络法律专业委员会主任，现任北京天元律师事务所合伙人）：

我认为这个案件涉及三个问题：关于新闻报道构成名誉侵权的认定问题；新闻内容客观性的要求和尺度问题；新闻评论的尺度问题。

首先分析关于新闻报道构成名誉侵权的认定问题。

关于新闻报道是不是构成名誉侵权，法律明确规定，公民、法人享有名誉权，公民的人格尊严受法律保护，禁止用侮辱、诽谤等方式损害公民、法人的名誉。什么叫名誉呢？名誉就是社会对特定人的品行、道德、才干、情操等方面的综合评价。名誉权是公民和法人就其自身属性和价值所获得的社会评价所享有的不受他人侵犯的权利。任何一个公民和法人都享有名誉权。通过诽谤或者侮辱等手段损害他人名誉的行为是否构成名誉侵权，应该根据是否存在名誉受损的事实、行为人的行为违法性、违法行为与损害后果之间的因果关系、行为人的主观过错这四方面进行认定。

我国法律规定，因新闻报道严重失实致他人名誉受到损害的，应当按照侵害他人名誉权处理。在这方面有三种常见的情况。第一，内容失实，即新闻报道严重失实致使他人名誉受损。《京华时报》质疑农夫山泉水质不如自来水，论证的依据是农夫山泉执行的是浙江省的地方标准，而此标准确实在某些指标上低于国家关于生

[1] 陈俊宏．重磅！农夫山泉撤诉与《京华时报》互诉案落幕［EB/OL］.（2017-06-22）［2021-10-18］. http：//www.cs.com.cn/xwzx/201706/t20170622_5336396.html.

活饮用水的标准。农夫山泉反驳称，其实际执行的是企业标准，比国家标准更严格。但实际上消费者购买产品时，看到瓶子上写的是浙江省地方标准。对一个消费者来说，只能根据其看到的来对事实进行判断，企业背后的东西是无法知悉的。基于这一点，《京华时报》的报道内容应该是客观的。如果内容没有失实，即使后来进行了一系列的损害行为，也不构成名誉侵权。即使新闻报道偏离客观事实，对事件做出了不准确的、歪曲的，甚至虚假的描述，也并不一定构成侵权。第二，评论不当，即新闻报道内容虽然基本属实，但是有侮辱他人人格的内容，致使他人名誉受到损害。第三，既有内容失实的情况又有评论不当的情况。

下面分析第二个问题，即新闻内容客观性的要求和尺度问题。司法实践中只将新闻报道内容与事实严重不符的情况认定为内容失实。新闻媒体只是舆论监督机构，缺乏相应的公共权力，其调查手段有限，对客观事实追求的精准度和精确程度受到限制，因此出现个别与事实不相符的情况很难完全杜绝。如果对新闻媒体要求过于严格，那么其将难以发挥舆论监督的功能，亦可能刺激部分媒体不择手段地去追求真相，这可能也不是法律所要追求的目标。最高人民法院的相关规定明确，新闻媒体报道的文章反映的内容基本真实，没有侮辱他人人格内容的，不应认定为侵犯他人名誉权。

最后是新闻评论的尺度问题。评论不当构成名誉侵权，主要指内容报道中存在着侮辱或者其他不当的评价。现在的媒体报道为了吸引读者的注意，常常把标题写得危言耸听，经常出现评价不当的问题，如在该案中，农夫山泉发表了一些评论，称《京华时报》“缺乏新闻道德良心”“无知”“强词夺理”“信口开河”等，都是带有贬损性的语言，是可能构成名誉侵权的。我个人认为《京华时报》起诉农夫山泉侵权其名誉犯是有一定依据的。

所以，出台新闻法来规范媒体、社会，包括领导，非常迫切，如果没有相关法律，这些社会乱象今后还会持续存在。

展江（北京外国语大学国际新闻与传播学院教授）：

媒体的报道有时存在着不专业的问题，解决这一现象，除了通过行业自律、社会舆论监督、媒体自身反省，可能还需要通过民事诉讼的方式。法院的介入将会使媒体的报道、评论更专业、更规范、更客观。我个人非常支持农夫山泉以民事诉讼的方式来打这场官司。民事诉讼的双方是平等的权利主体，不存在因言获罪、身陷囹圄等严重后果。所以，对不负责任的言论，通过民事法律中的诽谤制度来加以解决是最好的方式，而不是轻易通过刑事诽谤、诬告、侮辱，以及治安管理处罚法的相关规则来规制。民事诉讼的方式使媒体既得到教训，又不至于受到过重的惩戒。

我们的媒体做出的一些专业的和不专业的行为、符合专业伦理和不符合专业伦理的地方，可以通过庭审的过程加以反思。我国媒体走向专业主义的过程必定是充满矛盾、起伏和挫折的。

媒体需坚持好的做法，改掉一些不太好的做法。媒体与企业之间需要建立一种比较正常的良性的关系。

第四章　2014年度中国传媒法典型事例评析

编者按

2015年1月8日下午，2014年度中国十大传媒法事例发布会暨学术研讨会在中国传媒大学举行，此次活动由中国传媒大学媒体法规政策研究中心、北京市律师协会传媒与新闻出版法律专业委员会主办，北京市律师协会信息网络法律专业委员会、北京中视瑞德文化传媒有限公司、联合信任时间戳服务中心、北京国圣投资公司协办。时任中国传媒大学媒体法规政策研究中心主任李丹林教授公布了2014年度中国十大传媒法事例。这十大事例由来自各大著名高校、科研机构、行政主管部门、司法机关及媒体的传媒法专家学者、资深实务界人士组成的评审委员会评出。

在学术研讨会上，来自工业和信息化部、北京市高级人民法院、北京市律师协会、中央人民广播电台、中国人民大学、清华大学、中国社会科学院、山东大学、中国政法大学、北京外国语大学、中国传媒大学等10多家单位的20多名专家学者，围绕这十大事例进行了精彩点评和热烈讨论。

本次评选共分为推荐、初选、决选三个阶段。在推荐阶段，主办方共收集到传媒法事例860个，主要来自三种渠道：一是中国传媒大学媒体法规政策研究中心建立的传媒法事例库；二是通过北京律协网、新浪微博、微信等平台向社会各界征集的事例；三是评审委员会推荐的事例。在此基础上，筛选出51个候选事例，交由评审委员会投票选出20个入围事例。随后，召开了评审委员会会议，对20个入围事例进行了评审，根据专家评审结果，最终确定了2014年度中国十大传媒法事例。

一、腾讯公司诉奇虎公司不正当竞争案关联诉讼作出终审判决

◆ 事例简介

2012 年 11 月，北京奇虎科技公司向广东省高级人民法院起诉，称腾讯科技（深圳）有限公司和深圳市腾讯计算机系统有限公司滥用在即时通信软件及服务相关市场的支配地位，构成垄断。

一审原告奇虎公司向广东省高级人民法院提起本案诉讼称：①腾讯公司和腾讯计算机公司凭借强大的财力和技术条件，可以排除相关市场内的竞争，违反了《中华人民共和国反垄断法》的规定；②腾讯公司和腾讯计算机公司限制 QQ 与己方开发的软件同时使用，构成限制交易，并且将即时通信软件与相关软件捆绑安装升级，构成捆绑销售；③腾讯公司和腾讯计算机公司应对其垄断民事侵权行为承担相应法律责任。腾讯公司和腾讯计算机公司共同实施滥用市场支配地位的行为，导致奇虎公司受到损害，应当承担连带责任。

一审被告腾讯公司和腾讯计算机公司共同答辩称：奇虎公司对本案相关市场界定错误；腾讯公司和腾讯计算机公司在即时通信服务市场不具有市场支配地位；被诉垄断行为不构成滥用市场支配地位的行为，也未产生排除、限制竞争的效果。请求驳回奇虎公司的全部诉讼请求。

广东省高级人民法院一审认为：奇虎公司关于综合性的即时通信产品及服务构成一个独立的相关商品市场的主张不能成立；腾讯公司和腾讯计算机公司在该市场也不具有支配地位；奇虎公司对本案相关商品市场界定错误，其所提供的证据不足以证明腾讯公司和腾讯计算机公司在相关商品市场上具有垄断地位。

2013 年 3 月 20 日，广东省高级人民法院作出一审判决，驳回奇虎公司全部诉讼请求。奇虎公司不服，向最高人民法院提出上诉。

最高人民法院指出，互联网行业鼓励自由竞争和创新，但这并不等于互联网领域是一个可以为所欲为的法外空间。是否属于互联网精神鼓励的自由竞争和创新，仍然需要以是否有利于建立平等公平的竞争秩序、是否符合消费者的一般利益和社会公共利益为标准来进行判断。2014 年 10 月 16 日，最高人民法院就"互联网反垄断第一案"——奇虎公司诉腾讯滥用市场支配地位纠纷案作出终审判决，裁定驳回

上诉，维持原判。

◆ 入选理由

“3Q 大战”引发的两起诉讼被称为“互联网反不正当竞争第一案”和“互联网反垄断第一案”。两案的判决，不仅为无序的互联网竞争确立了规则，界定了互联网的自由竞争和创新的边界；同时对“相关市场界定”“市场支配地位”的认定及“滥用市场支配地位”的判定确立了标准和分析方法，对互联网产业的健康发展具有重大意义。

◆ 专家点评

谢甄珂（时任北京市高级人民法院民三庭审判长，现任北京市高级人民法院知识产权庭副庭长）：

互联网行业的知识产权诉讼已经成为民事案件的重要组成部分。从最初的网络背景下单一的不正当竞争行为一直发展到该案“3Q 大战”中涉及的复合型的不正当竞争行为，确实有一个逐步变化的过程。最高人民法院通过审理“3Q 大战”不正当竞争及垄断关联案件，对相应的案件审理明确了原则，确定了思路。

我认为广东省高级人民法院及最高人民法院分别作出的两个判决为我们明确了以下几个问题。

第一，明确了反不正当竞争法一般条款的适用原则，明确了诚实信用原则及公认的商业道德的界定标准。

第二，对能否以促进消费者福利为由干扰他人的软件表明了态度。在引进消费者权益因素判断一个行为是否正当的时候，不仅要考虑消费者的权益，同时要考虑行为本身的正当性和公平性。任何一个市场主体，不管是互联网还是现实世界的经营者都不能将消费者权益作为自己实施不正当竞争行为的挡箭牌。

第三，划定了技术创新和互联网行为的技术边界。提出竞争自由和创新自由必须以不侵犯他人合法权益为边界，互联网的竞争发展需要有序的市场环境和明确的市场竞争规则作为保障。

第四，明确了互联网的行业规章和自律公约在司法审判中的作用。最高人民法院的判决也界定了行业规章和自律公约在司法认定中作为事实证据而非法律依据的地位。

第五，反不正当竞争案件的判决数额彰显了法院加大赔偿力度的态度。明确法定赔偿并不是进行反不正当竞争法审判判赔的最高限额，法院可以采取酌定赔偿数额，在能够证明的实际损失的范围内考虑成本、侵权行为和损失之间的因果关系，酌定一个高于法律赔偿额的赔偿数额。

第六，反垄断案件明确了相关市场支配地位和滥用市场支配地位的标准。入选的这两件关联诉讼确实为司法构建了审理此类案件的整体思路，也为各地、各级法院审理此类案件提供了非常具体的指导参考。

孙彦（时任北京市律师协会信息网络专业委员会主任，现任天元律师事务所合伙人）：

首先从这两个案子与传媒的关系角度分析，我认为它们对此行业的影响巨大。从目前的产业角度来看，人们普遍认为腾讯已经是第一大媒体。作为目前基本依靠广告创收的互联网行业，其主要利用核心软件来保持用户黏性以达到产业集聚的目的。所以拥有大量用户的QQ直接被360作为扩展业务的渠道，这才导致了双方之间的利益冲突及对市场份额的争抢。

其次是如何规范互联网的行业竞争。在全球来讲，早期的互联网发展确实有一些不受拘束，如著作权侵权行为层出不穷。很多互联网企业一直在通过违法行为考验法院裁判的底线，甚至通过诉讼来进行炒作宣传，这两个案子对互联网企业如何正确规范自己的行为具有极高的指导价值。对这种不正当竞争行为一定要重罚，只有重罚才能建立规则。

再次是这两个关联案件与消费者的利益的关系。虽然很多互联网企业为消费者提供了免费的工具和软件，但天下没有免费的午餐，在零成本销售的同时也应该履行应尽的义务。在企业正当竞争的过程中，一定要强调消费者的利益。

最后我想说的是，这两年是属于反垄断非常活跃的年份，其终于从书面走向了实际，像汽车行业、医药行业和软件行业，都跟老百姓的日常生活密切相关。垄断行业对经济与行业的发展有很大的影响，和消费者利益有密切的关系。互联网作为一个非常活跃及非常复杂的行业，厘清在此行业中如何界定垄断，相关市场及滥用市场支配地位等概念对界定其他行业相关行为具有巨大帮助。

二、世界奢侈品协会诉《南方周末》和《新京报》侵害名誉权案

◆ 事例简介

2014年2月26日，北京市朝阳区人民法院对世界奢侈品协会（以下简称“世奢会”）诉《南方周末》和《新京报》侵害名誉权案作出一审判决，认为南方报业传媒集团、新京报社作为传统媒体，对媒体从业人员撰写、发表报道或文章，负有较高的真实性审核义务，而被告南方报业传媒集团的《南方周末》刊登的《廉价世奢会》和《新京报》刊登的《世奢会被指皮包公司》两篇文章中，存在多处不实言论，未履行其作为媒体的审核义务，继而导致大量其他媒体转载，其行为已经构成对原告世奢会名誉权的侵害，故判令两被告刊登致歉声明，向世奢会赔礼道歉，消除影响、恢复名誉。[1]

◆ 入选理由

2014年，有关侵害名誉权的事例和判决不少。该案引人注目之处在于，世奢会向两家著名报纸发起了系列名誉权诉讼。而媒体出于保护秘密消息源的考虑，没有让采访中的关键信源出庭作证。这一核心证明的缺失导致媒体败诉，从而使媒体为秘密消息源保密的职业道德与公民作证的法定义务间的冲突在中国首次浮上司法层面。最终法院仍能够查明案件事实，从争议文章信息源真实与写作目的正当作为切入点审理此案，为界定媒体言论自由及个体名誉权保护之间的边界做出了贡献。

◆ 专家点评

展江（北京外国语大学国际新闻与传播学院教授）：

世奢会选择对《南方周末》和《新京报》这两家媒体进行起诉并胜诉的原因就

---

[1] 《新京报》不服一审结果，提出上诉。2015年11月9日，北京市第三中级人民法院对此案作出终审判决。在判决书中，法院主要对两个争议焦点分别作出认定。首先，因争议文章内容与世奢会（北京）公司具备直接关联性，因此世奢会（北京）公司有权就争议文章提起名誉权诉讼。其次，法院从争议文章引用采访内容真实，采访对象被爆料的内容不应被推定为虚假信息，争议文章主要内容及评论具备事实依据，不构成诋毁、侮辱及争议文章具备正当的写作目的四个方面综合认定媒体不构成对世奢会（北京）公司名誉权的损害，判决撤销北京市朝阳区人民法院作出的一审判决，驳回世奢会全部诉讼请求。

是对匿名消息来源，相关媒体举证不能。

中国目前没有新闻法，遇到类似诉讼的时候，围绕匿名消息来源的问题，不同法院会作出不同的裁决。法院主要围绕的不是举证不能，而是媒体的匿名消息来源提供的相关信息是不是构成这篇报道的主体，以及即使这个消息来源提供的信息不使用，能不能认定媒体基本整体失实。

而与该案相关的媒体，包括《新京报》和《南方周末》，都是业内有口碑、有声望的媒体，不存在侵犯名誉权的恶意。根据相关媒体提供的信息和其他媒体提供的信息，被诉的两家媒体即使不采用匿名来源的消息也足以证明，或者说能够基本证明世奢会这个公司就是皮包公司。目前，中国没有关于匿名消息来源保护的相关法律、司法解释、法条和行政规章，当然我们不能寄希望于未来制定新闻法。我提出一个思路：全国人大在 2005 年批准的《联合国反腐败公约》第 33 条提出了要保护举报人，媒体完全可以引用该公约，依法而不是依职业道德来保护匿名消息来源。

徐迅（中国政法大学传播法研究中心执行主任）：

这个案件可能是我们国家第一起真正涉及秘密消息源作证问题的媒体侵权案件，必将载入史册。虽然新闻报道应该交代消息源，这是信息界的普遍真理，但秘密的消息源要为它保密也是世界新闻界的通行行规。它涉及的是媒体和记者的基本职业伦理，就是诚信。

真正的困难在于记者的保密义务可能是和公民在法庭上的作证义务相冲突的，也就是我国《刑事诉讼法》规定的凡是知道案件真实情况的人都有作证的义务。记者面临两难选择：或者在法庭的要求下放弃承诺，让秘密消息源出庭作证，或者是为秘密消息源保密到底，从而因为无法作证最终承担败诉的后果。

消息源犹如新闻界的衣食父母，如果记者或者媒体一旦自身面临法律风险就放弃保密的承诺，新闻界也就难以获得某些真正重要的消息，这个行业也就难以为继。保护这项职业特权是世界法律发展的大趋势。当然，新闻界也充分注意到轻率承诺保密或者号称承诺保密的危险性。一些新闻单位对为秘密消息源保密的做法可能产生的法律风险其实是有所认知的。

据我所知，有很多新闻单位就保护消息源的义务制定了相关方案，最重要的方法就是在新闻报道当中不直接使用秘密消息源，而是围绕着秘密消息源提供的线索进行深入核实。同时，通过更为艰苦的调查核实最终证明秘密消息源提供线索的真实性。由于秘密消息源从来都没有被媒体在报道当中公开过。因此，一旦发生诉讼，应避免让消息源出庭作证。

我国《刑事诉讼法》《中华人民共和国反洗钱法》《中华人民共和国禁毒法》等十几部法律中都有为举报人保密的规定，未经本人的同意其个人信息不可以公开。一旦面临这样的诉讼，也可以被新闻界引为自我保护的依据。

三、成立中央网络安全和信息化领导小组

◆ 事例简介

2014 年 2 月 27 日，中央网络安全和信息化领导小组[1]成立，由习近平担任组长。它的职责包括三个方面：①着眼国家安全和长远发展，统筹协调涉及经济、政治、文化、社会及军事等各个领域的网络安全和信息化重大问题；②研究制定网络安全和信息化发展战略、宏观规划和重大政策；③推动国家网络安全和信息化法治建设，不断增强安全保障能力。中央网络安全和信息化领导小组办公室目前由国家网信办承担具体职责。网络安全和信息化是事关国家安全和国家发展、事关广大人民群众工作生活的重大战略问题。中央网络安全和信息化领导小组通过制定全面的信息技术、网络技术研究发展战略，解决科研成果转化问题；通过出台支持企业发展的政策，让他们成为技术创新主体，成为信息产业发展主体；通过制定立法规划，完善互联网信息内容管理、关键信息基础设施保护等法律法规，依法治理网络空间，维护公民合法权益。

◆ 入选理由

中央网络安全和信息化领导小组的成立，以规格高、力度大、立意远来统筹指导中国迈向网络强国的发展战略，在中央层面设立了一个更强有力、更有权威性的机构，体现了中国最高层全面深化改革、加强顶层设计的意志，显示出保障网络安全、维护国家利益、推动信息化发展的决心。该领导小组着眼于国家安全和长远发

[1] 2018 年该领导小组改名为中央网络安全和信息化委员会。

展，统筹协调涉及经济、政治、文化、社会及军事等各个领域的网络安全和信息化重大问题，研究制定网络安全和信息化发展战略、宏观规划和重大政策，推动国家网络安全和信息化法治建设，它的成立意义非凡。

◆ 专家点评

宋全成（山东大学哲学与社会发展学院社会学系教授）：

我想从传播社会学的角度分析为什么要成立中央网络安全和信息化领导小组，原因是我们国家的网络安全面临严峻挑战。

这种挑战表现在以下几个方面。第一，全世界支持互联网业务的13个主干服务器都在国外。如果中国没有自己的主干服务器，那意味着我们的社会在遭遇敌对国家的蓄意破坏后互联网业务将会瘫痪。第二，我们国家支持互联网服务的所有服务器在此时多是西方的产品，金融、航空、海关、武警等国家重点领域数据中心所采用的设备超过一半都来自国外。成立这个小组，具有重要的军事意义。

网络安全首先是国家安全，国家安全可以分为两类。第一类是传统意义的国家安全，就是军事。第二类是非传统意义的国家安全，也就是国家利益。中国的网络安全问题已经到了必须解决的时候，而想要迈出这一步就必须从顶层开始设计。没有顶层设计，各部门都是以经济效益为核心，各自为政，会把网络安全置若罔闻。中央网络安全和信息化领导小组肩负着任务：从国家的顶层设计开始解决国家安全问题，从经济、社会等领域支持信息化建设，在相关法律还不健全的情况下，可以弥补目前存在的一些漏洞和欠缺。

续俊旗（时任工业和信息化部电信研究院知识产权中心主任，现任英特尔（中国）有限公司法律政策总监）：

中央网络安全和信息化领导小组这一名称的关键词是中央和安全。中央表明它是党的机构，安全先行说明了安全是信息化的题中应有之义。放眼全球，信息化对各国经济、政治、文化产生了很大影响，已经成为推动社会经济转型和提升国家实力的重要动力。同时，互联网的媒体属性也越来越强。过去我们说互联网媒体是第四媒体，移动互联网是第五媒体，现在说互联网是第一媒体，从体量和影响力方面来看，它已经是最大的平台，但与此同时它也会产生很多问题，如色情、造谣、敲诈勒索等。

第一，要把网络安全提升到国家安全、国际竞争的高度来对待。21 世纪以后，网络空间安全正在成为非传统安全的核心。在信息网络上承载了很多重要的部门，它与经济安全、生态安全等融合在一起，可以说没有网络安全就没有国家安全，该领导小组成立事关国家主权的稳固和可持续发展。

第二，我国一系列网络重大安全问题没有解决。在制度层面，中央非常明确地提出构建互联网法律体系。在技术层面，国家一直致力于对操作系统和国产设备进行研究布局，维护国家网络安全。

第三，数据和个人信息安全的问题。没有网络安全就没有信息化，概括地说就是通过发展促进安全的保障，通过安全保障促进网络数据和个人信息合法、有序地运用。

四、十二届全国人大常委会第八次会议批准《视听表演北京条约》

◆ 事例简介

2014 年 4 月 24 日，十二届全国人大常委会第八次会议批准《视听表演北京条约》[1]，此条约为 2012 年世界知识产权组织在北京举行的外交会议上签署的。

《视听表演北京条约》是基于国际社会对表演者和表演者权利的重视，对表演者的声音和形象给予全面保护的新的国际规范，主要针对在“视听录制品”中的表演，赋予表演者广泛的权利，包括表明身份权、禁止歪曲权、复制权、发行权和信息网络传播权，以及缔约方可视具体情况规定的出租权、广播和其他方式进行传播的权利。其中还规定了关于技术措施和权利管理信息的相关义务；规定了缔约方应当提供执法程序，以确保能够采取有效措施及时制止侵权，并遏制进一步侵权行为。同时，根据我国视听产品出口量小于进口量的现实情况，对我国现行法律、法规中尚未规定的该条约第 11 条第 1 款和第 2 款关于“广播和向公众传播的权利”予以保留。

---

[1] 2020 年 4 月 28 日，该条约正式生效。

◆ 入选理由

《视听表演北京条约》是第一个在我国缔结，并以我国城市名命名的国际知识产权保护条约，也是在中国诞生的第一个国际知识产权条约，该条约将大大提升中国版权事业的国际地位。我国批准该条约，对该条约早日生效将起到很大的推动作用。批准这一条约有利于加强我国在知识产权保护方面与国际社会的合作，完善我国的著作权法律制度，规范网络环境下视听表演者保护秩序，促进我国演出产业的发展。

◆ 专家点评

孙彦（时任北京市律师协会信息网络专业委员会主任，现任北京天元律师事务所合伙人）：

《视听表演北京条约》是世界知识产权组织主导的，中国在外交会议上缔结的第一个国际知识产权条约。此次条约的批准不仅加强了对知识产权的保护，还能够改善我国的国际形象。具有非常重大的历史意义。

就内容而言，《视听表演北京条约》规定了互联网环境下表演者权利的问题。关于表演者的权利，之前的《罗马公约》或者是《世界知识产权组织表演和录音制品条约》都有所涉及，也是在互联网条件下对表演者权利进行的规定。原来有《世界知识产权组织版权条约》，主要是侧重文字作品的，《世界知识产权组织表演和录音制品条约》保护的是音像出版社。《视听表演北京条约》回到了第三个层次，着重保护表演者的权益。

如今的自媒体时代，不同于之前需要专业设备才能进行拍摄创作。现在只需要一个手机就可以进行录像，表演者的表演可以随时上传至网络进行传播。《视听表演北京条约》把对自己表演的出租权、广播和其他方式进行传播的权利赋予表演者，加强了互联网时代对表演者权利的保护。而原有的《录音录像制作者条约》解决不了这个问题。

从传媒与法治的角度来讲，我们也要宣传该条约，让演员、表演艺术家知道有这个条约，让他们也积极参与到条约的宣传中来。一旦将来出现侵权的行为，他们可以利用相关的法律制度来保护自己的权益。

刘文杰（时任中国传媒大学法律系副教授，现任中国政法大学比较法学研究院教授）：

《视听表演北京条约》是在由中国政府承办的世界知识产权组织的外交会议上通过的国际公约，专门针对的是表演者权利保护的问题，体现了我国在知识产权保护领域的国际地位，具有重大的政治意义。

第一，该条约对国际知识产权保护事业具有意义。之前已经有过保护表演者权益的《罗马公约》，它的问题在于通过条款的设计使得对表演者的保护主要限制在声音的传播方面，其中有一个规定是：如果表演者同意把表演录制成视听制品，就是同意把他的权益转移给了视听制品的制作者。《视听表演北京条约》第11条同样是相关的授权问题，尤其是广播权和向公众提供的权利，对于这些权利，各国可以自行声明保留，它意味着，各个成员国可以自己决定是否给予表演者此项非常重要的权利，而非必须给予这些权利，所以各成员国拥有更大的自由决定权。

第二，另外一个很重要的条款是第12条，即关于表演者权利的转让问题，或者说涉及表演者表演权属的问题。它的三款都说成员国可以规定权属，可以规定以合同的形式、书面的形式，可以规定获得相应的报酬，因为条文中所用术语全部是“可以”，所以潜在地又将这个重要的涉及表演者切身利益的权利交给了各成员国去自行决定。基于这种立法特色，我认为就弥合两大法系关于表演者权利保护的分歧而言，该条约更多的是具有宣示的意义。

第三，该条约对我国《著作权法》的适用基本没有影响。具体而言，该条约是否生效，与我国《著作权法》规定的效力并无关系。该条约要求成员国必须给予表演者的权利，在《著作权法》中一一规定。该条约中表明有些权利可以给而我们国家没有给，乃是因为，该条约明示各成员国可以自行决定是不是给予这些权利，我国就此声明保留即可，故现行《著作权法》无须因该条约生效而做修改。

第四，对《著作权法修订草案》的影响，修订草案取消了录像制品的概念，只有视听作品的概念。这就出现了一个问题，即现在被认定为录像制品的那些内容，《著作权法》修改以后怎样认定它们的问题。国家版权局的解释可能倾向于尽可能地把录像制品都认定为视听作品。此外，现在至少有法院认为，表演者相对于录像制作者而言，享有表演的录制发行权，假如《著作权法》取消录像制品概念，如将此前的录像制品认定为视听作品，那么在没有合同约定的时候，权利都属于制片者，表演者并无财产权利，这会形成法律的衔接问题。

五、国家网信办发布《即时通信工具公众信息服务发展管理暂行规定》

◆ 事例简介

2014年8月8日，国家网信办发布《即时通信工具公众信息服务发展管理暂行规定》，该规定从行业资质、隐私保护、实名注册、备案审核、内容限制等方面对即时通信平台及用户行为进行了规范。即时通信工具服务提供者从事公众信息服务活动，应当取得互联网新闻信息服务资质。即时通信工具服务提供者还应当落实安全管理责任，建立健全各项制度，配备与服务规模相适应的专业人员，保护用户信息及公民个人隐私，自觉接受社会监督，及时处理公众举报的违法和不良信息。新闻单位、新闻网站开设的公众账号可以发布、转载时政类新闻，取得互联网新闻信息服务资质的非新闻单位开设的公众账号可以转载时政类新闻。其他公众账号未经批准不得发布、转载时政类新闻。

◆ 入选理由

在移动互联网时代，即时通信工具几乎成为人们的生存方式，对其进行妥适的规范非常必要。国家网信办为进一步推动即时通信工具公众信息服务健康有序发展，保护公民、法人和其他组织的合法权益，维护国家安全和公共利益，制定了这一规定，意义重大。

◆ 专家点评

王四新（时任中国传媒大学法律系教授，现任中国传媒大学人类命运共同体研究院副院长、教授）：

《即时通信工具公众信息服务发展管理暂行规定》又称“微信十条”的原因是，该规定制定时考虑的主要规制对象就是微信，后为避免立法针对某一具体对象，改成了“即时通信工具”。

与以往的互联网立法相比，这个文件沿用的仍然是互联网治理的老套路，也就是先发展再提出治理的措施。《即时通信工具公众信息服务发展管理暂行规定》的推出，是以微信为代表的即时通信工具成为一种成熟、稳定的应用以后，为使其更加规范地发展，由政府出面制定的管理措施，反映出当今我们国家规范管理互联网信息一些比较新的动向。第一个动向，这是在我们国家互联网管理体制调整以后出台的规范性文件。在这之前的互联网规定和互联网管理基本是条块分割、各自为政的。这种局面也导致了互联网法规之间互有冲突的现象比较普遍，相关规定难以在实践中落实。为了解决这种现状，同时为了加强国家对互联网的顶层管理，2011年，我们国家成立了国家网信办，负责全面统管互联网信息的管理。互联网管理的新常态将会是相关政策的重大调整，立法规划的做出都由这个新成立的机构负责。

本次立法的条文还有一个鲜明的特点，就是它的调整对象非常明确具体，针对的是微信这种即时通信工具。该规定中的被规范者也是非常具体的，主要是指发布公共信息的平台，不涉及一般用户。

同时，本次立法在规定信息方面有所变化，以前的这类立法对信息的管理是禁止性立法，这次采取的是底线式的规定。对于目前难以界定的问题，如什么是时政类新闻，属于本条约里争议比较大的，就仍然需要沿用《互联网新闻信息服务管理规定》。这反映出线下的互联网管理可能要通过及时发现问题、及时解决问题的方式发展。针对问题，只提非常具体的措施，我认为这也是符合目前互联网技术发展规律的。

陈欣新（中国社科院法学研究所研究员）：

《即时通信工具公众信息服务发展管理暂行规定》第1条主要是关于该规定的立法目的。其中的顺序是：保护公民、法人和其他组织合法权益；维护国家安全和公共利益。以往的立法，一定是维护国家安全和公共利益在前，保护公民、法人和其他组织合法权益在后。这个顺序是否传递出某种信号？所以我认为该规定也存在一些值得探讨之处。

第一，“暂行规定”意味着是临时的，这就降低了该规定的可预期性。

第二，《即时通信工具公众信息服务发展管理暂行规定》中有一个法律依据问题。立法者还是更多地强调上位法依据，但列举的法律依据中，只有《全国人民代表大会常务委员会关于维护互联网安全的决定》《全国人民代表大会常务委员会关于加强网络信息保护的决定》及《互联网信息服务管理办法》属于法律法规。《最高人民法院、最高人民检察院关于办理利用信息网络实施诽谤等刑事案件适用法律若干问题的解释》就法律渊源角度讲，属于司法解释,《互联网新闻信息服务管理规定》是行政规章，两者都不能称为“法律法规”。而且《即时通信工具公众信息服务发展管理暂行规定》的性质是规范性文件，在司法领域的适用效力是存疑的。

第三,《即时通信工具公众信息服务发展管理暂行规定》第 6 条规定了即时通信工具服务的提供者要和使用者签协议，有 7 条底线，但是这 7 条底线的表述是不规范的。在一般性文件里使用上述用语尚且可以，然而作为一个能够产生对外效力的规范性文件，它并没有明确底线的范围，所以不具有可操作性。

第四,《即时通信工具公众信息服务发展管理暂行规定》第 7 条规定了服务的提供者要为公共账户的开设建立审核机制。此处“审核”的法律含义不甚清楚，其在法律上的后果同样尚不明晰。同时，它肯定不属于审批的范畴，规范性文件不能增设审批事项，服务提供者也显然不是审批主体。

第五，时政类新闻的概念沿用《互联网信息服务管理办法》，在该规定之中并没有作出明确定义。

第六，该规定之中通信工具服务提供者可以视情节行使的禁止发布、暂停账号的措施仍然存在定性问题，若定义为民事性质则服务提供者所采取的措施是否过当？若定义为行政性质则服务提供者并没有相关法定行政授权。

六、中央全面深化改革领导小组审议通过《关于推动传统媒体和新兴媒体融合发展的指导意见》

◆ 事例简介

2014 年 8 月 18 日，中央全面深化改革领导小组第四次会议审议通过了《关于推动传统媒体和新兴媒体融合发展的指导意见》(本文以下简称《指导意见》)，强调推动传统媒体和新兴媒体融合发展，要求遵循新闻传播规律和新兴媒体发展规律，强化互联网思维，坚持正确方向和舆论导向，坚持统筹协调、创新发展、一体化发展、先进技术为支撑。要按照积极推进、科学发展、规范管理、确保导向的要求，推动传统媒体和新兴媒体在内容、渠道、平台、经营、管理等方面深度融合，着力打造一批形态多样、手段先进、具有竞争力的新型主流媒体，建成几家拥有强大实力和传播力、公信力、影响力的新型媒体集团，形成立体多样、融合发展的现代传播体系。要一手抓融合，一手抓管理，确保融合发展始终沿着正确的方向推进。

◆ 入选理由

传媒领域是改革步伐最为审慎的领域，也是互联网冲击最大的领域。《指导意见》的发布，对于在网络技术迅猛发展的时代，如何促进我国传媒领域更快更好地发展，进而为整个社会的政治、经济、文化发展提供更好的基础，指明了道路。

◆ 专家点评

李丹林（时任中国传媒大学媒体法规政策研究中心主任、教授，现任中国传媒大学文化产业管理学院文化法治研究中心顾问委员会主任、教授）：

传统文化虽然作为生产力的主要要素，技术是最活跃的因素，但是如果没有制度的匹配，如果没有政策的导向，所有的发展可能都会因为保守的观念而使这些因素受到压抑、束缚。结果，本可以基于新技术的发展而产生的硬实力和软实力，往往并非如人所愿。

数字技术和网络技术的发展应该说首先会对同样是传递信息的传媒界带来发展先机和兴旺之路。但正如我们所看到的，实际情形并非如此，其原因在于互联网企业虽然拥有运营互联网、从事各种行业的能力和技术，但从事媒体业的企业缺少制度许可和政策资源。而传统媒体由于观念、意识、技术、经验等方面的原因，没有能够很好地学会如何利用新的信息传播技术和平台寻找生存和发展的空间。

《指导意见》从顶层设计高度做出了方向性的指引，这无疑对于改变现状具有重大意义。同时，这对我们改变观念也具有重要价值。何谓主流媒体，这不应该是一个意义固化的概念，而应该是一个发展的概念。媒体内容介质的改变也并不意味着媒体的没落。恰恰相反，面对网络信息的庞杂，高水平的专业媒体，特别是新闻人作为社会的瞭望塔，其价值就更为重大。纸张消失了，但人们对时事新闻的报道和需求不是降低了，而是增强了。在社交媒体充斥内容信息冗余，用户生产内容（UGC）使网络世界喧嚣热闹的时候，专业媒体人的 PGC 才是在这喧嚣之中最为强有力的声音。因此，传统媒体和新兴媒体的融合不是谁吞并谁的问题，而应该是在政策和法律为二者提供了公平竞争的环境下，在媒体伦理和专业精神的指导下，谁能够在新闻报道和评论领域做得更好，凭借实力成为传播强者的问题。

由此，也可以看到，在互联网时代，或许传统的介质没落了，但新闻精神、新闻媒体更凸显了它的价值。新老媒体的融合不是既有的老媒体和新出现在互联网上的媒体的融合，而是在媒介融合时代，借助于新的信息传播技术，通过更好的专业水平为用户提供更多更好的内容建设。也只有这样才能打造出一批形态多样、手段先进、具有竞争力的新型主流媒体，建设几家拥有强大实力和传播力、公信力、影响力的新型媒体集团，形成一体多样、融合发展的现代传播体系。

在我国，如果说自上而下的体制推动了改革，那么改革的原发力和持续不断的动力就是源自人们内心涌动的创新激情、对陌生的好奇、对美好生活的向往。党的十一届三中全会以来的实践也证明，如果那些自上而下的改革是推动了解除束缚在中国人民心上和精神上的枷锁改革，它就是为人民带来福祉的改革。我们也希望中国无论是政府，还是社会，都能够在《指导意见》这样一个政策文献的引领下，使媒体发展得更好。

何勇（时任中国传媒大学政法学院法律系副教授，现任中国传媒大学文化产业管理学院文化法治研究中心学术委员会执行主任、副教授）：

《指导意见》是推动传统媒体与新兴媒体多方位深度融合的政策性文件，它代表党和政府对于这个领域现实状态和未来发展的最新观点和思路。我在其中提取了几个关键词。

第一个关键词是中央全面深化改革领导小组。它是政策的制定者。这是根据党的十八届三中全会的精神建立的领导小组，主要职能是推进改革的顶层设计，全局协调、合作和督导。这个机构是目前的改革态势下制定政策的最高领导机构，分为六个基本部门。而这个文件是属于文化体制改革的部分，对于互联网时代媒介发展的方向和路径具有重大指导意义。

第二个关键词是新型主流媒体。在这个文件当中，对于新型主流媒体的定位是非常清晰的。所谓的新型主流媒体的内在含义是什么呢？首先是目的和性质层面，通过传统与新兴媒体的深度融合，包括加强内容建设，来巩固宣传文化思想阵地，壮大主流思想舆论；其次是手段和路径层面，着力打造一批形态多样、手段先进、具有竞争力的新型主流媒体，建成几家拥有强大实力和传播力、公信力、影响力的新型媒体集团，形成立体多样、融合发展的现代传播体系。

第三个关键词是集团化。这是这次文件要求的政策实现路径。从 20 世纪末的 1996 年开始，到 1999 年和 2008 年以后的广播电视、报刊的集团化潮流，我国媒介领域对于媒体集约化的探索一直没有中断，也积累了多方面经验。当前的集团化改革，需要从过去更讲究外延扩张和集合的集团化，借助技术赋能，通过跨行业、跨媒体的融合，实现真正的集约型的实质融合。这次文件明确提出，要从内容、渠道、平台、经营、管理多方位进行深度融合。

第四个关键词是管理。管理是改革的主要环节。之所以管理如此重要，是因为这次改革是全新的媒介生态中传统主流媒体合力进行的上位战。首先是通过平台融合和内容建设占据信息和意见提供的主导地位；其次是通过包括“微信十条”等立法和其他行政手段，保证网络空间更有秩序。在未来的媒介管理当中或者是未来的媒介改革方向中，融合与管理两手抓将是必然的新常态。

七、国务院授权国家网信办负责互联网信息内容管理工作

◆ 事例简介

2014 年 8 月 26 日，国务院授权重新组建的国家网信办负责全国互联网信息内容管理工作，并负责监督管理执法。

◆ 入选理由

为促进互联网信息服务健康有序发展，保护公民、法人和其他组织的合法权益，维护国家安全和公共利益，解决互联网领域在内容监管方面“多龙治水”的问题，国务院授权重新组建的国家网信办负责全国互联网信息内容管理工作，并负责监督管理执法。这显示，对网络内容的监管开始走向法治化。同时这也意味着，不论过去如何行事，也不论现状如何，在互联网内容监管领域，新的国家网信办必须按照“依法授权、依法监管”的思路履行职责。

◆ 专家点评

陈欣新（中国社科院法学研究所研究员）：

此事例本质上是关于依法行政的问题。2014 年 8 月 26 日，国务院发布了《国务院关于授权国家互联网信息办公室负责互联网信息内容管理工作的通知》，主要就是授权重新组建的国家网信办，负责全国互联网信息内容的管理工作，并且负责

监督管理执法。

对比互联网的内容管理授权方式的历史，在职能机构划分及下发文件效力方面或多或少都存在一些问题。无论是原来的国家网信办还是新网信办，最大的问题在于它们都属于国务院的办事机构，无权制定规章，只能制定规范性文件。

然而在本事例中，从国务院办公厅发通知、新华社发消息到国务院明确发授权来看，意味着不管过去如何行事，不管现在状况如何，在互联网内容监管领域，新的国家网信办必须按照依法授权、依法监管的思路履行职责。

郑宁（时任中国传媒大学政法学院法律系副主任、副教授，现任中国传媒大学文化产业管理学院法律系主任、文化法治研究中心主任、副教授）：

首先，这次国务院授权国家网信办负责互联网信息内容的管理和执法，根本目的是解决之前网信办身份不清、主体地位不明、职责不清的问题。以往互联网新闻信息的执法权从国务院新闻办交接至网信办的时候，因为规章没有修改，所以相关权力的行使需要通过委托的方式，造成权、名、责的分离。此次授权可以说对相关情况有很大改善。

其次，近年来，从中央网络安全和信息化领导小组的成立可以看出，我们党对互联网管理的重视程度是不断加强的。党的意志要转化成实际效果，需要通过行政机关的具体落实，现在新的国家网信办就在承担这样一个职责。

2013 年到 2014 年的国家网信办管理互联网信息的主要工作有四个方面：一是打击网络谣言；二是打击网络的淫秽色情信息；三是对微信这些即时通信工具的管理；四是提出了要对 App 加强管理，出台相关的管理办法。

当然，随着我国依法治国的全面展开，国家网信办在进行具体的执法的过程中，也需要注意一些问题，实现互联网治理水平的现代化。具体要从四个方面着手：一是权限合法，正如党的十九届四中全会强调的“法定职责必须为，法无授权不可为，如果没有法律法规的依据，不能做出减损行政相对人合法权益或者是增加义务的决定”；二是如何提升互联网管理的立法和决策的科学性和民主性，公众参与，信息公开，对立法和决策进行科学论证和成本收益评估；三是遵守正当的程序，确保行政相对人的程序权利；四是管理和服务并重，要打造服务型政府，提升服务水平，更多采取柔性管理手段。

八、21世纪传媒公司涉嫌敲诈勒索案

◆ 事例简介

2014年9月25日，21世纪传媒总裁沈某和总经理陈某因涉嫌21世纪网新闻敲诈案被采取刑事强制措施，随后，在当天中央电视台新闻频道《东方时空》中，沈某面对镜头承认，他明知“这种新闻敲诈行为涉嫌经济犯罪”，但出于公司生存和盈利的考虑，还是在这条非法牟利的道路上越陷越深。2014年10月10日，上海市人民检察院第一分院以涉嫌敲诈勒索、强迫交易、非国家工作人员受贿和对非国家工作人员行贿罪，分别对21世纪网总裁刘某、副总编周某,《理财周报》发行员夏某、主编罗某,《21世纪经济报道》湖南负责人夏某等25人批准逮捕。2014年11月20日，21世纪传媒股份有限公司总裁沈某、副总裁陈某、副总裁兼财务总监乐某等人被上海市人民检察院第一分院依法批捕。沈某领导下的《21世纪经济报道》《理财周报》、21世纪网3家媒体及8家运营公司涉嫌敲诈勒索、强迫交易犯罪；同时，沈某还涉嫌非国家工作人员受贿、职务侵占、挪用资金等个人犯罪。[1]

◆ 入选理由

如同任何事物都具有两面性一样，互联网在给人类带来巨大福祉的同时，其带来的消极影响也不可小觑。21世纪网工作人员利用网络媒体的巨大影响牟取非法利益，说明在互联网时代，媒体如果丧失职业伦理、超越法律底线，其行为的危害性将会巨大。这一事件对整个社会敲响了警钟。

◆ 专家点评

陈力丹（中国人民大学新闻学院教授）：

此案例反映了整个新闻界存在的问题。21世纪网的问题被揭发出来后，很多媒

---

[1] 2015年8月该案由上海市浦东新区人民检察院向浦东新区人民法院提起公诉，2015年10月13日21世纪传媒系列案在上海开庭，2015年12月24日法院作出一审宣判，以强迫交易罪，判处被告单位广东21世纪传媒股份有限公司罚金948.5万元；以被告人沈某犯敲诈勒索罪、强迫交易罪、职务侵占罪，具有自首、立功情节，数罪并罚，判处有期徒刑4年，并处罚金6万元；以被告人乐某犯职务侵占罪，判处有期徒刑2年，缓刑2年；违法所得予以追缴。

体都发表了批判文章。各家媒体在严厉批判别人的时候，我更希望看到各家媒体的自我剖析、自我揭露问题，并采取措施防范问题的再发生。我国的媒体在一段较长的时期内不是一个社会行业，而是党政机关的一部分，没有创收盈利的任务。改革开放以后，媒体逐步纳入市场经济。然而什么是市场经济，作为文化产业一部分的新闻传播业如何规范自己的行为，从媒体的领导人一直到编辑记者，实际上并不清楚。

1985—1986年，当时唯一的全国性新闻学术期刊《新闻学刊》的讨论栏由社科院新闻与传播研究所新闻业务研究室主任主持，他组织的第一场讨论，主导观点是“广告新闻”，认为这是一种媒体创新。我和其他人坚决反对这样做，后来的讨论才扭转为批评这种观点。

这当然不是一个人的认识，而是当时相当多的人不懂得什么是商品经济（1992年以后改称“市场经济”），也没有媒体的职业意识，不知道媒体的新闻编辑部必须与媒体经营部门在职能上分开的职业道德规范。

然而，我国的媒体经济体制似乎不管新闻媒体与其他文化产业的不同，一概要求媒体的所有部门、版面、频道、节目都要提供利润，都要拉广告，而且都要寻租。于是，一方面是一个又一个的禁止有偿新闻的行政规章和文件出台，另一方面是媒体的所有部门都被要求提供利润，或者至少自己养活自己，而且提出的利润指标一年高过一年。要防范新闻界腐败就不能对新闻编辑部提出追求利润的要求，要让编辑部一心一意做好新闻服务，在锻造媒体公信力方面为媒体集团公司做出贡献。还要认识到以提供新闻为主的媒体产业，包括通讯社、报纸，通常不可能是暴利产业。

娱乐为主的媒介产业和以提供新闻为主的媒介产业是很不相同的。电视的各种植入式广告可以在娱乐、体育、知识、综艺频道来做，但绝对不能植入新闻节目，而我们的新闻节目里植入广告是很多的，尤其是企业性的消息报道。一旦把植入式广告做进新闻节目，会造成整个电视行业的衰败。

我国媒体基本不受职业道德的约束，媒体公信力的高低被认为似乎无关大局，无论是新闻媒体产业和娱乐媒体产业都在无所顾忌地追求暴利，从最初的违反职业道德规范发展到新闻敲诈、受贿、行贿。这不仅是媒体个人的道德丧失和主动犯罪，而且与媒体的经济体制相关。

《中华人民共和国广告法》（以下简称《广告法》）第13条提出广告应当具有识别性，能够使消费者分辨出其为广告。通过大众传播媒介发布的广告应当有广告标记，与其他广告相区别，不得使消费者产生误解。我呼吁各家媒体先从摒弃广告新闻、软文开始自律，落实《广告法》第13条从自己做起。

郭镇之（清华大学新闻与传播学院教授）：

《环球时报》的评论中提出，应该注意到该案问题背后的机制问题，不应该仅仅是专注于个人的责任。

21世纪报系及沈某本人有一个新闻专业主义的标志，他是一个符号性的人物，导致这次事件的影响巨大，也因此发生了广泛的争议。我觉得争议涉及两个方面的问题。

第一，敲诈勒索等违法犯罪行为的动因及其社会根源。21世纪网以舆论监督为名进行敲诈勒索，这种行为在中国曾经广泛存在，从事“舆论监督”的很多人都会用这样的方式，所谓的“新闻不红包”或者“红包不新闻”，这种情况是随着媒体的市场化发生的，并且随着经济卷入传媒的程度越来越深而愈演愈烈，这和市场竞争的激烈有关。有人认为由于中国的媒体经济要自立，而且资源缺乏、竞争激烈，所以难免出现这种问题。西方媒体同样会在法规比较模糊的边界进行试错或者是试水的行为，像英国小报的窃听行为，只要没有法律规定，他们就会试探。我认为国内情况比西方严重不是因为西方的媒体觉悟有多高，而是因为法治国家的规则更为严厉。我们现在需要的是全方位的体制革新，加强法规建设和管理。

第二，新闻专业主义在这里扮演了什么角色？沈某曾经是南方报系新闻专业主义的代表人物，因此有些人对他表示同情。我觉得这种同情是不应该的。因为他做错事了。法制是无情的，违法就得领罪。不能说因为沈某犯了罪就意味着新闻专业主义的失败，显然不是。恰恰相反，沈某走上这条歧路是因为他背弃了他之前信奉的新闻理想。一方面，当局应该在依法治国的总体框架下允许新闻界自治、自律、互相监督，另一方面，新闻工作者应该维持或者强化新闻专业主义的理念、精神，力争在社会净化运动当中起到表率作用，而不是借机渔利。

九、最高人民法院发布《最高人民法院关于审理利用信息网络侵害人身权益民事纠纷案件适用法律若干问题的规定》

◆ 事例简介

2014 年 10 月 9 日，最高人民法院发布了《最高人民法院关于审理利用信息网络侵害人身权益民事纠纷案件适用法律若干问题的规定》。该司法解释遵循表达自由、信息自由与权益保护相平衡，互联网发展与互联网规范相互协调的原则，对管辖、诉讼程序、网络服务提供者的信息披露义务、避风港规则、互联网媒体的过错判断标准、个人信息保护及损害赔偿等问题作出了规定。该规定中明确了该类案件的管辖法院和诉讼程序；明确了网络服务提供者是否“知道”侵权的认定；明确了利用自媒体等转载网络信息行为的过错及程度认定问题；界定了个人信息保护范围；明确了非法删帖、网络水军等互联网灰色产业的责任承担；加大了对被侵权人的司法保护力度。

◆ 入选理由

进入网络时代，人格尊严的法律保护与表达自由的冲突和平衡一再面临新挑战。以最高人民法院的这一司法解释出台为标志，已持续十余年的刑法与民法你进我退的局面开始出现平衡。该司法解释细化了《侵权责任法》第 36 条关于网络侵权的一系列规定，产生了较好反响。不过，因对表达自由的限制与保护涉及诸多基本公民权利，该司法解释难免有局限性。总体来说，与此前的相关司法解释结合，互联网司法裁判体系进一步完善了。

◆ 专家点评

朱巍（中国政法大学传播法研究中心副主任、副教授）：

我觉得这个司法解释有几大亮点。

第一，大部分都是规定网民的权益问题。其中值得注意的是该司法解释第 12 条中的个人信息保护权。如果不将此写入该司法解释，全国人大常委会关于网络信息保护的决定的原则就没有落脚点。此外，司法解释把敏感信息置于保护范围之内，并且跟其他信息进行了区分。个人信息保护权还提到了公共利益豁免，最高人民法院将公共利益可以免责划分至合理范围，体现出法官的自由裁量权，具有中国特色。另一个关于权利保护的亮点就是有助于维权。第18条规定维权诉讼时的公证费、律师费都是由侵权人承担，把精神损害赔偿和相关赔偿提高到50万元的上限也是进步之处。

第二，该司法解释还规定了表达权的请求权基础。如若错误通知导致表达人的权益被侵害，错误通知人要承担侵权责任。还有限制公众人物转载的问题，越是有影响力的人的转载和表达越要谨慎。表达权中同时把网络水军和网络公关写了进去，这也是维护表达权、保护正常言论渠道的方式。

第三，关于通知删除规则。该司法解释最大的亮点就是把原来通知删除时通知人要提供的证据改成了理由，这就放宽了通知的门槛。与之配套的是刚才说的问题，既然放宽了门槛，如果删错了，就要承担恢复责任，如果是通知错了就要承担侵权责任，宽进严出。

不过该司法解释还存在一些问题。第一个是网络实名制。现在技术上还没有做好，如果在该司法解释中强行推广网络实名制，网络服务提供者拿不出侵权人的证据，侵权人就要承担诉讼法上的责任。第二个是我们当时希望该司法解释对虚拟人格、虚拟人格权益保护予以确认，但这个最后还是删除了。第三个是大数据的合理使用没有编入该司法解释。网络侵权司法解释第12条虽然说了数据使用哪些情况是侵权的，但它有一个前提条件是在公开的情况下才承认是侵权。大数据使用很多情况下不用公开，它可以做数据处理，可以做数据产品，可以在开放平台下随便换用，这种情况没有规定，主要是担心影响到互联网产业的发展。

徐迅（中国政法大学传播法研究中心执行主任）：

言论自由和人格尊严冲突的问题始终都是传播法制最基本的问题之一。我们国家改革开放短短30多年的法制史当中，它也是传播领域司法实践最为丰富的组成部分，核心的部分是诽谤的法律问题。

遗憾的是进入21世纪以来，一方面是媒体的改革方兴未艾，和市场的关系日益密切，另一方面是网络传播日新月异，公民享受到前所未有的表达自由。但是，调整言论自由和人格尊严的民事法律制度似乎停止了前进的脚步。

可喜的是最高人民法院这个司法解释的出台，填补了网络时代人格权法的空白。

按照最高人民法院在发布会上的说法，包括该司法解释在内，连同最高人民法院网络信息传播权的解释，还有最高人民法院和最高人民检察院的《关于刑事诽谤》司法解释在内，这三部司法解释构成了有关网络法律问题的裁判体系。同时，也使近年来网络表达的法律调整层面——刑法和民法你进我退的局面开始回归平衡。

我重点评价一下第 12 条，也就是关于隐私权或者是个人信息保护的这条规定。我们国家隐私权从名誉权中正式分离不过是几年的事情。但是，隐私和隐私权的概念早就深入人心。不过事实上什么是隐私、什么是个人信息，却常常是不明确的。我认为基本上还是停留在学理的层面。在没有隐私法或者没有个人信息保护法等专门法的前提下，该司法解释确实是做出了比较大胆的尝试。一方面，首次以列举的方式对依法保护的部分个人隐私和个人信息的事项列出，从病历资料到家庭住址，涵盖比较广泛。另一方面，相对系统地列举了对侵犯隐私权诉讼的抗辩理由，一共有六项，大大地丰富了我们国家的隐私权法，也为个人信息保护法的制定做了铺垫。

不过，该司法解释仍存在一些疑点。其将犯罪记录纳入隐私保护的范畴，而对此项个人信息保护的解释并没有法律上的依据。法律只对判处 5 年以下有期徒刑的未成年人规定有犯罪记录封存制度。其他的犯罪人，包括 5 年以上刑罚的未成年人的犯罪记录都是依法公开的，并不属于法律保护的个人隐私。也就是说法律其实只保护特定对象的犯罪记录不被公开。该司法解释如果笼统地表述为“犯罪记录”，可能是不准确的，未来可能会在司法实践中出现争议。

侵犯隐私权并不只出现在网络领域，该司法解释只适用于网络领域，难免就会在传统媒体的表达或者传统的表达方式，像绘画、表演这样为被告的诉讼当中出现适用法律不清的争议。

目前存在关于表达自由和人格权之间的争议不是互联网独有的问题，而是表达自由领域的基本的共有的问题。它涉及多项基本公民权利，甚至不少是宪法问题。解决方案之一可能还是人大立法，人大制定人格权法或者是个人信息保护法来解决问题。

十、琼瑶诉于正等侵犯著作权案作出一审判决

◆ 事例简介

2014年12月25日，北京市第三中级人民法院就琼瑶诉于正侵犯著作权案进行宣判。2014年4月15日，陈某（笔名“琼瑶”）发表长微博举报余某（笔名“于正”）编剧的《宫锁连城》抄袭其著作《梅花烙》。2014年5月28日，琼瑶对于正等五方提起诉讼，正式走上法律维权道路，引来极大关注，北京市第三中级人民法院于当日受理了原告琼瑶诉被告于正、湖南经视文化传播有限公司、东阳欢娱影视文化有限公司、万达影视传媒有限公司、东阳星瑞影视文化传媒有限公司侵害著作权纠纷一案。2014年12月5日，北京市第三中级人民法院一审开庭，国内109位编剧签署联合声明，声援琼瑶，呼吁保护原创，并称“拭目以待法律对此作出公正的判决”。2014年12月25日，北京市第三中级人民法院对琼瑶起诉于正案宣判。法院认为，虚构题材不同于真实历史题材的作品，作者可以有较大创作空间，即便对于同类情节，不同作者创作的差异也会比较大。具体到本案中，不可否认文学作品中难免有借鉴情形，但于正所使用的人物设置、人物关系等，超越了对琼瑶作品合理借鉴的边界，因此构成侵权。法院判令其侵权剧立即停止复制发行和传播，于正需在媒体上刊登致歉声明，五被告连带赔偿原告500万元。[1]

◆ 入选理由

保护原创是著作权法的核心宗旨。该案虽然才作出一审判决，但无论是专业人士和影视业界，还是普通社会民众对这一判决普遍表示支持，其提高了全社会保护原创、尊重著作权的意识。

---

[1] 于正等被告不服一审民事判决，向北京市高级人民法院提起上诉。2015年2月5日，北京市高级人民法院受理此案并于同年4月8日对此案进行公开开庭审理。2015年12月16日，北京市高级人民法院作出终审判决，认为除却从人物关系和情节的实质性相似认定侵权，仍需将不寻常的细节设计同一性纳入作品相似性对比的考量。基于个人间与个人和社会间的利益衡量，上诉人负有的停止侵权责任合理正当。原审法院虽然事实认定和法律适用部分有误，但处理结果正确，仍可维持，依法判处驳回上诉，维持原判。二审案件受理费由上诉人共同负担。（2015）高民（知）终字1039号判决书。

◆ 专家点评

胡占全（时任北京市律师协会传媒与新闻出版法律专业委员会副主任，现任北京市律师协会影视与娱乐法律事务专业委员会主任）：

该案判决公开之后，众多法律从业者都感到很振奋。因为司法机关通过生效判决，对作品修改权的维护给予了司法确认，同时赔偿数额也体现出司法机关对著作权的重视。除此以外，作为法律的实践工作者，我们更关注的是通过司法实践对经常纠结不清的作品的修改权、改编权、思想和表达的区分在电视剧剧本上的应用标准进行了明确的司法界定，这对法律实务界的意义更大。

第一，判决认定作品表达的元素，也就是人物设置、人物关系、情节事件、情节发展的串联、人物和情节的交互关系、矛盾冲突可以受到著作权的保护，认为作品的表达元素也是凝结于作者整部作品最闪光的独创性表达，应当作为著作权保护，把创作元素作为著作权保护的一部分。

第二，判决再一次明确著作权保护只是保护表达而不及于思想。在司法实践中，一直没有明确界定文学作品中的情节到底是属于思想，还是属于表达，相关概念也模糊不清。该案判决，梳理出了判断作品中思想与表达的基本考虑要素。如果仅仅属于概括性的一般性质的叙事模式，属于思想。如果表达要素能够集到一定程度而形成情节，这种情节足以使人们感知特定的作品来源和产生特有的欣赏体验，它就成为一种表达。这种表达通过思想的具象脱颖而出，从思想的临界点以下而成为表达，这种表达具有版权性，就可以进行保护。

第三，改编与合理借鉴的关系。认定是否侵权的前提是判断改编的行为、改编的来源关系是否存在。借鉴既可以指单纯地利用思想而非表达的行为，也可以指合理地利用表达的行为。如果是作为表达，往往是要看借鉴内容在原创作品中的比例及借鉴部分内容在新作品中所占的比例来评判。该案中，法院认定被告确实大量借鉴了原告已经出版的作品，而且借鉴的数量、内容已经超出合理的范围。

电视剧制作完成以后就推定该剧剧本进行了公开发表。改编者对于改编作品只有消极意义上的著作权，即制止他人未经许可使用其改编作品的权利，而并不享有积极意义上的著作权，即不得自行许可他人使用其改编作用。根据在先作品创作的演绎作品同时包含原作作品和演绎作品的智力成果，任何改编作品的使用也构成对原作品的使用。法院最终认定被告不仅侵犯了改编的事实，同时也侵犯了摄制权，最终判决赔偿500万元。

这个判决具有标杆意义和警示意义。琼瑶诉于正侵权一案，在编剧业界是得到广泛关注的。该案的判决让越来越多的优秀作品和影视作品呈现给社会公众，对抄袭和抢夺创意的现象如何辨别及司法认定，给我们提供了非常好的案例。

刘文杰（时任中国传媒大学法律系副教授，现任中国政法大学比较法学研究院教授）：

该案的判决结果具有突出的警示意义和社会意义，因为它涉及名人、影视娱乐业及具有巨大市场价值的标的，这些元素都非常吸引眼球。就一审判决来说，侵权方赔偿额达到了500万元，确实能让权利人为之一振。

包括北京市第二中级人民法院在内的多地法院已经就情节在什么情况下构成表达这个问题上有了阐述，考虑到该案的基本事实，可以说审判的走向是可以预见的。从北京市第二中级人民法院系统之前审理的案例中可以看出，其对思想表达二分法、情节是否构成表达、抄袭多少情节可能构成侵权的判断思路是一贯的。一般来说，侵权判断包含人物关系和人物设置、单个情节、情节脉络等因素的对比。可以认为，一审判决熟练运用了被我们所接受的思想表达二分法理论。

该案中值得注意的几个问题。

第一，判断抄袭剽窃的著作权侵权有两个要件，分别是接触和实质性相似。判决中说明，接触要件的成立是因为《梅花烙》电视剧曾经在大陆播出过，于正有分别是接触的机会和可能性，从而推定其接触，此外，于正本人曾表示对《梅花烙》很熟悉，这也可以证明接触的存在。另外就是实质性相似。该案的判断并不像看起来那么容易，一审判决提出，判断情节相似的标准叫作“相似的欣赏体验”，但是，一定要看欣赏体验相似在哪里，如果只是思想层面的相似，就谈不上实质性相似。所以法官不能将该案的判断完全交给受众调查。法院同时提出了合理借鉴这样一种新的合理使用类型，在认定的时候，一是考虑借用内容占原著的比例和占借用作品的比例，二是要看借用内容的品质等，这个原则与美国版权法上判断合理使用的标准比较相似。

第二，注意单个情节独创性认定的问题，判决里指出三类情节。第一类是不保护的，因为根据场景原则或者有限表达原则，它是公有领域的。第二类是原告对于公有领域的情节进行了独创性的变化，原被告双方的情节又不构成实质性相似。第三类是构成实质性相似的。需要指出的是，单个情节的设置在生活或文艺表达中比较常见，所以在认定它受保护的时候应当慎重对待。

第三，法院判决应该由被告向原告赔礼道歉，依据是《著作权法》的第 47 条。但是在著作权法现在的修订草案送审稿里就不存在第 47 条这条条款。就这个赔礼道歉的判决结果，我个人理解是正当的，但理由并不是侵犯摄制权和改编权，这两项权利都是财产权，而是侵犯了表明作者身份的权利，在这个意义上，被告的确侵犯了原告的人身权利。

第四，关于赔偿损失的具体数额问题，其应当根据相关因素来认定。需要指出的是，无论原告实际损失还是被告违法所得，必然都不是精确的数学计算，而是综合双方举证的合理估算，认定实际损失或违法所得，证据并不需要精细到个位数乃至小数点后几位。

第五章　2015 年度中国传媒法典型事例评析

编者按

2016 年 1 月 8 日下午，2015 年度中国十大传媒法事例发布会暨学术研讨会在文法学部 320 会议室举行。此次活动由中国传媒大学媒体法规政策研究中心、北京市律师协会传媒与新闻出版法律专业委员会、北京安寻网络科技有限公司主办。时任中国传媒大学媒体法规政策研究中心主任李丹林教授公布了 2015 年度中国十大传媒法事例。这十大事例由来自各大著名高校、科研机构、行政主管部门、司法机关及媒体的传媒法专家学者、资深实务界人士组成的评审委员会评出。

在学术研讨会上，来自北京市朝阳区人民法院、北京市律师协会、中国记协、中央人民广播电台、中国版权保护中心、英特尔（中国）有限公司、北京安寻网络科技有限公司、中国社科院法学所、中国人民大学、清华大学、山东大学、中国传媒大学、首都经济贸易大学等 10 多家单位的 20 多名专家学者，围绕这十大事例进行了精彩点评和热烈讨论。

本次评选共分为推荐、初选、决选三个阶段。在推荐阶段，主办方共收集到传媒法事例 873 个，主要来自三种渠道：一是中国传媒大学媒体法规政策研究中心建立的传媒法事例库；二是通过北京律协网、新浪微博、微信等平台等向社会各界征集的事例；三是评审委员会推荐的事例。在此基础上，共筛选出 65 个候选事例，交由评审委员会投票选出 20 个入围事例。随后，召开了评审委员会会议，对 20 个入围事例进行了评审，根据专家评审结果，最终确定了 2015 年度中国十大传媒法事例。

一、国家网信办颁布《互联网用户账号名称管理规定》

◆ 事例简介

中国网民规模世界第一，用户账号数量巨大，账号乱象日益突出，社会各界反应强烈，广大网民深恶痛绝，整治账号乱象迫在眉睫。2015 年 2 月 4 日，国家网信办发布《互联网用户账号名称管理规定》，该规定从 2015 年 3 月 1 日起实施。该规定指出，互联网信息服务提供者应当按照“后台实名、前台自愿”的原则，要求互联网信息服务使用者通过真实身份信息认证后注册账号。账号名称、头像和简介等注册信息中不得出现违法和不良信息。该规定强调了互联网信息服务提供者的责任，要求他们配备与服务规模相适应的专业人员，对互联网用户提交的账号名称、头像和简介等注册信息进行审核，对含有违法和不良信息的，不予注册；保护用户信息及公民个人隐私，自觉接受社会监督，及时处理公众举报的账号名称、头像和简介等注册信息中的违法和不良信息。

◆ 入选理由

《互联网用户账号名称管理规定》是承担互联网信息监管职责的国家网信办治理网络乱象、重构网络秩序和全面落实 2012 年《全国人大常委会关于加强网络信息保护的决定》的具体举措，对互联网服务提供商、互联网用户在提供和使用互联网服务过程中，如何更加规范地使用账户名称，提出了非常具体的要求。该规定的实施，有助于提升互联网服务提供商的责任意识，规范网络空间用户名称存在的乱象。

◆ 专家点评

王四新（时任中国传媒大学法律系教授，现任中国传媒大学人类命运共同体研究院副院长、教授）：

《互联网用户账号名称管理规定》对互联网用户账户使用过程中存在的问题，如假冒国家机关知名媒体机构、国际知名组织和国家领导人、明星，以及互联网用户名称涉及的违法有害信息，还有大量用户违反法律法规明确禁止传播的“九不准”内容等乱象，以规范性文件的形式对使用互联网服务的用户和提供互联网服务的提供商们提出了明确具体的要求。这些要求包括：互联网服务提供商提供互联网相关服务的时候，要切实本着“后台实名，前台自愿”的原则，对互联网服务平台上的用户账户，都要按照该规定执行，确保互联网账户名称不得含有触犯“七条底线”和“九不准”规定的内容。该规定还要求互联网服务提供商切实履行对互联网用户账号的审核和管理职责，及时采取措施处理有问题的账号，并对严重违反规定的用户及时向互联网内容主管部门通报。

该规定是中国自主接入互联网以来第一次对用户账户使用提出明确具体要求，是国家网信办落实新一届国家领导人互联网战略布局和全国人大 2012 年年底通过的《关于加强网络信息保护的决定》的一个具体举措。该规定针对互联网治理过程中遇到的普遍而一般的基础应用问题，本着具体问题具体分析的立法指导原则，对影响网络空间基本建构的用户名称使用中存在的乱象提出了针对性规范要求。同时，国家网信办也以《互联网用户账户名称管理规定》拉开了 2015 年互联网治理的大幕，此类规定对于减少网络空间互联网用户使用过程中存在的乱象，重构网络空间的秩序，还将产生积极而深远的影响。

宋全成（山东大学哲学与社会发展学院社会学系教授）：

关于《互联网用户账号名称管理规定》的出台，可从以下四个方面分析。

首先，该规定出台的意义。任何法律规定出台都是针对特定的社会现象，该规定也不例外，目标就是整治网络乱象，重构网络秩序，保障个人利益，维护国家利益，特别是涉及安全的利益。

其次，“九不准”界定了互联网使用者的红线。

再次，账号管理原则涉及表达自由。在该规定出台之前，随意表达的现象非常普遍，该规定的出台是否对我们的表达自由构成限制？“九不准”以外，特别提出了一个原则，叫作“后台实名、前台自愿”，用于保障我们个人个性的发挥。

最后，该规定界定了行政管理部门、互联网服务者和使用者用户三者的责任。以往的侵权责任，往往涉及这三者责任不明确。该规定的出台则对这一问题的解决起到了积极作用。

任何一个规定、法律的出台都需要有一个完善的过程，《互联网用户账号名称管理规定》还需要从以下两个方面的进一步完善。

第一，如何保障网民隐私和个人数据安全问题？涉及举报者，或者是涉及一些针对社会、针对政府某些部门的不合理现象，或者针对目前违反有关法律的现象。如果举报者的个人隐私被暴露，这对其个人权益会构成严重的威胁。通过互联网协会发表的《中国网民权益保护调查报告》可知，关于个人信息保护方面存在着诸多缺陷，个人权益被侵权的情况屡见不鲜。目前,《互联网用户账号名称管理规定》对用户的个人隐私权保护还不够。

第二，网民的权益如何保护?《中国网民权益保护调查报告（2015）》中显示，在网购、网络搜索、社交软件、游戏、旅游网站等方面，都存在着众多的侵犯网民权益的现象。而现有的《互联网用户账号名称管理规定》界定给网民的禁令远多于权益。

解决这两个问题，还需要三方主体的努力。

政府：政府应该提倡宽容，一是学术宽容、思想宽容，二是社会宽容。互联网是新生事物，即使有小的错误或瑕疵，应该给予适当的容忍，而非一味禁锢，这恰恰是社会创新和社会进步的重要方面。

互联网公司：在西方国家，无论是美国还是英国，行业协会的内部规定发挥了非常重要的作用，甚至有的国家并不制定这方面的法律，而是通过行业协会内部约定来实现。从这个意义上而言，我们国家互联网服务的提供商——互联网公司责无旁贷，需要进一步来强化这方面的能力。

网民：作为互联网用户，个人权益遭到侵害的时候，要自觉地进行维护。网民的权益保护不仅仅是政府的责任和互联网企业的义务，更需要网民自我保护意识的提高和主动维权。维权方面，律师会给用户提供相当的帮助。我也相信，伴随着时代的进步，这方面的法律和规定会进一步完善提高。

二、《广告法》修订并实施

◆ 事例简介

广告业是现代服务业和文化产业的重要组成部分，对引导消费、扩大内需具有积极作用。2013 年，我国广告经营额达到 5600 亿元，取得了举世瞩目的发展成就，为促进经济社会发展做出了巨大贡献。为了进一步规范广告经营行为，维护广告产业秩序,《广告法》于 2015 年 4 月 24 日由十二届全国人大常委会第十四次会议表决通过修订，于2015年9月1日起施行。

修订后的《广告法》有十大亮点。①充实和细化了新《广告法》内容准则。②明确了虚假违法广告的定义和典型形态。③新增广告代言人的法律义务和责任的规定。④严格控制烟草广告的发布。⑤新增关于未成年人广告管理的规定。⑥新增关于互联网广告的规定。⑦加大大众传播媒介广告的监管力度。⑧增加公益广告，扩大广告法调整范围。⑨加强工商部门对广告市场监管的职责职权。⑩进一步提高法律责任的震慑力。

此次修订回应了新形势下广告行业发展的要求，将为提升监管力度，保护消费者权益做出重大贡献。

◆ 入选理由

新《广告法》是《广告法》自1995年实施以来的首次修订，其加大了对虚假广告的惩治力度，严格规范了媒体的广告发布行为，明确了对互联网广告的监管规则，对于新形势下规范广告市场秩序，提升广告监管执法力度，保护消费者合法权益具有积极意义，对媒体经营也产生了深刻影响。

◆ 专家点评

郑宁（中国传媒大学文化产业管理学院法律系主任、文化法治研究中心主任、副教授）：

广告法制定过程中有一个现象值得注意:《广告法》1994年制定，1995年开始实施，实际上从2004年开始，国家就已经启动了广告法修订，但是一直到2015年，修订了10年之后，新广告法才正式颁布。为什么要花10年时间修订法律？说明广告领域问题和矛盾很突出，尤其受到互联网的影响。大家也看到，这次广告法关于互联网的规定增加了大概5个条文，但实际上规定得还是不全面，只给了一个框架，以后明确了工商总局、工商系统可以对互联网的广告进行监管，但是很多问题并没有在新广告法中得到解决。

接下来我从三个方面展开分析。

第一，广告法的法律属性是什么？我认为它是公法和私法兼具的法律。我们经常会在经济法教科书中发现有广告法的内容，再去看传播法的教科书中，经常也会有广告法这章，美国的教材也是如此。新广告法里面，确实也规定了一些司法内容，如广告代言人的责任，广告主发布虚假广告的责任等，这是民事方面的责任，但更多的还是行政法律责任，特别强化了工商机关的职权，至少从两方面来解读。

首先，增加了工商机关在广告监管当中可以采取行政强制措施的权利，可以进行现场检查，还有查封扣押与违法广告相关的工具设备等权力，增加了工商机关的执法手段。此外，行政处罚种类更加多样化，除了传统罚款，增加了罚款上限标准，另外还有两种形式值得注意：一是行业的禁入，广告代言人如果代言了违法广告，在三年内没有资格再代言；二是如果一个公司曾因违反了广告法规定被吊销营业执照，其法定代表人三年内不能担任公司、企业的董事、监事和高管。还有一个值得关注的是信用档案的问题，违法要记入信用档案并且予以公示，当然具体怎么执行，还有待于健全在大数据之下的广告市场的信息登记发布的制度。

其次，既然广告法是在行政法的框架下，更多地具有行政法的属性，也应该关注其中的行政法的问题，包括行政主体职权、行政程序等。如果是行政监管机关违法，怎么样为相对人提供救济的问题，行政机关之间如何进行联动配合的问题。其中有一个条款提到，当大众传播，如广播电视媒体违法的时候，工商机关除了处罚，还要通报给广电部门，再进行相应处分，这就是体现了部门之间的联动配合。

第二，广告法需要考虑的价值。实际上，广告从本质上讲也是一种言论，我们国家将广告分成公益广告和商业广告，在美国基本上把广告当成一种商业性的言论，这里面涉及言论自由和其他的一些权利的平衡，如未成年人的利益、公众知情权，还有国家利益、公共利益平衡问题。美国对商业言论的规制有严格标准，要判断商业言论是不是具有误导性，政府如果要规制，政府利益是不是实质性的，而且规制手段是不是能够促进政府利益，以及是不是所必需的，也就是用比例原则进行相应分析。

第三，关于合作治理的问题。新《广告法》第 7 条体现了合作规制，规定了广告行业组织要制订行业规范、加强行业自律，消费者协会要进行社会监督等，也符合发展趋势，是创新社会治理体系的一个重要组成部分。

三、国家网信办出台新闻信息监管系列举措

◆ 事例简介

2015 年，国家网信办出台一系列举措，加强对新闻信息的监管力度。具体包括：

2015 年 4 月 28 日，发布《互联网新闻信息服务单位约谈工作规定》（以下简称“约谈十条”）。“约谈十条”对约谈的行政主体、行政相对人、实施条件、方式、程序等作了明确规定。实施约谈的 9 种具体情形包括未及时处理公民、法人和其他组织关于互联网新闻信息服务的投诉、举报情节严重的；通过采编、发布、转载、删除新闻信息等谋取不正当利益的；违反互联网用户账号名称注册、使用、管理相关规定情节严重的；未及时处置违法信息情节严重的；未及时落实监管措施情节严重的；内容管理和网络安全制度不健全、不落实的；网站日常考核中问题突出的；年检中问题突出的；以及其他违反相关法律法规规定需要约谈的情形。“约谈十条”于 2015 年 6 月 1 日起正式实施。

2015 年 5 月 5 日，发布“可供网站转载新闻的新闻单位名单”，其中包括中央新闻网站 26 家，地方网站 53 家。按照相关法规，获得互联网新闻信息服务资质的网站，转载时政类新闻信息，应当从这些新闻单位发布的信息中选择，标明稿源，不得歪曲原新闻内容。

2015 年 11 月 6 日，举行首批新闻网站记者证发放仪式。首批实施范围是经批准的且取得互联网新闻信息服务许可一类资质并符合条件的新闻网站，正式聘用的专职从事新闻采编工作一年以上的人员可申领。由于商业网站不具备新闻信息采编权，国家网信办暂不考虑给商业网站核发新闻记者证。

◆ 入选理由

约谈制度、白名单制度、直接给新闻网站核发记者证，是国家互联网信息主管部门与时俱进，探索互联网新闻信息服务规范的举措。其中体现了在新的信息技术条件下，监管的柔性、适应性和一定的开放性。在新的监管措施不断推出的情形下，如何实现自由与秩序的双赢、信息流动与信息安全的双赢，是公众和社会关注的焦点。新闻记者证制度如何继续深化改革，也是全社会期待的问题。

◆ 专家点评

张文祥（时任山东大学文化传播学院副教授、硕士生导师、新闻系主任，现为浙江大学教授、浙大宁波理工学院网络空间与社会治理研究所所长、网络空间治理与数字经济法治（长三角）研究基地执行主任）：

第一，约谈制度。《互联网新闻信息服务单位约谈工作规定》由国家网信办在2015年4月底发布，6月1日起实行。从立法性质看，“约谈十条”只能算是低于部门规章的其他规范性文件，法律效力比较低。按照2005年9月发布且现行有效的《互联网新闻信息服务管理规定》，“约谈十条”涉及的管理对象具体分为以下三类。

第一类是新闻网站，新闻单位设立的网站，但是登载内容超出本单位所采集的信息。

第二类是商业网站，非新闻单位设立的网站，要登载自己采集的或者转载他人的新闻信息。

第三类网站是新闻单位设立的登载本单位已刊登播发的新闻信息的互联网新闻信息服务单位。

“约谈十条”管理对象主要是前面两个。只登载本单位采集的新闻信息的第三类网站，在2005年颁布规定的时候还存在很多，到现在已经很少见了。

什么是约谈？官方定义为：网信办在发现管理对象有严重违法违规情形的时候，约见其负责人，进行警示、谈话、指出问题，责令整改，性质是行政行为。目的是在处罚前让其先进行整改，要是整改得当，可能就不进行处罚了，但是如果整改不得当，就会面临严厉处罚。约谈制度推行之前，在网易和新浪做了试点，网易公布了数据，约谈完了以后表了态，对其网上内容问题做了非常深刻而全面的审查，删除了很多有害信息。新浪在2015年4月被约谈，被约谈后两个许可证都被吊销了。试点过后，这个制度开始全面推行。

什么样情况下会被约谈？按照“约谈十条”里面，列举了九种情形，范围非常大，标准比较模糊，最后是一条兜底性的条款。其他违反相关法律法规或者是什么规定的情形，就由主管部门自由裁量。

约谈的主体，一个是国家网信办，一个是地方网信办。2014年8月，国务院对国家网信办进行重新授权，该制度逐渐得到推行。

怎么约？该规定明确了约谈程序，什么事由、什么地点、什么时间，要求几个人参加等，还要出示证件、记录约谈情况。过去都看不到这些规定内容，现在通过制度公开化了。

约谈完了怎么办？如果能整改到位，可能就不罚了，如果整改不了就要罚。罚的方式，有警告、罚款、责令停业整顿、吊销许可证等处罚。

约谁呢？2015 年举办的第二届世界互联网大会上，习近平总书记提到了目前中国有 413 万国家网站，能被约谈的是少数，主要是非新闻单位设立的商业网站。2014 年年底，网信办公布过全国能够登载互联网新闻的单位，也就是前面列的一类和二类网站，大概有 249 家。

过去应该也有这种约谈的做法，但没有制度化，许多方面不够明确，现在约谈制度得到推行，不再是过去低调地闪避了，而是走向规范化、程序化、制度化。

第二，涉及新闻转载的“白名单”制度。“白名单”是 2015 年 5 月国家网信办公布的 381 家可供商业网站转载新闻的媒体名单，这种做法以前也有，只是以前不公开，属于保密性文件。现在同样是把它公开化了，反映了网管部门管理思路的改变。但是，“白名单”存在一个问题，财经网和第一财经在名单之列，南方都市报、二十一世纪经济报道、东方早报等同类媒体却不在名单里面。《互联网新闻信息服务管理规定》早已经规定了新闻转载范围，“白名单”制度等于把规定的标准架空了，说明规定并没有得到严格执行，而是按照随机调控来规范新闻稿源。

第三，新闻网站发放记者证。2015 年 11 月 6 日，国家网信办和新闻出版广电总局发放了首批新闻网站记者证，近 600 名新闻网站工作人员拿到了记者证，这是对传统媒体记者实行记者证管理做法的延续，要实行的是传统媒体和网络媒体统一标准、统一管理。但是什么样的网站工作人员能够拿记者证？现在是只限于中央新闻单位所办的网站，下一步可能会扩充到其他中央新闻网站，包括中央部委办的网站，还有地方的主要新闻网站。商业网站明确没有划在范围内，为什么不给商业网站发证？过去主管部门也有相关的表述，商业网站是什么性质，它不具有新闻采编权，只能是经过批准以后，转载新闻媒体采集的信息。

主管部门的意图很明确，新闻是互联网管理的重中之重，2005 年的管理规定对新闻是做了一个细分的，区分时政类新闻和非时政类新闻。不允许商业网站自采时政类新闻。非时政类新闻，商业网站一直在做，很多综合性网站都有自己的新闻中心，也都有一个采编队伍，但是他们只能做非时政类的新闻。现在问题是时政与非时政界限并不太清晰，现实中有很多例子，有时典型的时政类新闻，综合性商业网站甚至娱乐频道也在做。

现在商业网站资本开始入股媒体，如公众熟知的三大互联网公司巨头BAT。阿里巴巴除了收购《南华早报》，也进驻了《华西都市报》，合作创办“封面传媒”，还入股第一财经。腾讯持有国内十几家新闻媒体网站的股份，虽然按照制度只能参股不能控股，但是也关乎有商业网站背景的新闻网站管理的问题，其中包括其从业人员能不能变成政府认可的记者，拿到记者证。

还有一个问题就是在网络管理中延续传统媒体管理的方法和手段，能不能有效。商业网站上很多是UGC内容，其依靠UGC内容转载，影响力大大超过新闻网站。最新的数据显示，在国内排名中，中国网络电视台排第16位，人民网排第31位，新华网排第35位，新闻网站的影响力，并不因为它有新闻采访权更加强大。

从以上三个事例可以看出，互联网新闻信息的管理从过去主要针对网民规制，转向针对网站规制。过去主要通过专项行动、运动式执法，现在转向谋求建立长效管理机制。过去“白名单”和约谈制度没有浮出水面，现在都让我们看到了，潜规则转向明确化。网络规制的强化和严密化，这可能就是政府所理解的互联网治理的法治化。

四、社会热议网络安全立法

◆ 事例简介

2015年7月6日，第十二届全国人大常委会第十五次会议审议并发布了《中华人民共和国网络安全法（草案）》。该草案共7章68条，从保障网络产品和服务安全，保障网络运行安全，保障网络数据安全，保障网络信息安全等方面进行了具体的制度设计。该草案将“维护网络空间主权和国家安全”作为立法宗旨。同时，按照安全与发展并重的原则，设专章对国家网络安全战略和重要领域网络安全规划、促进网络安全的支持措施作了规定。为保障关键信息基础设施安全，维护国家安全和保障民生，该草案对关键信息基础设施的运行安全做了规定，实行重点保护。为保障网络信息依法有序自由流动，防止公民个人信息被窃取、泄露和非法使用，该草案在全国人大常委会关于加强网络信息保护的决定的基础上，进一步完善了公民个人信息保护制度，规范了网络信息传播活动。

◆ 入选理由

针对网络安全进行立法，这反映了网络对于整个国家和社会的重要意义和作用，也反映了我们对网络安全认识的深化。网络安全保障问题是复杂的社会问题、技术问题、管理问题、国防问题。网络安全立法几乎关涉国家和社会生活的所有方面，同时也是各种价值和利益集中汇聚和冲突的领域。网络安全立法引来热议，实际上就是人们对这一问题极其关心的表现。

◆ 专家点评

续俊旗（时任工业和信息化部电信研究院知识产权中心主任，现任英特尔（中国）有限公司法律政策总监）：

近年来，公众对智能终端，对物联网、云计算等技术特别关注，但这方面的需求却还是规模很小，很大原因是消费者对网络安全问题和数据问题没有信心。实际上，安全和发展二者相辅相成，成为互联网发展不可或缺的两大基石。今天探讨网络安全立法，具有重要的现实意义。

很多人认为，2015 年是网络安全立法元年，为什么？ 2015 年 7 月出台了《中华人民共和国国家安全法》，发布了《中华人民共和国网络安全法（草案）》征求公众意见。2015 年年底又出台了《中华人民共和国反恐怖主义法》，网络安全立法活动非常密集，网络安全立法元年实至名归。

后续，尤其是在《中华人民共和国网络安全法》（以下简称《网络安全法》）出台后，会有大量的配套法规、部门规章及规范性文件陆续跟进，提供更多的具体操作办法，用于解决网络安全审查、数据跨境流动、个人信息保护等存在争议的问题。

接下来我主要围绕该草案谈三点认识。

第一，法律边界问题。我们谈安全，看法律，更多地还要看国家网络安全的战略，包括具体的政策、标准、规划、认证、检测等。这就涉及《网络安全法》和这些活动尤其是和其他法律衔接的问题，说到底，就是我们到底要制定一部什么样的《网络安全法》。2015 年 7 月颁布的《中华人民共和国国家安全法》提到网络空间主权问题，这是国家主权在网络空间的延伸和体现，网络安全法把网络维护、网络空间的主权和国家安全作为立法宗旨，将立法上升到国家网络空间的高度，这是一种大势所趋。网络安全到底指什么？这次国家在安全观里面提出了 11 种安全，第一位是政治安全，这充分体现了中国的特色。具体到网络安全里面，到底什么是网络安全？网络安全与国家安全法、反恐怖主义法、网络信息安全之间是什么关系？把这些问题界定清楚，才知道网络安全法到底要制定什么内容。

第二，关于关键基础设施的规定。这次在网络安全法里面提到了“关键信息基础设施”（CII）的概念，大家认为网络空间里面，关键基础设施的保护是最重要的内容，关键信息基础设施是最重要的载体，也大都认为网络安全法应该把基础设施作为最重要的方面，该草案对此也有专门的规定。但国外是如何进行立法规制的？美国没有专门的网络关键信息基础设施的规定，倒是有关键基础设施的提法。美国国土安全部对关键基础设施细分了 16 个子部门，其中就有一个通信关键基础设施子部门和信息技术关键基础设施子部门，这类似于该草案提到的关键基础信息设施。欧盟是在 2009 年提出了 CII 的概念，CII 包括了信息通信领域系统、服务、网络和基础设施四个要素。该草案也是试图按照这样的思路进行界定，但该草案中的关键基础设施到底指什么？我们怎么从关键基础设施过渡到关键信息基础设施，涉及很多责任问题和义务问题。尤其是如何与公安部的信息等级保护制度进行衔接。后续可能会制定关于关键基础设施保护的行政法规加以明确并促进《网络安全法》关于关键信息基础设施保护的落地实施。

第三，关于个人信息保护的问题。个人信息保护在网络安全法中的规定也是一个讨论的议题。该草案吸收了 2012 年全国人大常委会关于个人信息保护的大部分管理制度和保护规则，同时也引入了新的制度，比如说数据泄露的通知制度和欧盟《通用数据保护条例》的相关数据主体的权利问题。这是很好的借鉴。但好的个人信息保护立法体例究竟是什么？众所周知，全球对个人信息保护有两种主要模式，一个是欧盟统一立法模式，另一个是美国分散立法模式，如欧盟有《通用数据保护条例》，美国则是讲个人信息保护的内容，分散在其他各行业立法中。这两种立法模式都能发挥各自的作用，那么我们应该选择何种立法模式？迄今为止，国家出台了很多个人信息保护的相关法规、规章。对于个人信息保护的很多实质性内容，需要下一步做出更系统的规定，可能还需要未来制定专门的个人信息保护法来统筹规范个人信息保护问题，我觉得这是关乎未来的物联网产业乃至整个大数据产业发展的战略性问题。在现有的草案中，对于个人信息保护只是专章有涉及，专门性立法问题还需要深度讨论。

五、世奢会诉《新京报》名誉侵权案终审改判

◆ 事例简介

2015年11月9日，北京市第三中级人民法院对世奢会（北京）公司与新京报社、派博在线科技有限公司及刘某名誉权侵权责任纠纷一案作出二审判决。二审判决撤销一审判决，驳回世奢会（北京）公司的诉讼请求。

鉴于在审理过程中，被告不能举出消息来源的证据，2014年2月26日，北京市朝阳区人民法院在一审判决中，认为被告《新京报》等媒体的相关报道违背了其作为媒体的核实义务，构成了对一审原告世奢会名誉权的侵害。一审被告《新京报》不服提出上诉。在二审过程中，作为重要证据的消息源出庭作证。

法院认为，新闻媒体没有歪曲事实、不实报道的主观故意或过失，且有合理可信赖的消息来源为依据，不应承担侵权责任。新闻媒体有正当进行舆论监督和新闻批评的权利。对自愿进入公众视野，借助媒体宣传在公众中获取知名度以影响社会意见的形成、社会成员的言行并以此获利的社会主体，一般公众对其来历、背景、幕后情况享有知情权，新闻媒体进行揭露式报道符合公众利益需要。争议文章通过记者调查并采纳多方意见参与对世奢会现象的关注和讨论，是行使媒体舆论监督权的行为。不可否认，文章整体基调是批评的，部分用语尖锐，但这正是批评性文章的特点，不应因此否认作者写作目的的正当性。通读文章上下文并综合全案证据可以认定，争议文章对世奢会现象的调查和质疑具备事实依据，作者的写作目的和结论具有正当性，文章不构成对世奢会名誉权的侵害。

◆ 入选理由

2014年度中国十大传媒法事例评选时，该案因当事人的举证责任与媒体为秘密消息源保密的冲突突出浮现于民事诉讼而入选。2015年度再度入选是二审改判媒体胜诉的一系列重要原因引人注目。这些原因包括行政机关对媒体的批评对象向国家机关提交虚假证明作出了行政处罚、秘密消息源在二审中现身为媒体作证、媒体委托执业律师代理二审提高了应诉水准、二审法官对媒体符合公共利益的揭露性报道之正当性给予明确肯定等。

◆ 专家点评

胡占全（时任北京市律师协会传媒与新闻出版法律事务专业委员会副主任，现任北京市律师协会影视与娱乐法律事务专业委员会主任）：

该案在2015年的11月9日北京市第三中级人民法院举行了终审判决，距2012年5月网友“花总丢了金箍棒”在其微博上对“世奢会”提出疑问，历时三年半。2012年6月15日，《新京报》刊登了名为《“世奢会”被指皮包公司》的报道，随后世奢会向朝阳警方报案。2013年4月15日，世奢会（北京）公司首席代表将《新京报》告上北京市朝阳区人民法院。2014年2月一审判决世奢会胜诉。2015年1月二审第一次开庭，案子关键证人出庭作证，直到尘埃落定。从两年半的诉讼情况和事件的发展情况来看，法庭内外的激烈交锋及证人被打，剧情也是一波三折，还好最终的结果，对我们所有关注该案的媒体人和学者，包括律师在内来说，也是长舒了一口气。终审法院判词认为，新闻媒体没有歪曲事实，没有不实报道的主观故意和过失，且有合理可信赖的消息来源作为依据，不应当承担侵权责任。从司法角度上看，新闻媒体有正当进行舆论监督和新闻批评的权利。并且还提到对自愿进入公众视野，借助媒体宣传在公众中获得知名度以影响社会意见的形成、社会成员的言行，并以此获利的社会团体，一般公众对它的来历、背景、幕后情况享有知情权，新闻媒体进行揭露式的报道，符合公众利益的要求。

由于人们有强烈了解外界信息的需要，这种需要就构成了新闻传播的特征之一，也就是公开发布性。新闻只有最大限度地让社会知悉，才能实现其自身价值。

下面，我从新闻侵权、舆论监督的角度跟大家进行分享。什么叫新闻侵权？新闻侵权是指新闻单位或者个人利用大众传媒以故意捏造事实或报道失实的形式，向公众传播内容违法或者侵犯他人权利的新闻，从而侵害公民或法人人格权的行为，因此新闻侵权行为也是作为侵权行为的一种类型，只是以新闻手段侵害他人合法权益的一种行为。

我认为新闻侵权的构成要件有三个方面。

第一，损害事实的存在，这种事实使受害方人格受损，承受恐惧、悲伤、绝望、羞辱的精神痛苦。

第二，新闻从业人员具有较大过错，损害事实存在，由于从业人员过错所致。

第三，侵权行为与损害事实之间有不可分割的法律责任。

舆论监督是新闻媒体利用舆论的独特力量，帮助公众了解政府事务、社会事务和一切涉及公众事务运作的社会行为的一种权利。

要区分新闻报道、舆论监督和侵害人民权利，一般从三个方面来进行。

第一，批评报道，他的主观愿望是善意的还是恶意的，一般认为应该是善意的，要从帮助被批评者的愿望出发开展一些批评，而不是恶意攻击、诋毁、败坏被害者名誉的角度出发。

第二，批评必须是实事求是，批评所依据的事实必须是完全真实并且是基本事实。根据这些客观的真实事实做恰如其分的批评，而不是捏造事实，或者道听途说。进行脱离实际的主观臆断，甚至歪曲真相的批评或者攻击。

第三，应该考虑批评的言辞，不得进行人格的侮辱、丑化或者诽谤，即使是客观的实事求是的批评，也不得使用侮辱、丑化或者诽谤言辞，否则可能涉嫌侵害人格权。

那么，批评报道中尖锐批评是否属于公众评论？是否就是侮辱、丑化或者诽谤？如何区分？可以说在新闻界和法律界也都是一直众说纷纭。通过该案可以再次确认，公众公正的评论是对抗新闻侵权的正当的抗辩事由。

根据我国实际情况，也结合该案案例，我认为构成公正的批评性的评论需要有以下几个要件。

第一，评论的基础事实为公开传播的事实，已经揭露的事实。

第二，评论的公正性。

第三，评论是出于社会和公共利益目的，没有侵权故意。

作为法律人，我们想为新闻机构、新闻记者的日常防范提一些建议。

第一，要体现新闻专业主义、熟悉新闻侵权和相关法律知识。

第二，确保新闻事实基本成立，不能确定的一定要放弃。

第三，相关证据保全非常重要，如录音、文字资料。

第四，新闻报道要客观、中立、平衡，不要先入为主。

第五，采编分离，严格把关。

第六，杜绝过分主观言辞。

以上就是从律师角度，就该案从新闻侵权的构成要件及其与舆论监督的区别、新闻记者日常防范的措施等方面提出了几点意见和建议。

刘文杰（时任中国传媒大学法律系副教授，现任中国政法大学比较法学研究院教授）：

第一，这个案件涉及很重要的媒体法问题。案件的当事人很不寻常，它是一个商业组织，却以非营利机构的面目示人，且带有“奢侈品”这种非常吸引眼球的标签。遇到个人对个人之间名誉侵权纠纷时，举证问题相对容易解决，到底是真是假，法院也很容易判断。而在这个案子里，不仅出现了秘密消息源的问题，还有一个更令人惊愕的情节，当《新京报》说“我有一个秘密消息源”的时候，作为原告的商业组织竟然能够指出谁是这个“秘密消息源”，并且让他出庭去指责《新京报》。因此，该案向我们揭示出新闻侵权法问题中复杂的一面。

第二，这个判决的推理有没有解决新闻监督正当权利及其边界问题？在这个案件里，法院推理大概有四点，当然最后一点只是宣示性的。

一是采访对象，在二审中自称是真正的“秘密消息源”出场了。法院认可了其证言。法院的理由是，这个人在媒体采访过程中没有什么表演的痕迹。这个秘密消息源本人坚决拒绝出庭，而只是录制了作证视频。证人出庭，一方面是证人义务，另一方面是为了查清事实的必须。只有经过交叉询问，才能够查明真伪。我们看英美的律政剧，实际上最精彩的部分，不过就是询问证人。当双方从不同立场对证人询问的时候，可以更清楚地接近真实，这里面由于证人拒绝出庭，法院就只好说，我听录音觉得没有表演痕迹。

二是原告方也提出一个证人，说这个人才是真正的“秘密消息源”，然而法院说你方证言不足以推翻《新京报》一方采访录音的真实性。就这样简单地拒绝了原告。当我不想推理的时候，我就不推理了。这个秘密消息源为什么可以信赖？即使对秘密消息源的采访过程是真实的，也并不等于秘密消息源的叙述是真实的。首先要证明的确有这样的秘密消息源，其次要证明秘密消息源阐述的内容可信赖，有合理的理由相信它是真实的。法院首先举了一些事实，说被采访对象唐某曾经是世奢会的员工，这没有错，后来离职了，这也没有错，但是法院又说，要避免以口述内容为单一消息源，如果口述者与被报道对象存在利益冲突，要慎重看待其表述。接着法院说，如果只有他一个人，是单一消息源，又没有其他的消息加以佐证，要避免直接认定，这也是正确的。然后法院说，在唐某阐述的部分内容里，有的是单一爆料，没有其他消息可供佐证，对这部分消息，从新闻报道规范要求来看，更应注意审慎的义务。问题是，所有这些表述都是在否定自己刚刚做出的关于“秘密消息源”证言可靠的认定。

三是举证责任的分配，法院说从行为意义的举证责任方面，报道事实是提出名誉权侵权主张一方所需举证证明的，有合理可信赖的消息来源，是提出不侵权抗辩的新闻媒体举证证明的。在诉讼过程中，如果你主张别人侵你的权，你该证明他说的假，这样就可以推进诉讼过程，一直到诉讼终结，这样并无问题。判决说，《新京报》一方提出了合理可信赖的信息源，问题你刚才还说“秘密消息源”部分曝光内容不可信赖，马上就以消息源可信赖认定其全部证言内容合理可信赖，这样的说理缺乏说服力。

四是谁来承担那个举证不能的终极后果？法院把这个漏掉了。涉及正当公共利益的报道举证责任由原告承担，而本判决什么都不谈，把结果意义上的举证责任轻轻略过，这是案件处理中又一个令人遗憾的地方。

六、《中华人民共和国刑法修正案（九）》实施

◆ 事例简介

2015 年 8 月 29 日，全国人大常委会通过了《中华人民共和国刑法修正案（九）》（以下简称《刑法修正案（九）》），自 2015 年 11 月 1 日起施行。该修正案共 52 条，增加新罪名 20 个，修改原罪名 13 个，删除原罪名 1 个，取消 9 个罪名的死刑。其中涉及信息传播和媒体（包括网络）的有 14 个，主要有五个方面。①关于制裁谣言和虚假信息方面，增加了诽谤罪第三款，设立“编造、故意传播虚假险情、疫情、灾情、警情罪”，取消了“战时造谣惑众罪”死刑规定。②关于制裁恐怖主义言论方面，增加了“宣扬恐怖主义、极端主义、煽动实施恐怖活动罪”“利用极端主义破坏法律实施罪”“非法持有宣扬恐怖主义、极端主义物品罪”三个罪名。③关于保障网络安全方面，增加了“拒不履行信息网络安全管理义务罪”“非法利用信息网络罪”“帮助信息网络犯罪活动罪”三个罪名，修改了一个罪名条文：《刑法》第 288 条第一款干扰无线电通信管理秩序罪，降低了入罪起点。④保护网络个人信息方面，将“出售、非法提供公民个人信息罪”和“非法获取公民个人信息罪”合并为一个罪名，罪名为“侵犯公民个人信息罪”，从特殊主体改为一般主体，特殊主体从重处罚，将最高量刑从 3 年提高为 7 年。⑤维护司法秩序方面，增加了

“泄露不应公开的案件信息罪”“披露、报道不应公开的案件信息罪”“虚假诉讼罪”三个罪名。

◆ 入选理由

伴随着互联网日益全方位渗透到社会生活中，其双刃剑的特性也日益显露。《刑法修正案（九）》针对其消极方面，增设了一些新的罪名，目的是更好地保护公民的合法权利、维护社会秩序和保护国家安全。与此同时，其中增设的罪名，对于未来媒体报道和运行的环境也带来多重影响。

◆ 专家点评

臧德胜（时任北京市朝阳区人民法院刑一庭庭长，现任北京市京都律师事务所律师）：

《刑法修正案（九）》的实施，可以说是2015年度中国刑事立法领域当中一件很重要的大事，《刑法修正案（九）》的内容比较广泛，涉及社会生活多个方面，其中关于在传媒领域所做的一些努力，为传媒健康发展做出了重大贡献。

第一，营造了一种氛围，也就是营造了推进传媒发展与规范传媒秩序并重的氛围，在当前民主法治高度发展的情况下，网络媒体蓬勃兴起，传媒领域也空前繁荣，推进传媒发展对于社会的发展具有重大的意义。但是反过来说，一个国家、一个社会、一个单位，如果不重视传媒的发展和运用，可能都很难有大的作为。同时我们也注意到，传媒的发展不能偏离法治的轨道，否则即使有短暂的发展，也只是昙花一现。

刑法作为社会防卫的最后一道屏障，应该为传媒发展保驾护航，于是，《刑法修正案（九）》应运而生。营造出既要推进传媒发展，又要规范传媒秩序的氛围，人们都形成这种认识，这种认识本身的价值超过了法律实施。

第二，填补了一片空白。针对一些刑法没有触及，但又急需刑法调整的传媒领域，《刑法修正案（九）》做出了相应的规定。立法需要立足于社会实际，回应社会需求，社会发展中总会暴露出立法滞后的问题，导致一些问题没法通过刑法手段予以规制，这可能也是罪刑法定原则带来的必然结果。同时，传媒又是最具有时代性、最具有发展性的领域，更需要刑法及时跟进。这次根据暴力恐怖犯罪出现的新特点，将散发恐怖主义音频视频资料或者其他物品，宣扬恐怖主义极端主义行为予以犯罪化，将持有宣传恐怖主义、极端主义图书、音频视频资料，情节严重的行为也予以犯罪化。同时增加了拒不履行网络安全管理义务罪，规定了网络服务提供者如果不履行网络安全管理义务，造成严重后果的将承担刑事责任。针对网络空间传授犯罪方法多发的情况，明知他人利用信息网络实施犯罪，为其犯罪提供互联网接入、通讯传输等技术支持等情节严重的，也将予以追究刑事责任。另外，将包括一些虚假险情、疫情、灾情等涉及社会公众利益的虚假信息也予以犯罪化。

第三，完善了一些规定。由于传媒领域的飞速发展，对刑事立法也提出了新的挑战，《刑法修正案（九）》对一些不能适应打击犯罪需要的刑法规定进行了调整，以满足规范传媒秩序的需求。目前既有的刑法规定在制定之初具有合理性、科学性，但随着社会的发展，我们在司法实践中也能感受到刑法的一些规定已不能够适应社会的需要，对司法行为产生了一定的制约。

在《刑法修正案（九）》的立法过程中，广泛地征求意见，对传媒领域的多个条文进行了改造，如《刑法修正案（九）》完善了网络犯罪的规定，在网络自诉案件中，如果提供证据确有困难，人民法院可以要求公安机关提供协助。将出售、非法提供公民个人信息罪，非法获取公民个人信息罪，修改为侵犯公民个人信息罪，犯罪主体由特殊主体修改为一般主体，更能有效地保护公民信息。

第四，实现了一个目标。通过刑法修正，规范传媒秩序，能实现更好地保护公民合法权益，维护社会良好秩序，保障国家永久安全的目标。《刑法修正案（九）》具有较强的科学性、合理性，尤其在传媒领域，进一步地严密了刑事法网，明确了打击重点，为规范合法的传媒行为撑腰打气。

最后我想说，法治阳光照耀传媒天空，让我们共同见证，共同发声，为《刑法修正案（九）》的实施鼓与呼。

魏永征（时任中国传媒大学媒体法规政策研究中心总顾问、教授）：

2015 年 8 月全国人大常委会通过的《刑法修正案（九）》是历次修正案修改最多的一个，一共 52 条，除了对“总则”的有关刑罚的规定作了调整，“分则”中 10 个类罪名涉及 9 个，其中增加了新罪名 20 个，修改了罪名 13 个，删除了罪名 1 个，取消了 9 个死刑。这个文件给学者提供了很多可以研究、讨论的问题，对于司法审判机关适用则有待有关的司法解释出台。在这些条文当中，我只讲跟我们传媒有关的罪名。

（1）增添了一项煽动犯罪：宣扬恐怖主义、极端主义、煽动实施恐怖活动罪，这是根据国际国内反恐形势需要及与《中华人民共和国反恐怖主义法》接轨而新设立的罪名，属于危害公共安全罪。其犯罪行为是宣扬恐怖主义、极端主义，煽动实施恐怖活动，包括爆炸、投毒、暗杀、劫持飞机、绑架人质等严重危害公共安全、人身安全等犯罪活动。本罪属于行为犯，只要实施了宣扬、煽动等行为就构成犯罪，他人是否接受影响而犯罪，不影响犯罪构成。

（2）设立侵犯公民个人信息罪，这是由出售、非法提供公民个人信息罪和非法获取公民个人信息罪合并而成。属于侵害公民人身自由罪。保护个人信息随着互联网的发展而日益具有迫切性和尖锐性。2009 年《中华人民共和国刑法修正案（七）》设立了出售、非法提供公民个人信息罪和非法获取公民个人信息罪，但是当时前一项犯罪被规定为特殊主体，即“国家机关或者金融、电信、交通、教育医疗单位的工作人员”，随着网络技术的发展，此类犯罪也日益猖獗，《刑法修正案（九）》将这两项犯罪合并为一个罪名，适用一般主体，而将原先的特殊主体规定为从重处罚，并且设立单位犯罪的规定。

（3）设立编造、故意传播虚假信息罪。本罪属于妨害社会管理秩序罪。原先是 2001 年《中华人民共和国刑法修正案（三）》设立的投放虚假危险物质罪和编造、故意传播虚假恐怖信息罪，最高人民法院司法解释将虚假恐怖信息定义为已发生爆炸、生化、放射、劫持航空器等严重威胁公共安全的内容。由于恐怖信息范围较窄，这次《刑法修正案（九）》又设立一条新的规定，“编造虚假的险情、疫情、灾情、警情，在信息网络或其他媒体上传播……”构成此罪。《刑法修正案（九）》在 2015 年 11 月 1 日实施，在实施的前一天，很多媒体，包括新华网，发布标题——“明天开始，网络造谣将入罪”的文章。是不是这个编造故意传播虚假信息罪就是网络造谣呢？这是不一样的。因为条文里编造虚假的险情、疫情、灾情、警情，是穷尽列举，就是说没有“等”字。网络上的谣言很多，但是有的谣言是属于这四个“情”，有很多则是属于其他内容，如果所有的谣言都要按照这个条文来处罚，显然扩张了法律。我觉得这个条文起的罪名有待商榷，会造成对法律的误解。实事求是地来说，这个罪名应当就是编造、传播虚假的险情、疫情、灾情、警情罪，最好不要简化。本条犯罪属于一般主体，必须具有故意，过失传谣不能构成犯罪。

（4）设立泄露不应公开的案件信息罪和披露、报道不应公开的案件信息罪。关于这两条罪名设立的背景，大家很容易就想到我们前几次十大传媒法事例里讨论的内容，不用多说。此罪也属于妨害社会管理秩序罪。构成此罪应该属于特殊主体，前一罪法条规定很明确：“司法工作人员、辩护人、诉讼代理人或者其他诉讼参与人”，后一罪虽然没有明确规定，但是“公开披露、报道”也可以想见只有法律和媒体工作者才有可能实施，普通人道听途说一些案情，也不了解诉讼法有关规定，擅自传播，不足以构成此罪。对于这些特殊主体来说，故意和过失都可能构成此罪。要注意条文有“造成信息公开传播或者其他严重后果”，所以不是行为犯，而是结果犯。什么叫作造成严重后果？需要有司法解释做出量化的规定。

可以看到以上这些罪名都同网络有关。前网络时代不可能实施这些行为或者即使发生也不足以造成严重的社会危害，说明网络传播对社会生活产生了很大影响，形成或扩展了一些新型的犯罪行为，需要加强规制治理。

七、范某诉国家新闻出版广电总局政府信息公开案

◆ 事例简介

2015 年 12 月 22 日，北京市第一中级人民法院对范某起诉国家新闻出版广电总局一案作出一审判决，认定国家新闻出版广电总局对于下架范某导演的纪录片的公开回复违法，同时驳回了范某的其他诉讼请求，国家新闻出版社广电总局支付诉讼费用 50 元。本案起因于范某导演的纪录片被各大网站下架之后，向国家新闻出版广电总局提出信息公开申请，请求国家新闻出版广电总局对于下架依据的信息予以公开。2015 年 3 月 2 日，申请人得到的回复为：“经核查，您反映的我局下发文件要求删除及屏蔽纪录片的情况并不存在。”2015 年 9 月 8 日，范某将向北京市第一中级人民法院提起行政诉讼，诉讼请求为：①确认被诉答复违法；②撤销被诉答复；③限期被告重新作出答复，向原告公开相关政府信息；④诉讼费由被告承担。

被告国家新闻出版广电总局辩称：①经核实，原告申请公开的信息不存在，被告作出的信息公开答复合法有效；②国家新闻出版广电总局办公厅综合处是被告负责政府信息公开的部门，其负责处理国家新闻出版广电总局政府信息公开申请及政府信息公开答复等日常工作，以其名义对原告作出的答复具有法律效力。综上，请求法院判决驳回原告的诉讼请求。

2015 年 9 月 14 日，法院正式立案。法院最终判决为：①确认被告国家新闻出版

广电总局于2015年3月2日针对原告范坡坡的信息公开申请作出的答复违法；②驳回原告范某的其他诉讼请求。

◆ 入选理由

该案的典型性在于它既涉及电影审查的问题，又涉及信息公开的问题；既涉及行政审查的问题，又涉及行政诉讼的问题。从某种意义上说，节目的创作者能够依法提起诉讼，人民法院能够受理并作出判决，无论结果如何，都是法治的进步。

◆ 专家点评

李丹林（时任中国传媒大学媒体法规政策研究中心主任、教授，现任中国传媒大学文化产业管理学院文化法治研究中心顾问委员会主任、教授）：

对于该案，我做三点分析。

第一，这个信息公开案的起因是什么？起因于网络视听节目服务提供商删除个人上传的自己创作的视频节目。

第二，这类视听节目是由谁来负责审查和监管的？根据国家广播电影电视总局和信息产业部联合发布的，于2008年实施的《互联网视频节目服务管理规定》第18条规定，互联网视听节目服务单位，对含有违反本规定内容的视听节目，应当立即删除并保存有关记录，履行报告义务，落实有关主管部门的管理要求，互联网视听服务单位，主要出资者和经营者应对播出和上载的视听节目内容负责。接下来2012年国家广播电影电视总局发布的《互联网视听节目服务业务分类目录》，对于网络视听节目的范围进行了界定和划类，其中对第三类互联网视听服务节目的规定是，转发网民上传视听节目的服务，是指为网民提供专门的节目或信息上传通道，供网民将自己或他人节目源通过网站信息播发系统或收视界面传递给公众，供公众点播的服务。2012年，由国家广播电影电视总局和国家网信办联合发布的《关于进一步加强网络剧、微电影等网络视听节目管理通知》里面规定，互联网视听节目服务单位要按照谁办网、谁负责的原则，对网络剧、微电影等网络视听节目实行先审后播管理制度，互联网视听节目服务单位，播出网络剧、微电影等网络视听节目前，应组织审核员对拟播出的网络剧、微电影等网络视听节目进行内容审核，审核通过后方可上网播出。

由此可知，像范某把自己拍摄的纪录片这类视听节目上传到网络，应该是由网络服务商来负责审查，并对审查通过的节目来提供传播的服务。依法审查上传视听节目，这本应该是网络服务提供者依据上述规定享有的权利，同时也是其必须履行的职责。如果视听节目上传顺利，并进行大量传播，就表明该视听节目已经通过审查，被认为符合审查标准，服务商就应该依约定提供传播的服务。删除视频，从民事法律关系的角度来说，就是一种违反约定的行为。如果没有法律免责事由，违约方要承担违约责任。但是在事件过程中，服务商对于作者的解释是，删除视频是根据总局的通知。行政行为的效力是否天然要高于民事合同的效力？并不能一概而论。即便如此，在此情形下，也应该是由服务商来提出证据，证明自己的删除行为具有法定免责事由，并不仅是口头说明有通知，应该出具总局相应的文件，如果服务商拿不出来，就应该承担相应的违约责任。这样一个民事纠纷，如果双方协商不成，也可以通过民事诉讼来解决，作品的权利人可以向人民法院提起民事诉讼，请求服务商来承担违约责任并继续履行合同，也就是要把原来的视频再予以解封进行传播。

第三，各方是什么样的行为？从服务商来说，对于自己删除视频行为的解释确有不合法之处，既然服务商负有审查视听节目的权利和责任，那么在对于被删除节目的制作者提出疑义时，就应该依据上述提到的《网络视听节目服务管理规定》和后来的通知来说明被删节目是如何违反相关规定的，特别是如何违反节目内容标准的。当然事前已经审查通过了，那就可能还要说明，事前的审查是否存在过错，而不是直接拿所谓的总局通知来作为解释的理由。可以说，如果网络服务商总是以总局通知来作为审查删除标准，而不是依据既有的法律规范，这显然是不尽责，也不符合法律规定。

接下来，再看纪录片的作者，如果说上传作品于网络服务平台，首先是一种民事法律行为，作为民事纠纷的一方，从网络服务提供商违约的角度来说，可以进行要求违约方承担违约责任的法律行动，但作者却选择了另外一种做法，选择去寻找属于合同对方，也就是网络服务提供商的免责事由的证据，向总局提出了信息公开的申请。在总局回复没有下发过相关文件的时候，就已经证明网络服务提供商的违约是没有免责事由存在的，这个时候作者要求服务商解封就可以了。但是接下来，作品的权益人进一步向法院提起了行政诉讼。对于一个信息提供方认为不存在的事实，要求其再进一步地提供信息，并且请求法院来认定依据这个信息提供的答复是违法的这样一个行政诉讼，在我看来，不是一个明智的选择。

再将目光投向作为负有信息公开义务的行政机关。其在答复中说明没有这样的行为，如果看一下答复的文件，里边引用了一段跟这个答复根本不太相关的，不匹配的文字，当然后来又被认为答复的主体不合格。这样的一个结果丝毫不涉及有关删除视频是否有法律依据的问题，也不能解决这个作品能不能播出的问题。

法院在审理过程中，原告方曾申请要向网络服务提供商去提取证据，我个人认为，如果法院能够许可申请，并采取相应的做法，这倒有可能是一个真正对中国网络视听节目监管的改革，会起到相当大影响的一个判定，但是很遗憾，法院拒绝了当事人的申请。

接下来是由这个案件引发的思考。

总体来说，在这个事件过程中，各方都呈现出相应的法律意识、处理问题的法律水准都有待提升的状况。包括媒体本身的报道，也体现了媒体不专业的地方，有标题党之嫌。这一案件引来媒体欢呼声的同时，信息公开方面还可圈点。涉及内容监管方面，我们应该持审慎的态度。具体有以下两点思考。

第一，范某与服务商之间的网络视听节目的服务纠纷，以及其与国家新闻出版广电总局之间的信息公开及行政诉讼，实际上就是网络视听节目如何监管问题。在监管部门的行为界限不明、审查标准模糊的常态下，网络服务商应该依法行使的权力和履行的职责，又常常疏于履行或者不当履行，由此导致制作者和传播者常常无法预见自己节目命运和后果。

第二，对于网络视听节目是否应该像对待传统广播电视节目那样去管控？应该如何应对？我认为所谓的应对，不应该是再去寻找如同对待传统广播影视节目一样的方式和方法，而是首先应该思考和探索对于传统广播电影电视节目的管控的问题和不足，在改革这一问题的同时，再认识到网络视听节目的来源和内容的特殊性、传播的特殊性，然后进行相关的与时俱进的改革。

这一事例依然还是凸显出很多进步的情形，一个公民具有勇气向国家内容监管的最高机关发起法律挑战，总局也能够在法定期限内对申请做出答复，司法机关能够受理此案并审理，这些都是法制的进步。

八、21世纪传媒公司系列犯罪案件作出一审判决

◆ 事例简介

2015年12月24日，上海市浦东新区人民法院对21世纪系列犯罪案件作出一审宣判。以强迫交易罪对被告单位21世纪传媒公司判处罚金948.5万元，追缴违法所得948.5万元；对其余被告单位分别处罚金3万～5443万元，追缴违法所得3万～5443万元；对时任该公司总裁的沈某认定其行为构成敲诈勒索罪、强迫交易罪、职务侵占罪，数罪并罚，判处沈某有期徒刑4年，并处罚金6万元，追缴违法所得；对系列案件的其余被告人分别处1年6个月至10年6个月不等有期徒刑；对部分认罪悔罪、积极退赃，犯罪情节较轻的被告人宣告缓刑。

法院审理查明的被告犯罪事实包括与其统一掌控的相关媒体和广告、运营公司互相勾结，选择正处于拟上市、资产重组商业敏感期等情形的企业，利用企业对媒体登载负面报道的恐惧心理，采取有偿撤稿、删稿，不跟踪报道等“有偿不闻”的方法，以广告费、赞助费等名义向9家被害单位索取钱财共计728万余元；利用登载负面报道施加压力，或列举因未投放广告导致上市失败的事例，或利用被害单位担心出现负面报道的恐惧心理，迫使70家被害单位签订广告合同，涉及金额1897万余元；明知处于上市、拟上市、资产重组等情形的企业被负面报道后，可能导致股价下跌、上市或收购受阻等严重后果，仍然凭借媒体的特殊地位，要挟企业以广告费等名义支付钱款。被告单位21世纪传媒公司与公关公司勾结，其行为违背市场交易规则，破坏市场交易秩序，侵害了经营者合法权益，构成强迫交易罪。

◆ 入选理由

媒体作为社会公器，如果用之失当，其害莫大焉。在新的时期，媒体利用自身“公器”地位，侵害他人权益、谋其不法利益的行为，法院查明和认定的犯罪事实，给整个社会敲响了警钟。该案在事发、起诉和最后审理阶段，涉及的“新闻敲诈”现象，以及在惩治新闻敲诈行为过程中对构成相关犯罪行为的罪名、主体、客体、量刑方面，都有值得探讨之处。

◆ 专家点评

魏永征（时任中国传媒大学媒体法规政策研究中心总顾问、教授）：

该案件很令人震惊，涉及的面从单位到个人的数量在媒体腐败案件中都是最多的，其金额在经济犯罪案件里面不算最高，但在涉及传媒的类似犯罪中可能是最高的。从 20 世纪 90 年代初开始提出制止有偿新闻，后来有偿新闻发展到新闻敲诈。2012 年，中宣部、新闻出版总署和国家广播电影电视总局等曾发布红头文件，要打击“新闻敲诈”，这种叫法在官方文件出现后，大家也都叫开了。21 世纪传媒公司案件出来后，一些报道也纷纷说涉案人“新闻敲诈”。到现在 2015 年 12 月 24 日作出判决，到了一个最强音。

有一个问题，“新闻敲诈”并不是一个刑事罪名。这个案件在新闻出版广电总局的通报上，定性是“新闻敲诈”，行政上这样通报可以，但是在司法判决上不能称为“新闻敲诈案件”。那么这种所谓“新闻敲诈”行为可以适用哪些罪名呢？敲诈勒索是个罪名，强迫交易是个罪名，受贿也是个罪名。我在《新闻传播法教程（第四版）》里，列举了 21 世纪以来新闻记者以受贿、敲诈勒索及其他手段非法获利的罪案多起，涉及人员有姓有名的就有 50 多人。[1]

该案件从司法角度作为重点关注的，是定什么罪名。现在 21 世纪传媒公司的单位犯罪是以强迫交易罪定罪处罚的。因为敲诈勒索罪没有单位犯罪的规定。强迫交易罪，就是以暴力和威胁手段强买强卖，包括商品、服务等。2011 年《中华人民共和国刑法修正案（八）》把本条罪名又增加了三项，包括强迫参与或退出投标、拍卖，强迫转让或收购股票、债券等。其“类罪名”是扰乱市场秩序罪，有规定单位犯罪的专条，单位处以罚金，直接负责的主管人员和其他直接责任人员依法处以刑罚。21 世纪传媒公司负责人就是沈某，他除了犯有强迫交易罪，法院还认定其犯有敲诈勒索罪和职务侵占罪。很遗憾的是，到开本次研讨会为止，我们还没有看到判决书，在准备评选十大传媒法事例以前，我猜肯定要入选的，就通过各种途径找判决书，获知这个系列案件一共有 13 份判决书，但法院没有公布。起初据说这个案件干系重大，判决还未生效，所以现在不便拿出来。现在是生效了，过了上诉期好多天了，还是没有看到判决书。而这并不属于依法不公开审理的案件。为什么定这

[1] 魏永征．新闻传播法教程（第四版）［M］．北京：中国人民大学出版社，2013.

几个罪名，依法认定的犯罪行为和情节是怎么样的，我这里就很难解说了。按照先前新闻报道的内容来论证罪犯的罪行和罪名是不可靠的，因为报道中的事实没有经过法庭审判的认定。

为什么不定单位受贿罪？单位受贿罪是特殊主体，即必须是国家机关、国有企事业单位和人民团体。21 世纪传媒公司是国企，南方报业集团是第一大股东，占股 41%，下面有一个民营企业占有 33% 的股份，另外还有一些小股东。从这样排下来，它是国企，文化企业有关文件都是强调我们的媒体必须是国有，至少是国有控股。那么为什么不定单位受贿罪？我不好说，因为不了解依法认定的犯罪情节，具体还是要看判决书。

沈某现在定这三个罪，第一个是敲诈勒索罪，适用自然人犯罪主体，他有敲诈勒索的行为。第二个是强迫交易罪，也可能是他作为一个单位的负责人，需要对单位的强迫交易罪承担责任，因为单位犯罪，一个是处单位罚金，还有一个单位负责人要给予刑事处分。第三个是职务侵占罪，《刑法》第 271 条第二款有关于国家工作人员的规定，以国家工作人员论的人，如果有职务侵占行为就是以贪污罪论处，现在没有以贪污罪论处，就是职务侵占罪，就这个角度来说，沈某没有被认定是国家工作人员。他既然是国企的负责人、总裁，为什么不是国家工作人员？这个问题，具体要看他的任命的来源和他的职位的来源，如果是南方报业集团任命，那就是一个国有企业的负责人，可以以国家工作人员论，如果是董事会选举的，或者董事会聘请的，那可能就是非国家工作人员。这个问题同样需要等待判决书的公开。

在过去的新闻界涉及经济犯罪的各种案件当中，这个案件是最大的，也是值得重视的，并且在适用罪名上也都是可以来探讨的。由于没有见到判决书，案发以来，新闻报道不少，但是未经司法确认，不能作为讨论的依据。所以我就只能讲这些。

九、方某和崔某互诉侵犯名誉权作出终审判决

◆ 事例简介

2015 年 12 月 25 日，北京市第一中级人民法院对“方某与崔某互诉侵犯名誉案”作出二审判决。判决驳回双方上诉，维持一审判决。

方某与崔某之间就转基因食品是否有害的问题，在微博上公开辩论，被舆论称

为“方崔骂战”，导致双方互认为对方侵犯自己的名誉权。2014 年 1 月，方某向北京市海淀区人民法院提起诉讼。案件审理过程中，崔某提起反诉，由法院合并审理。2015 年 6 月，北京市海淀区人民法院作出一审判决，认定方某、崔某均有部分微博构成侵权，判令双方各自删除几十条侵权微博，并通过媒体向对方道歉，互相赔偿对方精神损害抚慰金及诉讼合理支出，两人均被判赔偿对方 4.5 万元。

二审法院认为，崔某部分微博当中使用的有明显人格侮辱性的言论已经脱离了基于公共利益进行质疑、驳斥不同观点的范畴，应认定构成侵权。同时，其使用的侮辱性词语，逾越了网络用语的合理边界，应当承担侵权责任。而对于方某的部分微博言论，二审法院认为，其虽主张该部分言论是为回应他人不当言论，但即便如此，回击亦应当遵守法律规范，回击性言论是否构成侵权不能以对方言论的用语强度和主观恶性作为“参照系”，因此该上诉理由不能作为方某不构成侵权的抗辩理由。同时，方某的部分微博使用了对崔某进行恶意侮辱的词语，言论本身偏离了质疑批评性言论的轨道，因此亦应认定构成侵权。因此，双方上诉认为所发微博不构成侵权的理由缺乏事实和法律依据。

◆ 入选理由

该案由于双方都是公众人物，由公共议题的讨论引起的关注度极高，二审法院维持了一审判决，为网络名誉权案件厘清了一些重要问题。例如，由公共议题引发的恶意人身攻击不受言论自由保护；公众人物人格权保护适当克减的原则及公众人物发言时较高的谨言慎行的注意义务；侮辱诽谤与公众监督、质疑批评的区别；微博上引述事实进行评论是否具有主观恶意的判定方式；确定行为人正当行使言论自由与侵犯他人名誉权之间的界限。该案的判决在网络舆论兴起的十几年来厘定了网络言论的边界，无疑为确定公共辩论的规则起到了里程碑式的作用。

◆ 专家点评

徐迅（中国政法大学传播法研究中心执行主任）：

这则诉讼新闻的基本事实是，方某和崔某两个人在网上就科学议题展开公论，发展到相互攻击，进而进法庭相互起诉对方侵害名誉权，法院认定两个人都有部分言论构成了侵权，判决是各自删除，互相道歉，互相赔偿，结果是二人都不服，纷纷指责法院偏袒对方而提出上诉，二审法院驳回双方全部上诉理由，维持原判。听起来似乎像是一个闹剧，但这个案件的两审判决都在这次评选当中高票入选，令评选者普遍关注的就是两审法院的判决都是可圈可点，尤其是一审判决，梳理充分，明确指出了诉讼争议的裁判需要考虑的各种因素，其中涉及了事实和意见的分开，涉及了公众人物的容忍义务及边界，都做出了令人信服的解说，的确是精心之判。特别得到评选者好评的是，相较于有一些名誉权案件的判决“主动介入学术之争”，该案两审判词都非常智慧地避免了对科学、学术、产业政策的争议的内容做出判断，而是坚守人民法院介入言论之争的法定标准，也就是禁止侮辱和诽谤。

在鼓励公共议题的讨论，强调公众人物对他人批评容忍义务的同时，也指出双方都有部分言论转向了人格攻击，恶意贬损对方的人格尊严，把对公共议题的讨论转化为了比人品、比下限的竞赛，使对事的讨论，沦为对人的攻击，将本来有价值的话题讨论，拉入无价值的人身攻击的泥潭中。

被判词确认的人身攻击的语言，这时候我们不得不考虑一个问题，研究网络表达法律标准的时候，总会有人刻意强调“网络表达更自由”。也有某一种官方表达，说网络表达的几条底线，难道网络上真的会有表达的第二套法律标准吗？不对。其实底线就是法律的禁止性表达，集中规定在宪法和刑法当中。面对底线，没有媒介的技术形态可以例外，也没有媒介的所有制形态可以例外，更没有公民法人可以例外，这就叫法律面前人人平等。

昨天我看到一篇文章，说人类依旧没有告别蒙昧，我深以为然。正是从这个意义上来说，该案两审判决再次划定了网络表达的底线。司法是文明解决矛盾纠纷的最后一道防线，它对表达秩序的建立是相对消极的，也就是说不告不理。积极的解决之道仍然是综合治理，但这是本次评选之外的又一个命题。

最后总结一句话：净化网络环境，从消灭污言秽语开始。

任丽颖（时任北京市律师协会传媒与新闻出版法律事务专业委员会名誉主任，现任北京中勉律师事务所高级合伙人）：

该案由公众人物就公共议题进行网络论战引起，本是就人们都普遍关心的转基因食品安全进行的讨论和争论，但最终演变成讨论者互相抹黑揭短，进行人身攻击，从而引起双方互诉侵犯名誉权的大战。2015 年 6 月一审判决下达时，曾引起围观公众认为法院“太扯了”“和稀泥”“各打五十大板”的舆论发酵，二审法院“驳回上诉，维持原判”的终审判决为这场受到人们高度关注的案件一锤定音，名誉权之争尘埃落定。仔细研读一、二审判决书，我觉得应该为法院看似各打五十大板的判决点赞！

法院的判决辨法析理，具体细微地分析了微博言论侵权与否的认定原则和标准，判定方式，掌握的界限等都值得欣赏和研究，最重要的是，该案的判决为网络兴起的十几年来厘定了网络言论的边界，也为公共辩论规则的确定起到非常有价值的示范作用，谓之为里程碑的作用也不为过。判决书的亮点很多，时间关系，篇幅所限，择要简述之。

（一）确定了不侵权的认定原则

公共议题的辩论和争论遵循公共利益优先原则，在这一原则下，公众人物人格权保护适当克减，公众人物对他人的批评和指责应有一定的宽容度量，以保证公民在涉及公共事务的辩论中享有充分的言论自由，即引申出公众人物容忍义务原则。

（1）表现在对涉及公众知情选择权、食品健康安全等社会公共利益的争议，人人可以就此发表自己的观点，一方可以不同意对方的意见，但即使对方观点并不完全符合科学真理，也不能剥夺其就此发表意见的权利。就像伏尔泰的名言“我不同意你的观点，但我誓死捍卫你说话的权利”，因此对双方互相指责“传谣”“造谣”“脸皮厚”等用语抑或属调侃揶揄，或属质疑批评，虽有一定贬义，令人不快，但并未达到恶意侮辱、诽谤的程度，公众人物有容忍义务，不认定为侵权。

（2）鉴于崔某的公众人物身份，崔某应当接受公众监督，对他人对其基金运作的合理质疑、批评负有一定的容忍义务。

（3）法院判决明确了微博上引述事实进行评论是否具有主观恶意的判定方式，判决对考虑网络用户对网络言论具有较高的宽容度，以及人们对相关传闻所能尽到的注意义务等因素，微博用户在发言时所表述、引用的事实并不要求达到完全客观真实的程度，而仅需证明其言论有一定的、合理的事实依据，按照其智力水平和认识能力具体分析，其尽到了合理的注意义务，引述事实、进行评论时主观上并不具有恶意，未对事实进行捏造、歪曲、夸大，并未借机进行侮辱、诽谤，一般即可免责。对引用、转发的他人微博，引用人、转发人明知或者应知其内容构成侵权而仍然引用、转发的，构成侵权。引用人、转发人不明知也不应知其内容构成侵权的，其引用、转发行为不构成侵权。这些亮点是以往的类似案件中不多见的，厘清了侮辱诽谤与公众监督、质疑批评的区别。在实践中对明知和应知的认定也是一个比较难把握的点，该案给出了很好的借鉴。

（二）确定了认定侵权的原则

（1）由公共议题引发的恶意人身攻击不受言论自由保护。不能有任意夸大、歪曲事实或借机贬损、侮辱他人人格的恶意，崔某称方某的言语，以及方某称崔某的言语等，法院认为亦属无事实依据或依据明显不足。

（2）公众人物发言时较高的谨言慎行的注意义务。双方均为公众人物，本应注意在微博这样的公开场合发言礼貌、节制，避免因使用粗鄙的言语而污染网络环境、产生不良示范作用，但其微博中却均有一定数量的言论偏离争论的主题而转向人格攻击，恶意贬低对方人格尊严，这部分言论已超出了公众人物容忍义务的范围，应认定为侵权。

（3）回击性言论是否构成侵权不能以对方言论和主观恶性作为"参照系"。针对方某上诉认为其所发布的微博不构成侵权的理由，二审法院认为，对他人不当言论进行回击仍然应当遵守法律规范。回击性言论是否构成侵权不能以对方言论的用语强度和主观恶性作为"参照系"，更不能将回击者地位视为当然的"庇护伞"。具体到该案，崔某率先使用了"脸皮奇厚"等用语，原审判决认定该微博言论构成侵权是正确的。方某在对该侵权言论进行回应时，同样使用了"脸皮奇厚"等用语，综合上下文的语气、内容进行整体分析，方某也借这些用语对崔某进行了人身攻击，同样构成侵权。

（4）再次强调了发表微博言论的原则，合理确定行为人正当行使言论自由与侵犯他人名誉权之间的界限。判决再次强调了发表微博言论的原则，合理确定行为人正当行使言论自由与侵犯他人名誉权之间的界限，阐明了对涉及科学、食品安全等公共议题讨论的议事规则，即通过科学论证、讲事实、摆道理、"对事不对人"等方法，秉持客观和理性的态度，以就事论事为原则来说服对方和大众，而不应强迫对方必须接受自己的观点，更不应把对公共议题的讨论转化为"比人品、比下限"的竞赛，使"对事的讨论"沦为"对人的攻击"。这不仅是对各自聪明才智和精力的浪费，也是对社会公共资源包括司法资源的浪费，更会侵袭网络言论空间造成语言污染，在损害对方名誉的同时造成自身公众形象的降低，这种结果让人惋惜。法院的判词确实是精心制作，体现了法官审理此类案件的法律功底和语言文字水平。作为公众人物的两位当事人，还需由法官来教导如何说话、讲道理、不骂人，确与其知名的身份不符。该案判决对确立公共辩论的规则，并通过这种规则的普及，展现出言论自由与侵权的边界，也是网络兴起十几年来没有完成也难完成的划界，其重要和节点的意义不言而喻。

从这个角度上看，即使是各打五十大板也没有错。如果判决真的决出事实意义上的胜诉方、败诉方，那就相当于认可了双方在骂战中对对方的评价，或认可方某“是网络流氓和骗子”，或认同崔某“张嘴就造谣、说谎的家教”，这样的结果，反而会让人感觉荒唐。事实上，虽然双方承担责任的方式和赔偿对方的总金额是一样的，但从赔偿对方精神损害抚慰金的金额（崔某赔方某 3 万元，方某赔崔某 2.5 万元），还是能够看出受到侵害的程度有所区别，因为精神损害抚慰金和诉讼支出体现了不同的功能。从判决中还可以看到一个信息，即对律师费的支持，虽然只是部分支持，但也是一个突破，以往法院只有在知识产权案件中支持律师费，该案中法院认定，办理公证、聘请律师是该案双方当事人进行网络取证和维权所必要的手段；双方均应负担对方所支出公证费、律师费中的合理部分。因此，在最后的诉讼合理支出中包含了律师费，也是该案的一个突破。

第六章　2016 年度中国传媒法典型事例评析

编者按

2017 年 1 月 8 日上午，2016 中国传媒法治发展年度研讨会暨中国传媒法影响力人物及十大传媒法事例发布会在北京广播大厦酒店举办。中国传媒大学媒体法规政策研究中心、北京市律师协会传媒与新闻出版法律专业委员会与中国传媒大学文法学部网络法与知识产权研究中心在连续六年成功举办中国年度十大传媒法事例评选发布之后，协同北京中视瑞德文化传媒有限公司圆满完成了本次活动。北京市律师协会传媒与新闻出版法律专业委员会主任周俊武公布了 2016 年度中国十大传媒法案例，介绍了评选委员会成员的组成、评选经过及十大传媒法案例入选理由。这十大事例由来自各大著名高校、科研机构、行政主管部门、司法机关及媒体的传媒法专家学者、资深实务界人士组成的评审委员会评议选出。研讨会上还举行了 2016 年度中国传媒法影响力人物颁奖典礼，包括九位：魏永征（汕头大学长江新闻与传播学院教授）；孙旭培（华中科技大学教授）；冯刚（北京知识产权法院法官），李颖（时任北京市海淀区人民法院中关村法庭庭长，现任阿里大文娱维权总监、字节跳动中国法务部法律研究总监）；闵大洪（国务院新闻办公室中国互联网新闻研究中心客座研究员）；汤计（新华社内蒙古分社编委、高级记者）；撒贝宁（中央电视台主持人）；任丽颖（北京中勉律师事务所高级合伙人、首席律师）；富敏荣（新文汇律师事务所主任律师）。

来自北京大学、清华大学、中国人民大学、中国社科院法学所、北京师范大学、北京理工大学、中国政法大学、西北政法大学、中国传媒大学、中国记协、中央电视台、北京市高级人民法院、北京知识产权法院、北京市海淀区人民法院、北京市律师协会、中伦律师事务所、盈科律师事务所、德恒律师事务所等 10 多家单位的 30 多名专家学者及资深实务人士围绕十个事例进行了精彩点评和热烈讨论。

整个评选共分为推荐、初选、决选三个阶段。在推荐阶段，主办方共收集到传媒法事例 900 个，主要来自三种渠道：一是中国传媒大学媒体法规政策研究中心建立的传媒法事例库；二是通过北京律协网、中传法硕等平台向社会各界征集的事例；三是评审委员会推荐的事例。在此基础上，秘书处筛选出 45 个候选事例，交由评审委员会投票选出 20 个入围事例。随后，召开评审委员会会议，对 20 个入围事例进行了评审，根据专家评审结果，最终确定了 2016 年度中国十大传媒法事例。

一、全国人大常委会通过《网络安全法》

◆ 事例简介

2016 年 11 月 7 日，全国人大常委会三审通过《网络安全法》，该法于 2017 年 6 月 1 日起施行。

《网络安全法》共有 7 章 79 条，内容上有 6 方面突出亮点：第一，明确了网络空间主权的原则；第二，明确了网络产品和服务提供者的安全义务；第三，明确了网络运营者的安全义务；第四，进一步完善了个人信息保护规则；第五，建立了关键信息基础设施安全保护制度；第六，确立了关键信息基础设施重要数据跨境传输的规则。

我国有 7 亿多网民。在网络空间里，因缺乏法规和秩序而造成的问题层出不穷。没有网络安全就没有国家安全，没有网络安全，网民的合法权益也难以保障。网络空间的清朗，必须用法律来保障。《网络安全法》正是为公众普遍关注的一系列网络安全问题，构建了基本的制度框架。建立完善的网络安全保护制度，明确政府、企业和个体各方的权利和义务，只会给网络世界里的违法犯罪行为增加限制，让广大网民的合法权益获得更好保护。

◆ 入选理由

没有网络安全就没有国家安全。保障网络安全，是刻不容缓的时代要求。《网络安全法》的制定和通过，对于完善网络安全立法，切实有效地保障网络安全，维护国家利益和社会公共利益、促进经济发展意义重大。

◆ 专家点评

王四新（时任中国传媒大学法律系教授，现任中国传媒大学人类命运共同体研究院副院长、教授）：

《网络安全法》的出台意义重大，至少体现在以下几个方面。

《网络安全法》是中国互联网治理理念、治理经验的全面总结、提炼，系统地回应了人们对网络安全问题由来已久并且越来越强烈的关切，为人们普遍关注的一系列网络安全问题提供了基本的解决方案，构建了基本的制度框架。

从比较大的方面而言,《网络安全法》第一次全面强调了对互联网基础设施安全、运行安全和保持运行所产生的数据安全，即互联网服务提供商和各参与方应当确保其提供服务过程中产生的数据的完整性、准确性和客观性。《网络安全法》要求互联网服务提供商和其他各参与方通过切实履行基础设施安全检查、建立健全内部保障制度来确保整个互联网运行的安全。同时,《网络安全法》对长期受到关注的个人数据保护也提出了严格的保护原则，提供了较为综合和全面的保护措施，为中国通过立法方式保护日益重要的个人隐私和个人数据提供了最完整的方案。该法要求任何企业在搜集个人上网过程中所产生的数据时，都应当征得个人的同意；在使用个人数据的时候，尤其是用于商业用途的时候，企业应当遵循公开、透明和适度的原则。《网络安全法》还对违规、违法使用个人数据，侵犯个体网络隐私的行为规定了严格的处罚措施。可以预见,《网络安全法》的实施及其相关配套立法的完善、相关配套制度的建设等，将开启中国保护个人使用互联网过程中所产生的数据的新时代。其各项立法原则和制裁措施在实践中的逐步落实，将为个人数据保护和个人数据安全提供强有力的保障。

以法的形式公布的《网络安全法》，是国家在互联网治理涉及的一系列重大问题上的态度、价值观宣示，也是国家治理互联网的总动员令和总的行动方案。它将为中国开展一系列互联网治理活动，为中国全面参与全球互联网治理新秩序、新格局的形成，提供坚实而全面的方案框架。中国政府积极参与国家互联网治理。在世界互联网治理新秩序正在形成的关键时刻，在美国迫于压力交出国际互联网顶级域名控制权的情况下,《网络安全法》既为中国全面参与国际互联网治理提供了方案，同时也为其他国家理解中国的互联网治理理念、为其他国家的互联网企业在中国从事与互联网相关的各项业务提供了基本的指导。随着《网络安全法》各项宣传推广工作的进行,《网络安全法》基本理念、基本规范的日益深入人心,《网络安全法》必将为国际互联网治理新秩序的构建、为中国互联网治理目标的实现，提供强有力的制度保障。

《网络安全法》搭建了较为完善的网络安全保护制度，明确了在确保网络安全方面政府、企业和个体的职责、权限、权利和义务，是指导互联网参与各方的基本法，对互联网参与各方都会起到规范和指引的作用，对引领中国互联网企业和在华的外国互联网企业及相关的参与方调整发展战略，制定发展规划，构建内部基本规范体系，建设平台责任体系等，都会起到指引作用。也可以说,《网络安全法》是指导互联网各参与方的准则法、合作方案法，也对处理各方合作具有深远的作用。

《网络安全法》同时强调了网络基础层、物理层的安全和应用层，尤其是作为信息传输平台的安全，并通过层层加码的方式将维护安全的责任更多地施加给了互联网企业，这也与国家网信办细化网络平台责任、强化以平台安全保证信息安全的理念高度一致。可以肯定的是,《网络安全法》将为网络空间新秩序的构建提供更为全面和综合的方案。

《网络安全法》是对国家网信办在互联网治理层面的权力、职责予以最全面、最集中规定的最高层级的立法文件，对于解决网信部门和其他部门的执法地位、执法权限问题将产生积极影响。因此,《网络安全法》将对中国互联网治理的政府体制、机制等产生持续而长久的影响。

长期以来，由于互联网问题涉及的面较为广泛，导致互联网问题的解决出现了多部门齐抓共管或多部门都不知怎么去管的局面。本届政府通过行政授权的方式强调了国家网信办在互联网系统问题处理上的协调地位，使得中国互联网治理过程中长期存在的管理权限、管理职责不分的问题有所缓解，但并没有从根本上解决问题。《网络安全法》重申了国家网信办在互联网治理，尤其是互联网不良信息治理中的中心和协调地位，明确了中央和地方网信办在确保网络安全过程中的职责，强调了网信部门在建立国家互联网基础设施保护等级体系中的核心地位。这些规定对于各部门形成以网信部门为中心的监管体系，对于肩负不同职能的国家机关更好地协同解决网络治理过程中的问题会有较大的帮助。

《网络安全法》是对以往以打补丁为主的网络立法模式的革命，是第一次以系统的方式进行网络立法。它也是中国互联网立法模式、立法技术的一次大胆尝试，带有明显的创新性质。同时，由于《网络安全法》在中国互联网立法形式上具有网络基本法的性质，为确保本法提及的一系列问题的解决，中国将以此法为依据制定更多的法。从立法原理上讲，打补丁式的立法基本上是在解决互联网具体问题的过程中产生的治理方案，针对性较强，措施也容易到位，也比较适合互联网发展的特点，是近年来我国互联网立法采取的主要立法模式。但打补丁式的立法，也存在明显的弱点，就是无法从全局、从一般和抽象的角度提出互联网治理的综合方案，会形成法越立越多但不可避免地存在着这样或那样的冲突的危险，也增加了立法的成本。同时，这种立法方式存在"头痛医头、脚痛医脚"的问题，存在治标与治本的冲突问题。《网络安全法》这种系统式的立法，有助于解决立法的碎片化问题，有助于从全局、顶层的角度为互联网治理设计更为综合、更为久远的治理方案。

陈际红（中伦律师事务所合伙人）：

《网络安全法》出台之后，配套的法规、规章预计也会逐渐出台。目前《网络安全法》的出台带来了以下四个问题。

第一，《网络安全法》出台后遇到了界定 CII 范围大小的问题。

一旦某设施被认定为关键信息基础设施，之后伴随着的网络安全保护法律义务将会相当重，包括建设的时候要设置专门安全管理机构；采购的时候产品本身可能要经过国家安全审查；数据传输的时候要经过安全评估等一系列程序。一旦一个系统被认定为 CII 之后，企业运营成本和对其规范性的要求都会非常高。突出问题就是中国 CII 的范围怎么去界定。目前有种观点是：关键信息基础设施要涵盖所有的产业领域。2016 年 6 月，国家网信办、国家信息化领导小组制订了《关键信息基础设施确定指南》，里面对关键信息基础设施提出了指导意见：注册用户超过 1000 万个或者日均成交订单额或交易额超过 1000 万元人民币的平台，都会被认定为 CII。互联网企业被定为 CII 的概率相当高，如此一来可能产生认定范围过大的问题。

第二，关键信息基础设施审查引起国外企业的担心。

在《网络安全法》立法的时候，一些国外企业、国外商会、国外使馆都提出了很多意见，主要是有关 CII 采购时可能触发的国家安全审查程序、安全审查如何确认产品安全可控、安全可控谁来认定的问题。安全审查会不会演变成技术壁垒，从而引发对国外产品的歧视，这也是目前备受关注的问题。立法机关试图通过一系列的措施来消除这些误解，在办法里面专门增加了一条：网信部门和有关部门在履行网络安全保护职责中获取的信息，只能用于维护网络安全的需要，不得用于其他用途。

第三，如何在中国得到有效的个人信息保护呢？

《网络安全法》中很多章节和个人信息保护有关。如何在中国有效地保护个人信息呢？我认为，在个人信息保护时要民事、刑事、行政并举才能有效果。2016 年，网络个人信息犯罪实际上在中国的网络信息犯罪中非常普遍。刑法的保护范围是有限的，其保护范围只能涵盖非常严重的数据黑色交易，对于普遍发生的个人信息违法收集、传播、使用行为，还需要行政和民事来保护。除了《刑法修正案（九）》这种保护措施，还应当在民法上给予充分保护。

第四，在中国，个人信息保护应该达到什么样的水平呢？

欧洲等一些法域对个人信息保护的水平是非常高的，赋予了公民删除权、更正权、被遗忘权等。我国不完善的法律政策环境，限制了产业发展。中国应当设立有效保护个人信息的司法体系，使得数据在传到中国之后能得到有效的保护，数据在受到侵害时能得到司法救济。如果中国个人信息保护水平太低的话，可能会导致信息流动的时候中国成为一个孤岛，别的国家的信息不愿意流到中国。中国在个人信息保护的时候应当尽量保持平衡，既可以促使产业发展又能够兼顾个人利益。

二、国家工商总局发布《互联网广告管理暂行办法》

◆ 事例简介

2016 年 7 月 8 日，国家工商总局[1]正式发布《互联网广告管理暂行办法》，该办法于 2016 年 9 月 1 日起施行。主要内容包括：①互联网广告应当具有可识别性，显著标明“广告”，使消费者能够辨明其为广告；②禁止利用互联网发布处方药和烟草的广告；③不得以欺骗方式诱使用户点击广告内容；④未经允许，不得在用户发送的电子邮件中附加广告或者广告链接；⑤互联网广告主应当对广告内容的真实性负责；⑥付费搜索广告应当与自然搜索结果明显区分；⑦利用互联网发布、发送

[1] 2018 年该局更名为国家市场监督管理总局。

广告，不得影响用户正常使用网络；⑧媒介方平台经营者、广告信息交换平台经营者及媒介方平台成员，对其明知或者应知的违法广告，应当采取删除、屏蔽、断开链接等技术措施和管理措施，予以制止；⑨医疗、药品、特殊医学用途配方食品、医疗器械、农药、兽药、保健食品广告等法律、行政法规规定须经广告审查机关进行审查的特殊商品或者服务的广告，未经审查，不得发布等。

◆ 入选理由

网络环境下，广告有着诸多不同于传统广告的表现和方式。明确区分广告与非广告内容和信息，依法界定网络广告各相关方的责任，对于维护市场秩序、保护消费者权益乃至对全社会公共利益都非常重要。本规定有利于规范网络广告行为，指导和帮助全社会更好地认识和辨析网络广告行为。

◆ 专家点评

朱巍（中国政法大学传播法研究中心副主任、副教授）：

第一，互联网广告不是越多越好，也不是越少越好，是否观看广告，应该由消费者自主选择。

我国在这一问题上有自己的特色，互联网企业在竞争的过程中不能妨碍别的企业依法发布广告，否则属于不正当竞争。其他国家的情况有所不同，如美国，虽然也是利伯维尔场经济，但是包括苹果公司在内，它们自己都可以使用相关的软件屏蔽掉广告，中国却不可以，因为中国的技术是免费服务的技术。另外，《互联网广告管理暂行办法》在全世界范围内首次规定了广告联盟的问题，如微信公众号里插入的广告，是由广告联盟发布而非公众号经营者发布的。广告联盟这一主体在《互联网广告管理暂行办法》以“程序化购买”的形式体现了出来，这是很值得关注的一个方面。

第二，《互联网广告管理暂行办法》的一个亮点是将付费搜索界定成了广告。

付费搜索这个问题之所以很严重，是因为在这之前从来没有把商业信息认为是广告。梳理一下在中国发生的所有案件中，其中只有 2 起认定了付费搜索属于广告，都是北京市第一中级人民法院判决的。但是在国外付费搜索的所有案件中，只有 1 起案件，谷歌还没有败诉，只是拿出 1 亿美金作为调解。在付费搜索的问题上，“魏泽西事件”影响很大，它使得大家意识到付费广告存在着问题。如果百度是广告发布者，那它必须控制相关内容，但实际上它只是提供了关键词搜索。如果百度不控制关键词搜索的内容，能不能允许一个商品审核另外一个商品发布的内容呢？这个也是当前解决不了的。

第三，《互联网广告管理暂行办法》的另一个亮点是自媒体，自媒体广告也属于广告，也应该受本办法调整，特别是微商这一群体。

据统计，现在我国有3000多万的微商，他们通过自媒体宣传、发布广告，实际上也在《广告法》和该办法的监管范围内。但由于微商是新出现的群体，发展时间较短，现在还没有专门的规定来规范微商和自媒体，不过这一问题已经引起了有关部门的重视，并且正在针对这一问题进行讨论。

郑宁（中国传媒大学文化产业管理学院法律系主任、文化法治研究中心主任、副教授）：

我将从出台背景、价值目标、法律定性和操作问题四个方面对《互联网广告管理暂行办法》进行解读。

（一）《互联网广告管理暂行办法》的出台背景

广告对于媒体的生存和发展起到了至关重要的作用，我国互联网广告份额占到了广告产业的48%，是规模最大、增速最快的板块。据统计，2015年互联网广告市场的规模，超过了报刊广电四大传统媒体之和。互联网广告具有覆盖面大、信息量大、精准投放、互动性强等特点。监管互联网广告有三个方面的难点。第一个难点是互联网广告的违法率比较高，根据国家互联网广告监测中心的数据显示，2015年互联网广告的总违法率是2.76%，达到了传统媒体的三倍以上。第二个难点是互联网广告具有较强的隐蔽性，如朋友圈中的软广告、段子营销等植入性的广告不容易被消费者识别，给监管部门造成了困扰。第三个难点是法律关系较为复杂，法律责任不易界定清楚。互联网广告涉及广告主、广告经营者、广告发布者、广告代言人等，但是这些主体在互联网这个平台上有可能是重合的。例如，一位广告代言人用他自己的微博账号来发布广告，但他又没有跟微博平台达成广告分成的协议，这个时候广告代言人其实也是广告发布者。《互联网广告管理暂行办法》对互联网广告的内涵、性质、主体、行为和法律责任都做了比较全面的规定，这也是该暂行办法出台的背景。

（二）《互联网广告管理暂行办法》的价值目标

该暂行办法第1条立法目的规定了四项内容：一是规范互联网广告；二是保护消费者合法权益；三是促进互联网广告业的合法发展；四是维护公平竞争的市场秩序。这四项都与保障公共利益相关。但我们的广告监管当中也需要保护一些私人的权益或者基本权利，这可以从两个方面来看。一方面是言论自由，由于大部分广告是商业性的，商业广告是一种商业言论，商业言论也是《宪法》第35条保护的言论自由，只不过国际上包括美国都普遍认为商业言论跟其他的言论比起来，受到的保护程度要更低一些。如果媒体任意地删除或者拒绝刊载某企业发布的广告，是否侵犯到了企业的言论自由，这是值得讨论的。另一方面是营业自由，我国宪法虽然没有明确规定营业自由，但是一般认为从《宪法》第42条规定的劳动权可以推导出来，尤其是我国现在处于鼓励大众创业、万众创新的背景下，很多互联网广告的主业就是提供咨询和发表言论，删除了广告实际上是限制了他们的营业自由，这个也是需要讨论的。因此，互联网广告的监管价值取向是做好平衡，既要平衡好国家利益、公共利益，同时也要保障好公民的言论自由和营业自由，具体平衡的方法就是比例原则。

（三）《互联网广告管理暂行办法》的法律定性

首先，该暂行办法属于国家工商总局制定的部门规章，处在法律体系中间靠下的位阶，因此就要处理好与上位法、下位法及同位阶的法律关系。《互联网广告管理暂行办法》最直接的上位法是《广告法》，新《广告法》于2015年9月1日实施，在新《广告法》实施一周年时，国家工商总局出台了《互联网广告管理暂行办法》。我们知道，规章不能够违反上位法的规定，违反的部分是无效的。对于上位法规定的相关内容，下位法把它直接复制过来或者在上位法的框架下作进一步细化是没有问题的，因为不涉及创设新的权利和义务关系。新《广告法》当中有六个条文涉及互联网广告的规定，总体来说还只是原则性的规定，因此需要有一个专门的规章来进行细化，包括付费搜索的定性等问题。其次，《互联网广告管理暂行办法》还要处理好跟同位阶规章的关系，如2014年国家工商总局发布的《网络交易管理办法》，这两个都是部门规章，是新法和旧法，特别法和一般法的关系。两个规章关于管辖的问题规定不同，可能会在司法实践中发生一些冲突和竞合，如何具体适用也是需要考虑的。另外，部门规章的权限是有限的，如它不能设定许可和强制，它的处罚权也是有限的，一般是警告和3万元以下的罚款。最后，关于如何理解“暂行”二字。我国有很多暂行办法，一旦暂行就会暂行很多年，这是很值得讨论的一个现象。其实，之前有很多国家在立法中都规定了日落条款，规定几年有效期，在有效期满之前6个月要进行评估，决定是否继续实施还是修改。我国也规定了行政立法评估制度，应该充分发挥这个制度的优势。互联网领域变化非常快，暂行办法也需要适时调整，与时俱进。

（四）两个操作问题

第一，执法时要过罚相当。众所周知，新《广告法》被称为史上最严格的广告法，其中规定了像“国家级”“最高级”等绝对化用语，要处罚20万—100万元罚款。2016年，杭州某炒货店在广告上印了“最好”字样，被罚了20万元。很多人认为罚得过重了，我们需要思考当事人在这种情况下是不是有从轻、减轻或者免除处罚的情节，执法机关的裁量权应当如何行使。第二，关于合作治理的问题。我认为互联网广告监管仅靠工商机关肯定是不够的，仅靠政府肯定也是不够的，还需要行业协会和企业、公民的自律，运用大数据监测和政务数据的共享等手段，合理地设定互联网平台的主体责任，这样才能够促进行业的健康发展。

最后总结，互联网广告的监管需要切合实际、于法有据、利益平衡、各方共治。

三、全国人大常委会通过《中华人民共和国电影产业促进法》

◆ 事例简介

2016年11月7日，全国人大常委会三审通过《中华人民共和国电影产业促进法》（以下简称《电影产业促进法》）。该法自2017年3月1日起生效，内容包括总则、电影创作与摄制、电影发行与放映、电影产业支持与保障、法律责任及附则六章内容，共计60条。该法有以下亮点：①取消“电影拍摄许可证”；②未取得公映许可证，不准以任何形式放映，包括参加境内外电影节；③公开电影审查标准和程序，规定了5名专家审查制度和再评审制度；④明确“偷漏瞒报票房”的惩戒措施，最高惩罚上限为50万元；⑤允许外资、外企进入影视行业，但只能采取“合作”

拍摄的方式；⑥电影产业正式纳入国民经济和社会发展规划。

围绕加快转变政府职能、简政放权，法律降低了电影行业准入门槛，调动全社会参与热情，激发市场活力；法律还通过加大财政、税收、金融、用地等方面的扶持力度，对电影产业给予立体的制度支持；同时，通过扩大监管范围，完善监管措施，细化监管程序，加大打击力度等，进一步规范产业发展和市场秩序。

◆ 入选理由

随着时代的发展，电影的产业意义和文化娱乐意义越来越凸显。为电影产业的发展提供了明确而全面的法律保障成为时代的要求。《电影产业促进法》回应了这种时代要求，对迅猛发展的中国电影业无疑意义重大。

◆ 专家点评

陈欣新（中国社科院法学研究所研究员）：

《电影产业促进法》从题目上讲是产业促进，关键词“电影”不必多言。那么《电影产业促进法》里对于“产业”该怎么定义呢？如今大家对产业的定义很多，产业实际上是要以盈利为目的的，不以营利为目的的一般叫“事业”。以盈利为目的的产业，一定要遵循市场的规律，不然就促进不了产业发展。另一个词是“促进”，在此法中促进应该是主要的，其他应该是次要的。实际上从相关部门提供的有关这部法律的宣传材料中可以看出有几个关键的地方。

第一，关于放松许可、规制平衡的问题。电影拍摄需要许可证，未取得公映许可证不准以任何形式来放映，包括不能去参加评审，这是一个规制平衡的问题。

第二，在审查的问题上，这部法律细化了审查程序，也涉及如何建立一个放松许可的规制平衡的问题。政府花了很大的力气去放松规制，特别是取消和减少审批环节。这部法律对于电影审查的一些标准程序，包括专家要有专家库，涉及特殊题材的如何由一些特殊的机关和人员来审查、评审等，也规定了由国务院规定选择专家和评审程序，在程序上解决了过去的质疑。但是更多的是需要关注这些怎么来落实，比如说专家库怎么建等问题。

第三，审查标准是什么，如有中国特色的电影分级制度什么时候能够建立起来。当然，需要有中国特色，不然就解决不了成年人和未成年人在看电影的问题上“教条式平等”的问题，现在是成年人能看的未成年人也能看，未成年人不能看的成年人也不能看。这个问题不解决是不行的，产业发展一定要遵循它的规律。

第四，利益平衡怎么建立的问题。《电影产业促进法》花了很大的力气规定了知识产权保护的问题，这对建立利益平衡是非常重要的。但可能会遇到什么问题？那就是利害关系主体都不太满意，被侵权的或者自认为被侵权的嫌罚得轻，另外一些人嫌罚得重。实际上现在存在两个标准，一个是5万元到50万元，另一个是50万元以上的，非法所得和违法行为危害性之间没有正相关关系，还是存在一些问题，这些在将来的细则当中怎么来处理，需要进一步研究。

第五，电影既然是产业，并且是以盈利为目的的，鼓励产业多盈利的一个很重要的措施就是税收优惠。税收优惠要比财政支持更有用，因为要有税可交，税收优惠才有用，要是没税可交，税收优惠就没有用。能交税就说明最起码还是在干活的。然而，第38条规定国家实施必要的税收优惠政策，促进电影产业发展，具体办法由国务院财税主管部门依照税收法律、行政法规的规定制定。“另行制订”比较模糊，法律对于怎么来平衡至少有个态度，比如说什么样的情况税收有什么样的优惠，特别现在税收在改革，如果产业不能从立法当中看到它最想要的，促进产业发展的作用就未必能够充分发挥。

王军（北京韬安律师事务所首席合伙人）：

十大事例通报的通稿中，总结了《电影产业促进法》的六大亮点，但真正新的亮点在于：取消了电影摄制许可证，制作主体准入进一步放开。事实上，《电影产业促进法》出台之后，找我们咨询最多的是来自境外的影视制作单位及行业协会，因为中国是全球影视投资与影视消费最活跃、成长性最强的市场，都想进来分一杯羹，但就该法的现有表述来看，并未实际放开外资对影视投资、制作准入的市场限制。商务部2015年修订的《外商投资产业指导目录》还没有改，对于外资主体进入中国的影视投资、制作、发行还是禁止类的状态，外资得以进入中国影视市场的主要方式还是合拍片，Project by Project 的制作模式。当然，这个《电影产业促进法》给未来的外资准入埋下一个伏笔，法条中表述的主体为企业或者境内企业，事实上，外商独资企业、中外合资企业均属于中国法律意义上的境内企业。商务部的《外商投资产业指导目录》做出调整的话，对于外资影视投资制作机构会是一个重大利好，目前来看，前景可期，但短期时间表应该还没有。

中国施行较为严格的影视作品内容审查制度，在《电影产业促进法》中，对于审查的规定与要求也是特别明细具体的一个条款，哪些能拍哪些不能拍，以前是行政法规、部门规章或广电行政规范性文件，现在则是人大立法规制。《电影产业促进法》对于影视行业而言是特别法，是专门法，其法律的适用性与指向性非常明显，对于影视剧本创作、制作发行会成为第一准则，产业促进无疑有赖于创作自由，而内容审查又让影视创作者不可能逾越雷池，否则投资与过审风险太大了。电影是戴着镣铐跳舞的艺术，创作者的创作自由、文化多元的保障是文化繁荣、产业促进的基本前提。本次入选十大传媒法事例的还有天下霸唱诉《九层妖塔》保护作品完整权案件，影视制作单位对原著的改编让作者不满意了怎么办？艺术创作好与坏的问题，能否由法官作出裁判？司法应该给予行业创作底气，应该准确理解行业创作行为与法律规定的区别与联系，否则机械适用法律，可能极大挫伤影视产业的创作积极性。

另外，第 29 条有关国产电影方面的规定，强调国产电影放映的时长不能低于年放映总时长的 2/3。之前有一些规范性的文件，或者有一些广电主管领导的口头要求，现在明确立法规定下来了，这对于产业，对于国产电影未来的发展空间提供了法律保障。此外，第 34 条除了有关瞒报票房销售收入的法律责任规定，还有一个不得制造虚假交易的规定，这是应当的，但也需在实务中注意区分，制片方在他投融资制作阶段进行正常的溢价融资，以及出品方在发行阶段与发行方签署真实、合理的保底发行协议，这都属于正常的商业模式，应该得到鼓励和许可，不能一棍子打死。

四、国家新闻出版广电总局、国家网信办、文化部等部门加强网络直播监管

◆ 事例简介

2016 年 9 月 9 日，国家新闻出版广电总局下发《关于加强网络视听节目直播服务管理有关问题的通知》，要求直播平台必须持有《信息网络传播视听节目许可证》，未取得许可证的机构和个人不能从事直播业务。还对直播节目内容，相关弹幕发布，直播活动中涉及的主持人、嘉宾、直播对象等提出了具体要求。

2016 年 7 月 1 日，文化部发布《关于加强网络表演管理工作的通知》，督促网络表演经营单位和表演者落实责任，将违法违规表演者列入黑名单或警示名单。

2016 年 12 月 2 日，文化部又发布《网络表演经营活动管理办法》，指出网络表演是指以现场进行的文艺表演活动等为主要内容，通过互联网、移动通信网、移动互联网等信息网络，实时传播或者以音视频形式上载传播而形成的互联网文化产品，并把网络游戏直播纳入监管范围。经营者应取得《网络文化经营许可证》，健全审核制度，做到直播实时监管、录播先审后播。

2016 年 11 月 4 日，国家网信办发布《互联网直播服务管理规定》，重申了对互联网直播新闻信息服务的资质监管，要求互联网直播服务提供者提供互联网新闻信息服务的，应当依法取得互联网新闻信息服务资质，并在许可范围内开展互联网新闻信息服务。此外，强化了直播平台的主体责任，要求其建立直播内容审核平台，对直播内容加注、播报平台标识信息，对评论、弹幕等互动环节加强实时管理，并具备“及时阻断”直播的技术能力。

◆ 入选理由

网络直播呈井喷式发展，其所带来的问题也有目共睹。相关部门所采取的针对直播的管理举措，能够及时应对直播领域的发展，也为今后更加科学、合理地进行规范提供了基础。

◆ 专家点评

刘德良（北京师范大学法学院教授）：

目前，社会公众对网络直播行业的未来非常看好。尽管前一段时间媒体也报道了关于网络直播的一些负面新闻，但从总体上说该行业的未来还是比较有发展前景的。随着文化部、国家新闻出版广电总局、国家网信办陆续出台加强网络直播监管的规范性文件，有不少人认为网络直播平台将会面临大洗牌，部分网络直播平台会因为没有许可证而退出竞争。此举的积极意义在于，可能会在一定程度上对于以前存在的诸如色情、暴力等不健康的内容加以管控和防范。目前，有关部门对网络直播基本上采取的是一些比较严厉的措施，如要求主播持证上岗，要求平台充分发挥自身作用，对直播内容先审后播或边审边播等。

这一系列加强网络监管的举措还存在一些问题。本届政府要求简政放权，尽可能地减少审批，减少许可。然而在网络直播这一行业里，却采取“持证上岗”这种许可的方式。比如说本次会议如果要直播的话，是否需要申请，这就是一个值得思考的问题。所以政府在设定许可的时候，要想清楚设定这项许可的目的是什么。实际上以前就一直强调，除了一些极个别的情况需要设定许可，更多的情况是要放开。放开以后就是让市场公平竞争，最后把政策主要放在法律责任的监管上。这样一来，对于网络直播平台来说，其一旦违法，就需承担相应的监管责任；对于网络主播来说，如果其违法，则可根据具体情况适用《中华人民共和国行政处罚法》（以下简称《行政处罚法》）甚至《刑法》来让其承担相应的法律责任。实际上，我国现行法律基本上对网络直播行业涉及的行为都有相应的规则予以调整和规制。当前政府要求网络直播平台先审后播，边审边播，实际上就已经是在对网络直播的整个业务领域实施监管了。既然如此，设定许可也就没有多少必要了。而且设定许可之后，就会有很多企业因为拿不到证而不能参与市场竞争，这也就与我们发展产业的目的背道而驰了。而且即便一些网络直播平台申请到了许可证，也不能保证其日后不违法，所以政府工作的重点应放在加强执法上。比如，在执法的过程中，可以设立举报机制，加大举报的奖励力度，追究违法主体的法律责任。这样也就在市场上实现了基本的公平，有利于网络直播产业的繁荣发展，也有利于我们现在整个国家法治总体向上的朝向。

总的来说，对于网络直播行业的监管，还是要落实到实际业务执行的过程当中，而且我国现行立法也基本上涵盖了这部分的内容，所以加强执法监管具有可行性。政府可以通过设立举报机制的举措，加大举报的奖励力度，有效追究违法主体的法律责任，从而对网络直播行业进行有效监管。

何勇（时任中国传媒大学政法学院法律系副教授，现任中国传媒大学文化产业管理学院文化法治研究中心学术委员会执行主任、副教授）：

我国是一个政策导向型的国家，许多规则都是通过红头文件、通知或者规范性文件之类的形式发布的。2016 年被称为互联网直播元年，各类直播活动蓬勃发展。就拿《互联网直播服务管理规定》这一文件来说，该规定首先对“互联网直播”这一概念下了定义，即互联网直播是基于互联网视频、音频、图文的形式向公众持续发布实时信息的活动。其中有几个关键词值得研究，如“公众”是个什么概念，什么范围内的对象算是“公众”，这个概念相对含糊。当然该规定属于规范性文件，不能拿法律的标准去要求它。其实更加值得我们注意的问题是，网络直播活动在我国到底是一种怎样的状态，以及国家对网络直播进行规范到底是针对什么。目前，网络直播最主要的是游戏直播，或者说网络直播来源于游戏直播。通过人数优势或者流量优势，从而转化为商业价值，这是其基本的运行模式。

国家网信办发布的《互联网直播服务管理规定》的核心内容就是要强调平台的主体责任。所以我最关注的也就是在该规定当中，平台方到底应该负担什么样的主体责任。第一，该规定首先说平台方应该落实主体责任，包括配备与规模相近的专业人员，健全信息审核、信息安全管理、值班巡查、应急处置、信息保障等。我个人对此的理解是该规定把一部分监管责任赋予了平台方。网络直播平台在某种程度上承担着执法部门或者监管部门所应承担的监管责任。第二，该规定要求提供互联网新闻信息直播服务的平台要设立总编辑。我对此存在疑问。在平台上设立总编辑，能否对发布者的新闻内容起到作用。而且该规定也没有对总编辑的角色、定位及职能做出具体的解释。

通过查找相关资料，我们可以知道，仅在2016年11月、12月当中抽取两周的时间进行统计，六大直播平台的视频开播量均已突破几十万次。以斗鱼为例，斗鱼的视频开播量在两周之内突破了60万次。我不知道如果要如该规定所要求的那样实施完全监管，斗鱼需要投入多少的人力。但据目前掌握的信息来看，斗鱼的网管人员已增加了一倍，但这也是远远不够的。

最后是关于这些规范性文件的政策来源的问题。政策来源其实是中央坚持网上网下导向管理的方针，用“一个标准，一把尺子”来管理互联网。用传统媒体的规制方法来管理互联网是当前网络直播规范的基本思路。我的基本观点是，法律法规要考虑影响互联网企业发展的因素。目前企业的运营成本已经很大。除了平台的成本，还有带宽成本、内容成本，现在又加了一个责任成本，企业的负担很重。所以政府对于互联网领域的规制或者治理，一方面当然要让企业规范化，另一方面还要成就互联网企业的伟大。

五、证监会处罚3宗编造传播虚假信息案

◆ 事例简介

2016年10月，证监会对3宗编造传播虚假信息案作出行政处罚。三起案件分别是：① 2016年2月24日，中融汇智运营的微信公众号“弥达斯”总编辑李某撰

写、“弥达斯”发布了《国家队：招商银行副行长喊你还钱了》一文，该文采用不符合实际的标题吸引读者眼球，内容上存在断章取义、主观臆测、曲解发言人真实意思等情形；②2016年2月25日，成都每日经济新闻报社和记者李某在未经核实的情况下，引用了“知情人士透露，自2016年3月1日起创业板将全面停止审核，后续按注册制实施，主板和中小板暂时未定，择期再做安排”的虚假消息，报道发布后被多个主流财经网站转载；③时任五矿证券首席分析师王某，未经核实，在微博转发“知情人士透露，自2016年3月1日起创业板将全面停止审核，后续按注册制实施，主板和中小板暂时未定，择期再做安排”的虚假消息。

上述3宗案件中，3人的行为均违反了《证券法》第78条第1款规定；中融汇智、每日经济新闻报社的行为违反了《证券法》第78条第3款规定，依据《证券法》第206条规定，证监会分别作出以下处罚决定：责令中融汇智、李某改正，并分别处以20万元罚款；对每日经济新闻报社、李某分别处以20万元罚款；对王某处以15万元罚款。

◆ 入选理由

传媒违反法律“禁载条款”的规定有各种不同表现，其带来的消极影响和后果也各有不同。财经类新闻违反真实性标准，其危害性尤为突出。具有大众传播功能的自媒体，在进行相关专业信息和意见发布的时候，也必须履行核实义务。中国证监会对于涉案文章的作者及相关媒体的处罚，进一步强调了这一点。

◆ 专家点评

魏永征（时任中国传媒大学媒体法规政策研究中心总顾问、教授）：

这条虚假新闻跟拟议中的我国证券发行制度改革有关。按照现行《证券法》规定，公开发行证券必须报请国务院证券监督管理机构即证监会核准，未经核准，任何单位和个人不得公开发行证券。这也是一种许可制。按照中央简政放权、减少行政许可的精神，证券发行也要考虑这方面的改革。2013年11月党的十八届三中全会通过的《中共中央关于全面深化改革若干重大问题的决定》中提到了推进股票注册制改革，这就需要修改《证券法》。《证券法》修改稿在2015年4月全国人大常委会上进行过第一轮审议，但是争议很大。于是2015年12月全国人大常委会做出一个决定：授权国务院进行股票注册制的改革试点。但是要注意，这些都还只是在拟议中。我国证券市场现在总共有3000多只股票，现在经证监会审核，每个交易日有2～4只股票上市，市场一直在审核制的惯性下运行。如果实行注册制，一天会有十几只股票甚至更多股票上市，几千万股民有没有这样的承受力？这个问题始终是一个有争议的焦点，有一定敏感性。

就在这时，2016年2月25日凌晨，《每日经济新闻》在网上发表了一条消息"注册制改革授权下周实施，A股市场步入敏感期"，消息提到："知情人士透露，自2016年3月1日起创业板将全面停止审核，以后按注册制实施，主板和中小板暂时未定"。这就意味着一个星期以后就要改革审核制，一些公司的股票只要向证监会申报备案就可以上市，现在创业板股票大概占我国整个股票总数的1/3，由于《每日经济新闻》是一家有一定影响力的财经类专业媒体，这条消息被纷纷转发，引起了市场的极大波动。

所以它在证监会要进行行政处罚的听证会上辩称，证监会的处罚混淆了传闻内容虚假和传闻作为客观存在的现象之间的关系，意思就是他们只是如实报道在网上已经客观存在的传闻，并不是报道虚假新闻。证监会的回答是：涉案报道不仅描述了虚假信息在市场上传播的事实，并且进行了解读，是一篇围绕敏感题材、以虚假信息为主要内容的新闻报道。而且未向监管部门求证，媒体内部也没有严格审核，每一环节均缺乏必要的审慎，严重扰乱了市场秩序。我们可以看到，消息的标题就是肯定的语气。因此，证监会对《每日经济新闻》和记者分别处以20万元的罚款。这是行政处罚，对写不实消息的记者不适用民事侵权行为的替代责任原则。

下面看看涉案报道造成了怎样的损失。2016年2月25日凌晨，《每日经济新闻》报道发布，股票一开市就低开低走，一路下跌，成为2015年7月股灾以来跌幅最大的一天：沪股跌幅6.4%，深股跌幅7.3%。估算一下：全国股票的总市值是50万亿，股民总数是5000万，按照一天的股票市值的蒸发算下来，50万亿跌掉7%就是3.5万亿，如果平摊到每个股民头上，每个人损失7万元。《每日经济新闻》的报道给股市秩序造成了如此巨大的震荡，显然负有重大责任。

有一种说法是新闻报道只要"如实报道"，就没有问题。这个案例说明了这种论调的破产。《每日经济新闻》"如实报道"了传闻，也"如实报道"了这种传闻没有得到证实，但是这种"如实报道"照样引起了社会危害。明明有核实的渠道，也有对于敏感消息必须向主管部门求证的规定，但是他们不去核实，不去求证，轻率发表，说明主观上存在严重过错，理应承担相应责任。证监会的处罚是完全正确的。

阚敬侠（时任中国记协国内部权益保障处处长，现任中国记协国内部副巡员）：

这个案件表明，国家正在依法加强对证券市场信息传播的监管，财经类媒体和新闻从业人员应当高度重视，依法依规采访报道。

首先，《证券法》（1998年12月29日第九届全国人民代表大会常务委员会第六次会议通过，2004年第一次修正，2013年第二次修正，2014年第三次修正）禁止编造、传播虚假信息扰乱证券市场的行为，并规定了法律责任。其中第78条第一款规定："禁止国家工作人员、传播媒介从业人员和有关人员编造、传播虚假信息，扰乱证券市场。"第三款规定："各种传播媒介传播证券市场信息必须真实、客观，禁止误导。"第206条规定："违反本法第78条第一款、第三款的规定，扰乱证券市场的，由证券监督管理机构责令改正，没收违法所得，并处以违法所得1倍以上5倍以下的罚款；没有违法所得或者违法所得不足3万元的，处以3万元以上20万元以下的罚款。"

其次，新闻出版总署、中国证券监督管理委员会联合发布的行政规章《关于加强报刊传播证券期货信息管理工作的若干规定》（2010年12月17日公布，2011年2月1日起执行）对新闻媒体和记者采访报道证券期货市场新闻做出了比较具体的要求和规定。如第3条规定传播证券期货信息，必须遵守国家法律、法规、规章，坚持正确的舆论导向，遵循真实、客观、禁止误导的原则。报刊从事证券期货信息传播的报道宗旨及报道内容必须做到：①牢固树立政治意识、大局意识、责任意识，自觉维护资本市场正常秩序，促进资本市场稳定健康发展；②正确宣传有关证券、期货市场的方针、政策、法规、规章；③客观、准确、完整和公正地传播有关证券、期货市场的信息；④重视引导投资者理性投资；⑤禁止编造和传播证券期货市场虚假不实信息，扰乱证券期货市场秩序。第5条规定严格报刊新闻采编管理，确保信息来源合法真实。①涉及证券期货市场改革监管重要政策的报道，须严格以证券期货监管部门正式发布的信息为依据。②审慎报道可能影响投资者预期和市场稳定运行的新闻题材。涉及证券期货行业重要政策及其他可能影响市场稳定的重要信息，须事先向证券期货监管部门核实；涉及上市公司等市场主体的重要新闻信息应向所涉对象事先核实。③记者报道证券期货市场新闻事件应尽量进行全面采访，并对信息源多渠道核实，信息来源应相互印证、真实可靠。严禁依据道听途说制造或编造新闻，不得凭借猜测想象炮制或歪曲新闻事实，避免误导性陈述。第18条规定报刊出版单位违规刊发证券期货信息，报刊从业人员编造、传播虚假不实信息，扰乱证券期货市场的，或者利用传播证券期货市场信息进行内幕交易和操纵市场的，由证券期货监管部门、新闻出版行政部门视其情节轻重，按照《证券法》《出版管理条例》等法律法规规定对有关单位和人员予以处罚。构成犯罪的，由司法机关依法追究刑事责任。

值得注意的是，《证券法》禁止编造和传播虚假信息，而上述规章则禁止编造和传播虚假不实信息，对虚假、不实信息，当然是由新闻出版行政管理部门和证券监管部门负责认定。同时，涉嫌编造和传播虚假信息的行为，可以是两个独立的行为，可以由记者和新闻媒体单独或共同做出。记者在本单位之外的新闻媒体或自媒体的发表行为，是单独行为，而记者在本单位所属媒体的发表行为则是共同的职务行为，二者在法律责任上可能会存在一定区别。与民事侵权行为的法律责任相比较，当新闻报道涉嫌违反行政法时，记者和所在新闻媒体的行政法律责任承担是否为连带责任或共同责任问题，尚需要进一步深入研究。

六、快播公司及王某等传播淫秽物品牟利案

◆ 事例简介

2016年9月13日，北京市海淀区人民法院对快播公司及其CEO王某等人因传播淫秽物品牟利案进行公开审判，并作出一审判决[1]：

（1）被告公司深圳市快播科技有限公司犯传播淫秽物品牟利罪，判处罚金1000万元；

（2）被告人王某犯传播淫秽物品牟利罪，判处有期徒刑3年6个月，罚金100万元；

（3）被告人张某犯传播淫秽物品牟利罪，判处有期徒刑3年3个月，罚金50万元；

（4）被告人吴某犯传播淫秽物品牟利罪，判处有期徒刑3年3个月，罚金30万元；

（5）被告人牛某犯传播淫秽物品牟利罪，判处有期徒刑3年，罚金20万元。

[1] 北京市海淀区人民法院刑事判决书（2015）海刑初字第512号。

北京市海淀区人民法院的判决认定，快播公司负有网络视频信息服务供者应当承担的网络安全管理义务；快播公司及各被告人均明知快播网络系统内存在大量淫秽视频并介入了淫秽视频传播活动，却放任其网络服务系统大量传播淫秽视频属于间接故意；快播公司具备承担网络安全管理义务的现实可能，但拒不履行网络安全管理义务，快播公司及各被告人的行为具有非法牟利目的。本案既不适用“技术中立”的责任豁免，也不属于“中立的帮助行为”，快播公司以牟利为目的放任淫秽视频大量传播的行为构成传播淫秽物品牟利罪的单位犯罪。

2016 年 12 月 15 日，原审被告之一的吴某以本案事实不清，证据不足为由提起上诉，其辩称[1]：其对本案被扣押的 4 台服务器并不知情，服务器及相关软件的运作状态均与其没有直接责任关系，其对快播公司因为涉及色情内容被行政处罚的情况不清楚，其不构成犯罪。

原审被告单位深圳市快播科技有限公司的辩护人提出的主要辩护意见是：一审法院对快播公司判处的罚金数额过高，请求二审予以调整。具体理由为：快播公司不具有传播淫秽视频的具体的、直接的故意；本案中，快播公司违法所得的数额难以认定和区分；一审法院判处的罚金超出了快播公司实际承受能力；快播公司在一审庭审中自愿认罪，可以进一步从轻处罚。

原审被告人牛某在提讯过程中辩解称：其不是公司股东，不负责具体决策，凡事都要向上级汇报，其应当为从犯，原判对其量刑过重。

二审判决：北京市第一中级人民法院作出驳回上诉、维持原判的终审判决。

◆ 入选理由

该案涉及新的信息技术带来的新的传播方式，由此引发的相关主体的法律义务与责任的认识和确定问题。由于该案涉及的淫秽内容传播广泛、有关事实和法律问题争议巨大、法庭审理直播时辩论激烈，因此该案引起了全社会的极大关注。该案的判决也为规范网络传播行为提供了有效的警示。

---

[1] 北京市第一中级人民法院刑事裁定书（2016）京 01 刑终 592 号。

◆ 专家点评

刘品新（中国人民大学法学院教授）：

我围绕三个关键词进行解读。

第一个关键词是“证据”。

快播公司及王某被判定为传播淫秽物品牟利罪，判决所依据的证据曾经遭受多重质疑。案件中的证据先后由相关文化执法部门、文化创意公司、北京市公安局、检察院经手，最后在法庭上提交。根据辩护律师的庭上说法，行政执法人员在扣押相关物证时没有对证据的个体特征进行固定，即没有记载硬盘序列号等特征，甚至没有拍摄服务器照片；相关文书上只写了查扣“四台服务器”，服务器的品牌和容量均未注明；除此以外，所查扣的服务器也并未及时移交给行政执法机关进行保管，而是由一家公司保管长达5个多月；更可疑的地方是，鉴黄师在鉴定书中指明四台服务器的硬盘分别是7个、7个、7个和6个，但提交到法庭的服务器中硬盘数量却分别是6个、6个、6个和5个。面对这些质疑，控方只是泛泛回应称收集、保管证据等手续合法。之后，虽然侦查机关又进行了补证说明，但服务器、相关硬盘及其中电子数据的迷雾，依然未能被消除。

第二个关键词是“控辩”。

在该案件的审理过程中，很多人认为控方表现显得逊色，然而，辩方的表现就出色吗？在我看来，辩方存在着很大的作秀嫌疑。例如，有辩方律师在庭上有意无意地询问举报人是谁等无关庭审结果的问题。又如，辩方律师的质证并未指向极为关键的“服务器——硬盘——电子数据”的对应关系。从表面上看，该案的关键证据是四台服务器，实际上存储淫秽色情视频——即电子数据的设备是“服务器中的硬盘”。该案庭审辩护中，辩护律师针对服务器提出了可能被调包之问，针对电子数据提出了可能被污染之问，似乎有意无意忽略了“硬盘”之问，而“硬盘”介于“服务器”与“电子数据”之间。

第三个关键词是“判决”。

在第一次开庭后，法院因为对服务器、淫秽视频等相关证据存在合理怀疑，继而咨询了相关行业专家，后来又委托国信中心做了鉴定予以补证。补证的结果是“经过对四台送检服务器内现存的qdata文件属性分析，未发现其在2013年11月18日后有从外部拷入或修改的痕迹”。这个用作补证的“鉴定”意见表述是无法令人信服的，因为“未发现痕迹”并不等同于排除造假的问题。该案件最终作出非常艰难的判决，判处主要被告人有期徒刑3年至3年半。这样的判决结果产生的社会观感其实是不好的。

当时我对该案有判处10年以上、证据不足判处无罪、判处3年到3年半的刑罚这三个选项的预判，社会普遍认为法院选择前两个判决结果的可能性较高，但最终法官宣布的是最后一个判决结果。实际上就该案来说，如果被告构成犯罪，3年半的处罚结果与其涉案金额高达10亿的犯罪事实是非常不具备对等性的。由此也可以看出，该案的审判判决过程和判决结果的作出都非常的复杂、艰难。

针对快播公司及王某等传播淫秽物品牟利案，我概括一下自己的评论观点：一是办案部门要学会善用电子证据；二是控辩双方要切实开展实质攻防；三是审判机关能够“理直气壮”地作出证据确实的重刑判决或者证据不足的无罪判决。而这些转变的实现，均有待于法律共同体不断提升专业水平和法律素养。

关振海（德恒律师事务所合伙人）：

我主要从技术和政策两个层面解读。

（一）技术层面：事实认定与法律评价

在司法技术层面，该案对被告人定罪遇到了一些问题，真正意义上的难题有两个：①快播公司的播放器是否属于“传播”？辩方提出的“做技术不可耻”“技术无罪”的辩点，实际上是说快播公司只是提供了播放器，这种行为本身不属于《刑法》第363条第一款里面的“传播”行为；②快播公司的行为是实行犯还是帮助犯？如果是一种帮助，根据共犯从属性理论，在正犯没有被处理的前提下就难以追究从犯的责任。

第一个问题涉及事实认定与法律评价。有证据表明快播软件采用P2P技术，具有缓存数据的功能，而并非单纯提供播放器。这便是快播软件区别于其他一般播放器的特殊之处。如果只是一个播放的工具，就类似一把菜刀，提供者或者出卖者对于他人如何使用这个播放器缺乏预判尤其缺乏控制和管理能力。即便个别使用者用于其他非法途径，只要提供者本人缺乏犯意联络，就不可认定其构成共同犯罪，“技术中立”概念便源于此。但该案的特殊之处在于，快播的播放器对用户播放的数据具有缓存功能，为用户上传和下载视频提供了技术支持。因此，在该案中“传播”

行为指的是播放器可以将缓存的淫秽视频文件以“种子资源”的形式，向其他用户提供。尽管快播公司没有主动上传“种子资源”，但其对于淫秽视频资源有控制、管理的能力和义务，如若没有履行相应的管理义务，快播公司的行为便相当于一种“传播”行为。

第二个问题是一个有理论争议的法律问题。有人认为上传淫秽视频的行为属于传播淫秽物品的正犯行为，快播公司充其量是一种帮助行为。在上传者（正犯）都没有被追究刑事责任的情况下，直接追究帮助犯的刑事责任，有悖于共犯从属性的刑法理论。但也有人认为，快播公司的“传播”行为与上传者的“传播”行为，两者在行为方式上存在不同，不管双方是否具有犯意联络，快播公司的行为都是独立于上传者的。

这种争议在我国司法解释中也有所体现。2004 年 9 月 3 日，最高人民法院和最高人民检察院发布《关于办理利用互联网、移动通讯终端、声讯台制作、复制、出版、贩卖、传播淫秽电子信息刑事案件具体应用法律若干问题的解释》，第 7 条规定：明知他人实施制作、复制、出版、贩卖、传播淫秽电子信息犯罪，为其提供互联网接入、服务器托管、网络存储空间、通信传输通道、费用结算等帮助的，对其直接负责的主管人员和其他直接责任人员，以共同犯罪论处。这个司法解释采取的是一种“共犯从属性”的立场。

但在 2010 年 2 月 2 日，最高人民法院和最高人民检察院又通过了《关于办理利用互联网、移动通讯终端、声讯台制作、复制、出版、贩卖、传播淫秽电子信息刑事案件具体应用法律若干问题的解释（二）》，第 4 条规定：以牟利为目的，网站建立者、直接负责的管理者明知他人制作、复制、出版、贩卖、传播的是淫秽电子信息，允许或者放任他人在自己所有、管理的网站或者网页上发布，以传播淫秽物品牟利罪定罪处罚。这个司法解释采取的是一种“共犯独立性”（或者说从犯正犯化）的立场。

根据后法优于前法的原则，前一规定实际已经失效。这表明我国司法解释对这一问题，已经由共犯从属性的立场，转变为共犯独立性的立场，法院对该案的判决是有法律依据的。

除此以外，从不作为正犯的角度也可以为该案的判决提供一种理论支持。

至于快播公司是否存在主观故意、是否尽到了监管责任，主要是证据问题。

（二）政策层面：行政犯罪圈不断扩大

面对互联网犯罪多样化的社会形势，我国立法扩大了刑法的干预范围，也即犯罪圈不断扩大，强化对网络犯罪的规制。例如，2015 年 8 月 29 日通过的《刑法修正案（九）》第 286 条，为保护网络信息和网络运营安全，满足社会治理的需要，针对网络服务提供者特别设置了“拒不履行信息网络安全管理义务罪”。新增的犯罪类型基本都是行政犯罪，即要求行政违法性、刑事违法性及弱道德性。这也是不少网民力挺快播的原因之一。

就快播案的行为定性而言，其也符合“拒不履行信息网络安全管理义务罪”的法律规定。因此有专家说“快播案”的被告人实际同时触犯“拒不履行信息网络安全管理义务罪”和“传播淫秽物品牟利罪”两个罪名。但从刑法理论上讲，这种情况属于想象竞合犯，在法律没有特别规定的情况下，从一重罪处罚。当然也有学者持不同的观点，认为法律不能溯及既往。

“快播案”的宣判对互联网服务提供者和管理者具有很强的警示意义。在此之后，除了淫秽网站或淫秽信息的直接服务经营者、传播者及间接技术者会涉及犯罪，不管处在涉淫利益链的任何一端，对违法犯罪有监管义务，但放纵姑息甚至暗度陈仓、推波助澜的相关主体，都将难逃法网。

七、“走廊医生”兰某诉王某、北京微梦创科网络技术有限公司名誉权纠纷案

◆ 事例简介

兰某是绵阳市人民医院医生，因反映医院存在过度医疗等问题而被各大媒体连续报道，具有一定社会知名度，被称为“走廊医生”。王某是央视记者，2014 年 3 月 30 日，王某在微博上称：“现在可以下结论了，很多此前关于走廊医生的新闻都是虚假新闻。兰某不过是为了自己私利，绑架了医院甚至整个医疗行业的一个非典型医生……”同时上传了央视新闻频道播出的“新闻调查”节目《走廊医生》视频。此外，王某还陆续发表微博称，兰某本人更像是个病人，明显有偏执性人格，兰某举报的过度医疗问题，在证据上都不成立等。

2016 年 8 月 11 日，北京市海淀区人民法院对“走廊医生”兰某诉王某、北京

微梦创科网络技术有限公司名誉权案作出一审判决，认定王某及微梦创科公司均不构成侵权，驳回了兰某的全部诉讼请求。

北京市海淀区人民法院一审认定兰某属于公众人物，王某的一些言论属于意见表达，是公正评论，系对公共事件及公众人物的正当批评监督，作为公众人物的兰某在该公共事件中人格权应该受到适当限制，驳回兰某诉求。

一审判决后，兰某不服一审判决，提起上诉。

兰某上诉请求：撤销一审法院判决，依法改判支持我方一审诉讼请求。事实和理由：①一审法院认定事实不清；②一审法院适用法律错误。

王某辩称，不同意兰某的上诉请求及理由，同意一审法院判决。①涉诉微博是对新闻事件和相关当事人进行的公开评论，而不是针对兰某的人身攻击，王某发布微博的目的是维护公众的知情权。②涉诉微博不带有对兰某的恶意，更多的是出于对兰某的关心和关怀，“疯子”的称谓在对兰某的相关报道中屡见不鲜，如何称呼兰某本身是公众讨论的范畴。③王某没有在涉诉微博中指责兰某有精神病，而是说她有精神疾病，两者是不同的。④涉诉微博没有导致兰某社会评价降低，对兰某如何评价是“走廊医生”事件暴露给社会公众后导致的结果。

北京市第一中级人民法院于 2017 年 11 月 2 日作出了驳回上诉，维持原判的二审判决。此判决为终审判决。[1]

◆ 入选理由

该案是一起典型的名誉权案件，涉及公民的批评监督权与名誉权的平衡、在公共事件中具有社会知名度的人物是否有更多的容忍义务等问题，判决对于如何区分事实和评论，被告言论是“事实判断”还是“意见表达”进行了详细分析，对此类案件的解决具有积极的参考价值。

◆ 专家点评

胡占全（时任北京市律师协会传媒与新闻出版法律专业委员会副主任，现任北京市律师协会影视与娱乐法律事务专业委员会主任）：

兰某诉王某和微梦创科公司名誉权纠纷案涉及普通人物向公共人物的转换、公

[1] 北京市第一中级人民法院民事判决书（2017）京 01 民张立 5729 号。

众人物名誉权保护及言论自由的限度等问题。

首先，该案涉及普通人物向公众人物的转换问题。公众人物是指在一定范围内拥有一定的社会地位，并且具有一定的社会影响力，为人们所知晓和关注，从而从社会关注中得到利益，并且与社会公共利益密切相关的人物。但我国现行民法里还没有对公众人物及其权利做出详细的定义。我认为，公众人物的认定一般要从以下四个方面来进行考虑：第一，社会的知名度，也就是被公众知晓的程度，即对社会公众影响的广度和深度；第二，社会地位，即在社会中所处的位置，一般是由法律规范和社会习俗限定的，从传媒学角度讲，则从社会威望和荣誉的高低、财产的多少、权力的大小等方面去考虑；第三，要有一定的利益；第四，用一定的利益影响社会公共利益。构成公众人物的四个要件缺一不可，此外，认定公众人物还要求其有追求和放任自己成为公众人物的主观意图，并且在客观上成为公众人物。

该案中，兰某仅仅是四川省绵阳市医院的一名普通医生，是一个普通的大众人物，而非一般意义上的公众人物。但因为反映医院存在过度医疗的问题，长达数年在医院走廊上班，引起了媒体的关注。虽然兰某没有追求或者放任成为社会公众关注结果的主观意图，但是由于其反映医院存在的这些问题，具有一定的新闻价值，进而被社会公众所熟知。因此兰某到底是否具有公众人物的四个要件，成为北京市海淀区人民法院在裁判时所关注的焦点。兰某到底是不是公众人物？这涉及普通大众人物向公众人物进行转换的问题。北京市海淀区人民法院经过审理认为“走廊医生”因为广泛的报道而被社会所知晓。兰某属于“偶然性地成为公众人物”，是非自愿性的、偶然性的公众人物，并且因此而获得了一些知名度。兰某在明知自己知名度变化的情况下继续追求知名度，并且由此获利。因此，社会舆论对兰某个人信息披露的需求，是兰某被动地作为公众人物必须做出的让步，因为兰某已经从“公众人物”这一特殊身份中获得了利益——收到了捐款捐物。而医院对这么一个“公众英雄”不敢做出任何的处理决定。从这个角度来讲，自愿性公众人物和非自愿性公众人物的分类的意义就在于如何在法律中平衡对二者的名誉权保护。兰某作为非自愿性公众人物，她的社会地位多少有一些尴尬。她在某一空间范围和自愿性公众人物一样，成了焦点，但是主观上兰某又和社会大众一样，对于偶然间获得社会大众的关注和由此带来的结果没有任何的预期，而这种特殊的社会地位决定了兰某作为非公众人物的隐私权和接受批评的权利的限度。

其次，该案涉及了公众人物名誉权保护的问题。名誉权是一种静态消极的权利，新闻的监督权、评论权是一种积极的能动的权利，前者很容易受到后者的侵犯。作为非自愿的公众人物没有对公众评价做好个人的心理准备，也不可能事先有所防范，因此，兰某是不愿意让自己普通的大众人物的容忍度和新闻记者对事件评论产生冲突的。对于意见的表达，案件判决如教科书一般地论述了对待新闻热点事件言论自由的界限，并且将言论的内容分成了事实陈述和意见表达。事实陈述所陈述的事实应当基本或大致真实，意见表达时除了内容的大致客观公正，也就是就事说事或论事的基本原则，不能随意由事及人，不能使用侮辱性的言语，针对他人进行不归因或不当的定性，否则可能构成对他人人格的侮辱。当然在这份判决书中，王某的一些言辞提到了“精神病人”。我认为已经触及兰某本人，而不是对整个事件的整体性的客观结论。

最后，公民拥有言论自由。无论是私人问题还是公共话题，任何人都有权评论和批评，只要言论自由不超过边界均受到法律保护。但是，需要引起注意的是，言论自由一旦超过边界则构成对他人的名誉侵犯。

所以说，这份判决在司法上限定了公众人物名誉权保护的基本原则，认可了普通大众转换为公众人物的条件，以及言论自由的一些界限，具有很大的进步意义。

刘文杰（时任中国传媒大学法律系副教授，现任中国政法大学比较法学研究院教授）：

就当事人而言，还不能说该案的原、被告具有如何之高的知名度，但是这个案件却引起了我们的关注，究其原因有二：一是案件事实涉及对社会广泛关注的医疗黑幕的披露问题；二是案件事实涉及两家知名新闻机构中央电视台与《南方周末》围绕同一新闻事件的对决。

先是《南方周末》以该案原告兰某为中心，报道了四川省绵阳市人民医院包括过度医疗在内的各种不当行为，随后中央电视台《新闻调查》栏目又将《南方周末》的报道基本推翻。在这两大媒体的对决中，从任何一个角度看原告都具有悲剧色彩：如果接受《南方周末》的报道，那么原告是因揭露医院黑幕而遭到打击报复的悲情英雄，如果采纳中央电视台和记者王某的结论，原告则是一个存在心理疾患又被某些媒体和势力所绑架的悲剧人物。单就原告个人而言，兰某要么值得我们敬佩，要么值得我们同情。如果在我们身边，有一位朋友具有偏执型人格，甚至达到了轻度妄想的程度，那么无论从道义出发还是从尊重他人的自主权利出发，都不应该再对他指指戳戳，在别人的伤口上撒盐。但是该案的特殊之处在于，当事人的精神状态与公众关注的事项发生了联系，从而进入了公众的视野。该案被告王某表示，“走廊医生”兰某列举的种种医疗黑幕并不属实，这位走廊医生所以要进行披露，原因是其个人对所在医院的人事安排存在不满情绪，偏执型人格最终导致其做出了种种常人难以理解的举动。正因为如此，简单地否定或者肯定被告的言论都是不合适的，而是需要进行细致的法律分析。

一审判决首先对名誉侵权中侮辱与诽谤进行了区分，给出了判断标准。判决特别指出，如果案件涉及公众人物，那么还要适用这样一条法律原则：公众人物对于公众和媒体行使言论自由及舆论监督等权利妨害其人格权益的行为负有一定限度的容忍义务。不但如此，一审判决还指出，该案中的原告属于偶然介入重大社会事件而具有一定社会知名度的公众人物。这一概念让我们想到传媒法上的“有限意义上的公众人物”理论。我国法院在发展新闻侵权法方面所做的努力值得充分肯定。另外，限于案件情况，法院没有再对公众人物容忍义务的边界做出进一步的阐述，我们尚需探索，公众人物的容忍义务是否对诽谤侵权、侮辱侵权均应适用，还是应有所区别？此外，陈述应当基本属实的“基本属实”在法律上应当如何界定，也有探讨的空间。该案就鲜明地体现出问题的复杂性:《南方周末》查明的事实与中央电视台查明的事实几乎完全相反。最后，一审判决强调了言论自由和舆论监督的重要性。

历史经验表明，在保护言论自由方面，最重要的是避免自我审查，所谓自我审查，就是媒体、记者乃至普通人在发表言论的时候，不是直抒胸臆，发其所感，而是先想一想，这样的表达是否会触犯某条底线，从而先行对言论进行自我过滤。自我审查具有不断强化的特点。法律当然不能允许恶意造谣中伤，但是，在涉及公众合理关注的事项上，特别需要一种包容的氛围，维持多方参与的讨论。在这一方面，一审判决所做出的努力是值得称道的。

八、天下霸唱诉电影《九层妖塔》制片方中影公司和陆川著作权纠纷案

◆ 事例简介

原告张某（笔名为“天下霸唱”）创作了《鬼吹灯》系列文字作品。被告将其中《鬼吹灯之精绝古城》改编拍摄成电影，并以“九层妖塔”之名在全国各大影院上线放映。原告认为，电影《九层妖塔》没有给原告署名，侵犯了其署名权，且电影内容对原著歪曲、篡改严重，在人物设置、故事情节等方面均与原著差别巨大，侵犯了其保护作品完整权，所以原告诉讼请求，鉴于被告行为严重侵害了原告依法享有的著作权，请求法院判令：①四被告立即停止侵权行为，即立即停止所有途径对侵权作品电影《九层妖塔》的发行、播放和传播；②四被告向原告公开赔礼道歉、消除影响；③四被告连带赔偿原告精神损害抚慰金100万元。

被告中影公司辩称：①影片《九层妖塔》已经在片头对原著进行了署名，其署名方式足以使得一般公众了解影片是根据原著小说改编这一事实，未侵犯原告署名权；②影片创作中，影片的制片者依法且恰当地行使了原著作品的改编权，不存在对原告保护作品完整权的侵犯；③原告的诉请如得到支持，不仅有违电影创作的基本规律，对未来电影的改编创作及电影市场也将产生不可估量的负面影响，有违公众利益；④答辩人并不直接参与影片的具体改编工作，不应承担侵权责任。此外，就署名权侵权而言，不应适用停止侵权、停播，如果适用了，反而不利于原告权利的实现，不符合实际与法律逻辑；著作权损害赔偿不适用精神损害抚慰金；原告提出的100万元精神损失赔偿于法无据，且数额畸高，不符合法律要求。

被告陆某辩称此案与其无关。

2016年6月28日，北京市西城区人民法院对电影《九层妖塔》著作权纠纷案作出一审判决[1]，判令被告在发行和传播电影《九层妖塔》时署名天下霸唱为电影《九层妖塔》的原著小说作者，并就涉案侵权行为刊登声明，向原告张某公开赔礼道歉，消除影响，驳回原告其他诉讼请求。

---

[1] 北京市西城区人民法院民事判决书（2016）京0102民初83号。

张某不服一审判决，提起上诉。请求撤销一审判决并提出和原一审相同的上诉请求。

张某的上诉理由为：一审判决认定涉案电影侵害了张某的署名权是正确的，但是一审判决认定其改编、摄制行为不构成对张某保护作品完整权的侵害是错误的。

北京市知识产权法院于2019年8月8日作出二审判决[1]：

（1）撤销北京市西城区人民法院作出的（2016）京0102民初83号民事判决；

（2）中国电影股份有限公司、梦想者电影（北京）有限公司、乐视影业（北京）有限公司于本判决生效之日起，立即停止发行、播放和传播电影《九层妖塔》；

（3）中国电影股份有限公司、梦想者电影（北京）有限公司、乐视影业（北京）有限公司于本判决生效之日起30日内，在《中国新闻出版广电报》上就涉案侵犯署名权和保护作品完整权的行为刊登致歉声明，向张某公开赔礼道歉，消除影响[致歉声明的内容须于本判决生效后五日内送本院审核，逾期不履行，本院将在一家全国发行的报纸上公布本判决主要内容，所需费用由中国电影股份有限公司、梦想者电影（北京）有限公司、乐视影业（北京）有限公司承担]；

（4）中国电影股份有限公司、梦想者电影（北京）有限公司、乐视影业（北京）有限公司于本判决生效之日起10日内，连带赔偿张某精神损害抚慰金5万元；

（5）驳回张某的其他诉讼请求。

◆ 入选理由

虽然该案所涉及的著作权纠纷并非新出现的类型，但是这一案件带来的思考是非常有价值的，究竟何为合理改编、何为侵犯保护作品完整权，这是著作权法领域最令人困惑的问题。

◆ 专家点评

刘文杰（时任中国传媒大学法律系副教授，现任中国政法大学比较法学研究院教授）：

“九层妖塔案”提出的更为重要的问题是保护作品完整权的边界问题，即影视作品改编中作为著作人身权的保护作品完整权与作为著作财产权的改编权之间的边界

[1] 北京市知识产权法院民事判决书（2016）京73民终587号。

划分问题。按照著作权法的规定，保护作品完整权是指保护作品不受歪曲、篡改的权利。正如该案一审判决所言，这一权利具有高度抽象性特征，在个案中，需要结合具体情况确定该项权利的控制范围，不能一概而论。

从民法和著作权法基本理论出发，确定保护作品完整权的范围需要注意以下原则：①保护作品完整权涉及作者人格保护与作品传播利用之间的冲突问题，和民法上的人格权一样，保护作品完整权作为一种框架性权利，个案保护需要平衡相冲突的各种利益；②保护作品完整权保护的是作者人格，而不是作为客体的作品，认定是否构成人格侵权，在标准上不应偏离民法上的成熟规则，否则不仅可能导致过度或过少保护，还会导致法律适用的不统一；③在认定保护作品完整权是否受到侵犯时，应当考虑争议发生的语境，如果争议发生在作品的合意流转环节，则需要考察作者本人的可推知意思（“规范意思”）和相对人的合理信赖；④在认定保护作品完整权是否受到侵犯时，不应忽视著作权法的立法宗旨。

在该案中，争议的标的是根据小说改编摄制而成的电影，作品从文字形式转换为视听表现形式，争议的焦点是有关“受让人可以对原作进行一切其认为必要的改编”之约定应当如何理解。认定侵犯保护作品完整权与否，需要将讨论范围限制在个案情况之内。

一审判决认为，在认定是否侵犯保护作品完整权时，应当考虑当事人在协议中的约定，作者应当信守诚实信用原则，判决尤其指出，著作人身权的不可让与性对作品的利用构成一种威胁，此时作者就更应当保证交易秩序的安全稳定，确保受让人最大限度地发挥作品的财产价值。这一观点值得赞同，因为这种情况下，不是利用人对作者，而是作者对利用人制造权利的不稳定状态，而使边界不明的财产权难以有效流转。一审判决指出，鼓励作品的创作和传播是著作权法的立法宗旨所在，基于平衡作品创作与传播之间利益的考虑，赋予作者获得报酬权是鼓励创作的主要手段，同时也要充分保障著作的流转，因此，受让人的改编行为是否侵犯原作者的保护作品完整权，不能简单地依据受让人的改编行为是否违背作者在原著中表达的原意这一主观标准进行判断。民法上认定名誉侵权的标准同样不是依据原告的主观感受。

一审判决还指出，该案涉及电影作品对文字作品的改编，因此应当充分考虑电影作品表现手法的特殊性、创作规律的特殊性、相关规范的特殊性，以及改编者的艺术创作自由。因此，对小说的人物关系、情节结构、主要场景做出较大幅度的调整和改动，如有约定在先，则仍然属于合理改编范围。这一分析考虑了意思自治在确立合同权利义务时的基本地位。此外，一审判决还从是否引起受众的误认出发，引入一般受众认知标准，指出针对电影的批评，不能等同于针对作者本人的批评，更不能就此认定原著作者的社会评价降低、声誉受到损害。

这个案件还给大家提出了两个值得思考的问题。①作者能否以改编之作降低了原著的艺术品质作为理由，主张侵犯保护作品完整权，这里面既包括作者本人认为改坏了，也包括受众认为改编属于粗制滥造。一般来说，无论是作者对改编的批评还是公众的品头论足都是正常的，属于文艺批评的范畴，但是，法院直接将作品的艺术品质与名誉侵权认定联系在一起则要特别慎重。②需要区分作为法律概念的改编与作品利用协议中的“改编”，二者可能重合，也可能在具体情况下各有所指，解释合同需要尊重当事人的真实合意，而不是拿法律概念生搬硬套。假如行业中所指的“改编”也包括不借用原著的独创性表达，而只是撷取原著中的某些非独创性元素如作品名称、若干角色名称、时代背景等，那么就不能机械地依据有关著作权法上改编权的规定来划分当事人之间的权利义务。从这里也可以看出民法基本原则对于正确适用著作权法的重要性。

周俊武（北京市律师协会传媒与新闻出版法律专业委员会主任，北京金诚律师事务所高级合伙人）：

这个案件的实务价值相比学术价值要更高一些。因为此案件的走向和判决会影响影视编剧们下一步该怎么改编一些小说。可以说这个案件对业界的影响非常大，这也是此案件本身最大的亮点。

著作权法中规定了保护作品完整权，但是在传播情形之下，到什么程度构成对作品的歪曲篡改，现有的法律法规和司法解释并没有明确规定，并且在现有的司法实践里面界定标准也不统一。在该案一审判决中，法院结合著作权法的理论、具体合同约定及电影作品等因素对保护作品完整权的权利边界和侵权标准进行了界定，确定了侵权标准——原作者声誉是否因为改编行为受到损害。但是二审法院却推翻了这一观点，最终认定“《著作权法》规定的保护作品完整权并没有‘有损作者声誉’的限制，其应只是衡量侵权情节轻重的因素，而非判断是否构成侵权的标准”。

一、二审的迥异判决结果，背后折射的是影视制作行业的权益与原著小说版权人权益之间的角力，以及当前司法实践对于作者权利加强保护的趋势。

该案中，法院主要从以下四个方面对争议焦点问题进行了论述。

第一，虽然电影制片方取得了对小说进行改编的授权，就改编权与保护作品完整权关系而言，著作财产权和人身权保护的利益不同，故改编权无法涵盖保护作品完整权所保护的利益。

第二，《著作权法实施条例》第10条规定“著作权人许可他人将其作品摄制成电影作品和以类似摄制电影的方法创作的作品的，视为已同意对其作品进行必要的改动，但是这种改动不得歪曲篡改原作品”，因此改动首先应属于必要的改动的范畴，其次不得歪曲、篡改原作品，二者需要同时满足。改编者的自由不是绝对的，而是有限度的。

第三，《著作权法》规定的保护作品完整权并没有“有损作者声誉”的限制，其应只是衡量侵权情节轻重的因素。

第四，二审法院根据《九层妖塔》和原小说题材并不一致、其对小说进行了“取头换尾”的改动，是对原小说的歪曲篡改，根据《九层妖塔》和小说的内容比对结果及观众对电影的评论，电影观众会产生对《鬼吹灯》小说的误解，进而使作者声誉受损害。

法院据此最终认定张某的保护作品完整权受到了侵犯。

从实务角度而言，因为该案二审判决限缩了改编作品所能允许的改动程度，从而在法律层面上对改编影视剧提出了更严格的要求。日后，影视作品的改编应当严格把握改编的尺度，并尽量在改编过程与原作者保持紧密的沟通或与原作者签订更加细致、明确的许可改编条款，或者邀请原作者参与或直接作为编剧参与影视剧的改编工作，以尽量避免可能造成的包括禁播在内的巨大侵权的风险。

九、腾讯公司诉易联伟达公司信息网络传播权侵权案

◆ 事例简介

因认为北京易联伟达科技有限公司（以下简称“易联伟达”）侵犯作品《宫锁连城》的信息网络传播权，深圳市腾讯计算机系统有限公司（以下简称“腾讯”）将易联伟达告至北京市海淀区人民法院。

原告诉称，腾讯依法享有《宫锁连城》的独家信息网络传播权，被告在其经营

的“快看影视”手机端，通过信息网络非法向公众提供涉案作品的在线播放服务。被告在快看影视中对大量影视作品进行了编辑分类后播放，在播放时无来源显示，直接进入播放页面，故腾讯认为被告对涉案作品进行了编辑，具有恶意，被告为获取盈利直接设链播放涉案作品，未经任何权利人的同意，侵犯了腾讯的合法权利。

被告辩称，原告主张的权利存在重大瑕疵，涉案作品的授权无合法来源；涉案作品并非在快看影视上播放，而是在腾讯 App 上播放；易联伟达的 App 快看影视播放无广告，未获得任何盈利，易联伟达只提供设链服务，并没有提供信息存储空间。同时，易联伟达收到起诉书后已经删除了涉案作品。因此，基于原告权利来源不合法情况，易联伟达申请中止审理，请求法院驳回原告的全部诉讼请求。

一审北京市海淀区人民法院采用“实质性替代标准”，认为易联伟达在破坏技术措施的情况下不仅提供了深度定向链接，还进行了选择、编排、整理等工作，扩大了作品的域名渠道、可接触用户群体等网络传播范围，分流了相关获得合法授权视频网站的流量和收益，客观上发挥了在聚合平台上向用户“提供”视频内容的作用，产生了实质性替代效果，却未向权利人支付获取分销授权的成本支出，被诉行为属于盗链行为，判决易联伟达赔偿腾讯经济损失（包括合理支出）3.5 万元。[1]

易联伟达不服一审判决，提起上诉。

2016 年 10 月 21 日，北京市知识产权法院就腾讯诉易联伟达信息网络传播权侵权案作出二审判决[2]，撤销一审判决，认定被告行为不构成侵犯信息网络传播权。

◆ 入选理由

该案一审和二审判决的差异实际上反映了社会、业界与相关利益方对聚合类视频平台的深层链接行为是否应认定为侵权行为的不同理解，涉及对信息网络传播权条款的解释，权利人针对深层链接行为的救济途径，以及技术发展和商业模式变化所带来的利益调整和法律规则适用等问题。网络技术的发展会不断给信息网络传播权的保护带来新的挑战，该案两审判决对于推动这一问题的深化研究具有很高的理论和实务价值。

---

1. 北京市海淀区人民法院民事判决书（2015）海民（知）初字第 40920 号。
2. 北京市知识产权法院民事判决书（2016）京 73 民终 143 号。

◆ 专家点评

苏志甫（时任北京市高级人民法院知识产权庭审判长，现为天同律师事务所高级顾问）：

首先，在网络时代，所有信息的传播是密切相关的，对作品来讲，最密切相关的权利就是信息网络传播权，该案就是涉及信息网络传播权的案例。其次，侵犯信息网络传播权的判断标准是什么，即什么样的行为构成侵犯信息网络传播权，该标准的讨论在2016年的知识产权领域，尤其在著作权领域是一个火热的话题，当然也是一个分歧较大的话题。具体到案件本身，我认为该案的意义已经超出了个案层面，该案对学术界、实务界各种争论的观点做出了司法回应。该案最大的意义在于它否定了用户感知标准和实质性替代标准来认定信息网络传播行为标准的合理性，坚持提出服务器标准是认定信息网络传播权的合理标准。

采用服务器标准还具有一定的争议，因为在我国现行《著作权法》及其司法解释中都没有明确引入服务器标准的情况下，服务器标准作为一个学术探讨或者学术的观点，法院在判决中把它作为明确的标准提出来是否恰当确实还是值得思考的。当然我们也应该看到在这个案件当中，法院对于服务器标准的阐述和此前的一些案例还是有区别的。在此前的相关案例中，法院提出服务器标准是认定信息网络传播行为的唯一标准，但是在这个案件中法院的措辞是“合理标准”，而且对于服务器标准与著作权法司法解释第3条当中的信息网络传播行为的判断标准两者的关系也作了相应的回应。著作权法司法解释中规定，信息网络传播行为是指将作品置于信息网络中的行为，该行为在最高人民法院知识产权庭判决的相关案件中被认为是判断信息网络传播的法律标准。但在腾讯诉易联伟达信息网络传播权纠纷案中，二审判决实际上解释说：国际标准和法律标准并不冲突。法律标准讲的是将作品置于信息网络中的行为，什么是置于信息网络中呢？这就需要用服务器标准来解决如何认定的问题，服务器标准是置于法律标准更低层次的标准，这样的阐述其实是为了实现在阐述上的自洽。

对这个案件背后所折射出来的法律领域对信息网络传播权标准的争论，我有两点体会。

第一点体会，司法裁判者应该秉持一个司法建议的理念。如何理解司法建议呢？一方面，司法建议要求法院在审判案件过程中要找到自己的定位，尤其是在法律的规则和构成要件比较明确的情况下，法官在判案时不能够突破和改变法律的标准。“法院必须在现有的法律框架下适用法律，不能因某一方利益诉求的改变而改变现有的法律规则，即使是在法律存在漏洞或者现有的法律不能适用规定和发展需要的情况下”，这段话也充分体现了司法精神。另一方面，司法建议要求法院在办案时要体现出对相应判例的尊重。虽然我国不是判例法国家，但是不管是在最高人民法院还是在各级人民法院，对各个司法裁判者来说，对于案情相同的案件，裁判者要作出与在先案例不同的裁判应该保持谨慎的态度。对腾讯诉易联伟达信息网络传播权纠纷案来讲这并不是新的问题，该案争论的问题就是深度链接行为到底属于网络传播行为还是服务行为。这个问题虽然是在 2016 年成为争论的焦点，其实这类行为或者与这类行为相关的案例，早在 2003 年之前就已经有相关的案例，包括从 2003 年开始法院的判例当中都有先例。通常认为，这类行为不是一个侵犯著作权或者侵犯信息网络传播权的行为，但是正因为这样一个链接行为，替代了原网络对用户的吸引力，这就可能构成不正当竞争行为，这也是法院以往裁判的做法。在有法律规定和法律规定没有改变，且相关判例大量增加的情况下，作出一个与以往不同的判决，这是值得商榷的。

第二点体会，司法裁判尤其是知识产权领域的裁判应该满足精细化裁判的要求。知识产权法和普通的民法有很大的区别，不同的法律规范出于不同的立法目的或者利益的考虑，它会有独特的要件和不同的调整范围。现行《著作权法》规定了 17 项权利，4 项人身权和 13 项财产权，每一项权利都有自己独特的调整范围或者权利的边界。在这种情况下，有些学者认为这样的立法是有问题的，有人认为这样的立法很机械，有人认为这样的立法属于一种媒介主义的立法，导致每项权利的空间比较有限，不能适应社会的发展。但是法律既然这样规定了，作为裁判者首先还是要尊重和适用法律，只有这样才能确保法律规则可预期性的实现。在版权产业化的背景下，存在很多著作权权益，尤其是商业价值比较大的影视作品的权利人，在这种情形下，如果法院不能对每个单项权利的空间做出一个准确划定的话，就可能会损害到不同的被授权人或者权利购买人的利益。

基于以上的考虑，我最后的观点是：在知识产权法律诉讼当中，法官除了要考虑民法或者侵权法侵权行为的构成要件，还要考虑每一项权利独特的构成要件，这一点也是知识产权法和民法在法律适用上的一个区别。

刘玥（时任北京市律师协会传媒与新闻出版法律专业委员会副主任，现任北京市大器律师事务所创始人、合伙人、律师）：

首先，一个好的案例应该要有一个外在的评判标准，即其判决在文法上能产生可阅读性。腾讯诉易联伟达信息网络传播权纠纷案，它从文字上就给我们一种书香的感觉。其次，一个好的案例要能给法律实务从业者尤其是给律师行业提供一些思考和启迪，让法律实务界人士能够从这个案例中获得一些有意义的司法指导。

《著作权法》的核心价值是保护文化的传播，而文化传播最重要的实践手段其实就是技术的发展。该案恰如其分地表现了文化传播与技术发展之间的冲突，这个冲突是社会发展无法避免的，但这并不可怕。该案体现的是网络技术中深度链接的发展。它运用在著作权领域中，就涉及权利人对相关权利的控制，它能够直接深达内容的层面，而且直接在自己的相关技术手段上面进行内容的展现。其带来的后果就是，对于影像、文字、音乐甚至包括游戏这些以内容为主体的权利实施造成很大的阻碍和干扰。如何解决这样一个实务问题？我认为实际上很多法律实务者，从律师到法官，他们做出了很多有益的思考和探索。该案体现的就是如何判断侵犯信息网络传播权的标准，在实务操作中有三个争议已久的标准，即服务器标准、用户感知标准，以及该案中进一步提出的实质替代性标准。

尽管该案是一个小众的案子，但带来了很大的影响。首先，它明确了价值取向，即在判决一个案件的时候，法官能否仅从一个权利利益角度来考虑？法官是否应该从一个利益平衡的角度来考虑？对网络服务提供者、网络受众及相关权利人这三者之间的利益平衡，法官该怎样做一个考虑和取舍？贯穿该案的整个判决过程，有一条非常清晰的价值曲线。其次，我认为，该案对相关判例做了非常好的回应。因为该案中具有争议的三个标准由来已久，从法律实务从业人员的角度来看，至少也争议了五六年了。法院在判决该案的时候，其实已经有很多成熟的案例存在，我认为二审法院在作出该判决时是承受了很大压力的。有时候法院很容易被人们认为是机械地使用法律，但在该案中，整个案件判决是用“本院认为”的方式，法院对三个标准的适用都做了一个论证，做到了以理服人。最后，在相关的法律实务操作层面意义上，该案再次确定了信息网络传播行为是信息网络传播权所控制的行为，对该行为的认定属于事实范畴，服务器标准是最为符合信息网络传播行为这一客观事实属性的认定标准。同时在该案判决中，法院认为，用户感知标准实际上有很多不可取的地方，尤其指明了这种不可取的地方是指用户感知标准具有主观性和很强的不确定性，与信息网络传播行为的客观事实相距甚远，而且容易导致用户认知及用户行为产生分歧。其实这应该是《中华人民共和国商标法》（以下简称《商标法》）和《中华人民共和国反不正当竞争法》（以下简称《反不正当竞争法》）所要考虑的问题，而不应当是《著作权法》要考虑的。该案一审判决所采用的是实质性替代标准，二审判决指出这个标准实际上也存在一些缺陷。例如，它没有对聚合平台所涉及的行为进行区分，存在逻辑上的错误，而且错误地理解了《著作权法》司法解释中关于"实质性替代"的解释，对经营利益和合同利益没有作出区分等。在先前的众多案件判决中很少会有如此详细的表述和层层抽丝剥茧式的论述，该案将给法律实务从业人员带来很大的启发。

虽然网络环境非常复杂，但只要回归到基本原则，回到利益平衡基本的出发点，既不偏袒新技术和服务，同时也要保护既有权利者正当的权利，平衡权利人及社会公众之间的利益，这才是维护权利的合法途径。

该案给了我们一个非常明晰的概念，也是我们应当遵循的概念，即法律后果的可预测性。如果二审法院坚持维持一审判决和很多争议中所使用的用户感知标准，实际上对很多类似的案件，人们无法做到稳定的法律后果的判断，但基于客观事实的服务器标准，至少在现阶段可以达到这样一个目标。所以我认为该案二审判决是明晰的，而且最大限度地实现了社会对可预期性的法律后果的判断。

第七章　2017 年度中国传媒法事典型例评析

编者按

2018 年 1 月 6 日，2017 年度中国十大传媒法事例发布会暨学术研讨会在北京广播大厦隆重举行。此次活动由中国传媒大学媒体法规政策研究中心、北京市律师协会传媒与新闻出版法律事务专业委员会联合主办，北京中视瑞德文化传媒股份有限公司协办。时任中国传媒大学媒体法规政策研究中心主任李丹林教授代表主办方公布了 2017 年度中国十大传媒法事例。这十大事例由来自各大著名高校、科研机构、行政主管部门、司法机关及媒体的传媒法专家学者、资深实务界人士组成的评审委员会评出。

在学术研讨会上，来自清华大学、中国政法大学、北京理工大学、中国社科院法学所、中国传媒大学、首都经济贸易大学、山东大学、中国记协、中央电视台、北京市高级人民法院、北京市海淀区人民法院、北京市律师协会等 20 余名专家对入选事例进行了评析。

截至 2017 年 12 月 31 日，主办方从中国传媒大学媒体法规政策研究中心建立的传媒法事例库收集的 949 个事例中筛选出 52 个典型事例，由评审委员会投票选出 20 个入围事例，随后，召开评审委员会会议，根据专家评审结果，最终确定了 2017 年度中国十大传媒法事例。

一、全国人大通过《中华人民共和国民法总则》

◆ 事例简介

2017 年 3 月 15 日，第十二届全国人民代表大会第五次会议通过了《中华人民共和国民法总则》(以下简称《民法总则》)[1]，该法自 2017 年 10 月 1 日起施行。

《民法总则》第八章“民事责任”中，第 185 条规定：侵害英雄烈士等的姓名、肖像、名誉、荣誉，损害社会公共利益的，应当承担民事责任。《民法总则》的生效，意味着在民事基本法中，通过侵权责任的特别规定，对“英雄烈士”的人格权益做出了特别保护。本条将“损害社会公共利益”作为承担民事责任的必要条件，认为在这类侵权纠纷中，法律保护的目标是“英烈”人格利益背后的“社会公共利益”。

◆ 入选理由

《民法总则》的颁布，是我国社会主义法律体系建设完善的重大进步。第 185 条的规定，对公民人格权益的保护和侵权责任的承担增加了新的内容。该条规定所保护的人格权益属于特殊主体，同时还规定了“损害社会公共利益”这一客观要件，使得本条规定的内容超出了一般民事规范的层面，具有宪法性意义。这对规范专业媒体和自媒体的相关表达具有重要影响。

◆ 专家点评

李丹林（时任中国传媒大学媒体法规政策研究中心主任、教授，现任中国传媒大学文化产业管理学院文化法治研究中心顾问委员会主任、教授）：

《民法总则》第八章“民事责任”中，第 185 条规定：“侵害英雄烈士等的姓名、肖像、名誉、荣誉，损害社会公共利益的，应当承担民事责任。”这一条规定的“侵害”行为，是指行为人在专业媒体和自媒体上发表文章、口头言论、进行表演等行为。我们将之统称为“表达”。我国现行法律对于在专业媒体和自媒体上的表

---

[1] 该法已被《中华人民共和国民法典》取代，现已失效。

达，都有相应的法律标准，体现在法律、行政法规、规章及规范性文件中的“禁载条款”。

如果说《民法总则》第185条的规定中，“社会公共利益”具有高度抽象性，那么，“禁载条款”所列内容就是把高度抽象的“社会公共利益”进行了一定程度的具体化。再出现相关纠纷的时候，法律适用按照特别法优于一般法的原则，法院首先考虑使用特别法条款。

有“禁载条款”的法律文件有很多，如《电影产业促进法》《出版管理条例》《网络出版服务管理条例》《广播电视管理条例》《互联网视听节目服务管理规定》《专网及定向传播视听节目服务管理规定》《互联网信息服务管理办法》等。通过分析上述文件中的“禁载条款”，可以归纳出一点：上述各项禁载条款中，凡涉及他人姓名、肖像、名誉、荣誉、隐私的，承担侵权的民事责任的基础是“损害他人合法权益”，侵权的构成要件是个体的利益受到损害。

《民法总则》第1条规定：“为了保护民事主体的合法权益，调整民事关系，维护社会和经济秩序，适应中国特色社会主义发展要求，弘扬社会主义核心价值观，根据宪法，制定本法。”

《关于〈中华人民共和国民法总则（草案）〉的说明》中也表示，编纂民法典工作遵循以下基本原则：一是坚持正确政治方向；二是坚持人民主体地位；三是坚持社会主义核心价值观；四是坚持立法的引领和推动作用。

在我国，人格权纠纷中的名誉权侵权纠纷，有两种类型。一种类型是原告认为自己的名誉受到侵害，要求被告承担侵犯名誉权的责任。被告则以自身的表达是为了“服务于公共利益”，作为抗辩事由，要求免于或不承担侵权责任。在这种类型中，公共利益成为抗辩事由。法庭认可这种抗辩事由，是为了更好地保护被告的表达权。在这类案件中，公共利益的主要意涵是促进公共讨论、监督政府权力、揭露犯罪等。

另一种类型则是保护原告人格利益及其背后的政治利益，维护社会公共利益成为一种追责事由。在这一类型中，原告为“英烈”或其近亲属，或者是维护“英烈”权益的提起公益诉讼的检察机关或其他主体。（社会）公共利益体作为追责事由，其主要含义与前一种类型几乎完全不同。其具体所指，可以根据相关立法条款和既有的诉讼文书的内容来判断。

再结合前述禁载条款与现行法律规范，《民法总则》第185条所列“社会公共利益”实际上已经体现于既有禁载条款所涵盖的范围中。比如，“宪法确定的基本原则”“国家荣誉和利益”“民族优秀文化传统”，还有法院在判决理由中阐释的“民族共同记忆”等。

但是，根据既有的内容标准和禁载条款规定，如果一种表达违反禁载条款，除侵犯公民个人人格权益，属于民事侵权行为的，其余都属于涉及的内容表达具有社会危害性，根据相关法律责任的规定，这都是应由相应的主管部门、治安管理处罚部门依职权查处，或由刑事司法部门依职权追究刑事责任。

《民法总则》185 条规定把维护英烈精神、维护社会主义核心价值观的重任通过赋予已经故去的“英烈”的三代以内近亲属承担，对于我们这样非判例法制度的国家，维护英烈声誉的作用是非常有限且不确定的，因为不确定其近亲属是否会行使自身的民事诉权；也不确定审判机关会如何在“公共利益”和“社会公共利益”之间做出判断和平衡。如果说立法的目的之一是要弘扬和促进社会主义核心价值观，此条规定似乎不能够发挥出这样的功能。

从历史角度来看，对那些一定时期带有政治利益色彩的内容表达，我们的法律体系通过民事法律进行规范和调整，这是一种历史上的进步，即不再动辄对表达者进行人身自由乃至生命的限制与剥夺。整个诽谤法律的发展历史轨迹，就是在单一或多个适用刑事法律的状态下演进到更多通过民事法律来解决和处理，诽谤法从维护公有权力的尊严演化为对普通个人的人格权益保护。

综上，我们要看到《民法总则》第 185 条的历史进步，同时也要理性看待该条在中华民族历史上在特定时期的功能和作用。

孟德斯鸠说：“在民法慈母般的眼神中，每个人就是整个国家。”我们期待通过《民法总则》的颁布和施行，民事主体的各项人身权利、财产权利能够获得更好的保护，中国越来越成为一个法制健全、人民幸福的国家。

阚敬侠（时任中国记协国内工作部权益保障处处长，现任中国记协国内部副巡视员）：

2017 年颁布实施的《民法总则》，全面系统地确定了民事活动的基本规定和一般性规则，适应当代互联网传播新形势，提出了关于互联网传播时代新的法律准则，强化了对英烈人格利益和自然人个人信息秘密的保护。

（一）强化死者人格利益的法律保护

《民法总则》第八章“民事责任”中，第 185 条规定：“侵害英雄烈士等的姓名、肖像、名誉、荣誉，损害社会公共利益的，应当承担民事责任。”这与我国现有民事法律强化对死者人格利益的法律保护一脉相承。

我国民法对死者人格利益的保护是逐步发展起来的。1986 年颁布实施的《民法通则》未直接规定，但之后的司法实践多有涉及。最高人民法院有关《荷花女》名誉权纠纷案[1]、范应莲诉敬永祥等侵害海灯法师名誉权纠纷案[2]，均认为死者名誉权应依法予以保护。1993 年，最高人民法院《关于审理名誉权案件若干问题的解答》明确了死者名誉受到侵害，其近亲属包括配偶、父母、子女、兄弟姐妹、祖父母、外祖父母、孙子女、外孙子女可以作为原告起诉。2001 年，最高人民法院《关于确定民事侵权精神损害赔偿责任若干问题的解释》规定，以侮辱、诽谤、贬损、丑化或者违反社会公共利益、社会公德的其他方式侵害死者姓名、肖像、名誉、荣誉；非法披露、利用死者隐私，或者以违反社会公共利益、社会公德的其他方式侵害死者隐私；非法利用、损害遗体、遗骨，或者以违反社会公共利益、社会公德的其他方式侵害遗体、遗骨等方式，侵害死者姓名、肖像、名誉、荣誉、隐私及遗体和遗骨等人格利益的，死者的近亲属有权向法院诉求侵权人承担精神损害赔偿。这项规定确立了全面保护死者人格利益的制度。《民法总则》对英烈人格利益的保护，与前述司法解释相比，从间接保护发展为直接保护。

关于死者人格利益的保护，主要有四种学说。一是死者权利保护说，认为死者的人格尊严有延续和保护的价值。此学说与民事主体制度存在明显冲突，已被大多数人否认。二是遗属利益维护说，认为死者的名誉、荣誉、隐私等权益为遗属所继承，应通过遗属请求权间接保护。三是人格权延伸保护说，主张人格权是一种无期限的权利，死后也应受到保护，如《著作权法》第 20 条规定，作者的署名权、修改权、保护作品完整权的保护期不受限制。四是法益说，认为对死者人格利益的保护，是基于维护近亲属感情和社会道德等社会公共利益的需要，属于公序良俗范畴。

[1] ［1988］民他字第 52 号复函。
[2] ［1990］民他字第 30 号复函。

（二）凸显英烈等人格利益法律保护的道德价值

我国民法对英烈等死者人格利益予以特别保护，彰显了民法的基本价值和中国社会传统伦理道德。《民法总则》第8条规定："民事主体从事民事活动，不得违反法律，不得违背公序良俗。"第10条规定："处理民事纠纷，应当依照法律；法律没有规定的，可以适用习惯，但是不得违背公序良俗。"这体现了坚持社会主义核心价值观、弘扬中华优秀传统文化的立法目的，反映了对互联网传播时代各种意见表达质疑传统道德观念的回应。

《民法总则》对英烈人格利益的保护，主要是针对现实生活中那些利用歪曲事实、诽谤抹黑等方式恶意诋毁、侮辱英烈的名誉、荣誉等，损害国家和民族精神等社会公共利益的行为，该规定对于弘扬社会主义核心价值观意义重大。当然，对英烈人格利益予以特殊保护，并不排除对其他死者人格利益的保护，该条应当视为概括性列举型立法，其扩大了诉权人的主体范围，英烈等的近亲属和有关国家机关都有权起诉。近亲属存活年限通常成为对一般死者人格利益的保护期限，但英烈等的人格利益保护期限则不受限制。

《民法总则》第185条的出台，是受到侵害狼牙山五壮士死者名誉案的影响。保护死者人格尊严关乎社会道德价值。同时，让人民享有最大限度的言论、出版自由也是公共利益之所在。因此，法律在人格权和言论、出版自由之间必须进行价值衡量，限制言论、出版自由必须审慎，有充分的理由和必要的限度。特别应当考虑到对民事主体个人包括英烈、已故名人等的社会评价，法律应当区分学术研究、文学艺术创作与恶意诋毁行为。

（三）强化对自然人个人信息秘密的法律保护

《民法总则》第五章"民事权利"中，第111条规定，"自然人的个人信息受法律保护。任何组织和个人需要获取他人个人信息的，应当依法取得并确保信息安全，不得非法收集、使用、加工、传输他人个人信息，不得非法买卖、提供或者公开他人个人信息。"这与宪法上保护通信自由和秘密的规定衔接起来，对于进行网络"人肉搜索"的主体和因用户网络使用行为而持有自然人个人信息数据的传播媒体，是一个新的法律义务。

本条规定首次在民法上创立了个人信息安全权。个人信息安全权是从民法上一般的隐私概念中发展出来的，是互联网时代产生的一种新型个人民事权利。自然人的个人信息，应当包括个人身份、通信方式、家庭住址、家庭成员、健康状况、工作单位和职务、个人习惯和偏好等内容。个人信息安全权包括三个层面。一是任何组织和个人应当依法取得他人个人信息。依照法律规定的方式取得，如填写、申报各种法定登记资料，或根据双方明示的约定，当事人自愿提供。二是获取他人个人信息者负有确保信息安全的义务。既要防止因操作失误导致个人信息外泄，又不得未经他人同意向第三方买卖、提供、传输，或者公开他人信息。三是不得通过使用他人的个人信息牟利。未经本人同意，未经法定程序，不得非法收集、使用、加工、传输他人个人信息，不得非法买卖他人个人信息。

总之,《民法总则》第 111 条、第 185 条是我国法治领域的新进展，值得重点关注和深入研究。在互联网新时代，各类新闻信息传播主体应当尊重他人人格利益，守住文明底线，依法行使宪法规定的言论、出版自由。

二、网络游戏《奇迹 MU》与《奇迹神话》著作权侵权与不正当竞争纠纷案

◆ 事例简介

2017 年 3 月 15 日，上海市知识产权法院对广州硕星信息科技股份有限公司、广州维动网络科技有限公司与上海壮游信息科技有限公司、上海哈网信息技术有限公司之间就网络游戏《奇迹 MU》和《奇迹神话》之间的著作权侵权及不正当竞争纠纷案作出二审判决。上述两款游戏的基本构成要素在前 400 级中均相同或基本相同，由此引发纠纷。一审原告上海壮游信息科技有限公司诉称,《奇迹 MU》游戏整体画面构成类电影作品，一审被告开发、运营的游戏侵犯其著作权及商标权，同时在游戏的运营和宣传过程中涉嫌不正当竞争。二被告广州硕星信息科技股份有限公司和广州维动网络科技有限公司辩称,《奇迹 MU》游戏中游戏元素为公共元素，不具有独创性，游戏画面不构成类电影作品或“其他作品”，不属于著作权法保护的范围，且相关宣传素材未刻意与《奇迹 MU》进行关联，不构成侵权。一审法院判决,《奇迹 MU》游戏整体画面构成类电影作品，被告行为侵犯其著作权，判令被告赔礼道歉并赔偿损失。此外，被告维动公司“搭便车”的主观意图和客观行为极为

明显，容易导致相关公众误认为其游戏与涉案游戏存在某种联系，且事实上已造成相关公众误认，构成虚假宣传的不正当竞争。被告硕星公司不服判决，提起上诉。二审法院审理查明，一审法院认定事实清楚,《奇迹 MU》游戏整体画面构成类电影作品，相关报道内容也有引人误解的虚假宣传嫌疑，判决侵权成立，二被告停止虚假宣传的不正当竞争行为并赔偿合理费用。

◆ 入选理由

该案是全国首例通过司法裁判的方式认定网络游戏整体画面构成类电影作品的案件，且判赔数额较高，体现出当前游戏产业对版权保护的强烈诉求，凸显了备受争议的几个关键法律问题。判决中关于电影与类电影作品的构成要件、游戏交互式画面是否可以构成类电影作品等问题引发了法律学界与传媒业界的广泛关注和深入探讨。

◆ 专家点评

谢甄珂（北京市高级人民法院知识产权庭副庭长）：

该案在网络游戏领域中很受关注，一审法院从伯尔尼公约中有关类电影作品的规定出发，认为类电影作品的本质在于表现形式而非创作方法，我国作为伯尔尼公约的成员国，对类电影保护原则不应该与该公约规定和原则相违背。因此，通过对《奇迹 MU》画面的表现形式的分析，认定涉案游戏整体画面可以作为类电影作品获得著作权法的保护。二审法院从定义出发，认为类电影作品的特征和表现形式在于连续活动的画面，游戏中连续活动的画面不会超出设计者的总体设计，不影响对其类电影作品的认定。同时提出类似摄制电影的方法创作，是对创作方法的规定，不应仅仅是对制作技术的规定。因此涉案游戏可以作为类电影作品受到保护。

针对当事人起诉的不正当竞争行为，二审期间，当事人只主张虚假宣传的诉请。上海市知识产权法院认为要结合当事人的客观行为和他的主观意图进行综合的判断，被告“搭便车”的主观意图非常明显，不仅容易使相关公众对被诉侵权游戏与权利游戏形成关联关系的误认，而且已经实际造成误认后果。据此认定被告行为构成虚假宣传的不正当竞争行为。

著作权法的赔偿已经难以满足目前侵权赔偿，法院在对于权利人的损失和侵权人的获利不能准确计算的情况下，引入了裁量性赔偿的判赔方式，该案就是在法定赔偿数额的基础上，结合作品的价值、作品的知名度及侵权行为的程度等确定了一个超出法定限额的赔偿。

该案将游戏画面整体作为一个新类型的作品，这个新类型不是指法律规定中的新类型，而是指司法保护中的新类型。该案应当是首次确认具有一定独创性的游戏整体画面可以作为类电影作品受到保护，具有相当高的研究和参考借鉴价值。

刘文杰（时任中国传媒大学法律系教授，现任中国政法大学比较法学研究院教授）：

该案的判决具有积极意义，是国内首例明确提出对网络游戏整体画面适用类电影保护的司法案件。判断网络游戏画面是否构成一件独立作品，首先需要辨别，这一含有伴音的画面是否给用户或者受众带来了新的视听体验，这种视听体验产生于该画面组成部分的有机结合，而不同于单独欣赏各组成部分时产生的视听体验的简单相加。从这个意义上讲，将网络游戏的整体画面认定为一件独立作品是准确的。

第一，类电影作品的认定到底采纳什么标准？该案中，两审判决都是基于著作权法规定，类电影作品指以类似摄制电影的方法创作的作品，一审和二审法院在认定网络游戏是类电影上花了不少心思，但其论证思路还可以再商榷。比如，一审判决强调网络游戏也是按照预先设置的剧情的展开，而二审判决则强调将文字、音乐、画面等元素加以合成也是电影的创作方法。其实，无论电影还是类电影，其认定标准都在于外在的表现形式，而不是运用何种技术或手法形成这种表现形式。在1967年的斯德哥尔摩会议上,《伯尔尼公约》中有关电影作品的定义修改为“电影作品和以类似电影的方式表现的作品”，该公约修订者使用被表达代替了此前文本中的获得，以强调电影或类电影的认定标准关键在于作品的形式而不是向公众传播的方法。因此，所谓“与电影类似”不是指制作或传播技术类似，而是指给受众传递的视听效果类似。

第二，判决为了能够给网络游戏开发者以完整的类电影作品保护，完全将玩家的行为被动化。一审和二审判决一致强调，整个游戏过程中，玩家完全是遵循开发者已经设置好的游戏规则，通过游戏引擎调取设置好的画面，画面是自动生成的，不存在玩家的创作。这种认定我认为有两个问题：一是不符合事实，玩家操作是根据自己的独立判断而进行的；二是游戏的种类千差万别，一些情况下玩家确有可能进行了创作，而在另外一些情况下，如对战类游戏，玩家虽然也具备主动性，却不是在创作。

第三，法院认定游戏是类电影作品，会给游戏产业带来很大的鼓舞，以后可以依照电影作品保护标准请求保护网络游戏。但不能忽略的一点是，网络游戏首先是游戏，其次才是包含类电影内容的游戏。网络游戏在保护上跟经典的电影应当有所区别，游戏是实用品，因此游戏中的功能设置和游戏规则不在著作权法保护的范围内。如果把网络游戏认定为一部纯粹的电影或电视剧，就会导致著作权法保护范围过当。

第四，需要区分作品的市场和实用品市场。比如，一把椅子上的美丽花纹可能构成美术作品，但在进行著作权保护的时候，不能把对花纹的保护延伸到对椅子功能的保护，对网络游戏也是同理。

三、国家网信办、北京市网信办等多部门对违规直播进行查处

◆ 事例简介

2017 年度，互联网信息管理机关对网络直播问题采取了多项处罚措施和治理行动。典型的有：2017 年 4 月 2 日，国家网信办依法关停了包括“红杏直播”“蜜桃秀”等 18 款直播类应用；2017 年 4 月 18 日 ，北京市网信办、北京市公安局、北京市文化市场行政执法总队联合约谈今日头条、火山直播、花椒直播，依法查处上述网站涉嫌违规提供涉黄内容，责令其限期整改。

管理执法部门认为，这些直播平台的行为未能落实主体责任。在信息审核、应急处置、技术保障等方面存在制度缺失问题；在直播内容、用户分类管理、真实身份信息认证、处理公众举报等方面存在重大管理漏洞；违规提供法律法规禁止的直播内容，具体包括低俗、色情、违法穿着制服、暴露个人隐私、进行色情交易等。

◆ 入选理由

淫秽色情内容是现行法律基于维护社会良俗和保护未成年人的价值判断而明确禁止向公众传播的信息，个人隐私是法律基于保护人格尊严而规定未经权利人许可禁止泄露和传播的信息。通过网络直播方式传播淫秽色情或个人隐私等违法内容，具有传播范围广、速度快、危害大的特点，相关法律法规及规范性法律文件明确规定

了平台主体责任，但法律实施效果不彰。本年度执法部门通过采取约谈、行政处罚等多项措施，对平台进一步明晰责任、促进平台义务和责任的承担具有重要影响。

◆ 专家点评

刘毅（北京理工大学法治研究中心主任、教授）：

我们现在生活在一个日新月异的互联网加速发展时代，有无数的新鲜事物涌现，也有很多法律问题随之而来。监管部门对网络监管的高效性，是我国当代治理的特色之一。而活跃、繁荣的互联网行业和互联网企业在跟监管部门做猫和老鼠的游戏。实际上在这个过程中，从客观角度来说，我们还是得到了相对双赢的局面：中国互联网产业确实越来越发达，同时，我们的监管并没有过分地放松或者说一直在强化。如何达成二者之间的平衡是一个非常重要的制度问题和法律问题。

从法律的角度，上述作出处罚的法律依据主要有：《互联网信息服务管理办法》《互联网直播服务管理规定》《互联网文化管理暂行规定》和《网络表演经营活动管理办法》。在上述法律法规中，都有对互联网运营商或服务提供者关于互联网内容明确的禁止性规定。

这些新兴产业，或称作网络法治领域、娱乐法领域，所共同面临的特点：第一，娱乐有理，我们生在大众文化和大众娱乐的时代，娱乐本身获得了社会文化的正当性；第二，娱乐有道，就是娱乐有它的规律；第三点和第四点可能更重要，娱乐有度和娱乐有法，我们说的娱乐不是说娱乐是没有边界的，显然一定要有边界、有章法、有度量。在度的基础之上，我们要立法，简单来说，要把真正文化意义上的或者党的十九大报告当中所说的美好生活意义上的娱乐与"黄赌毒"划清界限，以法律方式进行规制。

最后，对这些法规提及的"主体责任""低俗"字眼在法律规定中没有明确，应该怎么解读？是现在业内或者法学专家可以探讨的一个话题。

张文祥（时任山东大学文化传播学院副教授、硕士生导师、新闻系主任，现为浙江大学教授、浙大宁波理工学院网络空间与社会治理研究所所长、网络空间治理与数字经济法治（长三角）研究基地执行主任）：

2016 年被称作"直播元年"，网络直播呈井喷式发展，但各种问题随之出现：不少网络直播内容带"色"也带"血"，既有各种淫秽色情内容，也有"展现过度的惊悚恐怖、生理痛苦、歇斯底里，造成强烈感官、精神刺激并可致人身心不适的画面、台词、音乐及音效”等内容和情节。网络直播成为政府监管的新对象，政府从 2016 年开始陆续出台了一些举措，主要采取的是最常见的运动式执法，轮番部署专项整治行动。公安部的专项行动从 2016 年 7 月延续到 10 月底，国家网信办、北京市网信办等部门也相继行动，或关停违规直播应用，或联合约谈直播平台。除专项行动外，文化部、国家广播电影电视总局、国家网信办陆续出台规范性文件规范网络直播，各部门的规定内容大同小异，大体上是严格行政许可、明确内容要求、确定各种事前内容审查制度，而且均强调了网络直播服务提供者的内容监管义务。网络直播监管的具体制度已初步搭建，但根据政府主管部门的忙碌程度，网络直播管理不仅难，管理的效果也不太好。或者说，把网络直播管理起来不是问题，但如何管理依然是个难题。

各中央文件提到网络服务提供者的“主体责任”，尽管这个概念不是一个严谨的法律术语，但网络服务提供者的内容管理责任与义务是一个亟待研究的重要问题。至于与网络内容标准相关的“低俗”，在法律层面上也难以界定，法律能限制“淫秽”“色情”，但无法直接禁止“低俗”，只能借助伦理道德的倡导和传媒文化的引领。

该案例提出一个重要的互联网治理问题：我国对网络信息内容的管理已经从“管制”“监管”发展到“治理”，这意味着我国互联网内容管理的理念和制度都要发生转换和变迁，我国自 1994 年接入互联网以来形成的一系列网络内容管理制度应该适应“互联网治理”要求，积极探索建立符合法治和治理原则的制度。

网络直播的各种乱象源于网络直播传播模式、技术瓶颈，也跟我们现行的网络内容管理制度体系不完善、内容限制标准不明晰有关系。我们一直都是以政府主导作为中心的监管，未来应向多中心合作治理体系转化。最常用的运动式和行政命令式的制度机制应逐渐转向积极回应式和协同式治理机制。这意味着政府以外的网络服务提供者、行业组织、公众等相关主体都可以参与互联网治理。在网络直播相关规范性文件里，还提到了网络内容的分级分层治理。至于如何实施，目前还没有具体制度，尚待研究。另外，对删帖和禁言这一网络内容管理的常规做法，也应适应互联网治理和法治要求，有所改变。比如，厘清政府和网络服务提供者之间的权利义务、界定网络服务提供者的内容管理权限、明确网络用户权利及其救济规则，就可以推动互联网信息内容治理走向“善治”，改善公众对网络内容管理的观感，拉近与法治的距离。

四、国家网信办出台对网络信息内容进行规范的系列文件

◆ 事例简介

国家网信办自 2017 年 5 月起，陆续针对网络信息内容规范发布了若干文件，其中包括与《网络安全法》配套实施的《网络产品和服务安全审查办法（试行）》《关键信息基础设施安全保护条例（征求意见稿）》《互联网跟帖评论服务管理规定》《互联网论坛社区服务管理规定》《互联网群组信息服务管理规定》《互联网用户公众账号信息服务管理规定》，以及与互联网新闻信息服务管理相关的《互联网新闻信息服务管理规定》《互联网新闻信息服务许可管理实施细则》《互联网新闻信息服务新技术新应用安全评估管理规定》《互联网新闻信息服务单位内容管理从业人员管理办法》。

上述法律文件基本上覆盖了互联网信息内容规范的各个方面。具体而言，有新闻性信息内容服务规定，也有与新闻信息内容规范相关的网络安全审查、跟帖评论、论坛社区、群组、账号、新技术应用、从业人员等规定。

◆ 入选理由

为实施《网络安全法》，国家网络安全主管部门发布了一系列旨在具体执行该法的配套行政规章和规范性法律文件，其中，涉及规制网络信息内容的规范性法律文件，对网络内容服务主体的法律义务、信息内容网络传播的行为规范、互联网新闻信息服务的管理规则等进行了较为详细的规定，这对我国互联网信传播秩序产生了重要影响。

◆ 专家点评

朱巍（中国政法大学传播法研究中心副主任、副教授）：

2017 年出台了许多相关法律、法规、系列文件，此外还举行了许多新技术、新应用、关键基础设施安全等具有新闻舆情功能的发布会，因此是法律界、媒体界、互联网公司等相关领域非常忙碌的一年，2017 年也是承上启下的重要一年。

许多关于数据产权的领域，诸如快递行业的“菜鸟”和“顺丰”、互联网企业

的腾讯公司和电子设备制造企业华为公司，它们的某些相关案件甚至也可以纳入十大传媒法事例。当正式出台“个人数据保护法”时，数据产权将成为核心。

新规的出台也伴随着大众对其理解消化的问题，如许多媒体人断章取义，进行了错误的解释。举个例子，关于“组群”的新规中规定：“群主负全责”，对此，许多人理解为群主要承担无过错责任。但是，据有关QQ群、微信群已经有过的相关判例，这里所说的“法律责任”，不是指法律上的责任，而是指法律上的义务。在我参与新规的起草论证过程中，对此的设想是：作为群主，组建了专门搞传销、搞色情服务的群，当别人已经发了有害信息的时候，群主不能以不知情为理由进行抗辩；当别人向他发出通知，他必须采取必要的措施进行整治。法律依据即为《侵权责任法》第四章中关于“大型活动组织者要承担过错推定责任”的规定，实际上，“群组”的运营也是一个道理。

新规中的“跟帖评论”也并非像有的人说的“先审后发”，而是指时政新闻类的要先审核，其他评论照常。这也产生一些问题，如在互联网复杂环境下，有利欲熏心的人在涉及未成年人诸如“作业帮”等App的评论中发布色情淫秽的内容，利用未成年人得利，是不能允许的。

另外，我对这种规定也产生了困惑，如“红色娘子军”一案[1]，从判决角度讲，没有什么问题。作为法官，作出判决要考虑到当时的历史情况，那个年代的作品大都是集体作品，因此作者不应该只署一个人的名字；那个年代产生的大量成果可能在案子判决之后，使国有财产遭受损失；另外，芭蕾舞不同于电影的艺术表现，后者一次拍成，永久演绎，而芭蕾舞需要不断选演员、不断去演绎。重点问题在于，互联网平台对于任何一种反对观点，不论有无道理，不能强扣上“违反了《互联网用户公众账号服务管理规定》的相关内容”的帽子而任意删除。因此可以看出，法律规定的许多问题都是有实际意义的，但是，适用过程中往往达不到最初立法时考虑的效果。如果就此起诉，可能就像是脱离了实情、脱离了社会谈管理，说明不理解中国管理体系，这也是有问题的。所以，如果互联网相关的立法内容使得社会各方都不满意，需要考虑它的出台是否真的有价值。

[1] 北京市高级人民法院（2016）京民申1722号民事裁定书。

陈欣新（中国社科院法学研究所研究员）：

国家网信办也是中共中央网络安全与信息化领导小组办公室，该机构是比较典型的“一套班子、两块牌子”。这意味着该领域中的监管方式和特征一定与其他领域的有所不同。

本事例入选的重要原因是这一系列文件都有相同的特点，即为配合《网络安全法》的实施。其中一部分涉及网络安全的技术安全和标准的规范，另一部分则是有关信息内容安全的规范。实际上，在网络安全法立法过程中，就像过去信息安全的立法，始终面临着两个思路的平衡，一个思路是，到底是以发展为基础来谈安全？还是以安全为基础来谈发展？另一个思路是，既涉及网络技术安全问题，又涉及信息内容安全问题。而这两个思路又分别归属于两个不同的系统思维。从国际上的情况讲，一般在网络安全法律规范中，技术安全和标准部分从规制的思路到规制的部门，都与规制内容安全存在明显的区分。《网络安全法》把这两者融合在一起，意味着网络安全主管部门处理配套立法时必须同时兼顾两者，而两者之间在很多领域又有相互的联系。国家网信办出台的一系列规定当中，有与网络安全技术有关的，如《关键基础设施安全保护条例征求意见稿》《网络产品和服务安全审查》等；也有与信息内容规制有关的，如《互联网跟帖评论服务管理》《互联网论坛社区服务管理》《群主信息服务管理》《公共账号的管理》等。

回归到配套立法的问题，2017 年 5 月以后出台的一系列文件当中，凡涉及互联网新闻服务管理字样的文件，都是根据《网络安全法》和《互联网新闻服务管理规定》制订的。《互联网新闻服务管理规定》属于规章，它不同于原属于行政法规的《互联网信息服务管理办法》。因此根据《互联网新闻服务管理规定》制订的一系列文件，位阶不会超过规章，要受到更多立法程序和立法规定事项有关规则的限制。

还有，在一系列规定当中，凡是涉及互联网新闻服务管理的，总体的管理思路都和线下媒体新闻服务的管理思路相同，不论市场准入、人员的管理，还是行为规则，基本上大同小异。值得注意的是，在涉及互联网内容规定时，有些之前的管理方式和思路、规则可以沿用，有些应当更新。

另外，凡涉及互联网技术安全领域中的规定和相关的文件，都体现出“仅抓住它的表现形式和实现技术方式”的特点，一旦技术方式改变，规范性文件的适用范围和适用条件可能会受到局限，必须再制订新的规则，毫无疑问会增加规则制订成本，值得留意。

截至目前,《网络安全法》《全国人大关于互联网安全的决定》《网络信息保护的决定》，以及《互联网信息服务管理办法》《新闻服务管理规定》似乎成为网络主管部门在规制网络信息内容的过程中主要的法律依据——据此制定规则，或直接适用。此外,《网络安全法》体现出了一个重要思路，并在这些文件中都得到了落实:《网络安全法》第四章第 40 条到第 50 条是关于网络信息内容安全的规定；其中，第 40 条到第 43 条和第 47 条、第 49 条都属于网络运营者的义务条款；第 50 条中有一款虽然写的是监管者，实际上却是监管者有权要求网络运营者履行义务的规定，这意味着现在网络安全监管特别是内容监管领域当中把大量的义务加给了网络运营者。至于这样的一种做法是否合适，网络运营服务者是否能扛此重任，有待于我们进一步研究。

五、《中国好声音（第三季）》信息网络传播权案

◆ 事例简介

2017 年 5 月 16 日，北京市石景山区人民法院对暴风公司与腾讯公司间就《中国好声音（第三季）》信息网络传播权系列纠纷案件作出判决。判决暴风公司未经授权盗播节目的行为构成侵权，依法赔偿腾讯公司经济损失 606 万元，每期节目赔偿金额达 101 万元。

本案中，法院综合以下几方面因素确定了赔偿数额:《中国好声音（第三季）》具有很高的知名度、很大的影响力及极高的商业价值；暴风公司在《中国好声音（第三季）》被列入国家版权局公布的 36 部重点影视作品预警名单之后，在中国版权保护中心多次发出预警通知的情况下，无视他人合法权益，仍然在涉案节目热播期间实施侵权行为，其侵权的主观恶意非常明显；暴风公司网站知名度高，广告客户覆盖面广，且在涉案节目中投放了广告，可以推断出被告通过实施侵权行为违法获利数额较大；腾讯公司因暴风公司涉案侵权行为所遭受的经济损失明显超出著作权法法定赔偿数额的上限 50 万元。为弥补权利人的经济损失、惩戒恶意侵权行为，适用高于法定赔偿上限的酌定金额。

◆ 入选理由

该案涉案单位知名度较高，法院在判决中侵权事实认定清晰，且综合考虑了电视节目的知名度和商业价值、侵权者主观恶意程度、侵权者获益数额及权利人所受损失，突破了法定赔偿数额上限，以酌定金额进行判赔，引起社会较大反响。这在媒体融合时代对电视节目的网络版权保护具有十分积极的意义。

◆ 专家点评

刘玥（时任北京市律师协会传媒与新闻出版法律专业委员会副主任，现任北京市大器律师事务所创始人、合伙人、律师）：

当下娱乐行业蓬勃发展，《中国好声音》与很多具有影响力的影视作品遭遇的问题相同，如影视作品《欢乐颂》，因其具有的极高知名度和社会传播面，导致其在热播后很多自媒体包括相关商家利用《欢乐颂》商品特有名称和人物设计做“搭便车”形式宣传。此种情形下，如何对知名影视剧进行保护，不论是从著作权角度进行保护，还是从反不正当竞争角度进行保护，都有些困难。但是，相关的思考可以为我们带来一些有益的探索。

客观来说，该案具有如下两个方面的积极意义，并提出两个亟待思考的问题。

（一）司法审判方面的积极意义

该判例突破法定赔偿上限，打破行业僵化思维，为后继审判树立标杆，具有积极的司法审判借鉴意义。

该案法院在全面审查证据、查明事实的基础上，突破 50 万元的法定赔偿额界线，对今后类似案件审理起到积极示范效应。

目前司法实践中，当事人实际损失及被告人获益所得，一般均难以查实，导致法定赔偿数额通常偏低，网络著作权侵权案件个案判决金额均在 1 ~ 5 万元。该案审理过程中，法官亦注意到这个现象，因此在判决中明确指出此判决并非按照实际损失或违法所得进行判赔，而是“依据相关证据及认定的事实……足以确信原告深圳腾讯公司因被告暴风集团公司涉案侵权行为所遭受的经济损失明显超出著作权法法定赔偿数额的上限 50 万元，为弥补权利人的经济损失、惩戒恶意侵权行为，酌定该案赔偿数额为 100 万元”。单集赔偿额为法定赔偿额上限 50 万元的 2 倍，六集总判赔额达到606万元。突破上限的判赔额度可以起到积极的司法示范效益，使知识产权保护不再是书面口号，激发社会维权热情，促进企业、个人对知识产权保护认识的改观，利于行业进步和社会经济发展，也利于统一法院系统的认识，增强知识产权的保护力度。

（二）积极的社会意义

高判赔额可以加大侵权违法成本，一定程度上可以有效抑制网络侵犯著作权行为，达到规范网络版权秩序的效果。

在新时期下，尤其在日益强调知识产权保护力度，加大知识产权投入，增强国际竞争力的今天，该案判决无疑具有非常重要的司法实践意义。对加大知识产权保护力度，建立健全知识产权侵权惩罚性赔偿制度，完善知识产权审判工作机制，提高知识产权侵权成本，降低维权成本起到了积极作用。是增强知识产权司法保护的具体体现，对有效打击侵权行为、推动知识产权健康发展做出了积极示范效应。

（三）两个思考

（1）该案是否起到足够的震慑作用。经过审理查明，被侵权作品——《中国好声音（第三季）》社会知名度极高，商业价值巨大，仅信息网络传播权的授权费用就高达1.2亿元，播放次数达到数十亿次。且在原告腾讯公司先后4次向被告暴风公司发出节目下线告知函后，暴风公司依然没有停止侵权行为，存在明显的主观故意、侵权行为较为恶劣，非法获益行为明显。

因此该案突破法定赔偿上限所做的尝试，并不能被理解为是对惩罚性赔偿的实践尝试。在具有强大社会影响力，对行业发展具有至关重要影响力的案件中，尝试使用惩罚性赔偿，也就是说，判赔100万元以上，甚至判赔200万元、300万元一集的损失赔偿额，以充分震慑侵权行为，还值得进一步研究和探讨。

（2）我国民法赔偿原则的基本理论基础是填平原则。除非是法律另有明确规定，如《中华人民共和国消费者权益保护法》（以下简称《消费者权益保护法》）《中华人民共和国食品安全法》中具有明确规定适用惩罚性赔偿原则的条款。

该案中，很显然不具备这样的法律基础，如果因此案的示范作用，使尔后超出法定赔偿上限的酌情裁量成为常态，会打乱社会预期。解决途径，还是应当在修法时，对此作出明确规定和审判规则为妥。

刘承琏（中国政法大学娱乐法研究中心主任、教授）：

该案涉及其网络版权，即信息网络传播权纠纷问题，就此而言，该案的意义表现在以下四个方面。

第一，该案代表信息网络传播权司法保护力度的逐年强化。网络对于著作权带来的机遇和挑战是空前的，超过其他任何传播方式，不仅节约传播成本，给著作权人带来很多机遇和机会，同时也带来诸多挑战。易于传播的特点也意味着权利人容易丧失控制，具有侵权风险。针对此点，2001 年,《著作权法》修改时加入了“信息网络传播权”的权利形态。2012 年，最高人民法院出台了《信息网络传播权司法解释》，对相关信息网络传播权规则进行了细化，尤其对“信息网络”做出与通常理解的网络不同的解释；信息网络传播权的范围，不仅指作品，音像制品、表演等也可能产生信息网络传播权的侵权问题。2018 年 1 月 3 日发布的《天津高院指南》全名为《侵害信息网络传播权纠纷案件审理指南》，内容涵盖了审理思路、管辖问题、原告主体资格和保护客体、被诉侵权主体审查、侵害信息网络传播行为的判定、对抗辩的审查、民事责任等七个方面的内容，规定了信息网络传播权案件纠纷的处理规则，代表信息网络传播权司法保护不断强化的新方向。这说明了司法领域一直在不断强化对信息网络传播权的保护。

第二，该案是对信息网络传播权侵权赔偿标准的落实，和对法定赔偿因素的梳理。著作权的侵权通常有三重逻辑以确定侵权损害赔偿标准：一是实际损失，根据权利人的实际损失，进行损失填平；二是如果实际损失难以确定，通常按照第二重逻辑，根据“侵权获益赔偿或者违法所得”来确定损害赔偿；三是如果权利人实际损失、侵权人违法获益额或侵权获益额都难以确定，则按照法定赔偿。该案按照这样一个逻辑体系，落实了侵权损害赔偿标准。但法定赔偿的问题是，对于所要考虑的侵权情节，法律语焉不详。因此该案更重要在于其对法定损害赔偿因素的细化：《中国好声音（第三季）》的知名度、影响力、商业价值，客户覆盖面，侵权人的恶意等一系列因素都属于判断损害赔偿侵权标准的因素。《天津高院指南》又在此基础上从市场影响、知名度、播映期、合理的使用费、侵权行为性质、侵权的主观故意、持续时间、点击下载数、地域范围、被告网站的影响、规模、广告收入情况、作品票房收益或者被告经济实力等 13 个方面的一系列因素上做出详细、全面的规定。因此，该案是《天津高院指南》出台之前对信息网络传播权侵权法定赔偿因素的具体落实。

第三，也是该案最大的亮点，就是对法定损害赔偿最高额的突破。2001 年《著作权法》修改规定了 50 万元的法定赔偿限额后，至今没有任何调整，因此也存在很多批判的声音。该案突破法定限额，称得上是法律之外的司法创造，或许这种创造一定意义上可以称为“符合社会实践的一种良性违法”。无论如何，该案创造的 606 万高额赔偿突破了《著作权法》法定赔偿额最高限额标准，都将被载入史册。

第四，关于《中国好声音》电视节目模式的保护问题。自 2012 年从荷兰 Talpa 公司以 40 万美元引入后连续几年撬动几千万美元的巨大收益和利润，但《中国好声音》电视节目模式在中国却无法获得有效法律保护，到底是电视节目模式不应该纳入版权范围还是我们的法律规定滞后了？这一点值得进一步深思。

六、《摸金校尉之九幽将军》著作权侵权及不正当竞争案

◆ 事例简介

2017 年 5 月 18 日，上海市浦东新区人民法院对原告上海玄霆娱乐信息科技有限公司与被告北京新华先锋文化传媒有限公司、北京新华先锋出版科技有限公司、群言出版社、上海新华传媒连锁有限公司、张某就《摸金校尉之九幽将军》引发的著作权侵权及不正当竞争纠纷一案作出判决。

原告诉称五被告在创作、出版、发行涉案《摸金校尉之九幽将军》图书时大量使用原告拥有版权的作品《鬼吹灯》系列小说的人物名称、人物形象、人物关系、盗墓方法、盗墓禁忌和规矩等独创性表达要素，侵犯了原告享有的演绎权，且擅自使用原告知名商品特有的作品名称和主要人物名称的行为及与电影《寻龙诀》有关的引人误解的虚假宣传行为构成不正当竞争。

法院经审理认定，被控侵权图书虽然使用了原告拥有版权作品的人物名称、人物关系等要素，但有其独立的情节和表达内容，形成了一个全新的故事内容，故被告行为不构成著作权侵权。而原告所主张的人物形象、盗墓规矩及禁忌等要素由被告张某创作，在这些要素不构成表达，不属于著作财产权保护范围，被告张某作为原著的作者，有权使用其在原著小说中创作的要素再创作出新的作品。被告张某利用自己创造的这些要素创作出不同于权利作品表达的新作品的行为并无不当。此

外，涉案微博中虽然包括了“鬼吹灯”三字，但仅是对文字的叙述性使用，并不存在突出使用“鬼吹灯”字样作为商业标识使用的情形，同样不属于擅自使用知名商品特有名称的不正当竞争行为。被控侵权图书模仿原告图书的封面封底，进行宣传推广，构成虚假宣传，判决部分被告承担民事责任并支付合理费用，其行为构成不正当竞争，但不构成侵犯著作权。

◆ 入选理由

作者作为原始权利人被诉侵犯著作权的纠纷属于一种新型案件。该案判决对作品的著作财产权和基于作品相关要素所形成的权益进行了严格区分，对文字作品中的人物形象等相关要素不构成表达作出合理的分析和判定，指出人物形象等要素即使不受著作权法的保护，其整体仍有可能受到反不正当竞争法的保护，并对作者授权合同中作品再创作、外围产品开发的权益的排他性或独占性进行了判定。该案引发了业界对“同人作品”等相关著作权问题的广泛探讨，这在当前版权贸易及文化传媒产业快速发展的背景下，对确保版权利益平衡及产业可持续发展方面都具有很重要的意义。

◆ 专家点评

张峥（北京市律师协会副会长）：

有关同人案件，法律上的关键点是著作权上涉及的矛盾关系：表达与思想、创作与传播等，要看裁判者是更倾向哪一方面。

首先，解决同人作品案件，需要牢牢把握合同问题。美国的知识产权律师评价中国知识产权“无限可分”。现实生活中，知识产权领域有时还会出现“自我侵权”的情况。只有注重合同的重要性，考虑周全相关问题，签好合同，才是避免纷争的关键。

其次，如果进入诉讼阶段，则主要考虑创作和传播问题。该案中，关于一南一北两个类似案件的判决，上海的判决更为精细，要求停止发行带有封面封皮的书，即作品仍然可以发行，但需要回厂换封皮。此判决更好地体现了“有侵权就有救济”的理念。

我们面对纷繁复杂的文化传媒产业领域的新情况，代理律师更需要认清案件所面临的形势，不一定只有“停止发行”一条途径，因为可能会造成社会财富的浪费，也还可以考虑更换封面等，让侵权人尽到被公之于众的责任。

刘文杰（时任中国传媒大学法律系教授，现任中国政法大学比较法学研究院教授）：

该案是一个非常值得探究的案件，此类案件以后还会出现。在作品角色保护问题上，法院作出了有益的深入探索。该案可以抽象出两个问题，这两个问题虽有联系，但并不重合。第一个问题是，一部小说的作者有没有权利使用作品中的人物和人物关系再写续集，即便他已经将权利转让。第二个问题是，虚构类作品中的角色（不一定是人类）是否受著作权保护，如果受著作权保护的话，保护的标准是什么。

在该案中，法院运用两种论证方法认定了原作者使用人物及人物关系不构成著作权侵权，一是使用合同解释的方法，二是通过认定作者对作品元素的使用尚未达到受著作权保护的程度。

法院认定，作者仍然有权利用自己作品中的人物等要素创作系列故事，其理由在于：一方面，双方的著作权转让合同没有提到作品人物等要素的转让，而在排除条款中也没有提到作者不能再利用作品中的人物等相关要素；另一方面，允许作者使用自己创作的人物进行创作，更符合著作权法的宗旨。基于这两方面，应当将合同解释为，合同没有剥夺作者使用其原有作品中主要人物等要素继续创作作品的权利。

这样的推理思路与美国版权法上的“马耳他之鹰”案判决有相似的地方。和浦东法院一样，美国法院在它的判决里也面对合同解释问题。美国法院认为，相对于作者，原告华纳公司是一家大型的有经验的电影制作公司，因此当合同约定出现疑义，应当做不利于华纳公司的解释。既然合同中没有明确提到角色及其名字，而在侦探类作品中，创作系列故事又是此类题材的习惯做法，因此，对合同应当解释为作者仍然有权利用其角色和名称创作续集。

应当说，通过合同解释的方法，将利用原作中角色的权利保留给作者，在个案中不失为一种聪明的做法。不过，美国法院在判决中意犹未尽，表示基于作者与其创造的角色之间的紧密关系及角色之于作者的经济价值，如果立法者意图在版权转让中排除作者对其创造角色的再使用，就会对此专门加以规定，既然国会没有特别加以规定，那么就应当理解为，排除作者对其创造角色的使用与鼓励文艺创作的立法意图相悖。这一结论已经离开了合同语境，进入了一般化的范畴。

浦东法院判决认为，作者在其新书中所利用的原作元素尚不足以达到受著作权法保护的程度，并对有关人物形象等受保护标准进行了论述。这些论述令我们联想到美国版权法中的“story being told”标准，它也是在“马耳他之鹰”案判决首次提出的。不过，这个标准到底有多少价值，有待讨论。

无论如何，基于上述认定，人们似乎可以认为，包括作者在内的任何人都有权利使用这些元素进行创作。然而法院又话锋一转说，涉案的人物形象等要素虽然不受著作权的保护，其整体却可能受到反不正当竞争法的保护，理由是将这些人物形象写入作品，就可以获得市场号召力与吸引力。换句话说，已经被著作权法明确划入公有领域的作品元素，却又被反不正当竞争法拉回私有领域。这一结论是否合适，值得讨论。结合该案，假如知名人物形象要素受到反不正当竞争法保护的话，作者何以有权利用？这是否等于承认，原作品所获得的知名度由作者和著作权受让方共同享有，即便作者已经将权利转让给受让人？

七、新闻出版广电总局责令中国联通、中国移动全面整改违规IPTV业务

◆ 事例简介

2017年6月9日，国家新闻出版广电总局在官网发文责令中国联通、中国移动停止违规的IPTV业务，并对已开展的IPTV传输服务业务（IPTV又称交互式网络电视，是利用宽带有线电视网的基础设施，以家用电视机作为主要终端电器，完成接收视频点播节目、视频广播及网上冲浪等功能）进行全面整改，整改工作应于2017年6月底前完成。文件中指出，由于中国联通集团公司、中国移动集团公司在开展IPTV传输服务的过程中，存在严重违反国务院相关文件和国家新闻出版广电总局发布的《专网及定向传播视听节目服务管理规定》关于IPTV管理有关规定的情形，有严重安全隐患，对用户权益造成损害。但文件并未指出具体存在什么问题。

◆ 入选理由

随着网络技术的不断进步，“诸网合一”已经成为一种现实。但网络技术要持

续、快速、健康地发展，需要在法治的轨道上进行，不仅运营主体需要依照法律规定从事相关业务，政府部门也要积极作为，顺应社会和技术发展的双重规律。任何画地为牢、本位利益凌驾公共利益之上的行为，都不可能维持长久。此次广播电视主管部门责令属于基础电信运营商的中央企业进行整改，说明相关问题已经到了非解决不可的程度，同时，这一措施对于未来的改革攻坚在某种程度上会起到一定的推动作用。

◆ 专家点评

郭镇之（清华大学新闻与传播学院教授）：

2017 年 6 月 9 日，国家新闻出版广电总局在官网发文，责令中国联通、中国移动停止违规的 IPTV 业务，并对已开展的 IPTV 传输服务业务进行全面整改，于 2017 年 6 月底前完成。

由于国家新闻出版广电总局并未指出具体存在的问题，因此我们只能根据《专网及定向传播视听节目服务管理规定》等相关文件做一些猜测式的分析。

“互联网（专网）电视”具有特定的中国含义。按照国家新闻出版广电总局关于专网的界定，首先，它是通过互联网等方式获取的电视 / 视频。其次，它指封闭式地直达电视机和手机的有限内容。再次，互联网电视服务需要特许，经营者是经过批准的电视内容、播放平台和集束打包的少数传播者。最后，但也特别重要的是，互联网电视归国家新闻出版广电总局全权管辖，与一般网上视频内容形成了层次与权限上的差别。

目前，仅有 7 个传统的广播电视机构及其新媒介合作伙伴获得了包括平台和内容在内的两个层次的全部特权；另有与上述机构部分重合的 15 个广播电视机构获得了传播内容的部分特权。它们全部是正规的广播电台和电视台。

IPTV 也是一种“专网及定向传播视听节目”的服务方式，播放内容大同小异，它与“互联网电视”的区别只在于管理渠道——IPTV 归电信部门。不过，IPTV 的内容也还是要受国家新闻出版广电总局控制，并通过专网播出。中央电视台与上海广播电视台联合投资设立的爱上电视传媒有限公司额外获得全国唯一一张 IPTV 集成播控服务许可证，负责全国唯一的 IPTV 中央集成播控总平台的运营。

所以，IPTV 通过专网播出内容，但权限低于广播电视台；它的节目来源大量出自互联网，但比一般网络视频内容正规。

互联网盒子（又称机顶盒）是电视节目的新来源，实际上是一种微型电脑，可以把网上海量内容直接引入电视机。2013 年前，在国家新闻出版广电总局与新闻出版总署讨论合并的空窗期，“互联网盒子”绕过法规，大量播出经过批准或者未经批准、有版权和没有版权的视频内容，一些山寨盒子在软硬件方面都没有获得相关授权，还提供违禁甚至色情内容。2014—2015 年，通过严厉的规制，才被清理。

IPTV 介于互联网电视与非法盒子之间。传播职责接近专网电视，技术手段类似互联网盒子。例如，中国移动未获 IPTV 牌照（被驳回），却已经在各地形成了使用互联网盒子的千万规模用户的“魔百和”电视业务，与现有的 IPTV 的播控机制存在较大的差异。中国移动目前最需要的是 IPTV 牌照，否则就不合规。它需要整改后才能进入 IPTV 领域。

中国联通是有牌照的，但使用牌照也有规定。例如，只能选择连接国家新闻出版广电总局批准的合法内容服务平台（电视台）才能播出；电视服务以向用户提供视频点播和图文信息内容为主，暂不能开展广播电视直播类节目服务；IPTV 不能开办新闻节目点播服务。但实际上，中国联通的服务可能超越了规定。

IPTV 是一片确定获益的蓝海。中国联通和中国移动已经驶入这片海域，一定会继续深入。

何勇（时任中国传媒大学政法学院法律系副教授，现任中国传媒大学文化产业管理学院文化法治研究中心学术委员会执行主任、副教授）：

新闻出版广电总局的通报语焉不详，只提到有严重违反《专网及定向传播视听节目服务管理规定》关于 IPTV 管理有关规定的情形，有严重安全隐患，对用户权益造成损害。安全隐患存在两个方面，一个是技术事故（传输安全），一个是意识形态事故（内容安全）。能够造成安全隐患的只能是文中提到的不遵照《专网及定向传播视听节目服务管理规定》针对内容提供、集成播控、传输分发三方面的管理规则。中国联通作为具有传输分发权力的渠道运营商，提供播控平台之外的内容，即该规定所说的“擅自插播、截留、变更集成播控平台发出的节目信号和电子节目指南”，则是最符合“严重安全隐患”称谓的行为。

三网融合语境下，2016 年《专网及定向传播视听节目服务管理规定》明确区分了广电和电信的职能边界，广电负责内容提供和集成播控，而电信负责传输分发。

这种分工是基于历史和现实的无奈之举，也是我国为推进三网融合最终达成的妥协尝试。不能否认，正是这种做内容的无渠道和用户，掌握渠道和用户的又没法决定内容，导致了 IPTV 表面上融合了不同的媒体形式，打破了传统的条条框框，实质上基本矛盾并没有得到解决，媒介融合的“1+1 ＞ 2”的效应并没有出现。

全国总分平台的设置，脱胎于广电传统的电视台和广播电台的管理模式和结构。至于双计费和双认证，也不符合公平与效率的特征，也是妥协和无奈之举。

近些年，随着 IPTV 的逐步崛起，它逐步蚕食原来有线电视的市场份额，用户数已达上亿，有线电视用户不断流失。广电系统原来的政治职能、经济收入或者说使命和生存，相当程度上要向这种新的媒介形式转移，IPTV 对于广告断崖式下降的地方电视台至关重要，是地方电视台实施本地价值的基础，“平台 + 频道”的模式是地方台结构性转型的关键所在。国家新闻出版广电总局的管理同时也要向新的管理结构和领域转化。这恐怕也是广电部门在处理 IPTV 问题上寸步不让的原因所在。当然，IPTV 对于电信公司的重要性，对于电信产业结构性转型，不亚于其对广电部门的意义。

从应用经验来看，所有视听和信息服务最终将走向一条线或者没有线的目标。任何使环节更复杂、效率受损害、成本更增加的运营模式都难以适应未来的考验，或者说未来任何一点技术或经营模式的进步都可能导致整个管理体系的颠覆和重构。

就市场而言当然是效率优先。不过事情还有另外一面。现实情况是，三网融合所带来的媒介形式、媒介管理及其结构的融合，只要是涉及意识形态，掌握内容审查的部门将有优先权，并获得决定性的权力。

八、《梦幻西游 2》著作权纠纷

◆ 事例简介

2017 年 11 月 24 日，广州知识产权法院对广州网易计算机系统有限公司与广州华多网络科技公司就《梦幻西游 2》著作权纠纷作出一审判决。

网易公司诉称，华多公司通过 YY 游戏直播网站等平台，直播、录播、转播《梦幻西游 2》（涉案电子游戏）游戏内容。认为涉案电子游戏属计算机软件作品，游戏运行过程呈现的人物、场景、道具属美术作品，游戏过程中的音乐属音乐作品，游戏的剧情设计、解读说明、活动方案属文字作品，游戏运行过程呈现的连续画面属以类似摄制电影创作方法创作的作品，被告窃取其原创成果，损害了其合法权利。

华多公司辩称网易公司非权利人，涉案电子游戏的直播画面是玩家游戏时即时操控所得，不是著作权法规定的任何一种作品类型；且游戏直播是在网络环境下个人学习、研究和欣赏的方式，属于著作权法中的个人合理使用行为。

法院认为，游戏画面构成类电影作品，被告的行为构成侵权。判决被告停止通过网络传播《梦幻西游》或《梦幻西游 2》的游戏画面，并赔偿原告经济损失 2000 万元。[1]

◆ 入选理由

该案关于网络游戏画面是否构成电影及类电影作品、游戏直播涉及的专有权利、游戏直播是否构成著作权法意义上的“合理使用”及高额赔偿等焦点问题引起广泛关注和探讨。法院在确认用户在游戏动态画面形成过程中无著作权法意义上创作劳动的同时，认定用户参与互动的游戏连续画面为类电影作品，对更好地保护权利人的权利，促进游戏产业发展都具有很大的意义。

◆ 专家点评

严波（原中央电视台办公室版权和法律事务室副主任，现任中央广播电视总台总经理室版权运营中心主任）：

该案存在以下几个比较突出的问题。

第一，网络游戏画面是否构成著作权法意义上的合理使用。郑成思先生曾言，版权保护最困难的问题是找到版权。该案虽认定用户参与互动的网络游戏画面为类电影作品，对促进游戏及其直播产业的发展具有积极的意义，但从著作权法原理上看，这一判定仍然存在着一定的问题。但该问题的根源不在于法院，而在于我国现行《著作权法》关于“电影作品和以类似摄制电影的方法创作的作品”（以下简称“电影作品”）相关规定所存在的“模糊地带”导致了法院在判决时的两难。

网络游戏中的很多游戏视频确实可以构成电影作品，如游戏中插播的短视频、

[1] 2020 年 3 月，广东省高级人民法院作出二审判决，驳回上诉，维持原判。

动画画面、真人电影等。这些视频片段毫无疑问，均可构成《著作权法》下的电影作品。但是，由玩家主动控制和取舍的游戏画面，不管剧情是角色扮演类，还是策略类，其画面的进程一定不是以作者的创作为核心（而是以玩家对游戏的控制为核心），即网络游戏画面与电影作品的创作主体不同，创作行为、画面表达也是不同的。但问题在于，我国现行《著作权法》第3条关于“本法所称的作品”并非开放式定义，而是采取列举式，其所列举的作品类型之中，除了电影作品，并无其他作品类型与游戏直播画面相匹配，若归入“其他作品”也由于“法律、行政法规规定”等限制而很难在司法当中认定，形同虚设。但若游戏直播画面失去作品保护（如纳入录像制品保护），则其保护权利范围将大大降低，不利于游戏直播产业的发展。这让法官在司法裁判中左右为难，很难抉择，亟须通过立法对游戏画面等新类型作品加以界定。

第二，关于游戏直播专有权利性质问题。仅从法律概念上看，游戏直播既不应归于播放权，也不应归于广播组织权，因为现行法下广播权和广播组织权均不延及互联网。同时游戏直播也不应归于信息网络传播权，因“直播”行为所产生的权利不是由观众选定的时间、地点能够获得的。那么，游戏直播在现行《著作权法》下到底应归于什么权利呢?

游戏直播权利性质难以界定的原因仍在于我国现行《著作权法》下相关规定的模糊和不确定。若根据《世界知识产权组织版权条约（1996）》（WCT），在游戏直播画面归于作品保护的前提下，“游戏直播”应归于“向公众传播的权利”的概念范畴，界定上并不存在困难。因为根据WCT第8条规定，“向公众传播的权利”是指“以授权将其作品以有线或无线方式向公众传播，包括将其作品向公众提供，使公众中的成员在其个人选定的地点和时间可获得这些作品”，其权利范畴同时包含了“直播”和“信息网络传播”，同时其保护范围既包括传统广播电视领域的“有线和无线”，也延及互联网。我国虽加入了WCT，但却在现行《著作权法》下被分解成广播权和信息网络传播权两个权利细项，而广播权又在司法中受到“立法本意”的种种限制被法院解释为“不延及互联网”，从而导致网络环境下的“直播”权利性质成为司法中难以界定和裁判的灰色地带。因此，在现行《著作权法》下，因为广播权和信息网络传播权之间的模糊和灰色地带，司法中也许只能通过其他权利来保护。近期国务院法制办向社会公布征求意见的《著作权法》修改稿，可能涉及广播权的扩大解释，从而解决游戏直播所涉及的权利性质问题。

第三，游戏直播是否构成合理使用？我看到部分学者的观点认为，未经游戏作品权利人许可的“游戏直播”是“转换性使用”，属于合理使用范畴，本人对此持保留意见。该案作出侵权判决的原因有以下几点：一是网络游戏画面具有可版权性，独创性很高，同时具有可复制性，具体是什么类型的作品还有待探讨，但可以肯定的是网络游戏画面受到《著作权法》下的作品保护；二是游戏直播能否构成合理使用，判断的关键在于是否对网络游戏著作权人的经济利益的正常行使造成影响。该案中，游戏平台因为直播《梦幻西游2》的获益大约在2000万元，可见游戏直播具有很大的产业经济利益，而游戏直播所获得的经济利益很大程度上是由网络游戏画面的直播所创造的。换言之，网络游戏的著作权人对该项经济利益应该享有收益权，完全可以通过对游戏直播的授权来获取这部分经济利益而不应将“游戏直播”归于“合理使用”范畴从而磨灭著作权人的应得利益。这既违反了我国《著作权法》的立法宗旨，也违背了《伯尔尼公约》关于合理使用的基本规定。

第四，关于判赔问题，该案的判罚金额大大高于最高人民法院制定的法定赔偿高限，判决中如何计算赔偿数额也是一种突破，也体现了法官的尽职精神。但个人认为，该案判决中采取的直播平台获益数额推算方法不一定能准确反映真实的违法所得情况，因此个人认为还是适用“酌定”更妥。

陈昶屹（北京市海淀区人民法院中关村法庭庭长）：

第一，关于提到的作品是不是类电影作品。著作权案件的裁判逻辑，基本是先将讼争标的物归入（或者不能归入）某一类作品当中，其次考虑它属于哪一项权利，最后判断是否侵犯了这个权利。在这样的逻辑下，我认为该案应当认定为侵权。从保护作品的角度来说，归入类电影作品的结论更有助于推导出最后侵权的逻辑。

另外也存在几个值得思考的地方，如果我们把它归入类电影作品中，会发现开发者最主要开发的并不是画面，也就是说，我们主观上的目的和最后的结果之间是不统一的，如果不统一的话，逻辑就无法成立。

第二，著作权法意义上的创造性劳动，尤其是我们说的汇编作品选择和编排的过程，实际上是一个著作权法意义上的创作。而判决认为，游戏玩家起到的作用只是无著作权法意义上的选择和调取程序。如果只是简单的调取，那么很难说完全无著作权法意义。

另外，整体游戏任务和整体画面是主要的，玩家所做的对画面的改动是次要的。游戏底层是软件，即所谓的程序，但跟游戏画面还是有区别的。在画面呈现的过程当中，游戏玩家起到多大作用？不同的游戏调取的程序大小不一样，起到的作用也不同，这一点也需要考虑。

如果依照《著作权法实施条例》中对类电影作品的定义，这种描述性定义容易陷入所谓“外延”相对狭窄的误区。本判决中，玩家参与的互动性其实是双向的，其实质是连续的动态画面。但是，这是游戏研发者和开发者创造出来的画面吗？这里的主观目的和行为是否对应？

至于权力的构成，不能构成广播组织权、广播权、放映权、信息网络传播权，但把它归入其他权利中，就会存在某些争议。总体上我认为它具有可版权性。从版权保护角度，是不是类似于合同法上关于有名合同和无名合同这套原理，这一点也值得思考。

关于“合理使用”，此处应当满足“可以使用，但是不能做市场性替代”的条件，即不能从原著作权人劳动当中直接获取大规模的利益，尤其是经济的、产业上的利益。因此该案不适用合理使用条件。

第三，目前著作权尤其是知识产权损害赔偿的不确定性太大，可量化性非常弱。该案的亮点在于，法定赔偿的酌定因素当中体现了一个最大的确定性和一个模糊定量计算的裁判方式，这是一个很好的探索：一是从与华多公司关联的公司角度切入，其实相当于国际反倾销调查当中，非市场经济国家采用的替代国对比方式，既然不能提供证据证明收益，那么根据已经公开的而且是关联公司基本的收益情况大致推断出一个模糊的收益状态，从不确定性当中找最大确定性；二是运用了类似于替代国方式的类比方式；三是对估算结果采用了验证式的方法。

该案中还有一点值得推崇，即使从模糊计算的角度出发，最后也明确表明赔偿的计算期间，即赔偿额计算到起诉之日。从技术层面来说，也是值得我们学习的一个方面。

九、全国人大常委会组织对“一法一决定”的实施情况进行检查

◆ 事例简介

2017 年 12 月 24 日，十二届全国人大常委会副委员长王胜俊针对 2017 年 8—10 月开展的对《网络安全法》和《全国人民代表大会常务委员会关于加强网络信息保护的决定》实施状况的检查，在第十二届全国人民代表大会常务委员会第三十一次会议上公开了执法检查组的报告。

报告中介绍了《网络安全法》与《全国人民代表大会常务委员会关于加强网络信息保护的决定》在各地的宣传教育情况、相关配套法规政策的制定和出台情况、网络运行中的安全防范能力提升情况、对网络空间违法违规信息的治理情况、网络空间中个人信息的保护情况及网络安全技术的创新情况。

◆ 入选理由

全国人大常委会对《网络安全法》和《全国人民代表大会常务委员会关于加强网络信息保护的决定》的实施状况进行执法检查，显示出最高国家权力机关对互联网领域法律实施情况的关注。值得注意的是，一部新制定的法律实施不满 3 个月即启动执法检查，这在全国人大常委会监督工作中尚属首次。保护网络安全和个人信息，必然会对于网络环境下的专业媒体和自媒体的表达及信息内容传播产生影响，“一法一决定”切实有效的实施，是处理好安全问题和内容信息流动的关系的基础。

◆ 专家点评

郑宁（中国传媒大学文化产业管理学院法律系主任、文化法治研究中心主任、副教授）：

回顾 2011 年以来中国传媒大学媒体法规政策研究中心评选十大传媒法事例的历程，会发现一个现象：2012 年，全国人大常委会确定的《关于加强网络信息安全网络信息保护的决定》当选为十大传媒法事例；2015 年至 2016 年,《网络安全法》的制定过程及最终公布，分别成为当年的十大传媒法事例；2017 年，全国人大常委会关于这“一法一决定”的执法检查再次被选为十大事例。这些都足以证明网络安全

和网络信息保护在传媒法治当中的重要地位。

接下来，我会从三个方面发表对本事例的看法。

第一，全国人大执法检查的性质是什么？执法检查本质上说是全国人大常委会实施监督权的一种重要方式。根据宪法的规定，监督权是全国人大及常委会的四大权力之一。我国在 2006 年专门制定了《各级人大常委会监督法》，其中第四章规定了法律法规实施情况检查，也就是对执法检查进行具体的规定。执法检查要干什么呢？一方面要评价法律具体的执行情况，另一方面也要反思法律存在的问题，从而为修订法律提供相应的依据。

从 2015 年到 2017 年全国人大常委会执法检查的情况来看，基本每年都会选择六部法律进行执法检查。主要有两类：第一类是和民生相关的，如《中华人民共和国药品管理法》《消费者权益保护法》《中华人民共和国老年人权益保障法》等；第二类是与科技、文化、教育相关的，如《著作权法》《中华人民共和国促进科技成果转化法》等。从时间上讲，一般来说，先修订的法律会在第二年或者第三年开展执法检查，比如说《中华人民共和国种子法》《中华人民共和国药品管理法》都是 2015 年修订，2017 年进行的执法检查。

第二，本次全国人大常委会针对“一法一决定”的执法检查，主要有三大特点。第一，这是史上间隔时间最短的执法检查，此前的执法检查都是针对实施多年或者修订一年以上的法律进行的，而这次全国人大常委会对 2017 年 6 月 1 日施行的《网络安全法》在 8 月就开展执法检查，不到 3 个月的时间。第二，开展了打包式、组合式的执法检查。全国人大常委会的决定和《网络安全法》从性质上讲不一样，但是二者又紧密联系。因此，将二者打包组合式地进行执法检查也是一个创新。第三，在方式方法上有创新。一方面，引进了第三方专业机构的参与，比如说委托中国信息安全测评中心出具了检测报告，委托中国青年报社社会调查中心进行民意调查，使得论证更加有理有据。另一方面，引进了网络安全专家的参与，并且采取了随机抽查的方式，增强了执法检查的客观性和专业性。

第三，对这次执法检查结果的评价。首先，执法检查报告提出的对策建议会对今后的立法、执法产生深刻的影响。一方面，会加快相应立法的出台，如《个人信息保护法》《关键信息基础设施安全保护条例》《网络安全等级保护条例》等。另一方面，还会促进相关执法的完善，比如说建立网络执法的协作机制、执法数据共享机制等；也会促进政府、社会组织、网络运营商、用户等相互合作、共同治理的社会共治局面的形成。

其次，我们也要看到执法检查及“一法一决定”本身还存在一些有待改进之处，主要体现在两个方面。第一，需要进一步加强立法的科学性和民主性。本次执法检查，在一定程度上暴露出了立法的一些问题，如关于关键信息基础设施界定不清、网络安全执法体制没有理顺等。如果立法的时候能够充分听取各方意见，对于一些制度进行多种方案的设计，并且在方案之间进行成本收益分析及比较，则会大大提升立法的合法性、有效性和规范性，减少执法的困难。当然，除了这次执法检查，我们也建议在《网络安全法》实施两到三年时进行专项或者综合立法后评估，对于相应的制度再进行调整。第二，应当进一步提升执法检查报告的公开透明度。比如，公开引用的检测报告和民意调查报告全文，让我们了解样本是如何选取的，标准是怎样确定的，更好地保障公众的知情权。

朱巍（中国政法大学传播法研究中心副主任、副教授）：

自 2012 年 12 月 28 日出台《关于加强网络信息保护决定》开始，个人信息领域逐渐被提到很高的位置。中国是一个很忽视隐私的国家，因为我们传统文化中强调“君子慎独”，认为应当人前人后保持一致，不需要隐私。但随着互联网的发展，尤其是最近一段时间，几乎每个月甚至每周都有特殊的关于个人信息问题的出现，因此我们认为不应当再作上述理解。现在的互联网时代需要一种既懂技术又懂法律，具有终身学习能力的人才，因为只有具备这样的条件，才有资格谈论和研究互联网法律。

之前朱某诉百度侵权的案子中，一审判决百度败诉，二审从技术角度出发，通过大数据和精准营销等各个角度的衡量，认为百度不构成侵权行为。该案的判决结果其实对整个网络的紧张氛围做了一些缓解。因为如果互联网公司不能使用用户的信息，或者只要使用用户的信息就是侵权，那么，互联网免费时代就不复存在了。接收精准的广告，其实是享受免费资源的合理对价。

该决定中首次规定了“互联网商家不得向用户发送商业广告，如果发送的话，用户可以拒绝，拒绝之后不得再次发送”。可以发现，互联网的这种管理模式其实有些自相矛盾。

实际上,《网络安全法》是对删除权的规定，不过这个规定更像是对被遗忘权的规定。“当用户发现网络服务提供者违规或者违约使用自己信息或者错误使用自己信息的时候，有权要求更正或删除”，这是被遗忘权范围，但它实际上没有完全涉及账户删除权的效果。现实情况是，互联网公司的用户要删除相关的账号，基本会出现以下几种情况：第一种情况是没有删除渠道；第二种情况是有渠道但是删除非常困难，并且删除后显示的是“本账号不存在”，而并不告知用户个人信息和搜集的信息有没有删除。因此，原本是想从立法上把删除权赋予用户，但是没想到账号删掉后，原信息与本人再无关联，如果原信息被侵犯，本人甚至不能依据相关法律条款维护自身权益。2018 年 1 月 4 日，工业和信息化部出了规定：“用户有权删掉自己的个人信息”“一旦用户停止使用，网络服务提供者应当删掉信息”“应当为用户提供删除账号多通道”。根据这段内容我们不能确定删除信息是用户的权利还是网络提供者的义务，但不管怎样，这一规定对中国互联网发展是一件好事。

第八章　2018 年度中国传媒法典型事例评析

编者按

2019 年 1 月 5 日下午，2018 年度中国十大传媒法事例发布会暨学术研讨会在北京广播大厦酒店隆重举行。此次活动由中国传媒大学政法学院、北京市律师协会传媒与新闻出版法律事务专业委员会主办，中国传媒大学政法学院法律系承办，北京中视瑞德文化传媒股份有限公司协办。时任中国传媒大学媒体法规政策研究中心主任、法律系主任李丹林教授代表主办方公布了 2018 年度中国十大传媒法事例。这十大事例由来自各大著名高校、科研机构、行政主管部门、司法机关及媒体的传媒法专家学者、资深实务界人士组成的评审委员会评出。

在学术研讨会上，来自中国社科院法学所、中国政法大学、中国社科院大学、北京理工大学、山东大学、中国传媒大学、中央电视台、北京市朝阳区人民法院、北京互联网法院、北京市律师协会、北京星权律师事务所、北京清律律师事务所等 10 多家单位的 20 余位专家学者围绕这十大事例进行了精彩点评和热烈讨论。

2018 年度传媒法事例评选的时间范围是 2018 年 1 月 1 日至 2018 年 12 月 31 日，内容范围涵盖传媒改革、传媒管理、传媒运营、传媒秩序等领域的法律问题及相关舆论事件。主办方通过从中国传媒大学媒体法规政策中心建立的传媒法事例库、北京律协网及中传法硕等平台征集和专家推荐三种渠道，共收集到传媒法事例 862 个。经由秘书处初步筛选出了 44 个候选事例，再交由评审委员会投票选出 20 个入围事例，之后召开评审委员会会议对入围事例进行决选，并根据评审结果，最终确定了 2018 年度中国十大传媒法事例。

一、监管部门对社交媒体内容进行全方位监管

◆ 事例简介

2018年1月27日，微博平台因对用户发布的违法违规信息未尽到审查义务而被国家网信办约谈，微博负责人表示对存在突出问题的热搜榜、热门话题榜、微博问答功能等版块下线一周进行整改。

2018年2月2日，国家网信办发布《微博客信息服务管理规定》，拉开了全年度对于社交媒体监管的序幕。国家网信办、国家版权局、国家新闻出版广电总局，以及各地监管部门，针对新技术发展带来的社交媒体领域的新问题进行了一系列规范及监管举措。这些举措包括但不限于：3月2日，因“管理不严，传播违法违规信息”，知乎App在各应用商店下架7天；3月22日，国家新闻出版广电总局发布《关于进一步规范网络视听节目传播秩序的通知》，提出禁止非法抓取、剪拼改编视听节目的行为等措施；3月23日，微博关闭“摄影师E个人精彩”等436个账号，禁言“微韩影”等66个账号；4月4日，国家网信办依法约谈“快手”和今日头条旗下“火山小视频”相关负责人，提出严肃批评，责令全面进行整改；4月10日，“内涵段子”全网下架；4月11日、12日，抖音全面整改，并暂时关闭评论、直播功能，微信、QQ暂停短视频外链播放功能，西瓜视频停止视频上传，暂时关闭直播、弹幕功能；5月15—17日，因自媒体账号“暴走漫画”发布涉嫌戏谑、侮辱英雄烈士的短视频内容，今日头条封禁相关账号，微博关闭“暴走漫画”“暴走大事件”等账号，优酷、爱奇艺、知乎对“暴走漫画”“暴走大事件”相关内容下架、封禁；9月14日，国家版权局在京约谈了抖音短视频、快手、西瓜视频、火山小视频、梨视频、哔哩哔哩、土豆、好看视频等15家重点短视频平台企业；9月26日，凤凰网被约谈整改；11月10日，中央电视台《焦点访谈》播出一期名为《自媒体，要自律不要自戕》的节目，痛批自媒体六大乱象，9800多个与此相关的自媒体账号被封禁等。

2018年11月15日，国家网信办和公安部发布《具有舆论属性或社会动员能力的互联网信息服务安全评估规定》，这些规范适用范围覆盖了各类社交媒体，包括微博平台、网络直播平台、短视频平台、搜索引擎、微信公众号等。相关措施有进行约谈，要求违规内容下线、整改，关闭违规账户，改进平台系统，清理僵尸号，

改进推荐算法模型等。被处罚的行为包括传播违规禁载内容或价值观有偏差的内容、标题党、洗稿、插入二维码或链接恶意诱导引流、恶意炒作营销等。其中对于算法问题的相关要求，是2018年度监管治理社交媒体的新内容。

◆ 入选理由

2018年，我国政府针对社交媒体的管理空前加强，密集立法和执法，监管对象指向微博、微信、客户端、网络直播等社交媒体平台的“违法违规信息”“低俗不良内容”和各种违规行为，采取了比一般行政处罚更多样化的监管措施。与对互联网产业功能的鼓励态度迥然不同，密集出台的社交媒体内容方面的监管举措，体现了社交媒体监管的中国式探索。

◆ 专家点评

张文祥（时任山东大学教授、博士生导师、文化传播学院副院长，现为浙江大学教授、浙大宁波理工学院网络空间与社会治理研究所所长、网络空间治理与数字经济法治（长三角）研究基地执行主任）：

社交媒体，也称为社会化媒体、社会性媒体，是基于用户关系进行内容生产和意见交换的网络平台，可方便人们撰写、分享、评价、讨论、相互沟通。社交媒体包括专业媒体、机构媒体和自媒体，我们平时用的微博、微信、博客、播客、论坛等都属于社交媒体。社交媒体极大地降低了信息传播和意见表达的门槛，把话语权分散到每一个人手里，让“人人都有麦克风”“人人都有摄像头”变成现实，使网络空间更加众声喧哗。

2018年，社交媒体进一步趋于移动化、泛在化、全民化，成为最受网民欢迎的互联网应用。社交地位的凸显使社交媒体在2018年受到政府前所未有的关注，体现为本事例中所列的一系列政府监管行为。

社交媒体监管是世界各国遇到的共同难题。“互联网之父”蒂姆·伯纳斯-李（Tim Berners-Lee）认为，社交媒体必须被监管。业界必须要对那些强大的互联网平台和社交媒体公司进行监管，以防止权力集中于少数公司，使它们沦落为利益集团的“网络武器”。在发生虚假新闻和直播杀人事件之后，脸书（Facebook）招聘人员对网络内容进行人工审核，还公布了详细的内容审核标准。

欧洲国家则倾向通过立法管制社交媒体。德国率先通过针对社交媒体平台的监管法案《网络执行法》。根据该法案，对虚假新闻、仇恨言论等违法内容处理不力、不当的社交网络平台，将被处以最高5000万欧元的罚金。社交网络平台的内容审查就由自律变成了法律义务。五年来，全世界有50多个国家通过了涉及社交媒体监管的法律。

在媒体融合的大趋势下，舆论传播格局的改变，让社交媒体的力量进一步凸显出来，优质自媒体的影响力已经远远超过机构媒体，社交媒体成为最重要的媒体。我国政府提出，要把新兴媒体和传统媒体按照同一标准管起来。

社交媒体成为监管的重点和难点，与社交媒体的机制有关，也与社交媒体带来的乱象有关。社交媒体环境下，内容不再孤立，成为产业的连接器。多频道网络（Multi-Channel Network，MCN）机构的运作模式，催生了社交媒体的中国式生存法则：用各种机制来吸引流量，谋求内容变现，实现商业价值。社交媒体甚至被流量绑架，催生了很多乱象。比如，2018年年初，前媒体人王某在微博上宣传她的公众号文章《茅侃侃的离世，掀开了创业残酷的一角》，阅读量超过10万，却忽略了对死者的尊重，被网友指为消费死者的“带血馒头”，有违传媒伦理。

2018年，配合政府监管行动，体制内媒体陆续对自媒体乱象进行讨伐。人民网发文揭露自媒体写黑稿敲诈勒索、过度营销等现象。央视《焦点访谈》专门做了一期节目，揭露六大自媒体乱象：色情低俗、标题党、谣言、黑公关、花钱购买阅读量、伪原创。

社交媒体并不仅仅只有乱象，社交媒体在维护公众知情权、参与权、表达权、监督权方面发挥了重要作用。社交媒体履行了本该新闻媒体承担的社会职责，被称为“新闻游侠”，其作用让人刮目相看。由于活跃在社交媒体的“新闻游侠”没有政府许可的新闻采访权，自媒体的调查揭露还缺乏制度保障。

社交媒体需要监管和治理，问题是如何监管和治理？我国政府对社交媒体乱象的监管是从内容的源头进行监管，以发布者为重点。常规做法包括：政府主导、多部门出手；谁主管谁负责、谁主办谁负责；通过立法把内容监管责任交给网络服务提供者，通过约谈和处罚等途径，督促互联网企业承担主体责任；启动专项行动。概括起来看，既有常态监管的横向覆盖，也有一种纵向的探索，针对不同类型的社交媒体有不同的监管做法。还有一些是超出常态监管的做法，如通过注资、收购这样的方式对社交媒体进行监管，如对一点资讯和铁血网的监管。

眼下刚进入2019年，国家网信办又开始了专项行动，这次针对的不是6类乱象，而是多达12类的违法违规互联网信息：淫秽色情、低俗庸俗、暴力血腥、恐怖惊悚、赌博诈骗、网络谣言、封建迷信、谩骂恶搞、威胁恐吓、标题党、仇恨煽动、传播不良生活方式和不良流行文化。整治对象则更多，社交媒体是其中最主要的对象。可以说，中国社交媒体的监管面临很大困境，困境来自中国法律制度的缺陷，即公权力较强，但司法力度较弱。未来应推进社交媒体监管边界的重塑，用户对自己言论负责应该是大势所趋。

但监管中一定要注意尊重和保障言论自由，特别是对从事公共讨论、履行公共职能的社交媒体应尽可能宽松些。要告别无差别的惩处，监管规则要更具有理性和针对性。作为平台，履行主体责任的时候，尽可能地提高内容审查和处理的透明度，增强网络内容审查的合法性和合理性，而不是简单地封、堵、删，减少网民对平台审查处理的反感。

王四新（时任中国传媒大学法律系教授，现任中国传媒大学人类命运共同体研究院副院长、教授）：

2018年的十大传媒法事例评选，把国家对互联网社交媒体内容的监管放在第一位，是理所应当的。因为政府2018年对互联网信息内容，尤其是对社交媒体内容的监管，不断呈加压状态。2019年的专项治理行动，在我们这个会议开始之前又拉开大幕。所以，国家对互联网信息内容进行持续、多手段的监管，肯定会成为中国互联网内容监管的常态。

2018年两会之后，国家完成了一次机构调整。这次机构调整，无论是中宣部职能的变化还是国家网信办的变化，都有助于国家对互联网内容进行更有效的监管。

在制度和规范建设方面，根据《网络安全法》国家网信办制定了大量的规范性文件，并通过每年上百起的执法积累经验，使政府在社交媒体内容监管方面的经验、手段越来越丰富，执法效果也越来越好。

2018年，在国家政策的层面上重点强调了对未成年人权益的保护。这会对今后相当长一段时间的互联网内容供给、监管和对违规网站的处罚产生持续性影响。互联网内容平台要做好思想准备，不断加大对平台内容清朗化的努力。只有下大力气把网络空间变为亿万人民的精神家园，才能使自己的平台立于不败之地。

从2018年开始，国家网信办对于互联网信息内容的监管就从时间维度上扩大了监管的范围。只要是平台上的内容，不管什么时候产生的，只要还在平台上，就可以作为处罚的依据。同时，对于可能会对新闻信息生产、新闻信息传播、新闻信息动员产生潜在影响的新技术、新应用，从2018年开始，也全面纳入国家网信办规范性文件的调整范围。

监管部门有很多具体的想法，这些具体的想法写在了规范性文件里面，但是怎么去实施？作为互联网内容平台，可能会有认知上的错位或者认知上的不到位，导致监管所要求的目标无法与平台的管理实现有效互动或有机对接。这是政府频频出手的原因。2018年11月启动的专项整治活动，导致9800多个自媒体账号被封，稍后北京市对辖区内的11万个有问题的账号进行了集中整治，后面不排除其他地方网信办加大本辖区内容治理的可能性。

中国政府对互联网内容监管走过的路不算太长，也就20多年的时间。但在这一过程中，中国政府的监管机制越来越完善，越来越能够有效运转。在这种情况下，政府监管的自信也越来越强。仅从这一点来讲，内容平台的各项活动，如果不能充分考虑国家的整体要求，不能主动纳入法治的框架里，面临的监管风险肯定会呈逐步增加之势。对政策法规进行内容制度建设，切实加强内容管理，并通过不断的学习加深对党和国家政策、法律的理解，是内容平台运营的基本要求。

二、江苏省消费者权益保护委员会诉百度公司违法获取个人信息案

◆ 事例简介

2017年7月，江苏省消费者权益保护委员会（以下简称“江苏消保委”）结合手机应用市场上侵犯消费者个人信息的情况，对用户较多且具有一定行业代表性的27家手机App所属企业进行了调查和约谈。2017年7月4日，江苏消保委向北京百度网讯科技有限公司（以下简称“百度公司”）发送《调查函》，要求其就旗下“手机百度”“百度浏览器”等两款手机软件存在的相关问题，派员接受约谈。但百度公司仅书面作了简单回应，未派员接受约谈，甚至“将权限通知及选择等义务推卸给手机操作系统”。

在江苏消保委多次催促和公开监督下，百度公司相关负责人才于2017年11月接受约谈。但在其提交的整改方案中，对“手机百度”“百度浏览器”中的“监听电

话”“读取短彩信”“读取联系人”等多个涉及消费者个人信息安全的相关权限拒不整改，也未有明确措施以提示消费者 App 所申请获取权限的目的、方式和范围并供消费者选择。

为维护广大消费者的合法权益，江苏消保委根据相关法条，于 2017 年 12 月 11 日就百度公司涉嫌违法获取消费者个人信息问题向南京市中级人民法院提起诉讼，请求法院依法判决百度公司停止其相关侵权行为。2018 年 1 月 2 日，南京市中级人民法院正式立案。

立案后，百度公司主动与江苏消保委联系，就方案制订及软件优化升级改造情况进行汇报。2018 年 1 月 26 日，百度提交了正式升级改造方案，从取消不必要敏感权限、增设权限使用提示框、增设专门模块供权限选择、优化隐私政策等方面对软件进行升级。2018 年 2 月 8 日，新款 App 上线，被认为整改到位。至此，江苏消保委认为提起消费者民事公益诉讼的目的已经达到。本着节约诉讼成本和司法资源的原则，江苏消保委向南京市中级人民法院提交了《撤诉申请书》。2018 年 3 月 12 日，南京市中级人民法院作出裁定，准予撤诉。

◆ 入选理由

信息时代，信息成为重要的资源和财产客体，对于个人信息权利的保护也日益重要。但在我们还缺乏完整严密的个人信息（数据）立法的背景下，个人信息极易受到侵害，且信息权利主体进行民事维权非常不易。该案中，针对处于强势地位的信息控制者，江苏消保委通过民事公益诉讼的方式进行了维权，取得了切实效果，是一个非常有意义的举措。

◆ 专家点评

孙铭溪（时任北京市朝阳区人民法院民一庭副庭长，现任北京互联网法院综合审判三庭庭长）：

在这个案件中我们可以得到两个关键词，即个人信息和公益诉讼。我围绕这两个关键词发表以下两方面的看法。

（一）个人信息的司法保护为司法实践提出新问题

互联网的便捷与安全这一对矛盾是伴随着互联网发展产生并将一直持续的问题。

有一种说法，我国互联网产业的弯道超车一定程度上生发于我国公民个人信息保护意识较弱的现实土壤。仅从我个人的经历来看，在我不断地安装着手机 App，享受着互联网的便捷服务时，也在自觉或不自觉地不断让渡我的个人信息、个人隐私。随着公民个人信息意识的不断增强，也随着产业经过野蛮生长之后的理性回归，当然也由于一些因泄露个人信息导致受到广泛关注的违法犯罪事件，个人信息保护问题显得日益重要。同时，保护公民个人权利和保护产业发展的平衡也成为立法和司法的重要议题。

我国关于公民个人信息保护的立法在这几年有着突飞猛进的发展。在《民法总则》《网络安全法》《消费者权益保护法》《中华人民共和国电子商务法》《中华人民共和国身份证法》《最高人民法院关于审理利用信息网络侵害人身权益民事纠纷案件适用若干法律问题的规定》《最高人民法院关于审理旅游纠纷案件适用法律若干问题的规定》《最高人民法院、最高人民检察院关于办理侵犯公民个人信息刑事案件适用法律若干问题的解释》等法律、司法解释中及涉及邮政、快递、旅行社、网络游戏、民用航空、金融等的部门规章中，都涉及了个人信息保护的规范。

个人信息的司法保护与立法保护的发展也有着正相关的关系。北京市朝阳区人民法院作为首都经济大区法院，受理的新类型案件较多。2017 年，北京市朝阳区人民法院举行了个人信息保护类民事案件研讨会，对其近十年来涉及个人信息的案件进行了统计，呈现出以下的几个特点。

（1）从案件数量来看，呈整体增长趋势。

（2）支持经济赔偿的判决数量及案均支持的经济赔偿额双双增长。

（3）权利人诉求的精神损害赔偿获赔率及赔偿金额递减。

（4）侵权类型主要包括：①因保管不当导致与个人信息有关的档案丢失；②因错误登记导致的个人信息公开；③冒用、盗用；④以使用为目的的信息公开；⑤不以使用信息为目的的单纯的公开和披露个人信息；⑥信息保管人转让、泄露个人信息。

从审理难点上看，主要集中在以下方面：一是个人信息范畴的认定；二是对被告是否承担责任的认定；三是违法行为的认定。特别在一些互联网机构掌握信息的情况下，信息保管机制、信息保管技术的证据存在典型的证据偏在情形。

在违法行为、过错的证明标准上，北京地区一些法院分别采取了高度盖然性、排除合理怀疑、以合理使用排除行为违法性等标准来进行判决。在北京市朝阳区人民法院罗曼法官近日审理的申某诉携程、支付宝的侵权责任纠纷中，就原告个人信息是否由携程公司泄露这一焦点事实上，采用了高度盖然性标准，并考虑了证据偏在的实际情况。基于上述证明标准，在原告信息被携程公司泄露的举证责任上，发生了主观举证责任的转移，认定应由携程公司对原告的个人信息泄露无故意或过失承担举证责任。从中我们可以看出，涉及信息保管方泄露个人信息的此类案件中，由于证据偏在导致的合理的归责原则的认定、举证责任的分配、证明标准的把握，必将是此类案件在司法实践中的焦点和难点，其中的解决方式也将深刻影响案件走向。

（二）公益诉讼是个人信息司法保护的有力路径

诚如以上所述，作为信息主体的自然人，在个人信息保护的方式和手段上存在着天然的劣势。我们看到的大部分司法案件是由于信息泄露导致公民受到诈骗或名誉受损等较为严重的损害后果，而生活中大量的垃圾短信、垃圾邮件等对公民安宁权的侵扰、权利损害程度与诉讼成本的鸿沟带来的普通公民的消极行权现实，一定程度上加剧了个人信息侵犯行为的广泛程度。

在这个时候，消费者权益保护委员会作为诉讼主体提起公益诉讼，是非常好的方式。我们看到近些年在诸如共享单车、P2P 事件中，消费者权益保护委员会都发挥了非常积极的作用。在此类侵犯公民信息的案件中，消费者权益保护委员会可以充分发挥相对于普通消费者来说，其对互联网企业在相关产品的服务设计、信息获取流程、范围等方面更为了解的优势，可以更好地对违法获取或使用信息的行为进行监督。

我们看到，案例中江苏消保委是在约谈无果的情况下提起的诉讼，其诉讼请求是要求停止侵权。可以推断，该案虽然并未发生一般意义上所理解的消费者具体的财产损害或隐私被泄露的损害，但江苏消保委依然以经营者违法获得消费者个人信息为由要求停止侵权。这更是普通消费者从个体角度难以有动力作出的诉讼行为。我特别期待以后会有更多的此类公益诉讼，也期待在此类型诉讼中，对于个人信息侵权实际损害如何认定有更精彩的解读和阐释。

李丹林（时任中国传媒大学媒体法规政策研究中心主任、教授，现任中国传媒大学文化产业管理学院文化法治研究中心顾问委员会主任、教授）：

（一）我国关于个人信息保护的立法回顾

我国对于个人信息的保护规范，实际上出现得并不晚。例如，1994 年《中华人民共和国计算机信息系统安全保护条例》、2000 年《中华人民共和国电信条例》、2000 年《全国人民代表大会常务委员会关于维护互联网安全的决定》、2012 年《全国人民代表大会常务委员会关于加强网络信息保护的决定》、2016 年《网络安全法》、2017 年《民法总则》都有涉及。

（二）我国关于个人信息保护的立法误区

如此看来，似乎不能说我们关于个人信息保护的立法起步晚、条款少、层级不够高。但是，为什么在现实生活中我们的个人信息依然被不当利用，甚至还引发严重的危害后果呢？我认为这主要涉及知识问题、观念和意识问题。

1. 知识问题

对于个人信息权利保护与维护信息安全缺乏正确的理解和认识。

《网络安全法》第 76 条规定：“网络安全，是指通过采取必要措施，防范对网络的攻击、侵入、干扰、破坏和非法使用及意外事故，使网络处于稳定可靠运行的状态，以及保障网络数据的完整性、保密性、可用性的能力。”

个人信息保护则是强调属于个人的数据（而不是非个人的数据，更不是信息的全部）不被非法获取、利用的问题，目的是保护个人不因数据被非法利用或处理导致个人生活安宁或其他利益受损。

《通用数据保护条例》中对个人数据有如下定义：个人数据是指与已识别或可被识别的自然人（数据主体）相关的任何信息；可被识别的自然人是指其能够被直接或间接通过识别要素得以识别的自然人，尤其是通过姓名、身份证号码、定位数据、在线身份等识别数据，或者通过该自然人的物理、生理、遗传、心理、经济、文化或社会身份的一项或多项要素予以识别。

由此可见，信息安全问题和个人数据权利的保护问题虽然有交叉，但是本质上是两种完全不同的法律领域，保护的措施、机制、理念都不一样。

由于立法者自身没有从知识上弄清楚不同问题的不同意义，在立法当中也就并没有明确将二者区分，而是将二者笼统地混杂在一起，以维护信息安全的思路来保护个人数据权利，所以导致立法出现误区。这种误区就使得我们个人信息权利保护立法难以达到应有的实施效果。

2. 观念和意识问题

除了知识问题，还与我们的观念和意识有关，即与我们的整体文化传统、法律制度构建模式、立法价值取向有很大关系。

个人数据保护的社会动因是保护用户不受侵扰，这与在数据问题成为一个普遍的社会问题之前既有的关于隐私的观念和制度相关。但是在我们的数据被非法泄露、利用迅速成为一种普遍的社会现象的时候，我们对于隐私的观念和保护本身还处于社会普遍认知不均衡的状态下。我们关于隐私保护的民事立法直到侵权责任法的制定才在最高立法机关制定的法律文件中明确规定下来。

如果隐私观念的核心、隐私权的要旨是不被打扰的权利，隐私的本质是“隐”和“私”，那么个人数据就不符合或不完全符合传统隐私信息的条件。但是，这些数据中的内容——个人信息——如果被不当利用，也会给个人不被打扰的权利、个人的安宁带来损害。因此，要寻求针对这种信息（个人数据）权利特别保护的新的措施、制定相应的新的法律。

但是在不被打扰的权利还没有被充分认识、在隐私立法还不够充分的时候，当然也就不可能充分认识到对数据权利进行法律保护的重要性。所以，我们关于个人信息的立法，都是从安全出发。但是安全强调的是整体的正常运营和数据的可适用性，注重的是公法保护，保护的出发点不是数据主体本身的需要，也即信息安全的立法宗旨不是满足数据主体的安宁要求，而是更为宏观的更为普遍的数据处于正常状态的要求，对个人信息的保护成为信息安全保护的附带品，如此，就不能有针对性地保护个人信息权利。

从信息安全的角度来保护个人数据，犹如高射炮打蚊子，根本不能解决每一个数据主体都被蚊子咬的问题。这就是我们关于个人数据保护立法陷入误区的观念和意识方面原因。

（三）《通用数据保护条例》从成文立法的角度树立了一个样板

该法立足以承认个人对其数据拥有的权利是一项基本权利，以此为宗旨确立个人数据权利保护的法律框架。

第一，尽可能全面列举数据权利的各项权能。

第二，通过原则性条款和具体义务条款对于数据的控制者和处理者使用数据的行为规定了严格的义务。当每一个数据权利主体，也就是用户，即每一个公民都知晓控制者为什么搜集自己的信息、如何搜集了自己的信息、是否基于搜集目的使用自己的数据、是否准确地存储了自己的数据、泄露了自己的数据时，数据权利主体才有可能及时维权。其中数据访问权利是一项基础性的关键性的数据权利内容。

第三，对数据监管机构赋予了明确的职权和职责，其对于违规违法行为享有执法权力。

第四，对于违规违法行为规定严格罚则，包括高额的罚款。

第五，规定要提供明确便利的投诉、纠纷解决机制。

如此，才能真正对数据控制者、处理者起到约束和震慑作用。个人数据权利才可能得到切实保护。

该法生效伊始，国内反映最敏感、最强烈的就是互联网行业，因为它们作为数据义务主体在《通用数据保护条例》适用范围内从事的相关业务都需要认真遵照该法规定，否则就会面临数据法律风险。

（四）个人信息权利的保护与媒体行为规范

从传媒法的角度看，有关个人信息权利保护与传媒权利保护的关系如下。

在传媒机构和社交媒体平台上，人们传播和表达的是“内容”。但是媒体机构在进行采访、报道时，在运营过程中获得的与识别某一个个人相关的材料和信息都属于个人数据的范畴。

数据保护立法对于媒体的采访报道，对人们在社交媒体上的表达也会产生巨大的影响。如果媒体在采访、报道过程中为了公共利益必须要报道相关问题，而这可能会违反个人数据的处理和披露的规定，那么，这对于媒体报道的自由和权利、对于表达自由就可能会造成寒蝉效应。

这确实是一个现实的问题，至少在欧盟制定《通用数据保护条例》时是一个现实问题。

通过对《通用数据保护条例》的研究，我们发现，欧盟对于表达自由的保护不因对于数据权利保护带来的冲突而降低，而是通过在其序言中所彰显的价值取向、通过大量针对新闻行业的责任的豁免规定，给媒体行为提供了较为自由的活动空间。当严格遵守数据保护与实现新闻的公共利益的目的相冲突的时候，规定可以对媒体免除责任。同时还通过具体的执法程序的设计，即对于媒体、对于数据监管机构基于新闻目的处理数据的行为规定了特殊的执法程序，尽可能地降低新闻媒体机构的数据法律风险。

（五）结语

就我国而言，数据权利的保护不充分，也并不意味着媒体数据法律风险低从而更为自由。因为，我们对于媒体行为和报道有自己严格的管控体系，因此我们现在面临的问题是如何真正廓清认识误区，改革、发展、完善个人数据立法。媒体的权利与传播秩序的规范不是数据保护法制定时要解决的冲突。

回到本事例，令人欣慰的是，在我们的立法不足的情况下，在法律还没有能够通过制度构建为数据主体提供现实可行的维权条件的时候，消费者权益保护委员会通过民事公益诉讼的方式，与数据控制者的不当行为进行了法律博弈，并获得了胜利。这是一种进步。

这说明，对于公民权利的维护，社会自身寻求相应的机制和司法权威的作用都非常重要。如果说“徒法不足以自行”，强调的是在有法的情形下构建具体的适用机制的重要性；那进一步来说，在立法模糊、缺少立法的情况下，基于现行法律框架探索构建起相应的权利维护机制就显得更为重要。

三、传媒机构改革

◆ 事例简介

2018 年 3 月 13 日，第十三届全国人大第一次会议审议通过了《国务院机构改革方案》。其中与传媒相关的内容有以下 7 个方面。

（1）中央网络安全和信息化领导小组改为中央网络安全和信息化委员会，优化中央网络安全和信息化委员会办公室职责。

（2）中央宣传部统一管理新闻出版工作，将国家新闻出版广电总局的新闻出版管理职责划入中宣部，对外加挂国家新闻出版署（国家版权局）牌子。

（3）中央宣传部统一管理电影工作，将国家新闻出版广电总局的电影管理职责划入中宣部，对外加挂国家电影局牌子。

（4）国务院组建国家广播电视总局，将其作为国务院的直属机构，不再保留国家新闻出版广电总局。

（5）国务院组建中央广播电视总台，作为国务院直属事业单位，归中宣部领导。

（6）撤销中央电视台（中国国际电视台）、中央人民广播电台、中国国际广播电台建制，对内保留原呼号，对外统一呼号为“中国之声”。

（7）重新组建国家知识产权局、整合组建文化市场综合执法队伍等。

◆ 入选理由

传媒机构改革被列入第十二届全国人大第一次会议和第十三届全国人大第一次会议分别批准的两次中央级机构改革方案之中，足见其重要性。而本次传媒机构改革不仅涉及新闻出版、电影、知识产权等党政相关部门的重组，还涉及中央电视台、中央人民广播电台、中国国际广播电台等事业单位的重组，显示出改革层次的多元化。本次传媒机构改革对于传媒监管带来的影响是巨大的。

◆ 专家点评

何勇（时任中国传媒大学政法学院法律系副教授，现任中国传媒大学文化产业管理学院文化法治研究中心学术委员会执行主任、副教授）：

这次机构改革主要涉及管理机构和媒体本身机构两大领域。试图解决的问题主要分两个：第一，由于条块分割造成的媒介管理体制不协调的问题，这可能是由于中央在党的十八大以后明显感觉到在管理上有不协调的地方；第二，由于陈旧媒介结构造成的媒介运行效能低下、无法适应新的媒介环境和生态的问题。改革的主要目标，官方说法是加强党的全面领导，通过统筹配置党政机构，实现机构精简、职能明确和管理高效。

改革取向的重大变化以党的十八大为分界点。在管理体制上，党的十八大以前强调大部制取向。我们会发现大部制取向更加强调现代信息社会适应技术的发展及市场化包括传媒自由化的倾向，即党的十八大以前文化体制改革的主要方向是强化产业属性和市场特征。而这次改革强调精细化，精细化指的是管理方面的，即主体责任的明确化或者管理的精准化，这是党的十八大以来很重要的一方面。简单来说，党的十八大以后强化管理的取向更加明显。

第一，刚才我们谈到了行政与党的管理二元化。无论国务院的改革还是中央机构的改革，核心都是二元体制内部的调整。二元体制是中华人民共和国成立以来早就形成的一个基本的媒介管理模式。但是，改革开放以来，尤其是近20年来，二元体制参与了媒介产业化进程，在适应市场经济的条件下也曾经进行过了一些结构性调整，结构和功能发生外化。现在提到的强化党的全面管理，同样也是对二元体制进行相应的结构管理，以达成当前的政策目标。

第二，关于三台合一，这其实是一个老问题。中央层面上，广电系统很早就进行了集团化尝试；地方层面上，无论上海东方传媒集团有限公司，或者南方报业集团，其实都进行了一些成功的尝试。但是，在中央层面上，由于体制的障碍，既没有达到外延扩张的体量增长，也没有达到功能融合的集约效果，这是这么多年来我们把这几个主要目标捏合在一起的结果。另外，现在的问题已经不是三台合一，而是所有党媒合一。即将报纸、通讯社、广播、电视、其他媒介形式统一在一个平台，共享渠道、信息、受众、资源。三台合一的目标远远没有达成，条块分割的困境仍然存在，目前还破不了局。这不是在一口锅里煎三个蛋的问题，而是将所有蛋打破、调匀做蛋糕的问题。因此我提出一个思路，即党媒融合如果作用在基层而不是中央媒体层面，这种壁垒就非常容易打破。基层如果能够使所有媒体共享同一个平台，就可能为我国媒体机构改革提供一些参考。

第三，现在整体的结构改革的目的是什么？其实就是协调意识形态安全与文化产业发展的矛盾。要支柱产业，还是要意识形态安全？我们在不同的思路之下，侧重点是不一样的。即党的十八大以前的侧重点和党的十八大以后的侧重点不一样。

从政策的角度来看，强化管理的取向逐渐成了当代的主流。从结构调整的角度来看，如果把电影、新闻出版放到宣传部的领域当中，由谁来领导它的经济发展方向？核心就是如何将这个政策导向与我们相关的思考相协调起来。

走向法治的渠道可能是一个方向，也可能是一个背景。最近几年，国家出台了越来越多的政策法规，但政策法律化或者条文化并不会自然地实现治理的法治化，大家对这点应达成共识。如何将政策导向与法治精神相结合起来，是一个值得商讨与研究的问题。

四、新浪网诉凤凰网侵犯著作权及不正当竞争纠纷案

◆ 事例简介

2013年8月，凤凰网中超频道标注并提供了中超比赛直播。新浪网认为自己是拥有此体育赛事节目直播权利的合法主体，凤凰网非法转播中超联赛直播视频的行为侵犯了自身的著作权并构成不正当竞争。2015年3月18日，新浪网将凤凰网告上北京市朝阳区人民法院，提出请求凤凰网停止侵犯新浪公司拥有的涉案赛事节目的独占传播、播放权的行为，并赔偿新浪公司经济损失、消除不良影响等一系列诉求。凤凰网辩称，足球赛事不是《著作权法》保护对象，对体育赛事享有权利并不必然对体育赛事节目享有权利，新浪公司主体不适格，起诉的被告不正确，主张的赔偿缺乏依据。而北京市朝阳区人民法院认为，体育赛事录制形成的画面，达到我国著作权法对作品独创性的要求，应当认定为体育赛事直播画面构成以类似摄制电影的方法创作的作品。由此判决新浪网胜诉。[1]

凤凰网不服，上诉至北京知识产权法院。二审法院认为，电影作品应至少符合固定及独创性的要求，而涉案两场赛事公用信号所承载连续画面既不符合电影作品的固定要件，亦未达到电影作品的独创性高度，故涉案赛事公用信号所承载的连续画面不构成著作权法意义上的电影作品。[2]2018年3月30日，北京知识产权法院作出二审判决，撤销一审判决，判凤凰胜诉。[3]

◆ 入选理由

该案一审认定体育赛事直播画面为作品曾引发热议，二审通过大量的分析和推理，从固定性及独创性上基本否定了体育赛事直播画面构成作品的可能性，但引起了进一步的争议。该案一审、二审之间十分不同的审判思路和判决结果让体育赛事节目可版权性问题进一步突出。该案暴露出的能否为无名作品提供足够的解释机

---

[1] （2014）海民（知）初字第29087号。

[2] （2015）京知民终字第1818号。

[3] 2020年9月23日，北京市高级人民法院做出再审判决，撤销北京知识产权法院的二审判决，维持北京市朝阳区人民法院的一审判决。

会、作品独创性标准应如何分析和判定等争议性问题亟须进一步讨论和澄清，这对传媒产业和体育产业的发展都非常重要。

◆ 专家点评[1]

严波（时任中央电视台办公室版权和法律事务室副主任，现任中央广播电视总台总经理室版权运营中心主任）：

该案对于法院而言是个案，对于传媒而言却是大事。

近几年来，体育赛事版权保护的呼声特别高，该案一审、二审法院之间的判决观点迥然不同，这些都导致该案的判决影响很大。我个人认为该案虽然是二审判决，但是争议远未结束，思考才刚刚开始。

第一，该案在法律界争议最大的法律问题是体育赛事节目的可版权性问题。具体而言，其一是体育赛事节目是否满足作品的固定性问题，其二是能否满足作品的独创性问题。

（1）关于涉案赛事直播节目是否满足作品的固定性。该案二审判决否定了一审关于满足作品要件的判决，并以电影作品需满足“摄制在一定介质上”要件为理由否定体育赛事直播节目满足作品的固定性要求。二审法院的判决观点至今仍然存在较大争议。虽然根据《著作权法实施条例》的定义，电影作品需满足“摄制在一定介质上”的要求，但实际上，如何理解“介质”、直播节目是否能满足“摄制在一定介质上”还是有一定的解释空间的。法院是否必须把字面文义上的“介质”解释为像硬盘或者光盘那样的固定介质？为何不能将体育赛事直播节目的物理载波解释为“介质”？为何不能把目前体育赛事直播节目制作过程中“边播边存”的行为事实解释为满足“摄制在一定介质上”的要求？直播节目能否满足固定性的问题目前在法律界争议仍然很大，还需要进一步探讨。

（2）该案认为，作品独创性是高低问题，以及涉案赛事直播节目未达到作品独创性高度的判决观点，引发的争议可能还要大一些。学者刘辉曾说过，独创性标准问题成为一个“哥德巴赫猜想”般的难题。我个人并不赞成作品独创性是一个“高低”问题，因为这会让法官在作品性质判断中陷入对作品艺术价值或水准的判断当中，这显然超出了法官的能力和专业范畴。比如，基于《著作权法》，拿齐白石的

[1] 因为评选该案的时间在再审判决之前，故以下讨论内容涉及范围仅至二审判决。

画与儿童画比较，独创性孰高孰低？如果说独创性是高低问题，又应如何避免不同法官之间对独创性高低程度的不同认知？另外，该案关于体育赛事节目的素材并非由直播团队所选择，该选择并非独创性意义上对素材的选择，转播手册对独创性高度存在限制等判决观点，与本人了解到的体育赛事直播的实际情况都有着较大的出入，这些争议性问题都需要法律学界和司法界进一步进行探讨。

还有几个具有法律意义的事实，值得法院对该案的终审判决进行重新审视和再思考。

（1）现在体育赛事直播节目的相关投资巨大，投资额远大于大多数电影作品。

（2）现在的体育赛事节目包含着作者（如负责体育赛事直播节目的导演）的个性化创作及其艺术、情感表达。

（3）随着技术的发展，体育赛事节目的创作和数十年前甚至十年前相比，早已发生了本质性变化。

（4）在我国，除了广播电视台以外，网络视听媒体机构也在纷纷斥巨资购买体育赛事节目的传播权利，体育赛事节目的版权保护并不局限于广播组织权。

第二，该案中，一审法院认定涉案赛事直播节目为“作品”，二审法院认定涉案赛事直播节目不能满足“电影作品”要件等不同的判决观点，也凸显了非法定类型作品保护缺失的问题。由于目前我国著作权法对作品定义采取的是封闭列举式，因此，非法定类型作品的著作权保护是否存在解释空间亦是值得探讨的问题。除了体育赛事直播节目，包括受玩家控制的电子游戏画面、音乐喷泉等各种新型的创作其实都在预示同样一个问题：著作权法虽然规定了各种类型作品的定义，但应如何理解“作品类型化的例示性”？这些类型化作品的字面定义能否限定非法定作品的保护？换句话说，著作权法是否应通过立法给予非法定类型作品的保护以一定的法律解释空间？

第三，一个值得延伸思考的问题是关于目前司法裁判中缺少法解释方法的运用。从法解释的客观解释论出发，任何一部法律的立法者实际上不可能在立法时就预见社会生活中各种相关事态的发展变化，立法者于立法时赋予法律的意义、观念及期待其实对法律的解释并不具有拘束力。换言之，法律在制定后已经和立法者之间发生了分离，而成为一种客观的存在，法律内部所独立存在且所应具有的合理性意义才具有对法律真正的拘束力。也就是说，当法律的概念和逻辑在与产业利益保护与平衡的诉求产生冲突的时候，当新兴产业随着技术的发展对滞后的著作权法提出对新类型著作权作品保护诉求的时候，司法部门完全可以根据技术、产业最新的发展和保护诉求给予法律概念（主要是字面文义）以一定的法解释空间，通过价值评估、漏洞补充来实现法律的适用。但为何现在法院在判决中很少采取法解释方法？为何法官越来越受到法律概念字面文义或所谓立法原意的限制从而难以有独立裁量的空间？这些问题十分值得法律人士进一步进行思考。

第四，我引用最高人民法院领导 2017 年的一段讲话作为结语：著作权所保护的作品类型虽由法律明确规定，但权利内容是相对开放的。同时，特定客体是否属于法定作品类型仍会因独创性标准的弹性而具有一定解释空间。要妥善运用著作权权利的兜底性规定和独创性裁量标准，对于确有保护必要、有利于产业发展的客体或者客体使用方式，可以根据最相类似的作品类型或者运用兜底性权利给予保护，保护新兴产业发展壮大。

胡占全（时任北京市律师协会传媒与新闻出版法律事务专业委员会副主任；现任北京市律师协会影视与娱乐法律事务专业委员会主任）：

我从律师角度谈谈对一审、二审判决和整个案件价值判断方式的看法。

该案件起源于两个公司都有授权。一个直接从中超公司得到授权，另一个是 IPTV 授权。我一直认为这只是门户网站的独播权和信息网站的传播权之间的界限，是两种授权竞合和区分的关系。但原告诉讼律师提出一个观点，认为赛事传播信号是类电作品，因此侵犯著作权。法院便要基于此讨论赛事公用信号的传播是否构成类电作品。因此，一审法院、二审法院都用了大量的篇幅加以论证。

一审法院认为构成类电作品，是侵权的。同时，若基于同一事实既请求著作权保护，又请求认定不正当竞争行为，通常会认为已在著作权上进行保护的权利，不正当竞争上就不应当再对此进行保护了，即只要作品具有版权保护性，无权再以不正当竞争的理由保护该作品。因此，一审法院对第二项诉求予以驳回。可能正是由于这个原因，原告律师没有坚持为新浪公司提起上诉，只对被告上诉，才导致后面的小遗憾。

二审开始以后，争议越来越大。二审法院在查明基本事实和明确诉求之后，对是否属于类电作品进行了非常系统化和体系化的分析。从长达 57 页的二审判决书来看，近 30 页都在论述涉案节目是否属于类电作品。二审法官的主要逻辑结构包括两个方面：第一，他认为如果要认定是类电作品，首先要从电影作品构成要件，也就是可固定性及它的独创性来进行分析；第二，从赛事公用信号是否构成电影作品的结构分析。我们注意到，二审法官做类比分析时，将赛事公用信号的制作与纪实性电影进行了类比。通过类比，他认为，虽然我们的实况转播有多达 13—14 部摄像机从不同的角度进行拍摄，有十几个信道同时传输至转播车，导播坐导播间里，随时指令切入不同的画面。但是，它的创造性、独创性、个性化选择是有限的，是为了真实地反映现场的情况，也是为了满足观众在家观看时基本的感官要求。

我认为他这种分析的逻辑观点是无可辩驳的。但是，法官可能忽略了一个问题：我很难想象，作为一名球迷，在开始看足球的时候发现电视转播是在用倒叙的方法告诉观众足球比赛的整个进程。因此，将纪实性电影作品作为足球赛事的类比对象，从而推定它的独创性是有限的是否合适？我现在也是持保留意见的。这是方法论问题。

当然，作为律师，我觉得非常温暖的是，二审法官对被上诉人即新浪公司律师提出的具有独创性的五个方面——每个方面大概有 7 ~ 8 个对比的举例的镜头均一一加以回应。这体现了法官对律师工作的一种尊重，也是对双方代理观点正面的碰撞持一种不回避的态度。

至此，我认为应该有结论了，大家心中也已经有结论了，对于二审法官的想法，我们已经很清楚了。但是，我们发现这个判决还在继续。

法官认为赛事公用信号属于广播组织权范围，应该由广播组织即中央电视台维权。因此应该从广播组织权的角度来制止视频直播的侵权行为。同时，法官也认为应当通过法律修改，将互联网纳入广播组织权的保护范围。这份具有人性光辉的判决，也第一次在民事判决里对赛事公用信号如何进行规制提出了法官层面的观点。

因此，从上面的判决来看，我们觉得，它有人性光辉的一面，也存在对类电作品与公共信号传播如何区分的方法问题。但是，我不得不提出，还是有几个小的遗憾：第一，如果认为公共信号的传播，由于固定性的原因，导致创新不够，不能作为类电产品，那么，录像制品的固定性又在哪里？第二，对于类电作品和公共信号传播的作品的独创性程度应该达到怎样的高度？是否应当比照电影的独创性？还是只要像 1975 年美国版权法律规定的有四台摄像机、导演不停地切换信号就判断其具有一定的独创性，有自己内心想法在其中就认为具有可版权性呢？第三，一审和二审均没有对不正当竞争的诉由进行评判，不得不说，这也是一个遗憾。

体育产业是非常庞大的产业。著作权法的变革和发展，是为了保护创作，是为了确立规则，这才是有效的过程。所以，我认为，在著作权保护法修订的时候，可以通过上位法将具有一定条件的赛事公用信号直接确定为著作权的基本权利，这样也许更有利于明确界限，实现法治化发展。

五、《中华人民共和国英雄烈士保护法》通过及适用

◆ 事例简介

2018 年 4 月 27 日，第十三届全国人民代表大会常务委员会第二次会议通过了《中华人民共和国英雄烈士保护法》(以下简称《英雄烈士保护法》)。该法自 2018 年 5 月 1 日起施行。该法的宗旨是“为了加强对英雄烈士的保护，维护社会公共利益，传承和弘扬英雄烈士精神、爱国主义精神，培育和践行社会主义核心价值观，激发实现中华民族伟大复兴中国梦的强大精神力量”。该法第 18 条规定“文化、新闻出版、广播电视、电影、网信等部门应当鼓励和支持以英雄烈士事迹为题材、弘扬英雄烈士精神的优秀文学艺术作品、广播电视节目及出版物的创作生产和宣传推广”。该法第 22 条至第 27 条亦对损害英烈人格权的行为表现、追责主体、追责程序作出了规定。

《英雄烈士保护法》施行不久即得到了适用。2018 年 5 月 21 日，江苏省淮安市人民检察院就曾某侵害谢勇烈士名誉的行为，依法向江苏省淮安市中级人民法院提起民事公益诉讼，请求法院判令曾某通过媒体公开赔礼道歉、消除影响。

据了解，2018 年 5 月 12 日下午，淮安市清江浦区恒大名都小区高层住宅发生火灾，在解救被困群众时，消防战士谢勇不幸从火场坠亡。5 月 13 日，公安部批准谢勇同志为烈士并颁发献身国防金质纪念章；5 月 14 日，淮安市人民政府追授谢勇“灭火救援勇士”荣誉称号。

被告人曾某于 5 月 14 日在有 131 名成员的微信群中对谢勇烈士救火牺牲一事公然发表侮辱性言论，歪曲烈士谢勇英勇牺牲的事实。淮安市中级人民法院认为曾某违反了《民法总则》第 185 条、《英雄烈士保护法》第 22 条、第 25 条、第 26 条等法条的相关规定，最终认定曾某的行为侵害了谢勇烈士名誉并损害了社会公共利益，并于 2018 年 6 月 12 日作出判决，判令曾某公开赔礼道歉。被告曾某亦对此判

决结果没有异议，并称“已认识到自己的错误，并愿意改过。对谢勇烈士的亲属造成的伤害深表歉意，愿意通过媒体公开赔礼道歉”。[1]

此案是对新生法律《英雄烈士保护法》的成功适用，此案的判决也被最高人民检察院列为2018年的指导性案例。其对社会公众亦有广泛的教育作用。

◆ 入选理由

《英雄烈士保护法》明确了我国在意识形态领域公共利益的基本内容，明确了言论权利与英雄烈士及同类人物的人格权益之间的具有中国特色的价值取向，这对专业媒体、社交媒体平台、自媒体、微信群组的相关言论都进一步划定了相关界限。该法设置了侵害英烈人格民事公益诉讼程序，使得英烈人格利益有了获得永久性保护的可能。

◆ 专家点评

徐迅（中国政法大学传播法中心执行主任）：

2018年5月，一位名叫曾某的江苏网民成为全国各大媒体争相报道的新闻人物。其求职受挫、生活不顺，一味想发泄情绪。这时候，当地网民正在纪念一位因为救火而牺牲的消防员，曾某就借着酒劲把强烈的不满投向烈士，在有131名成员的微信群发表了一连串侮辱性言论，很多人看了曾某的言论，其中有很多人转发。5月21日，经省检察院的批准，当地检察院针对曾某的行为提起侵害英烈名誉的公益诉讼。于是，曾某就成为《英雄烈士保护法》生效实施以来全国由检察机关提起民事公益诉讼案件被告第一人。法院判决指出，诋毁烈士形象是对社会公德的严重挑战，曾某的行为已经超出言论自由的范畴，侵犯社会公共利益。根据《民法总则》及《英雄烈士保护法》的相关规定，判决曾某在当地市级报纸上公开赔礼道歉。

其实，早在曾某发表针对烈士的言论后，有人就提醒过他，在当地已经有一位网民因为针对这位烈士发表侮辱性言论被拘留了15天、罚款1000元，劝曾某口下留德，但曾某却说：“别说拘留，坐牢我都不怕。”曾某的言论被起诉机关认为是“公然挑衅法律”，很快，曾某被刑事拘留了，公安机关的理由是他涉嫌寻衅滋事犯罪。

---

[1] （2018）苏08民公初1号。

其实拘留只是一系列法律追究的开始。此后，检察机关迅速行动，精细地解决了一系列案件的程序性问题，提起了公益诉讼。开庭时，审判席上一共 7 名审判人员、3 名法官和 4 名人民陪审员，组成了阵容强大的合议庭，法院副院长亲自担任审判长。所以更准确地说，曾某不仅是《英雄烈士保护法》生效以后第一个公益诉讼案件的被告，还是第一个被公检法机关共同追究法律责任的网民。

我从两方面来点评这件事。

第一，网络表达的底线何在？表达者试图找准标准以确保言论的安全，官方也试图划出标准以便管理。国家网信办前负责人就曾提出过“网络大 V 的 7 条底线”，每个官办媒体网站上也曾流传着公安机关提出的“在微信上有 9 个‘千万不能发’”的警告。这些当然都是标准，它们的性质有政治的、政策的、道德的、纪律的、专业的、行业的。但真正约束所有人的、无差别必须遵守的底线标准是由法律规定的，这就是传播法制中说的禁载制度。

以往，我们提起禁载，大家比较熟悉的都是《网络安全法》第 12 条、《电影产业促进法》第 16 条，或者有代表性的《出版管理条例》第 25 条等。现在，禁止歪曲、丑化、亵渎、否定英雄烈士事迹精神，是《英雄烈士保护法》为所有表达者划定的新底线。公检法机关如此大力度地追究曾某侮辱烈士的言论，就是向社会明示这一法律底线的严肃性。虽然任何自然人的姓名、肖像、名誉、荣誉都受法律保护，但国家对英烈的姓名、肖像、名誉、荣誉给予倾斜保护、优先保护，这就是禁区。

第二，有关立法的技术。舆论一般认为，制定《英雄烈士保护法》的起因是狼牙山五壮士名誉权案产生的广泛影响。狼牙山五壮士的案件开庭时，被告的史学工作者面前摆满了图书资料，显然是准备在庭审当中作为依据一一出示。而且一经开庭，他就对原告代理人的代理资格展开了诉讼攻防战。作为原告代理人的是一位原军队干部，他其并不与被告展开法律上的纠缠，而是不断指出被告政治上的幼稚性，双方显然不是在一个频道上对话。我当时就想，如果按照传统民法逻辑，这是死者人格尊严和公民学术研究自由的冲突，但是民法作为调整平等主体间法律关系的法律似乎解决不了这个案件的争议。我的判断很快在后来的立法活动中得到了印证。2017 年 3 月，《民法总则》生效，这部法律在大会审议的最后阶段增加了英烈保护的条款，这一举措及时回应了当时比较强烈的立法呼声。

不过，有法律专家指出，民法是调整私人利益的法律，本质上属于私法，而英雄烈士涉及社会公共利益，应该属于公法调整的范畴。民法学者杨立新就认为：“对英雄烈士死亡后的人格利益予以保护，并没有超出对死者人格利益保护的范畴，都是对私益的保护，而不是对公共利益的保护，适用的是同等的民法的法律。”他还指出,《民法总则》第185条设计得并不精巧，概括的问题也不全面，并不是一个含义精准、适用规则明确的民法规范，从文字表面上看，确有人格不平等的嫌疑。

《民法总则》的这些缺陷，在2018年通过的《英雄烈士保护法》中得以弥补。这部法律被全国人大列为宪法相关法，而不是民法。这样，对英烈尊严的特别保护就可以顺理成章地实现司法上的操作了，民法学者的忧虑似乎也消除了。这部法律的立法及其实施可以成为中国特色法律体系代表性的标杆，是法律维护社会主义核心价值观的典型例证。

魏永征（时任中国传媒大学媒体法规政策研究中心总顾问、教授）：

理解《英雄烈士保护法》要回溯到2014年党的十八届四中全会通过的《中共中央关于全面推进依法治国若干重大问题的决定》(本文以下简称《决定》)，其中提出了建设中国特色社会主义法治体系的战略目标。这里“法治体系”，是有别于“法律体系”的全新提法，颁布《英雄烈士保护法》就是建设社会主义法治体系的重要步骤。

第一,《决定》指出，坚持依法治国首先要坚持依宪治国。徐迅教授已经讲了,《英雄烈士保护法》属于宪法相关法，不是民商法，也不是行政法。这是与宪法配套、保障宪法实施和国家政权运作、调整国家政治关系的法律规范。按照全国人大常委会法工委对本法的说明，为什么要制定《英雄烈士保护法》呢？这是建设具有强大凝聚力和引领力的社会主义意识形态、巩固中国共产党执政地位和中国特色社会主义制度的内在要求；是弘扬社会主义核心价值观和爱国主义精神，捍卫英雄烈士、维护社会公共利益的必要措施。对于《英雄烈士保护法》，我们要从这个高度来理解。

第二，就传媒法的角度来说,《英雄烈士保护法》明确了我国意识形态领域中公共利益的核心内容。该法第1条就规定“本法的宗旨是维护社会公共利益，传承和弘扬英雄烈士精神、爱国主义精神，培育和践行社会主义核心价值观，激发实现中华民族伟大复兴中国梦的强大精神力量”。徐迅也讲了《英雄烈士保护法》来源于2016年“狼牙山五壮士”系列案件。对于这个系列案件，最高人民法院史无前例地召开了一次新闻发布会，两位庭长和其他领导专门在新闻发布会上指出，英雄人物的事迹、形象和精神价值已经成为中华民族共同记忆和民族感情的一部分，他们对现代中国有不可替代的伟大意义，并由此成为中国社会主义核心价值观的重要组成部分。人民法院审理此类案件，不仅要依法保护英雄人物的个人权益，也要强调判决公共价值的彰显，通过判决引导社会公众崇尚英雄、捍卫英雄、学习英雄、关爱英雄。由此法学家莫纪宏指出，这些案件都包含着涉及政权合法性及国家安全事项的公共利益。以上文件和学者论述都阐明了我国的公共利益观与英美等西方国家法理中建立在强调个人利益基础上的公共利益观存在着本质的区别，更进一步明确了言论权益与英雄烈士及同类人物人格权益之间的具有中国特色的价值取向。

第三，该法把社会主义核心价值观转化为具有刚性约束力的法律规定。中共中央办公厅、国务院办公厅发布的《关于进一步把社会主义核心价值观融入法治建设的指导意见》提出要把社会主义核心价值观的要求体现到宪法法律、法规规章和公共政策之中，并转化为具有刚性约束力的法律规定。最高人民法院针对英烈法专门下达的通知中，就明确指出了要以司法手段维护和弘扬社会主义核心价值观。2018年，著名法学家徐显明在北京大学100周年纪念讲堂演讲中提到，狼牙山五壮士案是由他处理的，他指出这个案子是中华人民共和国成立以来第一次用法律来解决意识形态问题。而《英雄烈士保护法》通过设置侵害英烈人物的民事公益诉讼程序，使得英烈人格利益获得切实保护，不但在诉讼主体上可以得到国家检察机关的有力伸张，并且在时效上可以获得永久性保护。江苏省淮安市检察院诉讼的烈士谢勇人格受侵害案，就是《英雄烈士保护法》实施后第一次依本法来解决意识形态问题。法律是以国家强制力，即刚性约束力来实施的行为规范，国家将以法律来维护社会主义意识形态的地位、制裁挑战社会主义意识形态的行为。

六、鸿茅国药公司诉程某侵害名誉权案

◈ 事例简介

2018年3月5日，律师程某在其个人运营的微信公众号上发表题为《广告史劣迹斑斑的鸿茅药酒获“CCTV国家品牌计划”，打了谁的脸？》的文章。内蒙古鸿茅国药股份有限公司以程某涉嫌侵犯其商业名誉将其告上法庭。2018年3月15日，上海市闵行区人民法院受理此案。

原告内蒙古鸿茅国药公司声称：①被告文章内容言辞锋利、违背事实、误导读

者、贬低“鸿茅药酒”品牌形象，严重侵犯其名誉权。②鸿茅药酒并不在上海工商部门发布的《这12件典型虚假广告涉嫌违法，已被依法查处》之列，而被告在文章中的表述极易让读者误以为原告在“12件典型虚假广告”之列，严重侵犯了原告的名誉。故原告诉诸法院，请求法院判决被告停止侵权，即时删除文章，并且要求被告在中央电视一台和人民日报之一发布道歉信。

被告辩称：①其确实发布过涉案文章，但文章引用的事实仅是一小部分，且来源于权威媒体和相关部门，系对相关社会现象的正当合法的评论，不构成侵权和违法。如果原告的行为是正当合法的，理应忍受这样的社会批评。②虽然12件典型虚假广告涉嫌违法的案例中不包括鸿茅药酒，但其在文章中也已明确表明针对鸿茅药酒的评论是网友的留言，不存在任何误导。③文章所述事实是为了质疑食品药品监督管理部门在进行审查时尺度是否过于宽松，是否存在诸多违法的嫌疑，应属言论自由的范围。

法院认为：①被告文章是以“鸿茅药酒广告”为例，探讨相关部门在广告管理方面存在的问题，系被告个人对加强食药品广告审查监督的意见和建议，是对食药品安全的公共利益的关注，应属受保护的言论自由范畴。②涉案文章虽引用了上海工商部门发布的“12件典型虚假广告”，但并未标明“鸿茅药酒”是该12件涉嫌违法的典型虚假广告之一。被告亦表明对“鸿茅药酒”广告的质疑系网友留言，故不致引起歧义和误导，作为理性的社会人也难以仅凭该表述对原告及其产品作出否定性评价。③涉案文章标题使用“广告史劣迹斑斑”的评论性表述，系源于互联网及其他媒体已披露的“鸿茅药酒”违法广告史，措辞虽然尖锐，但不构成侮辱、诽谤。原告作为知名企业，对于社会公众的评论和舆论监督理应负有更多的容忍义务。

因此，上海市闵行区人民法院认为被告发表的文章不具有贬损原告企业商业信誉和商品声誉的违法性。2018年6月18日，上海市闵行区人民法院作出一审判决，驳回原告内蒙古鸿茅国药股份有限公司的诉讼请求。[1]

◆ 入选理由

近年来，企业商誉保护与来自媒体和公众的舆论监督之间的冲突不断引发社会

---

[1] （2018）沪0112民初9577号。

关注。针对商品或服务的曝光、批评，企业常以侵权提出高额的民事赔偿，甚至诉诸刑事法律。如何平衡商业形象保护与公众、媒体的表达权利，关系到市场经济健康发展和百姓切身利益。该案以2018年引发全国关注的药品、保健品行业质量安全为背景，触及自媒体的言论边界问题，堪称传媒法领域的一个经典研究样本。

◆ 专家点评

刘文杰（时任中国传媒大学法律系教授，现任中国政法大学比较法学研究院教授）：

鸿茅药酒案最终演化成了社会舆论事件，法院的判决赢得了社会的一致好评。我认为从法律的角度来看，它涉及三个理论问题。第一，媒体和公众对产品、服务的质量及对提供产品和服务的企业的批评尺度问题。到底可不可以批评一种产品或者服务？可不可以对提供产品或者服务的企业进行批评？批评的边界在哪里？第二，一个自媒体在对产品、服务及企业进行批评时，它有多大的事实核查义务。现在，千千万万的个人微博、个人微信公众号不断发声，这些主体不大可能像记者一样去调查。通常的做法是援引别人的调查结果，这种做法有无问题？第三，在涉及诽谤或者侮辱的侵权争议案件中，对争议文本的解释标准是什么？

第一个问题，是针对商品、服务质量及对提供商品或服务的商家的批评尺度问题。在这个案件里，法院最后支持了程某律师，理由是程某律师的公众号文章之所以出现鸿茅药酒，目的是以鸿茅药酒广告为例，表现个人对国家食品药品广告监督管理机制的关注，这是一种服务于公共利益的讨论，“应属受保护的言论自由之范畴”。法院没有正面回答这样一个问题：能不能出于对某种公共利益的关注，比方，关注国家的食品药品广告监督管理体制，而举一个错误例子或虚假例子，从而使公众对一家无辜的企业或者个人产生错误印象呢？能否为了达成一个崇高的目标，就可以不顾个体的名誉和利益呢？

这个问题不是没有答案的。1993年的《最高人民法院关于审理名誉权案件若干问题的解答》第8条，就专门规定了因撰写、发表批评文章引起的名誉权纠纷该如何认定构成侵权的问题。其中分了三种情况：第一，反映的问题基本属实，也没有侮辱性内容，不构成侵权；第二，反映的问题虽然基本属实，但有侮辱他人人格的内容，构成侵权；第三，批评言论存在基本内容失实的情况，构成侵权。同时，1998年的《最高人民法院关于审理名誉权案件若干问题的解释》第9条，也专门规定了对产品质量、服务质量进行批评、评论引起的名誉权纠纷如何认定构成侵权的问题。我认为，1998年的该解释对这个案件更有参考意义。不仅是因为它专门针对指向产品和服务质量的批评，还在于它区分了两类主体，即把普通消费者和新闻单位也就是专业媒体做了区别对待。对消费者，规定其对产品质量或者服务质量进行批评、评论时，不应当认定为侵害他人名誉权，但借机诽谤、诋毁的除外。法院如果能够智慧地运用这条规定，将给消费者带来巨大的福祉，而今天大量出现的自媒体有可能通过这个条款而获得言论空间。相反，法院创造的“知名企业”概念虽然有其意义，但就像此前创造的“公共人物”概念一样，适用效果往往无法预测。

第二个问题，公民自媒体在今天已经成为信息传播的一个重要渠道，这些微博、微信号的主体有没有事实调查的义务？有多大的事实调查义务？当程某律师援引《新京报》《中国消费者报》《中国经营报》《华夏时报》、人民日报社主办的《健康报》等媒体报道以指斥鸿茅药酒的2630次违法广告记录时，需不需要把这2630次违法广告的处罚记录都搬到法庭上来？其只提供了报纸的复印件，是不是就算完成了调查义务？这个问题在法律上需要回答。但由于各种原因，判决里没有提到，而只是说涉案文章的评论性表述“措辞虽然尖锐，但不构成侮辱、诽谤”。判决是否认可程某的举证，我们不得而知。

第三个问题，对引发争议的文本如何加以解释。鸿茅药酒声称，程某律师在文章里列举了上海工商部门公布的12件虚假广告处罚，但这12件虚假广告里根本没有鸿茅药酒，所以这是诽谤。但涉案文章的表述实际上是怎样的呢？文章中先说明了上海市工商局刚处理了12件虚假广告，广受社会各界关注，随后就说“引起笔者注意的是，很多网友的留言却不约而同指向了鸿茅药酒的广告”，从而引出鸿茅药酒广告的违法记录。判决正面回答了这个问题，说“一个理性的社会人”不会因为这样的表述理解为那12件虚假广告里包括鸿茅药酒。判决实际上就暗指鸿茅国药一方移花接木，曲解原意。这一认定是正确的。但判决又提出了“理性的社会人”标准，它和民事法律中已经有的标准“理性人”（又称善良管理人、善良家父、一个合理谨慎的人等）有何区别？什么是“非理性的社会人”“理性的非社会人”？尚不可知。我觉得这个概念的提出还是值得商榷的。从既往的传媒法研究与实践来看，对争议文本解释的主体标准定为“文章所面向的普通读者”更为合适。

七、瓜子二手车广告处罚争议

◆ 事例简介

2016 年 12 月 3 日，金瓜子科技发展（北京）有限公司（以下简称“瓜子二手车”）与乐视网签订了《乐视网广告交易平台网络广告发布协议》。广告类型为体育前贴片；广告发布期限为 2016 年 9 月 27 日至 2016 年 12 月 28 日，总计 112 天；广告时长约为 15 秒钟；广告总额为人民币 1250 万元；广告的具体内容包含“创办一年、成交量就已遥遥领先”的广告语。

瓜子二手车确认“创办一年”的起止时间为：2015 年 8 月至 2016 年 7 月，同时承诺在此时间段，二手车成交量为 85874 辆。但是，北京市工商行政管理局海淀分局（以下简称“海淀分局”）在 2018 年 11 月 5 日调取了北京市旧机动车交易市场有限公司 2015 年 7 月 1 日至 2016 年 7 月 31 日的二手车成交数据，显示成交量为 442878 辆车；在 2018 年 11 月 6 日调取了北京人人车旧机动车经纪有限公司 2015 年 8 月 1 日至 2016 年 7 月 31 日的成交数据，成交量为 92375 辆车。此两者的二手车成交数量均超过瓜子二手车的成交数量。因此，海淀分局认为瓜子二手车在广告宣传中使用的宣传语缺乏事实依据，与实际情况不符，构成虚假广告。

2018 年 11 月 15 日，海淀分局对瓜子二手车作出了《行政处罚决定书》，责令瓜子二手车停止发布违法广告，责令其在相应范围内消除影响，并处以 1250 万元的罚款。此案也成为中国二手车行业史上的首例千万级罚款。

但是瓜子二手车对此决定的定性提出异议。2018 年 11 月 30 日，瓜子二手车发表声明，称“针对该决定，瓜子二手车深感遗憾”，且“已根据法律程序申请行政复议，相信最终会得到公平合理的裁定”。

目前，本案已进入行政复议阶段，其结果尚未可知且难以预料。就如何认定本事例中关于广告内容的真实性问题，还有待进一步认定。[1]

[1] 2019 年 2 月 20 日，北京市海淀区人民政府作出海政复决字【2018】361 号复议决定，以事实不清、证据不足为由撤销了处罚决定。

◆ 入选理由

近年来，我国互联网广告产业呈现“井喷式”增长，由于互联网广告形式多样、参与主体众多、法律关系复杂，如何合法有效地监管互联网广告成为市场监管部门的重点和难点。该案提出了一系列值得思考的问题：如何界定《广告法》中的“虚假宣传”；如何明确执法机关的处罚尺度及裁量标准；广告监管在维护社会经济秩序和保护合法商业言论之间如何实现平衡等。该案的最终处理结果将对广告行业产生重要影响。

◆ 专家点评

熊定中（清律律师事务所主任、清华大学互联网法律与政策研究中心秘书长）：

在瓜子二手车因宣传“遥遥领先”被罚1250万元的案件里，除了1250万元的高额罚金，还有几个值得大家关注的点。

首先，有关北京市工商机关的处罚理由。工商机关将其定性为虚假广告，而不是使用绝对化用语的广告。如果不研究广告法，就不知道两者的区别是什么。虚假广告是指广告是假的、错误的；绝对化用语是中国广告法独有的规定，至少在国外，如日本、泰国，能看到“我们是最好的产品、最好的广告、最好的服务”的宣传。在中国，“最好”“最佳”这种词汇，被称为绝对化用语，禁止使用。而遥遥领先这个词，正常人的第一反应是用以描述第一的，与“最佳”没有区别。但是，实际上，工商并没有依据绝对化用语这条规定来处罚瓜子二手车，而是按照虚假广告处罚的，所以，才引发了后续一系列措施来调查瓜子二手车是否真的销售遥遥领先。当然，就算产品或服务真的做到了最好，也是禁止使用绝对化用语的。

上述介绍引出了一个新的关注点：哪些表述属于虚假广告的评判范围？根据我处理的一些实务工作经验，若是使用了“最佳”“最高级”的词语，则一般是会被纳入禁止使用的“绝对化用语”评判范围。因为，如果瓜子二手车是全中国最好的二手车网站，那么，根本无法判定其是否为虚假，因为这是主观标准，没有客观标准。但如果描述的是有数据的、可量化的销量的话，工商部门继而就会引入后续的对于数据是否真实的核实上。因此，除了明确写入法律的禁止使用的那几个绝对化用词，工商机关一般会用是否是虚假广告来评判。即在有客观标准可以衡量的情况下，只要不使用法律明确规定禁止使用的那几个词，一般就可以进入下一个阶段，即评价这个数据是否真实。

其次，另外一个很有趣的点，在于讨论数据真实性的问题。这一般在反垄断法或者反不正当竞争法评估情况下才会出现。瓜子二手车宣传的是遥遥领先，工商机关查处的时候，关注的一个重点是为什么你说自己是遥遥领先？工商机关很认真地抽查和对比了好几个同类型销售二手车的平台——这里面有一个小的问号，可能未来在行政复议或者行政诉讼里，双方的律师或者工商机关的法制科人员会提到这个问题。工商机关在跟瓜子二手车进行对比的时候，采用了人人车的数据，这一点没有问题，但另外一个对比数据来自北京旧机动车交易市场，而这个二手车交易市场是 B2C 销售模式，即如果你拥有一辆车，你去二手车市场卖，就需要先卖给经销商，经销商再卖给买家，你跟买家之间并不直接建立任何合同关系。人人车和瓜子二手车采用的是 C2C 销售模式，那 B2C 和 C2C 两种销售模式到底能否可以在同一个层面进行比较？反法里是不太能够直接引用对比的。但现在的情况是，第一，工商机关已经这么比较了；第二，瓜子二手车律师和法务也没有提出这方面的异议，并且他们反过来也使用了这个数据比，大家好像默认 B2C 平台和 C2C 网站可以在同一个竞争领域，这是一个有趣的点，值得大家关注。

最后，提一点关于行业性的问题。我为中国最大的公关公司做了四年外部法务主管。从经济视角或者企业视角来看，有一种行为叫作有效的违法。我根据新闻报道中的信息，对比了一下有关瓜子二手车的销量数据，当瓜子二手车尚未使用遥遥领先这个广告语的时候，一年内的销量只有 9 万辆，但当使用了遥遥领先的广告语后，9 个月内卖出 13 万辆，这意味着什么？对瓜子二手车而言，无非就是每一次交易中多收 100 块钱成本用来交罚金，但广告效果非常好。而且从企业视角看，处罚之后又莫名收获了一大批新闻报道，让瓜子二手车声誉和企业影响力都得到了提升。因此，今后监管机构是不是在行政处罚过程中考虑这部分因素，可能是后续值得探讨的问题。

郑宁（中国传媒大学文化产业管理学院法律系主任、文化法治研究中心主任、副教授）：

下面我从四个方面来分析这个案例。

第一，本事例反映了我国政府在不断加强对互联网广告的监管。自 2015 年广告法修订、2016 年国家工商总局发布《互联网广告管理暂行办法》以来，互联网广告的监管不断加强。2018 年 2 月，国家工商总局发布《关于开展互联网广告专项整治工作的通知》，2018 年前三季度共查处互联网广告案件 13665 起，同比增长 54.4%，罚款超过 2 亿元。

我们需要思考互联网广告监管的目的。《互联网广告管理暂行办法》把立法目的明确表述为四个方面：规范互联网广告活动，保护消费者的合法权益，促进互联网广告业的健康发展，维护公平竞争的市场经济秩序。这些都是与公共利益有关的。我国的广告监管并没有考虑维护商业言论这种《宪法》第 35 条规定的基本权利。事实上，广告的本质是通过特定媒介传播特定信息，在商品生产者、经营者和消费者之间沟通信息，应该属于言论自由的保护范围。从美国和欧洲的经验来看，商业性言论的保护程度较低，政府有权对商业性言论作出更多的限制，但也认为这种限制本身不能过度。

第二，如何适用《广告法》第 28 条。《广告法》第 28 条规定的虚假广告是广告法的一个主要违法雷区。2018 年国家工商总局发布的三批 90 个典型案例中，违反第 28 条的就有 29 个案例，占了近 1/3，罚款数额从 1 万 ~ 300 万元不等。

第 28 条主要有两个构成要件。

（1）虚假或引人误解。具体到该案，瓜子二手车如果只是说自己“成交量领先”，是没有问题的。但是它宣传自己“创办 1 年，成交量遥遥领先”，就需要证明其真实性。这包括两个要素：一是时间：自 2015 年 8 月创办到 2016 年 7 月；二是成交量：遥遥领先，明显高于同类其他企业。该案中，工商机关调取了北京旧机动车交易市场及人人车的二手车成交数据，认为在上述一年内，另两家公司的成交量都高于瓜子二手车。另外，瓜子二手车提供的中国电子商务协会数字服务中心出具的证明，未得到该协会的认可，因此未被采信。在被处罚后，瓜子二手车在声明中提供了 2016 年、2017 年、2018 年的成交量数据，认为自己是第一，但没有正面回应在指定时间内自己的成交量是否领先于那两家企业。

（2）欺骗、误导消费者。由于虚假或引人误解的宣传，导致消费者受到欺骗、误导，作出了购买行为。如果消费者一看广告就知道是虚假、夸张的，就不可能被误导，就不能说构成虚假广告。比如，美国某黏合剂广告：“它能将整个世界黏在一起”；某空调广告：“从非洲到南极，一步之遥”。该案中，要证明其是否欺骗、误导消费者，应该收集广告发布后，瓜子二手车销量增加的数据。但我们没有看到处罚决定书对此加以论证。

第三，关于虚假广告的处罚裁量。过罚相当是行政处罚的基本原则。根据《广告法》第55条，虚假广告处广告费用3～5倍的罚款。两年内有三次以上违法行为，处广告费用5～10倍的罚款。如果认定瓜子二手车构成虚假广告，原则上至少应该按照3倍来处罚。该案处罚决定书显示，工商机关根据《行政处罚法》第27条规定适用了减轻处罚情节，只按照1倍处罚，但在处罚决定书中未说明理由。我们需要反思监管部门裁量权行使的正当性。

第四，对于广告法立法科学性的思考。该案中的虚假广告和《广告法》第9条规定的绝对化用语条款时常发生竞合。我们由此联想到2015年自称“杭州最好的炒货店铺”——方林富炒货店被市场监管部门罚款20万元，法院认为处罚太重，考虑原告系个体工商户，广告影响力和影响范围较小，对市场秩序的扰乱程度较轻微，炒货广告宣传不会对消费者产生太大误导，按《行政处罚法》第27条将罚款数额变更为10万元。实践中，不少地方工商机关认为新《广告法》第57条对违反绝对化用语条款规定就要罚款20万～100万元的处罚太重，普遍按不予处罚、从轻处罚或减轻处罚加以处理。如果普遍违法、普遍变通执法成为常态，我们就需要反思广告法立法的科学性。从美国、日本等国家的广告法来看，绝对化用语区分主观和客观两种情形：①主观的、无法证实的、不可靠的吹嘘不会对消费者造成实质性影响的，是被允许的，如必胜客广告——最好的比萨；②可以具体化、可以衡量的绝对化用语要有真实资料加以证明。我国需要考虑适时修改广告法，或者出台细化标准，避免一刀切，避免把例外作为普遍。

因此，瓜子二手车广告处罚事例对于促使我们反思广告法保护的价值、明确广告法中虚假广告和绝对化用语的适用、规范互联网广告监管执法都有重要的价值。

八、山东广电诉山东联通等盗播节目不正当竞争案

◆ 事例简介

2014年9月4日，山东广电网络有限公司（以下简称“广电网络公司”）与中广影视卫星有限公司（以下简称“中广影视公司”）签署《中央电视台加扰卫星电视节目传送合作协议书》，获得了在山东省区域内通过有线网络向用户提供中央电视台加密频道电视节目的传播服务的独家权利。

然而，广电网络公司却发现中国联合网络通信有限公司山东省分公司（以下简

称“山东联通公司”）和山东海看网络科技有限公司（原山东广电新媒体有限责任公司，以下简称“海看网络公司”）在没有任何合法授权的情况下，擅自在其IPTV平台上播放上述电视频道节目，同时还在节目下部播放“广电网络公司统一全省客服热线96123”滚动字幕。2015年1月27日，中广影视公司发布声明，称山东联通公司的行为严重侵犯了中央电视台的版权。

广电网络公司亦认为其行为构成对自己的不正当竞争，遂向山东省济南市中级人民法院提起诉讼。请求法院判令：①被告立即停止不正当竞争行为并就其造成的不良后果刊登公开声明，消除影响；②赔偿原告经济损失5000万元及为制止不正当竞争行为所支出的合理费用共计50万元。

被告辩称：①原告被授权传送涉案频道的使用范围仅限于有线网络，与答辩人所经营的IPTV使用范围并不相同。答辩人与原告之间并未构成不正当竞争。②原告并未因答辩人的行为受到实际损害。原告要求答辩人赔偿的请求缺乏依据。

济南市中级人民法院经审理认为：①原被告双方在同一地域内均经营电视节目信号的传输工作，面对同一服务客户群体，彼此应构成竞争关系。②被告无偿使用原告传输资源，减少了运营成本，提高了竞争优势，损害了原告的合法权益，构成不正当竞争。

最终，济南市中级人民法院于2017年10月22日作出判决，判令被告赔偿原告经济损失及合理费用共计300万元。[1]

双方均不服一审判决。广电网络公司向山东省高级人民法院提起上诉，称一审判决赔偿金额过低，且法院未支持原告提出的消除影响的诉讼请求。而山东联通公司、海看网络公司则主张原被告双方不构成竞争关系，请求撤销一审判决，改判驳回广电网络公司全部诉讼请求。

山东省高级人民法院经审理认为，二者提供的电视内容基本相同，仅存在提供方式的区别，因此属于直接竞争关系。且山东联通公司、海看网络公司擅自使用广电网络公司在山东省内获得独占使用权力的电视信号，其行为构成不正当竞争。但广电网络公司并未提交证据证明该侵权行为对其企业信誉造成贬损，故其要求消除影响的诉求缺乏事实和法律依据。

最终，山东省高级人民法院于2018年12月24日就“山东广电诉山东联通等盗

---

[1] （2016）鲁01民初1011号。

播节目”不正当竞争案作出终审判决，判定山东联通公司赔偿广电网络公司经济损失 5000 万元，海看网络公司对于其中 4700 万元承担连带赔偿责任。[1]

◆ 入选理由

该案在我国《著作权法》关于广播组织权保护能否延及网络问题尚不明确的情况下，通过适用反不正当竞争法对未经许可转播广播电视频道信号行为给予了迄今为止金额最高的判罚，既是对广播电视机构的正当经营行为、智力和财产的投入及对社会所做贡献给予的法律救济，同时也显示出司法认定未经授权的“转播”行为是一种不受法律保护的行为。

◆ 专家点评

刘文杰（时任中国传媒大学法律系教授，现任中国政法大学比较法学研究院教授）：

这个案件是两家国企——山东广电与山东联通之间的争议，要解决的是在网络环境下传播广播电视节目的利益划分问题。我主要跟各位报告在两个问题上的个人思考。第一个问题，以《反不正当竞争法》解决广播电视节目传输在网络环境下的利益划分问题，法律上是否站得住脚？第二个问题，这个案件中一个抓人眼球的地方在于山东省高级人民法院作出了高达 5000 万元的判赔，我们需要了解这个高额判赔是怎样作出来的。

第一个问题，通过《反不正当竞争法》来禁止未经许可的网络电视传播，实质上确立了什么规则？这个案件的基本情况是山东联通采用互联网传播（转播）了中央电视台 4 个频道的节目，而这 4 个频道本来是中央电视台授权给山东广电进行有线电视传播的。山东广电虽然只能进行有线电视传播，但山东联通的网络传播自然会拉走它的有线观众。问题是，当山东广电要求法院判令山东联通停止传播并且赔偿损失时，它要求法院予以保护的到底是什么？

一种可能性是，山东广电主张，中央电视台给我的节目信号，被你拿走了，我没有了信号，所以你侵害了我的合法利益。然而，山东联通网络传播中央电视台 4 个频道的节目信号以后，山东广电的有线电视是不是就没有信号了呢？或者，由于山东联

---

[1] （2018）鲁民终 937 号。

通的传播，山东广电是否必须增加传输功率来弥补信号损失呢？这两种情况都没有出现，山东联通网络传播的同时，山东广电的有线传播完好如初。因此，山东广电所主张的归根结底是对中央电视台4个频道节目的传输独占权，这也包括网络环境。

山东广电若要主张这一权利，前提是他的上家中央电视台拥有这一权利。很遗憾，从《著作权法》中我们找不到这个权利，或者说，法院不认为《著作权法》赋予了中央电视台这样的广播组织以网络转播权。但是法院想要保护山东广电，它就从《反不正当竞争法》中去找，那里当然没有，于是，法院依据《反不正当竞争法》第2条，说网络传播违反了诚实信用原则，扰乱了社会经济秩序，支持山东广电的请求，判决巨额赔偿。我们知道《著作权法》中关于邻接权的立法模式是权利法定，如果《著作权法》没有设定的邻接权忽然出现在《反不正当竞争法》的一般条款里，《著作权法》就很尴尬了。

其实，为了保护广播组织所不享有的网络转播权，我国法院进行了很多探索，有利用录音录像制作者权的，有利用著作权的，有利用反不正当竞争法的。

这次的判决首先提出，《著作权法》和我国参加的相关公约都没有将保护广播组织权范围扩展至网络环境，不能仅仅因为新技术的产生或发展就给权利人带来超越立法时的权利边界。看到这里，我们可以相当有把握地确定广播组织权与网络转播无关。然而判决马上就说，广播组织搞节目也要人力、财力、物力投入，买体育赛事更要花钱，所以如果不对电视台节目信号进行产权界定并加以保护，就会损害广播组织的经济利益。这样的判词虽然不能让我们欣赏到逻辑美，但让我们看清了解决广播组织在网络环境下利益诉求的迫切性。

第二个问题，5000万元的赔偿问题。它确实非常吸引眼球，我们想知道山东省高级人民法院依据什么作出天价赔偿？法院非常清楚地说，它是依据《最高人民法院关于审理不正当竞争民事案件应用法律若干问题的解释》第17条来计算损失的，因为这一条规定，可以参照侵犯注册商标专用权的损害赔偿方法计算。我看到这句判词的时候非常惊诧，没有想到在一个广播组织权案件里出现商标保护的损害赔偿计算方法。

该解释第17条的前半句是“确定反不正当竞争法第5条、第9条、第14条规定的不正当竞争行为的损害赔偿额，可以参照侵犯注册商标专用权的损害赔偿额的方法进行”。修改前的《反不正当竞争法》第5条是关于假冒的规定，指向知名商品的名称、包装、装潢等；第9条是关于虚假广告的规定；第14条是关于损害商誉的规定。这些规定都是关于企业标识性财产利益损害问题的，跟该案所涉及的节目内容侵害完全是两个领域。法院如此引用条文，确实让人感到非常遗憾，恐怕属于明显的理解和适用规范错误。

九、抖音诉伙拍短视频侵犯信息网络传播权案

◆ 事例简介

2018 年 5 月 12 日，抖音平台知名大“V”用户“黑脸 V”在平台上发布缅怀汶川地震十周年的“5・12，我想对你说”短视频，受到了网民的广泛赞誉，点赞量高达 280 多万。在“黑脸 V”的合法授权下，北京微播视界科技有限公司（以下简称“微播视界公司”）对其享有独家传播权。然而，微播视界公司却发现百度在线网络技术（北京）有限公司（以下简称“百度在线公司”）、百度网讯科技有限公司（以下简称“百度网讯公司”）在未经许可的情况下，将“5・12，我想对你说”短视频在其开发的伙拍小视频上传播并提供下载、分享服务；且未在短视频上显示抖音和用户 ID 的水印。微播视界公司认为这一行为侵犯了其的著作权，给其造成了极大的经济损失，因此向法院提起诉讼。北京互联网法院于 2018 年 10 月 30 日开庭审理此案。

原告微播视界公司请求法院判令二被告：①立即停止对原告著作权的侵害；②在百度网站首页及伙拍小视频客户端首页显著位置连续 24 小时刊登声明，消除影响；③赔偿原告经济损失 100 万元及合理支出 5 万元。

被告百度在线公司和百度网讯公司共同辩称道：①“5・12，我想对你说”短视频不具有独创性，不构成著作权法保护的作品；②原告不是“5・12，我想对你说”短视频的作者或者权利人，原告没有起诉二被告的权利基础；③被告在收到原告的有效投诉后，已经及时进行了删除处理，不存在过错，不应当承担民事责任；④原告所诉称的经济损失缺乏事实及法律依据。

北京互联网法院经调查审理认为：①根据视频制作者谢某的授权确认书，原告拥有其短视频的信息网络传播权的专有使用权及维权的权利，因此与案件有直接利害关系，有权提起本案诉讼；②短视频是一种新型的视频形式，对于其独创性的判断标准不宜过高，只要能体现出制作者的个性化表达，能较为完整地表达制作者的思想感情，即可认定具有创造性。“5・12，我想对你说”短视频具备著作权法的独

创性要求，构成类电作品；③但被控侵权短视频系案外人士上传，消除水印的行为人不是二被告，二被告作为提供信息存储空间的网络服务提供者，对伙拍小视频手机软件用户的侵权行为，不具有主观过错，且在收到原告的通知后，及时删除了被控侵权短视频，履行了“通知—删除”义务，不构成侵权，不应承担相关责任。

2018 年 12 月 26 日，北京互联网法院对“抖音短视频”诉“伙拍小视频”侵犯信息网络传播权案作出一审判决，驳回了原告的诉讼请求。[1]

本案系北京互联网法院成立以来受理的首例案件。

◆ 入选理由

该案在实体法和程序法上都具有典型代表性。作为北京互联网法院受理和宣判的第一案，该案运用全新的线上互联网审判方式，采用了区块链存证的方式举证并获得采信，高效、快速完成了审理和宣判，成为智能法院建设的代表性案例。在实体规则方面，针对短视频这一典型的具有互联网特色的作品类型，深入分析其独创性特征，认定短视频构成类电作品，体现了开放创新、与时俱进的司法审判智慧，为增强创新环境下著作权法的适用提供了优秀的典范。

◆ 专家点评

刘晓春（中国社科院大学互联网法治研究中心执行主任）：

这个案例是北京互联网法院第一案，影响非常大。借着北京互联网法院本身的热点，借着第一案的形式把短视频互联网领域新兴传播媒体形式推到了大家面前，其直接回应了短视频这样一个典型的在互联网领域利用人们碎片化注意力、利用小额分散的消费模式应运而生的新的作品形式面临的一些法律挑战和问题。

该案的争议焦点之一是类电作品的独创性标准，如果我们沿用比较技术化的、比较追求逻辑自洽和技术藩篱的解释方式的话，就很可能成为一个很大的争议焦点，如我们要探讨电影和类电作品独创性的标准是不是和其他作品类型的独创性标准不一样？独创性著作权当中有没有那么强的分类界定的趋势？在立法并没有给我们的法院作出一个非常严格、清晰的限定的时候，法官们在利用自己的司法智慧理解互联网、利用互联网精神和思路解决互联网时代问题的时候，是不是该给自己设

---

[1] （2018）京 0491 民初 1 号。

定一些藩篱和边界？

《著作权法》应该是一部面向未来的法律，在著作权领域，在传播领域，包括在新类型的创作形式、手段和形式最为活跃的新经济领域，我们一定要用去技术化的思维方式。去技术化实际上就是技术中立方式考虑规则的理解和适用。在讨论抖音案里短视频独创性的时候，有些表述十分精彩，如提到这是一种新型的视频形式，有助于在新的环境之下公众的多元性表达和文化的繁荣——可以看到法官对政策判断、对价值取向的深入思考。

实际上，在法律并没有严格限定的情况下，不宜苛求作品的独创性的创作高度，只要是作者的个性化表达就可以被认定为具有独创性。没有必要对电影作品或者类电作品设置一个特别高的独创性标准。理由在于：第一，较高的独创性标准没有法律依据；第二，其并不符合我们这个时代发展和作品创作趋势的需求。法官在做规则适用的时候，首先当然要依据立法、依据规则，但同样要有背后的价值关怀、对时代需求的回应。在这个意义上，抖音案凭借自己的影响力，非常好地体现了新时代的《著作权法》应该具有的一种司法智慧和姿态。

该案还涉及其他非常有探索价值的问题。比如，涉及主体认定，里面涉及作品的署名推定为作者这样一个问题。在传统出版社时代，在传统有平台、有中介的时代，实际上，大概率可以有比较可靠的推定后果。但在互联网时代，我们在网上看到的各种各样的传播作品，没有署名或者署名错误的情况经常出现。这个案例就对这个问题做出了很好的回应，对证据做了很好的梳理，确立了一些互联网领域怎么判断主体身份的方式。比如，这里面涉及的人机分离情况等，都是非常有代表性的互联网特色问题。

还有一个是被告身份认定问题。涉及所谓挂靠、出借经营资格这些问题，都是互联网领域特别典型的问题，包括公示的信息和责任承担之间的关系，都是非常好的实务和理论问题。

抖音案作为十大事例当中十分重要的一个案例，我相信评委们的想法并不局限于它本身的影响力，而是希望法官通过司法实践，利用自身面向未来司法审判的智慧把具体案例当中的裁判规则上升为一种标准，能够自下而上地为我们互联网领域网络空间的治理提供一些非常有意义的研究对象和研究素材。我相信这也是我们今天十大事例主办方和评委意图力推的。通过事例和典型性节点回顾总结，我认为，更重要的是要能形成面向未来的、更加开放包容的、更加具有时代意义的成果和影响力。

刘玥（时任北京市律师协会传媒与新闻出版法律专业委员会副主任，现任北京市大器律师事务所创始人、合伙人、律师）：

我点评的这个案件，既然被评为十大传媒法事例，我想先说一下这个案件在整个司法实践过程中与别的案子的一些不同之处，然后讲一下它带给我们的一些思考。

第一，与别的案子不同的地方在于管辖法院的创新性。随着司法改革的进一步推进，我国出现诸如互联网法院、金融法院等一些专业性法院改革取向，这种取向能够带来审判力量的优化和行业优势的结合，尤其对于重大、疑难、复杂案件的审理，我认为会带来很多积极的影响。所以司法改革体制的方向还是值得期待的，我认为这是这个案例被评选为十大案例的第一个原因。

第二，此案中涉案的标的可能确实会引发一些热点讨论。

首先，在13秒短视频里集中凸显的首要问题是它是否构成作品，是否具有作品的独创性。在司法实践中，关于著作权保护的对象，如果一旦要通过司法实践来获得保护，通常要在司法实践中认为其必须构成著作权法意义上的作品。

其次，作品应是通过一定的规范进行鉴定的，对短视频的独创性要求到底有多高？就该案而言，该案视频中的很多素材在网络上很多地方已经出现过同样的表达，如果按照高标准的独创性而言，那么，它其实缺乏显著的独创性。但在这种情况下，法院还是认为其构成作品，理由是在短视频这种特定表现形式中，个性化的表达也是一种独创性表达。但是，这种表达确实还值得进行更深入的探讨，如果把独创性标准放到如此之低，是不是未来随便一种行为性表达都能构成作品呢？这还需要进行更深层次的思考。

再次，关于“作品”是否一定要按照类型进行归类？司法实践中，我们认为确实应该将著作权法已经列举的作品类型作为司法判例的依据。但在司法实践之外，在学界讨论中，有学者及司法从业人员就认为只要作品符合独创性，符合作品的相关构成条件或形成有其特征的智慧成果。哪怕这个作品不在《著作权法》作品列举的范围内，其仍然是可以依据《著作权法》予以保护的作品，我认为这个观点是合理且值得期待的。当然，在法律未作修改之前，恐怕还是只能按照法定作品类型来界定其是否构成作品。

最后，这个标的的特殊性也在于其经济价值的体现。目前来看，短视频极具增长潜力，而且是一个在现实经济生活中已被验证的高爆发领域的相关互联网应用。我们认为目前的判决有很大的进步意义，它能够保护一个相关的行业。

第三，关于原告的主体资格。创作者给予原告的授权书，期限只有一年，授权带来的维权形式会不会产生其他冲突和风险呢？假如侵权过程是延续的，延续的过程是跨授权书时间段的，那么，未来有类似的案件是否要考虑清楚如何规制？是不是判决过程中还要界定相关的维权期限呢？这些也是值得思考的问题。另外，还有一个关于原告主体资格的问题，该案没有涉及，但是仍然值得探讨。很多互联网应用，在用户进入平台时，就已经将相关的权利进行了收集，这个收集行为实际上已经变相地行使了著作权集体管理组织的权利，平台也变相地成为著作权管理组织，这符合法律的规定吗？从《著作权法》及相关的法律规定来讲，著作权集体管理组织需要相关权力部门批准后才可以建立，这是不是就变相地对集体管理组织制度产生了冲击？这些也是值得思考的问题。

第四，关于侵权责任的承担。我们认为在新的形势下，现在的网络环境带来的巨大挑战之一就是侵权传播速度非常快。这个案子中，我们可以看到一个细节，短视频平台在接到有效通知 4 天之后才对相关信息进行删除。互联网时代，包含相关内容的资讯很有可能在很短时间形成爆发性传播，在这种情况下，用 4 天的时间来履行合理的注意义务，在未来的相关案子里能不能有所突破？能不能再进一步地做一些思考？我们觉得这些问题也是有可能出现，也有必要思考的。

第九章　2019年度中国传媒法典型事例评析

编者按

2020年1月4日，2019年度中国十大传媒法事例发布会暨学术研讨会在北京广播大厦酒店隆重举行。此次研讨会由中国传媒大学文化产业管理学院法律系、北京市律师协会传媒与新闻出版法律事务专业委员会、北京市律师协会影视与娱乐法律事务专业委员会主办，北京中视瑞德文化传媒股份有限公司协办。北京律师协会传媒与新闻出版法律事务专业委员会主任周俊武介绍了专家评选过程并公布了2019年度中国十大传媒法事例。这十大事例由来自各大著名高校、科研机构、行政主管部门、司法机关及媒体的传媒法专家学者、资深实务界人士组成的评审委员会评出。

在学术研讨会阶段，来自全国人大教科文卫委员会、中国记协、中央广播电视总台、北京市第三中级人民法院、北京市朝阳区人民法院、北京市海淀区人民法院、北京互联网法院、北京市律师协会、中国政法大学、中国社会科学院、北京师范大学、中国传媒大学、北京第二外国语大学、北京环球律师事务所等10多家单位的20余名专家学者围绕上述事例进行了精彩点评和热烈讨论。

整个评选共分为推荐、初选、决选三个阶段。在推荐阶段，主办方共收到来自高校、法院、律所、企业等各方推荐及自主收集的传媒法事例408个，在此基础上，秘书处筛选出48个候选事例，交由评审委员会投票初选出20个入围事例。2019年12月31日，召开了评审委员会会议，最终确定了2019年度中国十大传媒法事例。

一、网络短视频自律规范出台

◆ 事例简介

2019年1月9日，为进一步规范短视频传播秩序，中国网络视听节目服务协会在官网发布了《网络短视频平台管理规范》和《网络短视频内容审核标准细则》，共有条款共计100条，被称为“短视频一百条”。

《网络短视频平台管理规范》根据网络视听管理政策新要求，对平台应遵守的总体规范、账户管理规范、内容管理规范和技术管理规范提出了建设性要求。其规定，平台上播出的所有短视频都应经内容审核后方可播出，包括节目的标题、简介、弹幕、评论等内容。此外,《网络短视频平台管理规定》还规定短视频平台应建立“违法违规上传账户名单库”，未经授权不得删改视听作品及片段，确保落实账号实名制管理制度。

《网络短视频内容审核标准细则》针对网络视听领域存在的不足和薄弱环节，分别对短视频服务的网络平台及网络短视频内容审核的标准进行了规范。其规定了网络短视频内容审核基本标准与网络短视频内容审核具体细则，对网络播放的短视频节目及其标题、名称、评论、弹幕、表情包等作出了具体规定，并规定了短视频语言、表演、字幕、背景中不得出现的21种情形。这将有助于提升短视频内容质量，遏制错误、虚假、有害的内容蔓延，营造清朗网络空间。

◆ 入选理由

“短视频一百条”是中国网络视听服务协会出台的一系列行规性质的节目审查标准之一。这些公开的自律性质的规范极大地弥补了法律审查和政府内容管制的一些漏洞与缺陷，也为网络音视频产业的发展及公民的表达和创作拓展了自由的空间。

◆ 专家点评

徐迅（中国政法大学传播法中心执行主任）：

《网络短视频平台管理规范》和《网络短视频内容审核标准细则》都属于行业规范性质的文件，它们可以简称为“短视频一百条”。九年来，这是行规第一次进入传媒法年度十大事件的评选，它的意义不仅在于这两部文件是对短视频内容应当如何依法规范的问题的解答，还在于这两部文件所解决的是涉及整个传媒业或内容产业发展的一个大问题。

目前，互联网正在成为人们获取信息的主要渠道，其中音视频约占六成。短短几年，仅短视频领域就已经有近 6 个亿的用户。现在，不仅人人都有麦克风，人人也都是导演者和表演者，中国公民的创作与表达获得了空前的自由。

在产业繁荣、用户众多的现实情况下，法律规范对短视频行业来说是必不可少的。但发布短视频的用户数以亿计，其中大部分不是职业的新闻工作者或媒体工作者，因此，他们对传播内容的法律底线有可能不能准确把握。而现行法律对短视频的规定具有很强的原则性，在传播领域缺少可操作性，如媒体法律人十分熟悉的“禁载十条”。此外，法律还对公民的表达自由实行最小限制原则，基于以上两个原因及社会现状，我认为涉及短视频领域的法律依旧存在许多漏洞与空缺。在这样的情况下，行规在法律的禁止性规范和亿万用户之间扮演着重要的规范角色。

2017 年 6 月，中国互联网视听节目服务协会出台了《中国网络视听节目内容审议通则》，要求全体协会成员在节目审查过程中依规范履行职责。《中国网络视听节目内容审议通则》是一则条文式行业规范文件，包括传播内容规范、程序性规范和与行政处罚相衔接的罚则，是“短视频一百条”的直接依据。

行规不是法律，它是属于行业自律性质的规范性文件，是法律底线之上的自我约束。它可能是政府引导的结果，也是同业的理性共识与智慧选择。行规的存在有效地阻止了大部分违法传播，但又由于行规不具有法律上的强制力，少数管理粗放的网络平台不能完全依规范履行其职责。这时候，政府等公权力依照法律裁判较为典型的违法传播案件，便显得较为从容与文明，制度因此有了弹性。

在网络视听传播领域，自律似乎与资本和市场有着天然的亲近感，行规就是它们热烈拥抱的产物。这种富有弹性的内容管理模式使网络视听领域享有了较多的自由，这是内容产业的一条生命线，因为自律的媒体最自由。

目前，有关方面对视听产业内容管理的政策是“网上网下，统一导向、统一标准，统一尺度”。大部分人将其解读为网络视听节目内容管理将逐渐转向传统媒体的模式。但我认为，视听产业的管理政策要将网络媒体吸收传统媒体内容管理的成功经验与传统媒体好好学习网络媒体的自律机制结合起来，鼓励二者相互学习与借鉴。

李丹林（时任中国传媒大学媒体法规政策研究中心主任、教授，现任中国传媒大学文化产业管理学院文化法治研究中心顾问委员会主任、教授）：

“以自律换自由”这应该是传媒发展的一条规律，《网络短视频平台管理规范》不是法律，也不是行政命令、宣传纪律，是社会性规范中的行业自律规范。它的意义是给网络媒体、给传播者提出具体的行为规范和界限，这既可以使他们在事前更加明确自己的行为边界、做出自主选择，同时也能够使产业获得更好的发展空间。如果我们把这个审核标准的出台放到我们正在推进的国家治理体系现代化进程的背景下来看，它的意义可能更大。政府如何转变职能？社会和行业如何更好地成长为具有自治力的存在？政府如何做好应该做的？这对互联网内容生态治理非常重要。

二、《关于办理非法利用信息网络、帮助信息网络犯罪活动等刑事案件适用法律若干问题的解释》发布

◆ 事例简介

2019 年 10 月，最高人民法院、最高人民检察院联合发布《关于办理非法利用信息网络、帮助信息网络犯罪活动等刑事案件适用法律若干问题的解释》（本文以下简称《解释》），《解释》自 2019 年 11 月 1 日起施行。《解释》明确了拒不履行网络安全管理义务罪的主体范围、前提要件、入罪标准，非法利用信息网络罪的客观行为方式、入罪标准，帮助信息网络犯罪活动罪的入罪标准等问题。《解释》表明了对网络犯罪严惩的立场，设置了较低的入罪门槛，规制为网络犯罪提供技术支持和其他帮助的行为，力求对网络犯罪“全链条”的惩治；在自由刑基础上进一步加大了职业禁止、禁止令和财产刑的适用力度。2019 年 12 月 6 日，北京市海淀区人民法院在审理陈某、黄某窃取信用卡罪一案中首次运用《解释》。

《解释》中对网络服务提供者的定义为：①网络接入、域名注册解析等信息网络接入、计算、存储、传输服务；②信息发布、搜索引擎、即时通信、网络支付、网络预约、网络购物、网络游戏、网络直播、网站建设、安全防护、广告推广、应用商店等信息网络应用服务；③利用信息网络提供的电子政务、通信、能源、交通、水利、金融、教育、医疗等公共服务。《解释》还明确规定了拒不履行信息网络安全管理义务罪的前提要件，即经政府有关部门责令采取改正措施而拒不改正，并对

监管部门责令采取改正措施的含义进行了认定，以便网信、电信、公安等依照法律、行政法规的规定承担信息网络安全监管职责的部门，以责令整改通知书或者其他文书形式，责令网络服务提供者采取改正措施。若监管部门责令采取改正措施而拒不改正，则认定为应当考虑监管部门责令改正是否有法律、行政法规作为依据，改正措施及期限要求是否明确、合理，网络服务提供者是否具有按照要求采取改正措施的能力等因素进行判断。此外,《解释》还规定了非法利用信息网络、帮助信息网络犯罪活动等罪名的客观行为方式、入罪标准的机器推定规则。

◆ 入选理由

网络环境下，许多犯罪行为的客观表现往往难以界定或认定，因此，对刑法的适用也带来了挑战。《解释》对《刑法修正案（九）》新增相关网络犯罪的定罪量刑标准作了细化，对正确认定相关犯罪行为、打击犯罪，加强网络生态治理，维护网络安全有重要意义。

◆ 专家点评

吴沈括（北京师范大学网络法治国际中心执行主任）：

2019 年 11 月 1 日，最高人民法院、最高人民检察院发布了《2019 网络犯罪司法解释》。该司法解释明确了对网络犯罪的严惩立场，并且对网络产业的风控合规提出了进一步的红线要求，受到了社会各界的高度关注。

首先，该司法解释设置了较低的入罪门槛，以适当降低取证工作难度；其规定了对网络犯罪实现早预防、早惩治，为打击和治理网络违法犯罪的上下游黑灰产业链独立环节的定罪量刑提供了有力的法律支撑；其规制了为网络犯罪提供技术支持和其他帮助的行为，强调对网络犯罪的全方位惩处。

其次，该司法解释也明确了拒不履行信息网络安全管理义务罪的入罪标准，以充分发挥刑法的威慑和教育作用，促进网络服务提供者认真履行防止违法信息传播、保护用户信息安全、留存刑事案件证据等义务，切实维护网络安全。此外，该司法解释坚持实事求是和刑法谦抑原则，以确保相关刑事责任的追究依法、妥当、合理，确保网络产业的健康、有序发展。

目前，我国网络犯罪占据犯罪总数的 1/3，并且仍有上升的趋势。这种情况出现的首要原因是网络犯罪的低风险和高收益，而有效的刑事司法惩治正是扭转这一局面的关键一环。事实上，该司法解释出台后对司法工作有了极大的助推，特别是对主观推定明知条款的规定，使得在实践中打击互联网犯罪的手段更加有力。

最后，该司法解释对我国互联网企业的运营和发展提供了更为明确的行为指南，对互联网行业已经产生了全方位的积极影响。其中包括合规水准的提升，即网络服务提供者的合规标杆将从行政审核标准上升到刑事审核标准；也包括治理思路的转变，即网络服务提供者将从严格的被监管者转变成协同治理者；还包括营商环境的转变，即从事非法犯罪活动的不良主体将因触犯刑法被及时清出市场，而严谨合规的互联网企业将迎来更好的发展空间。

总体而言，该司法解释的出台对于网络生态治理有着积极促进作用，体现了“源头治理、协同治理、责任共担”的价值导向。安全合规将成为从事网络信息服务的运营企业平行于业务创新运营企业的重要竞争优势，推动有社会责任担当的互联网大企业在合规守法的赛道上与中小企业公平竞争，鼓励营造平台与用户和合作伙伴互为监督促进、生态共治共赢的自律向上的氛围，对于可持续产业生态的培育有积极的教育引导意义。

展望未来，可以期许的是，随着国家治理体系和治理能力现代化建设的展开，网络治理的法律体系将日益完备，相关的互联网司法治理规范也将日益健全。相应地，对网络产业各方主体的合规风控要求也将不断提高，网络产业从业者应当做好各方面准备，遵循法律法规与互联网司法的行为指引，与政府、社会、网民等共同助力网络治理，共同建设天朗气清、生态良好的网络空间。

李丹林（时任中国传媒大学媒体法规政策研究中心主任、教授，现任中国传媒大学文化产业管理学院文化法治研究中心顾问委员会主任、教授）：

在网络环境下，有的时候，我们会混淆两个问题，一是网络内容秩序，二是网络安全，这两者有关系但并不相同。当我们把属于内容秩序的问题泛化地理解为网络安全的时候，事实上，第一，这在很大程度上会影响我们内容的丰富、我们的知情、我们的表达；第二，这也影响了我们真正认识和理解网络安全问题。因为网络安全更多地涉及网络的基础设施、网络硬件的安全保障、网络功能的正常运行和网络空间的公共安全问题。我们不能因为把网络内容秩序理解为网络安全问题，而忽视了真正的网络安全问题。随着《网络安全法》的实施，在不同领域，针对网络治理、网络安全，我们都有了更多的立法和举措，这是一个很大的进步。

三、《未成年人节目管理规定》发布

◆ 事例简介

2019年2月14日，为规范未成年人节目，保护未成年人身心健康，保障未成年人合法权益，教育引导未成年人，培育和弘扬社会主义核心价值观，国家广播电视总局审议通过《未成年人节目管理规定》，于2019年4月3日发布，自2019年4月30日开始施行。该规定明确指出了9项国家支持、鼓励的未成年人节目制作、传播的种类及16项未成年人节目中不得含有的内容，并对未成年人节目中的语言、广告等作出细化规定，还规定了广播电视主管部门的监督管理职责及违反该规定需要承担的法律责任。

该规定所谓网络视听节目服务机构，是指互联网视听节目服务机构和专网及定向传播视听节目的服务机构。学校寒暑假是指广播电视播出机构所在地、网络视听节目服务机构注册地教育行政部门规定的时间段。该规定的管理范围为未成年人节目，包括未成年人作为主要参与者或者以未成年人为主要接收对象的广播电视节目和网络视听节目，要求未成年人节目不得诱导未成年人谈论名利、情爱等话题，不得宣扬童星效应或者包装、炒作明星子女，不得肯定、赞许未成年人早恋。此外，该规定对未成年人节目制作和传播中应遵守的规范也进行了细化，如服饰表演、话题环节设置规范、主持人和嘉宾言行规范、语言文字使用规范、播出时长和节目比例规范等。同时，要求建立未成年人保护专员制度，安排有经验及相关教育背景的人员专门负责未成年人节目、广告的审查。对广播电视主管部门要求建立健全未成年人节目的监听监看制度，建立未成年人节目违法行为举报制度，公布举报电话等措施以监督其依法履行职责。

◆ 入选理由

这是国家广播电影电视总局首次制定颁布的专门针对未成年人节目管理的部门规章，对未成年人作为主要参与者或以未成年人为主要接受对象的广播电视节目和网络视听节目进行了统一规范。《未成年人节目管理规定》建立了法定监护人同意制度、未成年人保护专员制度、公众监督举报、未成年人节目评估委员会等一系列保障未成年人合法权益的制度，明确规定了未成年人节目不得含有渲染暴力、血腥、恐怖、教唆犯罪等16条禁止性内容，并明确了主管部门的监督责任和对违规者的行政处罚。

◆ 专家点评

朱兵（全国人大教科文卫委员会文化室原主任）：

我国高度重视对未成年人的保护，党的十八大将未成年人保护和健康发展纳入国家发展战略。习近平总书记高度重视青少年，提出了一系列殷切期望，寄望广大青少年热爱党、热爱祖国、热爱人民，坚持理想信念，养成良好品德，树立高远志向，做到强壮体魄、身心健康。这些期望成为各方面特别是广播电视和互联网领域做好未成年人保护工作的根本出发点。

互联网对未成年人影响巨大，据2018年团中央统计，我国有1.69亿未成年网民。未成年人的网络普及率高达93.7%，明显高于成年人（57.7%）。目前，未成年人的网络普及率仍在迅速增长。互联网作为信息和大众娱乐节目制作传播的主要平台，在其为全社会带来新技术、新知识、新消费的同时，对社会，尤其是对未成年人保护带来的新问题也不断凸显，如网络违法侵害、不良信息影响、个人隐私侵害、网络沉迷成瘾等，这已成为全球共同面对的严峻问题。

有效解决未成年人保护出现的新问题的一种重要途径就是健全法治建设。我国1991年制定《中华人民共和国未成年人保护法》（以下简称《未成年人保护法》），后经两次修改，2019年10月，十三届全国人大常委会第十四次会议再次审议该法修订草案。草案在家庭保护、学校保护、社会保护的基础上，增加了网络保护、政府保护专章，尤其是针对网络不良信息治理、网络沉迷防治等新问题作了具体规定，如网络产品和服务提供者应当避免提供可能诱导未成年人沉迷的内容，应当设置时间管理、权限管理、消费管理功能为父母或监护人干预提供便利等。草案中这些规定的具体化和可操作化反映出我国对未成年人保护法治建设的进一步强化。

国家广播电视总局发布的《未成年人节目管理规定》是首次专门针对未成年人节目管理制定的部门规章。随着广播电视和互联网的普及，未成年人从节目的接受者迅速发展成为节目的参与者，未成年人直接参与节目制作传播的行为日益增多。近年来，广播电视和网络视听节目中出现了一些不良现象，如炫富、低俗、炒作明星子女、侵犯未成年人隐私、未成年人节目“商业化、成人化、过度娱乐化”等，这些对未成年人的成长与保护产生了较大负面影响。

因此，该规定依据《未成年人保护法》《广告法》和《广播电视管理条例》的有关规定，采用进一步细化的方法，对未成年人作为主要参与者或以未成年人为主要接受对象的广播电视节目和网络视听节目进行了统一、具体的规范。该规定紧紧围绕未成年人节目制作传播中未成年人合法权益的保护作了一系列具体规定，立场鲜明，特点突出。

第一，该规定明确了未成年人节目制作、传播的基本规范。一是明确规定国家支持和鼓励包括培育和弘扬社会主义核心价值观，弘扬中华优秀传统文化，革命文化，社会主义先进文化，树立正确的世界观、人生观价值观等 9 项内容的节目制作传播。二是明确规定禁止性内容 16 项，包括禁止渲染暴力、血腥、恐怖、教唆犯罪或传授犯罪方法，肯定、赞许未成年人早恋，涉性话题画面，歪曲历史、人物及英雄人物，宣扬不良的家庭观、婚恋观、利益观，过度表现财富、家庭背景、社会地位，展示自杀自残等，表现吸烟、售酒、寻酒，不利于未成年人身心健康的网络游戏等。

第二，该规定把未成年人的隐私和身心健康保护放在重要位置。其有针对性地作了详细规定，明确规定节目制作中不得泄露或质问未成年隐私，不得进行品行道德等测试，不得宣扬童星效益，不得包装、炒作明星子女。此外，该规定还对节目设置竞赛排名、物质奖励、拉票或询问失败感受等作了限制性规定，对节目制作传播中的话题设置、主持人和嘉宾言行与妆容、语言文字使用、播出时长和节目比例等都作了详细规定。

第三，该规定把广告法中的有关法条具体化，对未成年人参与制作广告及节目前后播出广告或插播广告均作了详细规定。其中规定 10 岁以下不得做广告代言人，广播电视广告每小时不超过 12 分钟，网络视听节目广告时长不超过 30 秒等。

第四，该规定建立了节目制作传播中未成年人权益保障基本制度，包括法定监护人同意制度、网络未成年人节目专区制度、未成年人节目播前审查制度、未成年人保护专员制度、法定监护人通知删除制度、公众监督举报制度、未成年人节目评估委员会制度等。

第五，该规定坚持线上线下统一标准，为广播电视和网络视听节目统一管理提供了制度化经验。

总之，该规定的出台和实施，既有针对性和现实性，又有前瞻性和开创性，填补了视听节目制作传播的制度建设空白，必将对进一步促进广播电视和互联网健康发展，有效保障未成年人合法权益发挥重要作用。

李丹林（时任中国传媒大学媒体法规政策研究中心主任、教授，现任中国传媒大学文化产业管理学院文化法治研究中心顾问委员会主任、教授）：

《未成年人节目管理规定》适用于未成年人作为主要参与者和以未成年人为主要接受对象的节目。在此，我们需要进一步思考的是未成年人生活在当今这个媒介时代与互联网环境下，从媒介接收到的内容可能远远不止这两类节目，在其他信息环境下，未成年人应该如何保护？我认为可能仅仅通过这样的节目标准对未成年人的保护还远远不够。在我们以往所有的立法政策和相关规定当中，我们都要强调内容的健康性，强调老少咸宜，从这个意义上来说，以往，我们在规范制定时是贯彻最强保护青少年的原则的。但是，仅仅强调老少咸宜，它的科学性、针对性和理性成分是不够的。因为在具体执行过程中，行政机关不会考虑未成年人和成年人的不同需求，以为立法一禁了之即可。实际上在这样的情形下，针对青少年的特殊保护需要的机制、相应的标准、相应的规范都没有能够很好地成长、发育和建构起来。我认为，未来我们应该考虑如何针对整个信息内容环境全面地、合理地、理性地保护青少年，对于内容标准，我们应当作出一个更为全面的制度设计，探索更为科学有效的实施机制。

四、银峰 SOHO 公司诉神棍网络公司名誉权侵权案

◆ 事例简介

2018 年 11 月，原告银峰 SOHO 因被告神棍网络公司在其开设的名叫“神棍局”的关于“看风水”的公众号发布的文章内容对其名誉造成不利影响，将被告以侵害其名誉权为由起诉至北京市朝阳区人民法院。

银峰 SOHO 公司诉称：神棍网络公司侵权文章专门针对银峰 SOHO 进行恶意侮辱、诽谤，对银峰 SOHO 公司的租赁运营业务造成了严重不利影响。神棍网络公司的违法行为具有侵犯银峰 SOHO 公司名誉权、荣誉权的故意，侵犯了银峰 SOHO 公司的合法权益。神棍网络公司利用知名建筑物进行评论，采用朋友圈转发的方式，

进行“造势圈粉”，通过侵权违法行为扩大自身知名度，并获得了非法利益。

被告神棍网络公司辩称，公众号虽为本公司注册，但收到原告声明后，就立即删除了涉案文章并通知转载第三方进行删除，且文章并无侮辱、诽谤的故意。

一审法院认为，是否构成侵害名誉权的责任应当根据受害人确有名誉被损害的事实、行为人行为违法、违法行为与损害后果之间有因果关系、行为人主观上有过错来认定。

首先，法院认为银峰SOHO公司确有名誉被损害的事实，神棍网络公司发表的涉案文章从标题、语句、结论均会使人对银峰SOHO项目产生不同程度的负面评价，并且涉案文章的逻辑、结论均会对读者造成误导，足以导致银峰SOHO公司的社会评价降低。其次，法院认为神棍网络公司具有侮辱、诽谤银峰SOHO公司名誉的情节，其行为具有违法性；神棍网络公司发表涉案文章的违法行为与银峰SOHO公司的名誉损害后果之间显然具有因果关系，并且其存在主观过错。

综上，2019年4月10日，北京市朝阳区人民法院作出一审判决，认为涉案文章会导致银峰SOHO项目社会评价降低，构成名誉侵权，判令被告神棍网络公司公开发表致歉声明，向原告银峰SOHO公司赔礼道歉、消除影响、恢复名誉并赔偿经济损失。

◆ 入选理由

首先，在该案中，被告的语言表达内容是不符合我国相关内容规范的要求的。其次，除了被告的一些具有侮辱性的言辞，更为值得关注的是导致原告社会评价降低的内容，即具有算命、风水之类要素的文字内容。

◆ 专家点评

魏永征（时任中国传媒大学媒体法规政策研究中心总顾问、教授）：

对于该案事实本身，神棍网络公司公开散布无根据的言论，无端攻击银峰SOHO公司构成侵权，此项没有争议。我认为在该案中可以讨论的是法院的判决。判词对于被告行为违法的论证：“被告言辞没有提供事实依据，有的用语有贬损性，所以具有侮辱、诽谤的违法性。”

我认为这样说是不够的。

看风水的言辞怎么可能有事实依据呢？所谓看风水，就是指将特定地点的地形、朝向、光照、水流等同特定人的命运兴衰联系起来，预测特定人和其家族的未来，这当然毫无科学根据。“爱科学”载于我国宪法，我国社会普遍认为看风水是一种迷信行为，但是本次判决回避了看风水迷信、反科学的性质。

从20世纪到21世纪，中宣部等部门多个文件都有禁止宣扬看风水的规定。1989年，新闻出版总署出台的《关于部分应取缔出版物认定标准的暂行规定》，第1条就是“以看相、算命、看风水、占卜为主要内容的”属于“宣扬封建迷信”。1999年，中宣部和新闻出版总署发布的《关于不得出版宣扬愚昧迷信和伪科学内容出版物的通知》，也规定“不得出版借研究民俗、传统文化之名，宣扬看相、算命、占卜、看风水等愚昧迷信、伪科学的出版物”。2009年，国家广播电影电视总局《关于加强互联网视听节目内容管理的通知》规定视听节目要加以删除的内容，也包括“宣扬看相、算命、看风水、占卜、驱鬼治病等封建迷信活动”。

说别人风水不好，具有贬损性，会遭到起诉，构成侵害名誉权。那么，说别人风水好，会交好运，当然不会遭到侵权起诉，这难道就合法吗？不，同样是违法行为。比如，宣扬什么地方房产风水好，住户可以发财致富，房产商自然不会起诉侵害名誉权，甚至还情愿支付广告费，但这种行为属于虚假宣传，同样可能受到惩处。

就在该案宣判前三个月，这个所谓知名风水自媒体“神棍局”已经被永久封号。事实表明，无论宣扬风水这一行为对其宣扬对象是有益还是有损，宣扬看风水本身就是违法行为。

神棍网络公司在该案中，利用两家所谓风水自媒体大肆宣扬看风水进行牟利、融资，可能还涉嫌诈骗、非法经营等问题。虽然这类问题不属于该案民事案件的审理范围，但法院也应当向被告所在地珠海市工商管理部门出具司法建议书，请相关部门进行调查处理。

我们注意到，近年来，看风水、算命之类迷信活动沉渣泛起，有所滋长。相信这种迷信事项的人还真不少，甚至还有名人推波助澜，这严重污染了我们的网络空间。因此，我国的行政部门、司法部门理应注意此类动向，及时进行有效清理。

李丹林（时任中国传媒大学媒体法规政策研究中心主任、教授，现任中国传媒大学文化产业管理学院文化法治研究中心顾问委员会主任、教授）：

在该案中，法院作出“银峰SOHO项目社会评价降低”的判决阐述意味着人们的行为实际上不是对这个项目本身所归属的公司的社会评价降低，而是影响了这个项目的商业价值的实现。因此，我觉得这可能更多的不是关于人格权的侮辱问题，它至多是一个商誉问题。本质上，公众号所发布的内容违反了我国的公众号发布内容监管标准。行政机关更应该对被法律和社会主流观念认为是封建迷信的言论，根据其是否具有社会危害性及危害程度，通过行政执法的方式进行处理。

五、视觉中国因图片及内容问题被监管部门约谈

◆ 事例简介

2019 年 4 月 11 日，经网友举报，视觉（中国）文化发展股份有限公司（以下简称“视觉中国”）网站（域名为 vcg.com）上发布的多张图片包含敏感有害信息标注。当天，天津网信办依法约谈该公司网站负责人，责令视觉中国网站全面彻底整改并在此期间暂时关闭网站，并以视觉中国对用户发布的信息未尽到安全管理义务，没有及时发现和处置用户发布的法律、行政法规禁止发布或者传输的内容，违反《网络安全法》第 47 条规定，对其处以罚款 30 万元。

天津网信办指出，经查证，视觉中国网站在其发布的多张图片中有敏感有害信息标注，引起网上大量转发，破坏网络生态，造成了恶劣影响。上述行为违反了《网络安全法》《互联网信息服务管理办法》有关规定。根据《互联网信息内容管理行政执法程序规定》，天津网信办依法约谈该网站负责人，责令视觉中国网站立即停止传输相关信息，采取措施以消除恶劣影响，并保存相关记录。要求其切实履行网站主体责任，从严处理相关责任人，全面清查历史存量信息，同时要求该网站加强内容审核管理和编辑人员教育培训，杜绝类似问题再次发生。

视觉中国网站负责人表示，对于平台方管理上存在的严重问题，将全面彻底整改，在此期间暂时关闭网站，严格遵守相关法律法规，自觉接受社会及网民监督。视觉中国网站在当日根据相关法律法规并配合监管部门的要求进行了彻底整改，加强了管理制度建设，提升了内容审核的质量，坚决避免类似情况再次发生。截至 2019 年 4 月 12 日，视觉中国网站尚不能准确预计整改完成并恢复服务的时间，公司正在积极、认真开展整改工作，力争早日恢复服务。至于网站恢复服务的具体时间，公司将另行公告。

2019 年 4 月 12 日凌晨，视觉中国在其官方微信公众号上发布致歉信，称接受广大网民和媒体的监督批评，全面配合监管部门彻底积极整改。视觉中国表示，对于网民举报的视觉中国网站存在关于国旗、国徽等不合规图片的问题，公司高度重视，立即开展自查。经查核，该图片由视觉中国签约供稿人提供，视觉中国网站作为平台方没有严格落实企业主体责任，没有尽到严格审核的职责，导致不合规的内容出现在网站上。目前，视觉中国已对不合规图片全部进行下线处理，并根据相关法律法规自愿关闭网站进行整改，进一步强化企业自律，强化制度建设，提升内容审核的质量，避免类似情况再次发生。视觉中国还表示，感谢广大网民和媒体的监督，公司将汲取教训并认真整改，自愿接受天津网信办依法依规对公司的处理。

2019 年 12 月 10 日，针对视觉中国网站和 IC photo 网站（域名 dfic.cn）违规从事互联网新闻信息服务、违规与境外企业开展涉及互联网新闻信息服务业务的合作等问题，国家网信办指导天津网信办会同江苏网信办、北京网信办约谈视觉中国网站负责人，指导上海网信办约谈 IC photo 网站负责人，责令两家网站立即停止违法违规行为，全面彻底整改。

◆ 入选理由

在新媒体时代，有关图片的版权和使用，通过商业方式为使用者提供获取版权许可的便利成为可能，但是，如果不能够依据民商事法律的诚信公平原则行事，则会带来法律风险。同时，图片本身的不当使用也可能违反新闻内容管理要求，这是值得注意的情形。

◆ 专家点评

阚敬侠（中国记协国内部副巡员）：

2019 年 4 月 11 日，视觉中国网站因黑洞照片引发热议。媒体和网友批评该网站对不享有版权的国旗、国徽、警徽等图片进行出售和牟利，并把知名企业的 Logo、商标等很多图片都打上自己的水印进行出售。国家网信部门约谈该网站负责人并予以行政处罚。这个案例说明，在新媒体时代，通过商业模式进行图片版权贸易确已成为一个有利可图的生意，但如果不依法行事，则可能导致对图片版权的不合法、不正当使用，从而带来法律风险。

（一）视觉中国的图片交易行为何以构成违法？

总体上看，视觉中国的图片交易行为主要违反了三个方面的法律：一是《著作权法》；二是《中华人民共和国国旗法》（以下简称《国旗法》）《中华人民共和国国徽法》（以下简称《国徽法》）《人民警察警徽使用管理规定》；三是《互联网新闻信息服务管理规定》。

1. 冒用版权人名义进行非法牟利

通过新闻媒体报道和自媒体披露的情况可以发现，视觉中国网站存在冒用或假冒版权人名义进行非法牟利的情形，如假冒黑洞照片和国旗、国徽、警徽、企业商标等图片的版权人开展营销活动。这种行为既涉嫌违反《著作权法》，又涉嫌违反《国旗法》《国徽法》及《人民警察警徽使用管理规定》等法律规定。

视觉中国网站以自己的名义使用国旗、国徽、警徽等图案图片进行经营牟利，是对政府部门所享有版权的一种侵害，也违反了《国旗法》《国徽法》和《人民警察警徽使用管理规定》。《国旗法》第 18 条规定："国旗及其图案不得用作商标和广告，不得用于私人丧事活动。"《国徽法》第 10 条规定："国徽及其图案不得用于：①商标、广告；②日常生活的陈设布置；③私人庆吊活动；④国务院办公厅规定不得使用国徽及其图案的其他场合。"《人民警察警徽使用管理规定》第 6 条规定："警徽及其图案不得用于：①商标、商业广告；②日常生活的陈设布置；③私人婚、丧、庆、悼活动；④娱乐活动；⑤其他有碍于警徽庄严的场合或者物品。"这三部法律规定虽然没有明确规定国旗、国徽、警徽不得用于商业用途，但视觉中国未经授权对其进行版权许可和商业利用，明显属于不当行为。

我国《著作权法》第 48 条第八项规定，具有制作、出售假冒他人署名的作品等侵权行为的，应当根据情况，承担停止侵害、消除影响、赔礼道歉、赔偿损失等民事责任；同时损害公共利益的，可以由著作权行政管理部门责令停止侵权行为，没收违法所得，没收、销毁侵权复制品，并可处以罚款；情节严重的，著作权行政管理部门还可以没收主要用于制作侵权复制品的材料、工具、设备等；构成犯罪的，依法追究刑事责任。

关于对违法行为的罚款数额，《著作权法实施条例》第 36 条规定："有著作权法第 48 条所列侵权行为，同时损害社会公共利益，非法经营额 5 万元以上的，著作权行政管理部门可处非法经营额 1 ~ 5 倍的罚款；没有非法经营额或者非法经营额

5 万元以下的，著作权行政管理部门根据情节轻重，可处 25 万元以下的罚款。”根据该条例第 37 条规定，此类著作权法侵权行为，由地方人民政府著作权行政管理部门负责查处，国务院著作权行政管理部门可以查处在全国有重大影响的侵权行为。

2. 未经许可违规从事新闻图片的传播

据国家网信办“网信中国”披露，视觉中国在未取得互联网新闻信息服务许可的情况下，从事互联网新闻信息服务，严重扰乱网络传播秩序，责令彻底整改。2019 年 12 月 10 日，视觉中国网站暂停服务，开展自查整改。

2017 年颁布的《互联网新闻信息服务管理规定》要求，互联网新闻信息服务单位通过互联网站、应用程序、论坛、博客、微博客、公众账号、即时通信工具、网络直播等形式向社会公众提供互联网新闻信息服务，应当取得互联网新闻信息服务许可；与境内外中外合资经营、中外合作经营和外资经营的企业进行涉及互联网新闻信息服务业务的合作应当报批。对于未经许可的违规行为，根据该规定第 22 条，国家互联网信息管理部门可以给予责令停止相关服务活动、处 1 万 ~ 3 万元罚款。

我们应当看到，互联网技术的迅速发展，不断推动新闻传媒行业巨变，传媒业的边界逐渐变得模糊。以往，政府机构、企业、组织及个人都需要通过传统媒体来发布信息，但今天，它们可以利用自己的互联网站、商业媒体平台和自媒体来进行无中介的信息传播，越来越多的机构成立了自己的新媒体内容制作部门，传播渠道从门户网站到社交媒体、从搜索引擎到个性化推荐、从视频到直播平台不断延伸。如此一来，传媒业与 IT、电信、电子商务及其他产业间形成复杂的交叉关系。对这些含有新闻信息传播行为的新兴传媒业态的监管，可能将成为新闻传媒监管的重要组成部分。

（二）视觉中国案例反映了四个版权法律问题

视觉中国违法使用图片进行交易的行为，反映了四个版权法律问题。

1. 对他人作品可否进行出售和获利？

引发视觉中国事件的图片，是人类历史上的首张黑洞照片，版权属于欧洲南方天文台。该照片是由全球 200 多位科研人员合作完成的人类重大科研成果。欧洲南方天文台在官网对版权做出如下声明：只要注明黑洞图片来源，便可自由使用，无关商业或非商业。而视觉中国却声称其通过法新社获得黑洞图片授权，他人如果需要商用，则必须联系他们去购买，用于新闻传播的价格是 800 元，商业用途价格在

3000 元以上。欧洲南方天文台表示，视觉中国的版权主张不合法，他们从未将自己的图片版权转让给任何其他个人或组织，且视觉中国从未就黑洞图片联系过他们。

那么，法律是否允许使用他人图片作品进行出售和获利呢？对此，我国版权法律制度有明确规定，必须通过版权人授权，签订版权使用许可合同或权利转让合同。除了作品的发表权、署名权、修改权、保护作品完整权不可转让，著作权人可以将复制权、发行权、出租权、展览权、表演权、放映权、广播权、信息网络传播权、摄制权、改编权、翻译权、汇编权及应当由著作权人享有的其他权利进行转让。《著作权法》第 24 条规定："使用他人作品应当同著作权人订立许可使用合同，本法规定可以不经许可的除外。"

2. 对作者不明的作品可否进行出售和获利？

那么，对于作者身份不明的作品，非版权人可否进行出售和获利呢？对此，我国版权法律制度也有明确规定，仍然必须通过作品的版权人授权，签订版权使用许可合同或权利转让合同，非版权人不能随意使用、出售和获利。

我国著作权法律对于作者身份不明的作品的版权归属的明确规定，这类作品的版权人包括作品原件的所有人、作者或者其继承人、受遗赠人、国家著作权行政管理部门。《著作权法实施条例》第 13 条规定："作者身份不明的作品，由作品原件的所有人行使除署名权以外的著作权。作者身份确定后，由作者或者其继承人行使著作权。"第 15 条规定："作者死亡后，其著作权中的署名权、修改权和保护作品完整权由作者的继承人或者受遗赠人保护。著作权无人继承又无人受遗赠的，其署名权、修改权和保护作品完整权由著作权行政管理部门保护。"

3. 对公有领域作品可否进行出售和获利？

公有领域作品，是指超过本国版权法的权利保护期、进入公共使用领域的作品。对于这类作品，作者所享有的属于身份权性质的署名权、修改权、保护作品完整权是始终受到保护的，其他人不得侵犯；而除此以外的其他版权则不再受到保护，他人可以进行使用，包括出售和获利。

我国加入的《伯尔尼保护文学和艺术作品公约》第 18 条第二款规定："如果作品因原来规定的保护期已满而在被要求给予保护的国家已进入公有领域，则该作品不再重新受保护。"对此，我国《著作权法》第 20 条补充规定："作者的署名权、修改权、保护作品完整权的保护期不受限制。"

4. 对国家作品可否进行出售和获利?

在我国，还有一种特殊的作品，这就是国家作品。国家作品是指因法人或者其他组织作者终止后没有继受者的，其复制权、发行权、出租权、展览权、表演权、放映权、广播权、信息网络传播权、摄制权、改编权、翻译权、汇编权及应当由著作权人享有的其他权利等版权归属于国家的作品，其使用由国务院著作权行政管理部门负责。

需要注意的是，根据我国《著作权法》，国家作品与作者是公民或法人、其他组织的作品不同，也不是公有领域作品，不能随意、免费使用，至于如何使用，要遵守国务院有关部门的规定。《著作权法实施条例》第 16 条规定："国家享有著作权的作品的使用，由国务院著作权行政管理部门管理。"

（三）该案的三点启示

视觉中国违法使用图片被处罚案例，对我国图片版权贸易和图片版权法律制度的发展和完善，有以下三点启示。

1. 图片的生产、版权交易与服务面临产业化趋势

近年来，我国图片版权产业化趋势日益凸显。我国社会已进入新媒体时代，新媒体时代是读图时代，图片的需求量迅速增加。一些新闻单位为此建立全球签约摄影师制度，开展了新闻图片购买业务，以满足新闻图片的需求。除了专业摄影工作者，智能手机使用者、摄影爱好者也都拍摄了大量图片。广大网民、互联网站、新闻媒体、国家机构、企事业单位、其他法人和社会组织等，既是海量图片的生产者，又是海量图片的使用者。伴随着移动互联网的快速发展和网站、微博、微信、公众号、电子商务、自媒体等众多媒介的出现，对版权图片的需求量迅速增加，图片型社交平台的内容营销成为国际潮流。无人机、全景视频、机器视觉、虚拟现实、增强现实等视觉技术的飞速发展进一步增加了视觉内容的需求和供给，在新闻报道、教育、旅游等领域有着广泛应用。越来越多的企业和个人需要使用图片，这给整个图片行业带来了重大机遇。在此背景下，为满足用户的图片需求、降低获取成本，众多图片公司和网站应运而生，我国也出现了东方 IC、全景网、视觉中国三大图片网站，成为国内、国际较大的图片版权交易平台。

因此，面对图片生产、版权交易与服务的产业化趋势，有关行业和管理部门需要给予重视，加强研究，采取正确应对和管理措施，促进图片产业的健康发展。

2. 图片版权交易秩序需要引导和规范

对于视觉中国图片违法事件，国家版权局回应表示，图片公司要健全版权管理机制。近年来，我国政府针对我国包括图片在内的作品被盗版问题，加快完善版权保护体系，在版权保护方面取得了明显成效。2016 年，中共中央、国务院发布《关于完善产权保护制度依法保护产权的意见》，加大了对侵犯知识产权行为的惩治力度。国家版权局等部门联合开展打击网络侵权盗版的“剑网”专项行动，重点整治网络版权秩序，使网络版权生态不断优化。

目前，图片作品的版权问题，继网络音乐、视频、文学版权之后，已经发展为版权保护的重点之一。以前大家不是很重视图片，像新闻图片在新闻报道中就是很小的品种，不受重视。现在看来，图片版权已经成为一项很重要的内容。

视觉中国事件暴露出“版权维权营销”等行业乱象。原本版权人通过法律诉讼维护其版权利益，是合法合理的。但问题是，视觉中国等不少图片交易网站借法律之名，对于自己不享有版权的图片进行所谓“版权维权营销”，则是违法的。有媒体报道指出，视觉中国 80% 的营收来源于视觉内容与服务，其主要创收方法就是所谓“维权获客、维权创收”，被众多企业批评为“钓鱼维权”。

因此，我们需要引导和规范图片版权交易秩序，如可以推行图片版权标记制度，厘清图片版权归属；尝试推行图片版权交易专业认证、行业自律和网络社会监督相结合的管理制度，促进图片版权交易规范、有序进行。

3. 图片的版权法律概念需要重新界定

随着移动互联网发展，图片等优质内容成为稀缺资源，中外互联网企业巨头纷纷加入竞争。除了传统媒体，政府机构、企业、组织及个人都可以利用自己的互联网站、自媒体来进行图片等信息传播。同时，图片内容的分发渠道从门户网站到社交媒体不断延伸，越来越多的图片有可能成为著作权法上的作品。

我国著作权法没有规定图片作品，只规定了摄影作品。《著作权法实施条例》第 2 条规定：“著作权法所称作品，是指文学、艺术和科学领域内具有独创性并能以某种有形形式复制的智力成果。”第 4 条第十项规定：“摄影作品，是指借助器械在感光材料或者其他介质上记录客观物体形象的艺术作品。”也就是说，摄影作品是艺术作品。

但现在看来，《著作权法实施条例》关于摄影作品的定义，可能存在某些漏洞。例如，目前海量使用的新闻图片、历史资料图片、科学技术图片、现场记录、生活场景图片等，这五类甚至更多类型的摄影照片，绝大多数可能没有艺术性，只是客观记录。根据目前的法律规定，它们究竟是否属于摄影作品？是否具有版权？如何保护？这都是值得研究的问题。因此，将来修改《著作权法》时，可能需要考虑这些因素，重新界定摄影作品的定义范围。

李丹林（时任中国传媒大学媒体法规政策研究中心主任、教授，现任中国传媒大学文化产业管理学院文化法治研究中心顾问委员会主任、教授）：

视觉中国因图片及内容问题被监管部门约谈这一事件涉及两个非常热门的问题：一个是版权的问题；另一个是新闻采集传播的管理问题。一张图片作为新闻图片被登载出去，就极有可能涉及版权问题，也可能构成新闻转播。这是否符合我们国家关于新闻、互联网新闻信息服务发展的相关规定，是非常值得思考的问题。视觉中国被约谈，股价大跌，同为互联网企业的新浪也曾因为它的视频节目涉及时政新闻的内容被处罚，它在美国的股市同样价格大跌，这里有一个问题我们要思考，即内容的规范和产业发展之间的关系，如何制定良性的制度、政策、法律，使这两者能够同时更好地发展？这就是我们面临的最重要的问题之一。

六、许某诉 QQ 浏览器侵犯个人隐私裁定案

◆ 事例简介

申请人许某因在使用中发现“QQ 浏览器”存在违法收集的个人隐私信息的问题，且“QQ 浏览器”未提供任何方式来取消个人信息的授权，也未找到任何能够删除个人隐私信息的方法，遂向江西省南昌经济技术开发区人民法院提起了行为保全申请（诉前禁令），要求“QQ 浏览器”App 运营方深圳市腾讯计算机系统有限公司立即停止侵犯其隐私权的行为。

2019 年 5 月 21 日，江西省南昌经济技术开发区人民法院作出裁定，裁定解除对保全申请人许某银行存款 10000 元（开户行：中国工商银行江西财经大学支行，账号：62×××××××××××××××99）的冻结；解除对被申请人深圳市腾讯计算机系统有限公司立即停止在“QQ 浏览器”App 中获取申请人许某微信账号中的头像、性别、生日、地区等个人信息，以及微信好友信息的行为保全措施；解

除对被申请人深圳市腾讯计算机系统有限公司立即停止在“QQ浏览器”App中获取申请人许某QQ账号中的头像、性别、生日、地区等个人信息，以及QQ好友信息的行为保全措施。

2019年5月31日，申请人许某向法院申请撤回诉前行为保全。法院审查解除了保全申请人许某撤回诉前行为保全的申请。依照《最高人民法院关于适用〈中华人民共和国民事诉讼法〉的解释》第166条第一款第二项规定，法院裁定解除了上述保全措施。

◆ 入选理由

在网络时代，网络服务提供者在技术上的优势使其可轻而易举获取网络用户的个人信息，一些网络服务提供者侵犯个人信息权利越来越肆无忌惮。侵权行为发生的普遍性决定了仅靠监管部门的查处难以起到立竿见影的效果，该案中，网络用户主动提起诉讼维权，在号召公民为捍卫自己的信息权利而斗争方面起到了良好的示范效应。

◆ 专家点评

孟凡哲（北京第二外国语大学教授）：

该案中问题的实质为，在媒介传播的过程中如何对公民个人信息权利进行保护。在网络大数据时代，我们每个人的个人信息都存在被侵犯的可能性，我们曾以为在网络上一切是私密的，但实际上，在很大程度上，我们都是处在“裸奔”的状态。

近年来，各种严重侵犯个人信息的事件频发。2018年11月，中国消费者协会发布的《100款App个人信息收集与隐私政策测评报告》显示，100款App中多达91款App列出的权限存在涉嫌“越界”，即存在过度收集用户个人信息的问题。此时此刻，各位手机中的某款App的后台可能正在被打开，有人正在角落里对你的某些信息进行偷窥。该案的积极意义在于，再次引发我们对个人信息保护问题的深入思考。

首先，个人信息对每个人都非常重要，它涉及公民的人格和财产利益，甚至关系到个人的身家性命。以一个极端事件为例，我此前曾看过一个报道，一名女孩去参加招聘会，招聘结束后用人单位无意间丢失了她的简历，结果被他人捡到。这个人冒充用人单位人员将女孩诱骗出来，对她进行侵害后将其杀害。我从此案得出的结论是：如果没有个人信息的泄露，这样的悲剧就不可能发生。

其次，我们还需要考虑第二个问题，即个人信息究竟是什么东西？它是不是一种权利？如果是权利的话，又是什么权利？我国《民法总则》第110条规定了个人的隐私权，在第111条关于个人信息的唯一一条规定中却没有在个人信息后面加上“权”字。那么，个人信息究竟是不是民法上所保护的一种权利？关于这个问题，此前虽存在不同的观点，但是人们普遍认可信息权利的存在，只不过在权利属性上有人认为它是宪法权利，有人认为它是民法上的人格权或财产权，有人认为它是知识产权，还有人认为它是一种新型的民事权利。

需要指出的是，我们正在征求意见的《中华人民共和国民法典（草案）》第六章规定了隐私权和个人信息保护的内容，但是仍然没有为个人信息加上“权”字，不过由于《中华人民共和国民法典（草案）》是在人格权这一章规定了相关的内容，这样其实等于认可了个人信息是民法上的权利，是人格权的一种类型。我认为，在信息时代，我们对于信息权利的界定应该拔高，甚至使它在一定程度上具有人权的属性。虽然在宪法上，我们没有提到个人信息权利的内容，但这并不妨碍在民法上通过人格权制度把对个人信息权利的保护明确化、具体化。所以，在网络和信息化时代，我认为有关个人信息权利的内容是对传统人格权制度的一种补充，个人信息权利是一种具体人格权。

再次，我们应该思考一下个人信息权应该包括哪些内容？有人认为它像物权一样，包括占有、使用、收益、处分这些基本的权能。《中华人民共和国民法典（草案）》中规定信息处理方式有使用、加工、传输、提供和公开，这将成为以后我们对信息权利保护的基本方式。无论采取怎样的方式，我觉得对于个人信息的保护我们应该坚持这样一条基本原则，即关于我的个人信息，除非获得公法上的授权，否则，你做任何获取或者利用都应为我所知，经我所同意。只有这样，才能达到对个人信息权利得到充分保护的目的。

当然，目前我们在其他立法中也并不缺乏对个人信息的保护，如《刑法》第253条规定了侵犯公民个人信息罪，最高人民法院和最高人民检察院2017年还专门出台了《办理侵犯公民个人信息刑事案件适用法律若干问题解释》。就目前来讲，我们在刑法上对公民个人信息保护相对比较充分，在行政法上也有一些规定散见在各种规章之中，但层级相对较低，在民法上对个人信息权的保护相对薄弱。这个事例更重要的意义在于，公民能够主动为捍卫自己的信息权利而斗争，虽然有时维权成本很高，但是我们仍不要放弃为权利而斗争。

最后，关于个人信息权利的立法保护。目前，美国和欧盟等国家、国际组织都制定了有关数据保护的立法，如2018年5月欧盟通过的《通用数据保护条例》（*General Data Protection Regulation*，*GDPR*）规定了六种权利，分别是获得权、更正权、删除权（被遗忘权）、限制处理权、数据可携权和反对权。2004年前后，我们国家也曾一度考虑制定一部“个人信息法”，但是到目前为止，这部法律千呼万唤未出来。但是，我仍认为未来“个人信息法”的制定是必要的，“个人信息法”可以公法和私法相结合的方式，从公开和保密两个维度对个人信息问题进行统一的规范。

当下，我们正在从传统的农业、工业社会进入信息社会。在信息社会，无论在“光天化日”的物理空间，还是在“如风如影”的网络空间，我们都应该对包括个人信息权利在内的个体权利予以充分的尊重。在全面依法治国的新时代，我们要以法治的精神和品格、手段和技术来努力打造网络信息空间的朗朗乾坤。

李丹林（时任中国传媒大学媒体法规政策研究中心主任、教授，现任中国传媒大学文化产业管理学院文化法治研究中心顾问委员会主任、教授）：

无论在学界还是实务界，界定“信息”都是一个充满争议的问题。如果说“信息”的意义有多重，我们把它换成“个人数据”，对于“个人数据”，大家理解比较一致，这样就比较容易清晰界定其意义了。当然，个人数据立法对于传媒也是有巨大影响的。比如，欧盟的*GDPR*对于数据的搜集者、控制者、处理者都规定了非常具体的义务。在网络时代，媒体也会成为一个数据的搜集者、控制者、处理者，成为个人数据保护法上的义务承担者。但如果媒体像一般的处理者、控制者一样要承担那么多的数据义务，媒体可能就没有办法进行它的业务行为，如新闻调查、新闻报道。所以，个人数据保护立法怎样才不会给媒体的自由和权利带来更多的束缚和限制，特别是在一些比较强调媒体的新闻自由和公民表达自由的地方，这是个人数据立法要处理好的一个问题。我国的媒体体制有自身的特性，由此，个人数据立法似乎对媒体的影响显得不那么突出。

七、《区块链信息服务管理规定》等三部信息内容管理规章出台

◆ 事例简介

2019 年，国家互联网办公室出台了三部规章，细化网络内容和技术的监管规范，并且对网络信息内容进行生态治理。

2019 年 1 月 10 日，为了规范区块链信息服务活动，维护国家安全和社会公共利益，保护公民、法人和其他社会组织的合法权益，促进区块链技术及相关服务的健康发展，国家网信办审议并通过了《区块链信息服务管理规定》，该规定自 2019 年 2 月 15 日起施行。根据该规定，区块链信息服务是指基于区块链技术或者系统，通过互联网站、应用程序等形式，向社会公众提供信息服务；区块链信息服务提供者是指向社会公众提供区块链信息服务的主体或者节点，以及为区块链信息服务的主体提供技术支持的机构或者组织；区块链信息服务使用者是指使用区块链信息服务的组织或者个人。该规定对区块链服务提供者和使用者规定了相应的责任并提出了规范措施。

2019 年 8 月 23 日，为了保护儿童个人信息安全，促进儿童健康成长，国家网信办审议通过了《儿童个人信息网络保护规定》，该规定自 2019 年 10 月 1 日起施行。该规定明确了网站收集儿童个人信息，要征得监护人同意；网络运营者应当设置专门的儿童个人信息保护规则和用户协议，并指定专人负责儿童个人信息保护；还首次明确了“儿童”是指不满 14 周岁的未成年人，指出监护人应教育引导儿童增强个人信息保护意识和能力，维护儿童个人信息安全。此外，该规定还明确了网络运营者落实儿童个人信息安全管理责任不到位的法律后果与惩戒措施。

2019 年 12 月 15 日，为营造良好网络生态，保障公民、法人和其他组织的合法权益，维护国家安全和公共利益，国家网信办审议通过了《网络信息内容生态治理规定》，该规定自 2020 年 3 月 1 日起施行，明确规定网络信息内容服务使用者和生产者、平台不得开展网络暴力、人肉搜索、深度伪造、流量造假、操纵账号等违法活动。同时强调，网络信息内容服务平台应当履行信息内容管理主体责任，网络信息内容服务使用者应当文明健康使用网络，鼓励行业组织引导会员单位增强社会责任感。

◆ 入选理由

这三部行政规章或针对技术，或针对特殊群体，或针对整个网络生态，这表明我国互联网监管的针对性、深入性、实效性较之以往都有了实质性进展。

◆ 专家点评

陈欣新（中国社会科学院法学所研究员）：

这三部行政规章实际上旨在细化有关网络内容监管规范、网络技术特别是新技术运用的监管规范，并通过网络信息内容生态的概念及治理主体多元化和网络治理共同参与的思路，力求实现网络信息内容生态建构和治理的政治责任、社会责任尤其是法律责任的划分和责任风险分摊。值得注意的是最后一个行政规章，网络信息内容主管部门通过确立“网络信息内容生态”这样一个从生态学借用的概念，把网络信息内容领域类比为一个复杂的生态系统。在这个网络信息内容生态系统之中，参与活动的各种元素对于生态系统的治理都应该负有责任，要有相应的分工。

这其实就提出了一个重要问题：生态系统首先要建设，生态系统的治理和生态系统的建设相辅相成、同步进行，有什么样的生态系统才有可能有什么样的生态治理，生态治理水平的高低反过来影响到生态系统的建设过程。在这样的过程中，一种良好生态系统的建设和治理固然需要所有的元素参与。

但是，我们也必须考虑到一些重要的问题：现在的网络生态状况是不是与当前社会绝大多数人的意愿相符？如何建设与社会整体发展水平相适应的网络生态？网络行政治理能力的高低与此存在什么关系？到底谁拖了谁的后腿？当然，网络内容生态这个概念的提出在责任分摊上具有极其重要的作用，因为过去至少有一段时间，我们认为网络生态的治理主要是行政监管者的事情。但现在可以看到，在网络信息生态治理过程当中出现了四种主体：政府、企业、社会、网民。

就网络信息内容生态治理中的角色来看，有信息内容生产者、信息内容服务平台、信息内容服务使用者、网络行业组织、监管部门。从政治责任到社会责任，再到法律责任进行了分摊，不再像过去明显地集中于某一类主体。实际上，这个转变背后有复杂的原因。按照《网络信息内容生态治理规定》的基本思路，现在网络信息内容服务平台实际上成了网络生态治理或者网络信息生态治理的关键环节，这样的思路从《网络安全法》开始逐步确立。

《网络安全法》把网络运营者设定成网络安全治理的关键因素，其中，第四章绝大多数内容实际上是把治理义务指向对象或者相应法律责任的指向对象确定为网络运营者，而不是网络监管者。按照《网络安全法》的规定，网络运营者包括网络服务的提供者，而网络服务的提供者就包括了网络信息服务平台。因此，网络信息内容服务平台就成为整个网络信息内容服务体系当中最核心的点，相应地，治理措施肯定要与之相适应，不然就没办法具体落实责任分摊。

本着权责对应、权利义务相称的原则，《网络信息内容生态治理规定》也强化了网络信息内容服务平台可以采取的治理措施，包括平台可以对网络信息内容生产者采取警示整改、限制功能、暂停更新、关闭账号等措施。《网络信息内容生态治理规定》还规定，网信部门可以根据法律、行政法规和国家有关规定，会同有关主管部门建立健全网络信息内容服务严重失信联合惩戒机制，对严重违反本规定的网络信息内容服务平台、网络信息内容生产者和网络信息内容使用者依法依规采取限制从事网络信息服务、网上行为限制、行业禁入等惩戒措施。

然而，由于网络安全法有一个重要前提，即《网络安全法》规定的惩戒措施只适用于与网络安全有关的违法行为，设定的都是网络安全主体相应的义务和责任，这些措施能不能扩展到与网络信息内容治理有关，但与网络安全不直接相关的行为，这是法律上存疑的问题。

李丹林（时任中国传媒大学媒体法规政策研究中心主任、教授，现任中国传媒大学文化产业管理学院文化法治研究中心顾问委员会主任、教授）：

本事件按照时间顺序分为三部分：第一部分主要针对技术应用；第二部分主要针对社会成员当中的某一类群体；第三部分主要针对整个网络生态环境。本事例中的三个文件是一种奇妙的组合，其内容凝缩了互联网发展的机理、历史及其对人类的影响、人们为了应对其双刃剑效能的努力。也就是说，如果说互联网空间本身是基于技术的支撑而形成的空间，一种新的技术的出现，就会带来新的应用，以新的方式或更好的方式来满足个体、社会的特定需求。我们每一个人都生活、工作在这个技术造就的空间里，在人们的需求不断被激发、不断被满足的过程中，特定主体的特定需求如果不能得到满足，甚至利益受损，我们就应该建构这样的制度来解决这些问题。互联网的发展打破了传统的国家和社会的二分结构，维护社会整体秩序的机制也不再仅仅通过公权力发挥作用的管理模式，治理成为在网络时代现代化转型过程中的模式选择。

八、《中华人民共和国政府信息公开条例》修订

◆ 事例简介

2019年4月15日，为了保障公民、法人和其他组织依法获取政府信息，提高政府工作的透明度，建设法治政府，充分发挥政府信息对人民群众生产、生活和经济社会活动的服务作用，国务院对《中华人民共和国政府信息公开条例》（以下简称《政府信息公开条例》）进行了修订，该条例自2019年5月15日起施行。这是《政府信息公开条例》自2008年实施以来的首次修订。本次修订确立了“以公开为常态、不公开为例外”的原则，扩大了主动公开的范围，建立健全了政府信息管理动态调整机制，删除了现行条例中关于公民、法人或者其他组织申请获取相关政府信息需“根据自身生产、生活、科研等特殊需要”的限制条件，明确了不予公开政府信息的具体情形，对不当行使申请权的行为进行了规范，完善了依法申请公开的程序，体现了便民效率原则。

《政府信息公开条例》根据政务公开实践发展要求，明确了各级行政机关应当主动公开机关职能、行政许可办理结果、行政处罚决定、公务员招考录用结果等15类信息，建立健全了政府信息管理动态调整机制，要求行政机关对不予公开的政府信息进行定期评估审查，对因情势变化可以公开的政府信息应当予以公开；建立了依法申请公开向主动公开的转化机制，行政机关可以将多个申请人申请公开的政府信息纳入主动公开的范围，申请人也可以建议行政机关将依申请公开的政府信息纳入主动公开的范围，以此推动公开工作深入开展。此外，《政府信息公开条例》进一步明确了政府信息公开与否的界限，推动政府信息依法公开。根据《政府信息公开条例》，除不予公开的政府信息外，政府信息应当公开。不予公开的政府信息包括：依法确定为国家秘密的政府信息；法律、行政法规禁止公开的政府信息；公开后可能危及国家安全、公共安全、经济安全、社会稳定的政府信息；公开后会对第三方合法权益造成损害的政府信息。根据《政府信息公开条例》，行政机关内部事务信息、过程性信息、行政执法案卷信息可以不予公开。《政府信息公开条例》完善了依法申请公开的程序规定，明确了公开申请提出、补正申请内容、答复形式规范、

征求意见程序等内容，并要求行政机关建立健全政府信息公开申请登记、审核、办理、答复、归档的工作制度，加强工作规范化管理。

◆ 入选理由

该条例在总结实践经验的基础上，通过一系列实体和程序上的创新性举措，拓展了主动公开的范围和深度，厘清了豁免公开的情形，规范了不当行使申请权，加大了监督约束力度，对保障行政相对人的知情权，进一步促进政府信息公开工作健康发展，推进法治政府建设有深远影响。

◆ 专家点评

郑宁（中国传媒大学文化产业管理学院法律系主任、文化法治研究中心主任、副教授）：

对于本事例，我将从以下四个方面进行评析。

首先是政府信息公开制度的价值，包括两方面。

第一，保障公民的监督权和知情权。《宪法》第 27 条明确规定了公民的监督权，一切国家机关和国家工作人员要倾听人民的意见和建议，接受人民的监督。我国宪法并没有直接规定公民有知情权，学界通常认为知情权可以从监督权中推导而来。因为公民要对政府进行监督的前提是对政府的信息知情。媒体要发挥对政府的舆论监督作用，首先应当对政府的信息知情。

第二，政府信息公开是实现法治政府的重要制度保障。党的十九大明确提出，到 2035 年要基本建成法治国家、法治政府和法治社会。2015 年中共中央和国务院发布《法治政府实施纲要（2015—2020）》，明确提出公开、公正是法治政府建设的总体目标之一，行政权力规范透明运作是法治政府建设的重要衡量标准。

其次是政府信息公开制度的发展历史，这段历史可以分为三个阶段。

第一阶段为 1949—1977 年，是制度的初创阶段。《中国人民政治协商会议共同纲领》（即临时宪法）规定，公民可以向国家机关工作人员提出批评和建议，也就是公民拥有监督权。1951 年通过的《保守国家机密暂行条例》，规定了国家秘密的范围。1954 年，宪法规定人民有参政权。虽然当时没有制度明确规定政府信息公开，但宪法和法律规定的一些公民基本权利为这个制度奠定了基础。

第二阶段为 1978—1990 年，是制度转型时期。党的十一届三中全会提出恢复政治民主化和国家法治化的进程。党的十三大中提出要提高领导机关的开放程度，重大事情要让人民知晓。1989年的《政府工作报告》中明确提出要推行公开的办事制度、公开的办事结果、提高政府活动的透明度。这个阶段，党和政府已经清醒地认识到政务公开和信息公开的重要意义。

第三阶段为1991年至今，是信息公开制度的稳定发展时期。1998年，青岛政务信息公众网正式启动，这是我国第一个严格意义上的政府网站。1999年，政府上网工程启动大会正式拉开了我国政府上网工程的序幕。2006年1月1日中央人民政府网站正式启动，2007年国务院出台了《政府信息公开条例》，该条例自2008年5月1日起实施。2009年底，各级政府基本都建设了自己的官方网站，2010年最高人民法院出台了《最高人民法院关于审理政府信息公开行政案件若干问题的规定》。2019年，国务院对实施了11年的《政府信息公开条例》进行了一次较大规模的修订，新条例自2019年5月15日起实施。

再次是2008年《政府信息公开条例》出台的背景，主要有三个方面。

第一，一些重大事件的推动。比如，2003年的"非典"事件，2005年的松花江水污染事件，2006年的牡丹江不明絮状悬浮物事件，使公众对政府公开相关信息产生了强烈需求。

第二，各地不断涌现信息公开诉讼。2004年董某诉上海徐汇区房管局信息公开案、2006年黄某诉湖北省物价局信息公开案等。

第三，该条例的出台顺应了国际潮流。截至2007年，世界上60多个国家都已经有了信息公开相关立法，最早的是1766年的瑞典，最典型的是1967年美国的《信息自由法》。世界贸易组织对政府信息公开和透明度也提出了明确要求。

最后是《政府信息公开条例》的修订背景和主要内容。

《政府信息公开条例》实施以来，对推动法治政府建设、促进政府的公开透明起到了积极的作用，但是也带来了一些问题，因此需要进行修改。

第一，政府信息公开诉讼数量激增，滥诉突出。2010—2015年，全国法院受理信息公开诉讼案件3万多件。以北京一中院为例，2008—2017年，一共受理2173件信息公开诉讼，涌现出一些典型事例，如范某诉国家广电总局信息公开案、顾某诉证监会案等。江苏省南通市法院2014年一年就受理了1087多件政府信息公开案件，占行政诉讼的24.9%。诉讼数量增加的同时带来的问题是滥诉严重，如最高人民法院公布的陆某诉南通市发改委政府信息公开案，给司法资源造成很大浪费。这次条例修订对于不当行使信息公开申请权作了限制，如果申请人申请公开的数量和频次明显超出合理范围，行政机关有权要求其说明理由，理由不充分可以不予处理、延迟回复，乃至收取信息处理费。

第二，政府主动公开力度不够。据统计，2008—2018 年，国务院各部门、各省主动公开 5 亿多条信息，依法申请公开 300 多万条信息，但在环保、食药等关系民生领域的信息公开还不全面、不及时。这次修订明确规定了“以公开为常态、不公开为例外”，扩大了主动公开的范围，并建立了信息公开动态调整机制。对于不予公开的信息进行了定期评估审查，对于依法申请公开的可以转化为主动公开。

第三，明确了不予公开的范围。内部事务信息，过程性信息，行政执法案卷信息，需要行政机关加工、分析的信息可以不予公开，解决了实践中的争议，保障了行政机关依法行政。

第四，降低了依法申请公开门槛。以前依法申请公开，当事人需要说明自己有自身生产、生活、科研等特殊需要，修订后的条例删除了这一要求。

第五，体现了便民效率的原则。强调了提高信息公开平台在线办理水平；如果申请内容不明确，行政机关就应予以指导和释明；规范了依法申请公开的程序等。

总之，《政府信息公开条例》的修订扩大了主动公开的范围和深度，厘清了不予公开的情形，规范了不当申请权的行使，保障了行政相对人的监督权和知情权，对促进政府信息公开工作的规范及法治政府建设都有积极意义。

李丹林（时任中国传媒大学媒体法规政策研究中心主任、教授，现任中国传媒大学文化产业管理学院文化法治研究中心顾问委员会主任、教授）：

在十多年前的信息公开条例的起草制定过程当中，已经有很多人在强调政府信息公开应该以公开为原则、以不公开为例外。但是，当时这项内容没有被规定进去。这些年，《政府信息公开条例》在实施过程当中遇到的很多问题其实都与当时没有确立这样一条原则有着因果关系。因为不确定以公开为原则，履行公开义务的主体就找借口不履行、不恰当履行公开义务，或者给公民设置更多阻碍公开的障碍。所以，法治建设首先要讲科学立法，科学立法意味着法律原则、具体条款要跟立法的目的相吻合。否则，虽然立法目的很好，但是立法内容被夹进很多“私货”，那么，法律的实施就很难达到应有的效果。

九、杭州刀豆公司诉长沙百赞、腾讯著作权侵权案

◆ 事例简介

2018年8月，杭州刀豆网络科技有限公司（以下简称“刀豆公司”）向法院起诉，称长沙百赞网络科技有限公司（以下简称“百赞公司”）未经许可，擅自通过所经营的“在线听阅”“咯咯呜”“回播”等微信小程序提供其享有信息网络传播权的《武志红的心理学课》在线播放服务，构成著作权侵权。刀豆公司将百赞公司诉至法院，并将腾讯公司列为被告二。

刀豆公司诉称：腾讯公司提供了微信小程序的全部开发组件、框架和通信接口，相对于小程序用户，腾讯公司与小程序运营者实属服务的共同提供者；此类新型网络服务不在《信息网络传播权保护条例》规定的四类网络服务之列，故而应当适用于上位的一般法《侵权责任法》第36条的规定；基于《侵权责任法》第36条的规定，腾讯公司即便在本案中不适用“通知—删除”规则，也应当“采取必要措施”，而非全无责任。

腾讯公司辩称：本案应当适用《信息网络传播权保护条例》，腾讯仅给微信小程序运营者提供网络通信接口，并非提供网络空间服务，也非提供搜索和链接服务，不适用“通知—删除”规则；且侵权作品储存在运营者服务器中，技术上无法实现“定位清除”效果。故基于技术不可为，无须承担任何责任。

一审法院认为微信小程序属于类似《信息网络传播权保护条例》第20条规定的自动接入、自动传输服务；基于《信息网络传播权保护条例》对《侵权责任法》第36条中“网络服务提供者”作目的性限缩解释，认为仅包括提供信息储存空间、搜索、链接等网络服务的提供者，不包括自动接入或自动传输等基础网络服务提供者；就微信小程序网络服务，从其性质和《信息网络传播权保护条例》规定的角度，认为不适用“通知—删除”规则，腾讯应基于《网络安全法》承担协助执法等义务，但无须对民事侵权行为承担网络服务提供者的义务。2019年2月27日，杭州互联网法院对本案进行了一审公开宣判，判决被告一百赞公司赔偿原告经济损失，驳回原告对被告二腾讯公司的所有诉讼请求。

一审判决后，原告不服判决结果，提起上诉。

2019 年 11 月，杭州市中级人民法院对本案作出二审判决，重新对争议焦点进行了审理，回归案情本身，综合评判网络服务的类型，厘清了《信息网络传播权保护条例》与《侵权责任法》第 36 条的适用关系，认为本案中刀豆公司诉前未通知腾讯公司，既然未通知，则腾讯公司无须对其未予审查或下架承担责任。因此，该终审判决结果只是基于本案案情做出的实体处理，其影响也仅限于本案，维持原判。

◆ 入选理由

"通知—删除"规则是互联网平台责任制度的核心规则，但国内对于这一规则的适用范围与尺度还存在着争议。而如何理解侵权责任法相关规定及侵权责任法与《信息网络传播权保护条例》的关系，也存在着争议。该案为对此类问题的揭示及将讨论引向深入提供了契机。

◆ 专家点评

刘文杰（时任中国传媒大学法律系教授，现任中国政法大学比较法学研究院教授）：

该案一审法院宣布判决后便引发了社会的广泛关注，因为本事例涉及互联网空间中的一条核心规则，即"通知—删除"规则的适用范围问题。

对于世界范围内的互联网产业发展来说，责任避风港制度都是其赖以发展的支撑性制度。如果没有这样一个制度，不管中国还是其他国家，互联网产业都很难有如此繁荣的局面。而"通知—删除"规则又是责任避风港制度里的核心规则，那么，该案涉及的微信小程序平台服务是不是也适用"通知—删除"规则？

根据一审判决的内容，微信一方基本获得全胜。一审判决中提到，对于基础性网络服务，如自动接入、自动传输类服务，不适用"通知—删除"规则。微信小程序服务类似于自动接入和自动传输服务，是一种基础性网络服务。所以，对于微信小程序服务也不适用"通知—删除"规则，即微信一方甚至不需要再理会来自权利人的通知。

但我认为，一审法院的判决存在一些问题。当法院说微信平台服务方不需要考虑"通知—删除"规则时，平台已经主动把"通知—删除"机制嵌入小程序服务之中。根据微信一方的公开宣示，从微信小程序上线起，公司就设立了微信小程序侵权投诉流程。同时，在微信小程序运行过程中，这个流程不断进行升级和优化。按照微信一方的政策，投诉的权利人可以选择侵权内容所在的位置，向微信一方提供准确的定位侵权内容的信息，而这就是信息存储提供方或者信息定位提供方要求的通知内容。当微信已经开始贯彻“通知—删除”流程的时候，法院却认为微信没有实施这一行为的必要，这当然会引起不小的争论。

二审法院对于该案作出了二审判决，二审虽然维持了一审判决结果，但是在理由上却改弦更张。首先，二审判决否定了一审判决“微信小程序服务是基础性网络服务，不适用‘通知—删除’规则”的观点。二审法院认为，微信小程序服务不是自动传输和自动接入服务，因为它要为小程序做框架搭建，不属于《信息网络传播权保护条例》所调整的四类网络服务，只能适用《侵权责任法》第36条去调整。其次，二审判决不再拒绝“通知—删除”规则对小程序服务在某种程度上的适用，而是认为，在该案中，要求平台删除涉案小程序属于措施超过必要限度，有违比例原则。

二审判决突破了《侵权责任法》和《信息网络传播权保护条例》的既有规定，另立规则，可以认为是出于无奈。而该案的问题根源出在“通知—删除”规则本身的设计问题。“通知—删除”规则在它创制的时候采用的是简单二分法：一种网络服务要么适用“通知—删除”，即服务商有义务接收通知，收到通知可以采取的措施是删除；要么完全不适用“通知—删除”规则，即服务商不必接收通知，更无须删除。

然而，网络服务业态越来越走向复杂，为了平衡投诉方、平台方和被投诉方的利益，在“通知—删除”和完全无受理通知义务之间，还存在着诸多的制度设计可能。有时候，可能服务商需要接收通知，却不必删除；有的时候，服务商可能在接收通知后采取删除之外的其他措施更为合适；还有的时候可能需要接收通知，而合适的后续措施仅仅是转通知而已。“通知—删除”规则设立之初的简单二分法忽略了其他可能性，如电子商务平台上，当平台接到权利人投诉时，如果立即对卖家采取关停措施，意味着卖家丧失经营机会，但是在事实中，完全可能存在投诉是错误的情况，而这样的情况将导致损失无法弥补。我认为在这种情况下，平台把被投诉卖家的账号查封更为合适。因为如果最终商家的侵权成立，那么查封的账号内款项可以赔付给权利人，如果投诉不成立，商家的经营也没有受到很大影响。但是“通知—删除”规则起初没有考虑这种可能性，所以，该案的二审法院在规则上的突破可以说不得已而为之。

李丹林（时任中国传媒大学媒体法规政策研究中心主任、教授，现任中国传媒大学文化产业管理学院文化法治研究中心顾问委员会主任、教授）：

小程序不同于App之处在于，小程序即用即删。因此，腾讯在这样一个复杂的技术经营、运营的链条里边出现的问题究竟该怎么解决？要解决相关问题、内容的问题、版权的问题，必须把复杂的内在的模型和关系搞清楚。当前越来越广泛被人们知晓和利用的小程序，是一种移动互联网应用产品。这种产品的特点是无须下载、触手可及、用完即走、无须卸载。小程序的应用核心强调的是用户的良好体验。数据显示，截至2017年12月，微信小程序用户数已接近4亿，占微信用户总数比例接近50%。小程序的功能也在不断完善。

随之，各种问题也开始出现。这些问题大致分两类，一类为违反微信团队制定的平台规则的情形，另一类为违法侵权的情形。微信团队开发微信公众平台中的小程序操作系统，这就相当于微信团队修建了道路，制定了上路开车的准入条件和交通运输规则。这些规则体现在《腾讯服务协议》《微信公众平台服务协议》《腾讯微信软件许可及服务协议》《微信小程序平台服务条款》《微信小程序平台运营规范》等文件中。各个商家希望将自己的产品通过跑在路上的交通工具运出去并卖出去。小程序主、小程序的开发者、第三方平台都要遵守微信公众平台制定的相关规则。小程序开发应用的问题和法律风险就存在于这些不同主体的行为及他们的相互关系中。

小程序的应用已经构成了一个对人们的生活、工作、经济发展有重要影响的生态圈。各方应加大监管力度，增强责任意识，寻求社会共治的合力，通过科学研究和预测从基础阶段就做好防范违规违法风险的准备，并健全调解机制以保障小程序健康有序发展。

十、《网络音频视频信息服务管理规定》发布

◆ 事例简介

2019年11月18日，为促进网络音视频信息服务健康有序发展，保护公民、法人和其他组织的合法权益，维护国家安全和公共利益，国家网信办、文化和旅游部、国家广播电视总局制定了《网络音视频信息服务管理规定》（本文以下简称

《规定》），该规定自2020年1月1日起实行。《规定》界定了“网络音视频信息服务”的含义；明确了网络音视频信息服务发展和管理中的管理对象、管理机制、总体要求和行业自律，对于网络音视频信息服务提供者和技术支持者提出了相应的责任。同时，还对网络音视频信息服务相关部门开展监督检查提出了明确监督检查和执法协助的要求。

《规定》中所称网络音视频信息服务，是指通过互联网站、应用程序等网络平台，向社会公众提供音视频信息制作、发布、传播的服务，包括网络音频、网络直播、短视频、网络影视剧等所有形式的网络音视频制作、发布、传播等服务。《规定》提出网络信息服务提供者应通过加强管理、健全辟谣机制、在服务协议中明确双方义务权利等方法保障网络音视频信息的长远发展。另外,《规定》也对网络音视频信息服务的提供者提出自觉接受社会监督，接受各级网信、文化和旅游、广播电视等部门的日常监督检查和定期检查等要求，以督促其依法履行职责。

◆ 入选理由

网络音视频领域中，某些具有信息传播属性和社会动员功能的内容，处于多头管理的交叉地带。这次三部门联合发文，是监管部门针对网络音视频发展的最新态势，是探索并建立协作配合的融合监管制度的举措，也是对已有制度体系的补充和完善。

◆ 专家点评

何勇（时任中国传媒大学政法学院法律系副教授，现任中国传媒大学文化产业管理学院文化法治研究中心学术委员会执行主任、副教授）：

2014年8月，国务院发布《关于授权国家互联网信息办公室负责互联网信息内容管理工作的通知》。从此，国家网信办就成为互联网信息内容领域的规则制定者、监督管理者和执法者。

所谓互联网信息，按2000年发布、2011年修订的《互联网信息服务办法》的说法，是“通过互联网向上网用户提供信息的服务活动”。这个范围是非常宽泛的。当时，此办法提到涉及互联网信息服务的领域有“新闻、出版、教育、医疗保健、药品和医疗器械等”。

从2016年开始，国家网信办根据网络传播的发展实际，制定和发布了十个有关互联网信息服务的管理规则。我们将这十个规则的出台分为三个阶段。

第一个阶段，对于新型信息载体的规范。2016 年 6 月，国家网信办发布《移动互联网应用程序信息服务管理规定》，规定 App 提供者和 App 商店服务提供者不得利用 App 从事危害国家安全、扰乱社会秩序、侵犯他人合法权益等法律法规禁止的活动，这是将 App 作为与网页一样的重要信息载体纳入了监管范围。

第二个阶段，对于不同类型信息和不同场景下信息服务的规范。首先是不同类型信息的规范。2017 年 5 月，国家网信办发布《互联网新闻信息服务管理规定》，该规定中提到"新闻信息，包括有关政治、经济、军事、外交等社会公共事务的报道、评论，以及有关社会突发事件的报道、评论"，这主要是将信息服务中，最具有社会影响力和动员性的时政信息和言论专门列出，作为重点监管对象。2018 年 12 月，国家网信办发布《金融信息服务管理规定》，这是对某一领域的信息服务类型专门提出的监管要求。

其次为不同场景下信息服务的规范。2017 年 9 月，国家网信办三连发，即《互联网用户公众账号信息服务管理规定》《互联网群组信息服务管理规定》《互联网跟帖评论管理规定》，将社交媒体和自媒体性质的三种信息传播形式纳入了监管范围。2018 年 2 月，发布《微博客信息服务管理规定》，将微博纳入监管范围。

第三个阶段，2019 年 2 月国家网信办发布《区块链信息服务管理规定》，这是从网络或平台应用技术角度对信息传播进行监管。2019 年 12 月发布的《音视频信息服务管理规定》将信息监管的视野扩展到所有视听形式，《网络信息内容生态治理规定》则提倡建立多主体共同参与的网络综合治理体系，塑造新型的网络生态和网络环境，这里的主体包括政府、企业、社会和网民。

不难发现，2016—2019 年，国家网信办出台的信息管理规则涵盖了底层技术、传播载体、内容类型、传播形态和场景、信息生产者、信息服务者、信息使用者等多方面因素。这些规则互为支撑、互有交叉、互相协调，体现出逐步放大、逐步深化、逐步细化的特点。

总结这些规定，其中有一些共性特征。第一，信息服务管理的重点是具有媒体属性，具有社会动员性的内容和形式。第二，信息服务管理的目标是做到所有传播内容可追溯。第三，信息服务管理的路径是强调服务提供者，也就是平台的主体责任，同时提倡多元社会治理。第四，也就是 2019 年的《音视频信息服务管理规定》和《区块链信息服务管理规定》所透露出来的，对新的应用技术，包括深度学习、虚拟现实和区块链等可能带来的内容风险，以及技术可能带来的对前三点的颠覆，也就是原来构筑的属性明确、来源可溯、可防可控可能的防范系统因技术更新而带来的颠覆，保持高度的警惕。

互联网监管是一个以有限求无限的过程。我们除了每天要面对新出现的海量信息，还要面临同样一条信息，通过技术、平台、形式、场景、载体的加成所发生的变异。要达到“任你千般变化，我有一定之规”的法治境界，考验的不仅是监管层，而且是整个社会的远见和智慧。

李丹林（时任中国传媒大学媒体法规政策研究中心主任、教授，现任中国传媒大学文化产业管理学院文化法治研究中心顾问委员会主任、教授）：

当我们讲个人信息时候，其实讲的就是个人数据。狭义地讲，就是在互联网环境下个人在互联网进行活动的过程当中留下的脚印，留下能够识别出是你这个个体的那些数据。但是，关于内容方面的监管，信息就是内容，它主要不是指哪些与个人识别有关，而是指具有意义的事实和意见（也就是新闻性信息）或虚构性内容。而我国的传播政策以往最注重的是新闻性信息与对于进入新闻采集、传播领域的这些主体的要求。但是，在信息时代仅仅注重这一部分已经远远不够了。所以，现在我们强调生态性、环境性，不再是新闻节目、虚构类视听、影视内容的区分，我们注重的是整个信息内容如何治理、如何规范。

第十章　2020 年度中国传媒法典型事例评析

编者按

2021 年 1 月 9 日下午，2020 年度中国十大传媒法与文娱法事例发布会暨研讨会成功举办。本次研讨会由中国传媒大学文化产业管理学院文化法治研究中心、北京市律师协会传媒与新闻出版法律事务专业委员会、北京市律师协会影视与娱乐法律事务专业委员会主办，由北京中视瑞德文化传媒股份有限公司协办，来自高校、科研机构、党政部门、司法机关、律师协会、律所及文化传媒业界的近 40 位专家参会研讨，并由抖音、西瓜视频、飞书、搜狐视频全程直播，上万人在线观看。

整个评选共分为推荐、初选、决选三个阶段。在推荐阶段，主办方共收到来自高校、法院、律所、企业等各方推荐及自主收集的传媒法事例 312 个，在此基础上，秘书处筛选出 41 个候选事例，交由评审委员会投票初选出 20 个入围事例。2020 年 12 月 30 日，召开了评审委员会会议，最终确定了 2020 年度中国十大传媒法事例。

一、《中华人民共和国民法典》颁布

◆ 事例简介

2020年5月28日，第十三届全国人民代表大会第三次会议表决通过了《中华人民共和国民法典》（以下简称《民法典》），《民法典》共7编、1260条，各编依次为总则、物权、合同、人格权、婚姻家庭、继承、侵权责任及附则，并于2021年1月1日起施行。

《民法典》作为中华人民共和国成立以来第一部以“法典”命名的法律，是民事领域的基础性、综合性法律。其中人格权编就新闻报道、舆论监督与人格权益之间的关系作出了明确规定；首次明确了名誉和名誉权、肖像和肖像权、隐私和隐私权等概念内涵；扩大了个人信息的范围；规定了认定人格权侵权责任应考虑的因素，以及为公共利益实施新闻报道、舆论监督等行为的“合理使用”原则及其限制条件。连同总则编、侵权责任编等有关规定，建构了系统调整新闻报道、舆论监督与人格权益关系的民事法律制度。合同编、物权编的各项原则也同样适用于传媒行业的经济活动。

◆ 入选理由

《民法典》是一部固根本、稳预期、利长远的基础性法律。建构了系统调整文化和传媒领域各种民事关系的法律制度，体现了中国特色、实践特色和时代特色。有利于文化传媒行业坚持以人民为中心，保障人民权益的实现，推动行业健康有序发展，对文化和传媒行业有深远的影响。

◆ 专家点评

魏永征（时任中国传媒大学媒体法规政策研究中心总顾问、教授）：

2020年，是传媒法治建设的大年。元旦起实施的《民法典》无疑是传媒法治的首要事件，主要在于其人格权编明文就新闻报道、舆论监督行为作出规定，连同总则、侵权责任编等有关内容，建构了调整新闻报道、舆论监督行为与人格权益之间关系基本法律制度。

（1）总结了20世纪80年代以来司法审理新闻侵权纠纷的实践和学界研究成果。

20世纪80年代起，新闻报道侵害人格权案件层出不穷，成为法律实务和学术关注的一个热点。《民法典》的实施，改变了40年来在许多方面主要以司法解释并参照民法学理处理相关纠纷的局面。

（2）通过肯定新闻报道、舆论监督行为和限制相对民事主体权益的方式，在此领域确立了新闻报道、舆论监督行为的合法空间。

《民法典》不可能订立属于民主权利、政治权利的新闻报道、舆论监督的权利，不可能调整新闻报道行为所面对的所有社会关系。但是，它以规定民事主体必须允许一定范围内的新闻报道、舆论监督行为使用或影响其民事权益的方式，确定了新闻报道、舆论监督行为的合法空间，从而明确了新闻报道与人格权益的权利和义务关系的边界，产生在人格权领域对新闻报道赋权的效果。

（3）对新闻报道、舆论监督的行为主体采用“行为人”术语，弃用“新闻单位”“新闻机构”语词，为适应传播科技发展而引起传播形态变革展示了广阔前景。

（4）对各项具体人格权，如肖像权、名誉权、隐私权等首次有了法律定义，个人信息定义作了进一步拓展，结束了不同学术著作中定义及阐述的差异可能导致的在司法实践中产生歧义的局面。而对一般人格权不作定义，留下空间。

（5）设定侵害各类人格权益行为的具体构成，对保护肖像权、名誉权、隐私权和个人信息等，都有明确界限。

（6）就新闻报道、舆论监督涉及人格权益的行为规定了多项免责事由。

“公共利益”可以认为是精神性人格权益限制和保护的核心要素。专业新闻媒体以坚持正确舆论导向、弘扬社会主义核心价值观为宗旨和职责，“公共利益”免责事由有利于对专业新闻媒体倾斜保护。

“合理使用”也是一项重要免责事由。《民法典》对于各项权益客体合理使用规则分别有具体规定。第998条规定了损害精神性人格权民事责任应当考虑双方职业、影响范围、过错程度等因素，这将会形成若干诉辩事由，如不少人就此条解读“公众人物”概念。

（7）完善人格权益被侵害人的请求权制度。《民法典》在精神性人格权责任以非财产性方式为主、只有严重精神损害才适用精神损害赔偿基础上，将人格权请求权与其他请求权区分规定。首次规定受害人履行非财产性民事责任方式的请求权不适用诉讼时效，民事主体诉前禁令，以及民事主体对失实侵权内容请求媒体更正或者删除等。

（8）强化肯定新闻报道、舆论监督中发生的侵权行为属于一般过错归责行为，在审理中适用一般举证责任原则。特别是第1026条最后定稿时删除了末款“行为人应当就其尽到合理审查义务，承担举证责任”，将对司法实践产生重要指引作用。

（9）进一步完善了网络服务者（平台）特殊归责程序，在《侵权责任法》基础上又有所发展。

（10）通过借鉴外国理论和本国司法实践确立综合考虑各项因素的平衡原则。就《民法典》第998条，学者指出，这是外国动态系统论在我国的运用。事实上，人格权纠纷涉及诸多利益考虑，特别是网络时代，我国司法实践早就顾及这个特点，予以综合权衡。好比已有诸多人格权案件使用“公众人物”这个词语，就是综合考虑了案件不同性质、因素予以处理，并非单纯限制、弱化。可见第998条也是我国司法实践经验的总结和提升。

以上十点，是学界俗称的“新闻侵权法”“媒体侵权法”的核心内容。法律的权威和生命力在于实施，它们将在实施中不断充实和完善。

朱兵（全国人大教科文卫委员会文化法室原主任）：

《民法典》是一部固根本、稳预期、利长远的基础性法律，充分体现了我国社会主义性质、符合人民利益和愿望、顺应了时代发展要求，是一部体现对生命健康、财产安全、交易便利、生活幸福、人格尊严等各方面权利平等保护的法律，其颁布和实施将对我国文化产业发展产生重要的影响。

（一）《民法典》确立的原则和制度，为文化产业的发展提供了基本遵循

文化产业最重要的原则是坚持始终把社会效益放在第一位，经济效益与社会效益保持平衡，实现社会效益和经济效益的统一。它的特点是，经营性的活动是社会主义市场经济活动的组成部分，这区别于公共文化的公益性属性。《民法典》坚持以人民为中心，所确立的自愿、公平和诚信三大基本原则，为文化市场主体从事市场经营活动提供了基本遵循；将民事主体区分为自然人、法人和非法人组织，为自然人、法人和非法人组织设立文化企业提供了基本的法律保障；对民事权利进行“列举＋概括”式规定，明晰了文化市场主体的权利边界；对民事法律行为的设立、变更和终止等进行了规定，为文化市场主体开展民事活动提供了基本规范；对民事

责任的规定，为文化市场主体权利保护提供了救济路径。

（二）《民法典》对物权归属和利用的规定，为文化财产的定分止争提供了基本准则

《民法典》第 207 条对平等保护国家、集体、私人的物权和其他权利人的物权的规定，为文化市场主体进行平等竞争营造了良好的法治环境。《民法典》确立了文化财产的登记规则，如不动产物权的设立、变更、转让和消灭，应当依照法律规定进行登记；动产物权的设立和转让，应当依照法律规定交付。《民法典》还确立了文化财产物权保护的途径，文化财产的物权受侵害的，权利人可以通过和解、调解、仲裁、诉讼等途径来解决，并视具体争议要求进行物权确认，返还原物，排除妨害或者消除危险、请求修理、重作、更换或者恢复原状，要求损害赔偿等。《民法典》明确了文化财产的物权权能，包括所有权、用益物权和担保物权，这一权利界分在文化文博单位推进文创产品开发中尤为突出。

（三）《民法典》对合同交易的规定，为市场主体从事文化交易活动提供了规范指引

《民法典》第 465 条规定，依法成立的合同，受法律保护，但仅对当事人具有法律约束力，法律另有规定的除外。由此可见，文化市场主体之间依法订立的文化交易合同具有约束双方的法律效力，其必须按照文化交易合同约定的预期事项享受权利并履行义务。《民法典》还为市场主体设立、变更、终止文化合同提供了基本规则，市场主体在开展文化交易活动时既要遵循意思自治、诚实信用等一般规则，又要充分尊重文化交易的行业习惯等特有规则，还要在特定的文化消费等格式合同中保护消费者的权益。《民法典》也为市场主体进行文化交易提供了安全保障，第 577 条规定，当事人一方不履行合同义务或者履行合同义务不符合约定的，应当承担继续履行、采取补救措施或者赔偿损失等违约责任。具体到文化交易之中，当事人不依照合同履行义务的，必须为此承担违约赔偿责任。而且，《民法典》为市场主体进行文化交易提供了合同规范。《民法典》中对各类合同的具体规定，为文化买卖行为、文化借贷行为、文化产品租赁行为、文化设备融资租赁行为、文化保理行为、文化工程承揽行为、文化技术研发行为、文化产品保管行为、文化业务委托行为和文化中介行为等提供了基本的合同规范指引。

（四）《民法典》对人格权享用和保护的规定，明确了文化产品创作生产的基本限度

《民法典》第990条规定，人格权是民事主体享有的生命权、身体权、健康权、姓名权、名称权、肖像权、名誉权、荣誉权、隐私权等权利。公民在从事创作或者生产文化产品时，不得以侵害他人的人格利益为代价，必须尊重他人的人身自由、人格尊严等利益。而且，利用他人的人格要素进行文化产品创作生产必须经许可并合理使用。《民法典》第993条规定，民事主体可以将自己的姓名、名称、肖像等许可他人使用，但是依照法律规定或者根据其性质不得许可的除外。这为利用他人人格要素进行文化产品创作生产提供了许可规则和合理使用规则。依据《民法典》的规定，未经许可利用他人人格要素的应承担法律责任；利用他人姓名、名称、肖像等人格要素对他人名誉、荣誉和隐私等权利造成侵害的，应当承担停止侵害、排除妨碍、消除危险、消除影响、恢复名誉、赔礼道歉和精神损害赔偿等责任。《民法典》第185条明确规定："侵害英雄烈士等的姓名、肖像、名誉、荣誉，损害社会公共利益的，应当承担民事责任。"这对促进文化产业健康发展和大力弘扬红色文化使之有效传承提供了重要法律保障。同时，《民法典》还确立了公益使用规则，即为公共利益实施新闻报道、舆论监督等行为的，可以合理使用民事主体的姓名、名称、肖像、个人信息等。

（五）《民法典》对侵权责任的规定，为文化产业发展营造了良好的环境

《民法典》"侵权责任编"中确立的过错原则、过错推动原则和无过错原则为处理不同类型的文化侵权行为提供了基本指引。第1176条新增的"风险自甘"的规定，体现了尊重个体自由、合理分配风险责任的理念，为文体活动的组织规范和繁荣发展提供了重要法律保障。该编第二章确立的人身损害赔偿、财产损失赔偿和精神损害赔偿三位一体的侵权赔偿体系，对因从事文化经营活动或因文化产品或者服务而被侵权的当事人提供了完整的保障体系，如对从事文化行业而遭受人身侵权的人提供人身损害赔偿，对因损害文化财产而产生的财产损失赔偿，对因创造生产文化产品或者提供文化服务而遭受的精神损害赔偿。此外，该编对故意侵害他人知识产权，情节严重的，明确规定被侵权人有权请求相应的惩罚性赔偿；适当调整了网络侵权中的"避风港"原则和"红旗"原则规则，明确了权利人和平台的义务，有

效平衡了相关主体的责任。这些规定既有利于充分保障权利人的合法的文化利益，又有效地平衡了文化企业和文化消费者间的利益。这些重要规定都为文化产业的知识产权保护提供了强有力的支撑。

二、《著作权法》修订

◆ 事例简介

2020 年 11 月 11 日，第十三届全国人民代表大会常务委员会第二十三次会议表决通过关于修改《著作权法》的决定，修改后的《著作权法》共 6 章、67 条，自 2021 年 6 月 1 日起施行。

新法扩大了“作品”定义以适应传播科技的发展；将“时事新闻”修改为“单纯事实消息”，加强对新闻作品的著作权保护；完善了广播权定义，全面涵盖“无线或者有线方式”；“与著作权有关的权利”下“广播电台、电视台播放”增加了“将其播放的广播、电视通过信息网络向公众传播”；把报社、期刊社、通讯社、广播电台、电视台的工作人员创作的职务作品纳入职务作品范围。另外，增设了惩罚性赔偿制度，规定最低赔偿额 500 元，把法定赔偿上限从 50 万元提高到 500 万元，以通过提升违法成本来抑制侵权行为。

◆ 入选理由

本次修订是《著作权法》自 1990 年颁布后的第三次修订。2001 年和 2010 年的两次修订，分别是加入世界贸易组织之后的要求，以及履行世界贸易组织争端裁决义务的需要。而本次修订则是第一次基于中国文化传媒产业及新技术的发展趋势进行的自发性修订。因此，更多的修改内容体现了产业的诉求，以及不同行业主体之间的博弈，对于文化传媒行业的权益保障、秩序维护、利益平衡有积极意义。

◆ 专家点评

米新磊（北京市律师协会传媒与新闻出版法律事务专业委员会秘书长）：

2020 年，《民法典》的出台引发了全民瞩目，实际上，《著作权法》的第三次修订也是备受文化传媒行业关注的大事。

我国的《著作权法》于1990年颁布，在2001年进行了第一次修订，背景是中国加入世界贸易组织后，需要满足世界贸易组织对知识产权法修改的要求。2010年，《著作权法》进行了第二次修订，但这次的修订只涉及两条内容，重要的一条内容是为履行中美加入世界贸易组织争端裁决义务。2020年,《著作权法》进行了第三次修订。

第三次修订的意义在于，并非被动地由“外”而“内”推动，而是主动自发进行的，更多的动因是为了解决文化传媒产业及新技术的飞速发展与《著作权法》规定相对滞后的问题，同时也体现了当下越来越重视知识产权的时代特色，加大了对著作权人的保护力度。

下面我从本次修订的三项具体内容，对《著作权法》与行业互动的积极效果，做一个简单的介绍。

首先，本次修订新增了“视听作品”的概念，这是为了延伸现有的“电影及类电影作品”的概念，以容纳更多新类型的作品。像网络游戏（画面）、体育赛事节目（画面）、短视频等作品，虽然经过一系列司法判例，很多被暂时划归为“类电影作品”，但也有很多争议。《著作权法》修订后，这些已经出现的，以及未来可能出现的“以连续画面作为表现形式的作品”，都可以名正言顺地栖身于“视听作品”项下。更具包容性和延展性的概念，对于技术不断更迭的视听媒体行业来说，无疑是利好消息，也有助于相关产业的进一步壮大。但需要注意的是，本次修订对于“视听作品”并没有具体的定义，而且对为何将“视听作品”划分为“电影、电视剧作品”和“其他视听作品”两类也没有进一步的说明，这可能需要留待未来《著作权法实施条例》进行更为清晰的阐释，尽量消除新概念的模糊性，增强司法实践适用的确定性。

其次，本次修订对“广播权”概念的范围进行了扩张，同样是为了解决长期以来法律规定滞后于互联网产业发展所造成的困扰。现今，互联网平台的地位和作用已今非昔比，人们更习惯在网上进行休闲娱乐，所以越来越多的内容被搬运到网络上，相应地，各式各样的新型网络侵权行为也变得越来越常见。比如，每年的春晚、四年一度的世界杯，在网上都存在很多直播或者转播的侵权行为，对于这些节目的正常传播和收益造成了巨大的影响。但是，在本次修法之前，因为法律概念存在缺陷和历史的原因，对于网络直播、网络转播、网络定时播放这一类侵权行为，既没法纳入广播权范畴，也没法被信息网络传播权所控制，导致权利人只能退而求其次，通过“著作权人的权利兜底条款”或不正当竞争诉讼来规制。但是，因为没有达成统一的司法共识，所以各地法院的裁判结果也不同，这种方式也增强了权利保护的不确定性。因此，本次修订 对于广播权控制范围的更新和重构，不但能让前述较为混乱的局面成为历史，也大大增强了著作权人相关权利保护的确定性。

最后，此次修订最大的亮点之一，无疑是关于法定侵权判赔额度从 50 万元提高到 500 万元，以及对于惩罚性赔偿制度的确认。前者实际上是整个知识产权制度强化保护的大势所趋,《商标法》《反不正当竞争法》和《中华人民共和国专利法》都先后通过修法，将法定判赔额提高到了 500 万元的水平,《著作权法》相当于体系内的最后一环；而后者实际上也是对《民法典》关于知识产权惩罚性赔偿条款的呼应及细化。未来，随着更多高额判赔案件的涌现，对于版权市场的净化可能会起到震慑效果。

三、《未成年人保护法》修订

◆ 事例简介

2020 年 10 月 17 日，新修订的《未成年人保护法》经第十三届全国人民代表大会常务委员会第二十二次会议表决通过，自 2021 年 6 月 1 日起施行。

新修订的《未成年人保护法》共 9 章、132 条，篇幅较之原法增加了一倍以上。增设“网络保护”一章，要求处理不满 14 周岁未成年人个人信息的，应征得其父母或者其他监护人同意，网络游戏服务提供者不得在每日 22：00 至次日 8：00 向未成年人提供网络游戏服务。网络直播服务提供者不得为未满 16 周岁的未成年人提供网络直播发布者账号注册服务，并对网络沉迷防治、网络欺凌等作出了规范。还规定了网信部门会同公安、文化和旅游、新闻出版、电影、广播电视等部门根据保护不同年龄阶段未成年人的需要，确定可能影响未成年人身心健康网络信息的种类、范围和判断标准。同时对新闻媒体加强未成年人保护方面的宣传和舆论监督，不得侵犯未成年人合法权益等作了规定。

◆ 入选理由

《未成年人保护法》的修改遵循互联网多方合作共治的理念。以专章规定未成年人的网络保护，明确了国家、社会、学校、家庭等不同主体在未成年人网络保护中的义务和责任。以网络素养教育、网络信息管理、网络沉迷防治、个人信息保护、网络欺凌防治为重点，构建了科学性、体系化、整体性的未成年人网络保护体系。

◆ 专家点评

陈欣新（中国社会科学院法学所研究员）：

《未成年人保护法》的修订立足于当前国情及网络对社会发展的影响，增加了许多网络信息传播和网络娱乐领域保护未成年人的法律规范，并确定了国家、社会、学校和家庭在加强未成年人网络素养宣传教育，培养和提高未成年人的网络素养，增强未成年人科学、文明、安全、合理使用网络的意识和能力，保障未成年人在网络空间的合法权益等方面的义务分工。

（一）按照网络共同治理的思路确定与未成年人保护有关的各方权利和义务

1. 明确未成年人的父母或监护人的权利和义务

（1）未成年人的父母或者其他监护人的新增义务。

①不得放任未成年人沉迷网络，接触危害或者可能影响其身心健康的图书、报刊、电影、广播电视节目、音像制品、电子出版物和网络信息等。

②不得放任未成年人进入互联网上网服务营业场所等不适宜未成年人活动的场所。

③应当提高网络素养，规范自身使用网络的行为，加强对未成年人使用网络行为的引导和监督。

④应当通过在智能终端产品上安装未成年人网络保护软件、选择适合未成年人的服务模式和管理功能等方式，避免未成年人接触危害或者可能影响其身心健康的网络信息，合理安排未成年人使用网络的时间，有效预防未成年人沉迷网络。

（2）未成年人的父母或者其他监护人的新增权利。

①信息处理者通过网络处理不满 14 周岁未成年人个人信息的，应当征得未成年

人的父母或者其他监护人同意。法律、行政法规另有规定的除外。

②未成年人、父母或者其他监护人要求信息处理者更正、删除未成年人个人信息的，信息处理者应当及时采取措施予以更正、删除。法律、行政法规另有规定的除外。

③网络直播服务提供者不得为未满 16 周岁的未成年人提供网络直播发布者账号注册服务；为年满 16 周岁的未成年人提供网络直播发布者账号注册服务时，应当对其身份信息进行认证，并征得其父母或者其他监护人同意。

④任何组织或者个人不得通过网络以文字、图片、音视频等形式，对未成年人实施侮辱、诽谤、威胁或者恶意损害形象等网络欺凌行为。遭受网络欺凌的未成年人及其父母或者其他监护人有权通知网络服务提供者采取删除、屏蔽、断开链接等措施。网络服务提供者接到通知后，应当及时采取必要的措施制止网络欺凌行为，防止信息扩散。

2. 明确媒体及网络产品和服务提供者的义务

新修订的《未成年人保护法》规定，新闻媒体应当加强未成年人保护方面的宣传，对侵犯未成年人合法权益的行为进行舆论监督。新闻媒体采访报道涉及未成年人事件应当客观、审慎和适度，不得侵犯未成年人的名誉、隐私和其他合法权益。

与《网络安全法》确定的原则相适应，新修订的《未成年人保护法》也将网络产品和网络服务提供者设定为法律义务的主要承担主体。明确规定了以下义务。

网络游戏、网络直播、网络音视频、网络社交等网络服务提供者应当针对未成年人使用其服务设置相应的时间管理、权限管理、消费管理等功能。网络游戏经依法审批后方可运营。国家建立统一的未成年人网络游戏电子身份认证系统。网络游戏服务提供者应当要求未成年人以真实身份信息注册并登录网络游戏。

网络产品和服务提供者应当建立便捷、合理、有效的投诉和举报渠道，公开投诉、举报方式等信息，及时受理并处理涉及未成年人的投诉、举报。

网络服务提供者发现用户发布、传播含有危害未成年人身心健康内容的信息的，应当立即停止传输相关信息，采取删除、屏蔽、断开链接等处置措施，保存有关记录，并向网信、公安等部门报告。网络服务提供者发现用户利用其网络服务对未成年人实施违法犯罪行为的，应当立即停止向该用户提供网络服务，保存有关记录，并向公安机关报告。

3. 明确学校等公益单位的权利和义务

新修订的《未成年人保护法》规定，学校应当合理使用网络开展教学活动。未经学校允许，未成年学生不得将手机等智能终端产品带入课堂，带入学校的应当统一管理。学校发现未成年学生沉迷网络的，应当及时告知其父母或者其他监护人，共同对未成年学生进行教育和引导，帮助其恢复正常的学习生活。学校、社区、图书馆、文化馆、青少年宫等场所为未成年人提供的互联网上网服务设施，应当安装未成年人网络保护软件或者采取其他安全保护技术措施。

（二）传媒领域新增的保护未成年人的行为规范

1. 禁止性规范

新增的第 50 条规定："禁止制作、复制、出版、发布、传播含有宣扬淫秽、色情、暴力、邪教、迷信、赌博、引诱自杀、恐怖主义、分裂主义、极端主义等危害未成年人身心健康内容的图书、报刊、电影、广播电视节目、舞台艺术作品、音像制品、电子出版物和网络信息等。"

新增的第 52 条规定："禁止制作、复制、发布、传播或者持有有关未成年人的淫秽色情物品和网络信息。"

新增的第 53 条规定："任何组织或者个人不得刊登、播放、张贴或者散发含有危害未成年人身心健康内容的广告；不得在学校、幼儿园播放、张贴或者散发商业广告。"

新增的第 74 条规定："网络产品和服务提供者不得向未成年人提供诱导其沉迷的产品和服务。以未成年人为服务对象的在线教育网络产品和服务，不得插入网络游戏链接，不得推送广告等与教学无关的信息。"

新增的第 75 条规定："网络游戏服务提供者不得让未成年人接触不适宜的游戏或者游戏功能。网络游戏服务提供者不得在每日 22：00 至次日 8：00 向未成年人提供网络游戏服务。"

2. 提示义务

新增的第 51 条规定："任何组织或者个人出版、发布、传播的图书、报刊、电影、广播电视节目、舞台艺术作品、音像制品、电子出版物或者网络信息，包含可能影响未成年人身心健康内容的，应当以显著方式作出提示。"

新增的第 69 条规定："智能终端产品的制造者、销售者应当在产品上安装未成年人网络保护软件，或者以显著方式告知用户未成年人网络保护软件的安装渠道和方法。”

新增的第 73 条规定：“网络服务提供者发现未成年人通过网络发布私密信息的，应当及时提示，并采取必要的保护措施。”

新增的第 75 条规定：“网络游戏服务提供者应当按照国家有关规定和标准，对游戏产品进行分类，作出适龄提示。”

新增的第 80 条规定：“网络服务提供者发现用户发布、传播可能影响未成年人身心健康的信息且未作显著提示的，应当作出提示或者通知用户予以提示；未作出提示的，不得传输相关信息。”

（三）新增“网络保护”专章为网络信息内容和游戏产品的分类机制预留了空间

新增的第 67 条规定：“网信部门会同公安、文化和旅游、新闻出版、电影、广播电视等部门根据保护不同年龄阶段未成年人的需要，确定可能影响未成年人身心健康网络信息的种类、范围和判断标准。”这实际上是接受了不同年龄的未成年人，有不同的身心健康成熟度，应当据此确定他们可以接收的网络信息内容的尺度和标准的思路，而信息内容分类分级制度正是以此为设计的理论基础。

与之相适应，新增的第 75 条规定：“网络游戏服务提供者应当按照国家有关规定和标准，对游戏产品进行分类，作出适龄提示。”这实际上是为网络游戏服务提供者设定了游戏分类分级及适龄提示的义务。

四、中国网络视听节目服务协会制定《网络综艺节目内容审核标准细则》

◆ 事例简介

2020 年 2 月 21 日，中国网络视听节目服务协会联合央视网、芒果 TV、腾讯视频等视听节目网站制定的《网络综艺节目内容审核标准细则》正式发布。该细则围绕才艺表演、访谈脱口秀、真人秀、少儿亲子、文艺晚会等各种网络综艺节目类型提出了 94 条具有较强实操性的标准。

该细则第一部分对主创及出境人员选用问题，出境人员言谈举止问题，造型

（服装、化妆）、道具、舞美等布设问题，文字语言使用问题，节目制作包装问题五方面作了具体规定。第二部分围绕访谈及脱口秀类节目，选秀及偶像养成类节目，情感交友类节目，少儿亲子类节目，生活体验类（旅行、美食等）节目，专业竞技类（益智、体育、科技、艺术等领域）节目，游戏比赛类节目，有角色扮演的故事推理、演绎类节目，游戏改编类节目这九类节目的问题作了具体规定。

◆ 入选理由

互联网时代，网络综艺节目对满足人们对美好生活的追求，促进文化消费、发展文化产业有重要意义。但是，其中存在的内容问题一直以来也非常突出，如何提升网络综艺节目的内容质量是一个亟待解决的问题。《网络综艺节目内容审核标准细则》作为行业自律性文件，无疑为作为其成员的综艺节目服务提供者提供了更为具体的行为标准，对于促进网络综艺节目的健康发展意义重大。

◆ 专家点评

李丹林（时任中国传媒大学媒体法规政策研究中心主任、教授，现任中国传媒大学文化产业管理学院文化法治研究中心顾问委员会主任、教授）：

（一）该细则的基本情况

（1）制定主体：中国网络视听节目服务协会。它标志着由“国家广播电视总局指导”，强调的是“联合央视网、芒果 TV、腾讯视频、优酷、爱奇艺、搜狐、哔哩哔哩、西瓜视频、快手、秒拍等视听节目网站”，但是，从法律上讲，制定和发布的主体是协会。

（2）审核主体：网络综艺节目服务单位，也就是各类网络视听机构。

（3）审核对象：播出前的综艺节目作品和以宣传、介绍作品等为目的而制作的图文及视频内容。具体节目类别有九类。

（4）审核标准细则实施的监督主体：协会、政府监管机构、司法机关。

（二）该细则条款构成和特点

1. 该细则内容和规范条款数量

该细则文本中，针对综艺节目的制作和内容提出了 94 条要求。但是，实际上并不是只有这么多。另外，还有《网络信息内容生态治理规定》第 6 条、第 7 条规定的 20 条,《互联网视听节目服务管理规定》第 16 条规定的 10 条和《网络视听节目内容审核通则》第四章规定的 94 条，共有 218 条。

2. 该细则中规定的内容规范的类型

（1）有针对具体制作行为的，有针对综艺节目包含的内容的。行为方面，如人员选用、举止、着装、化妆、布设等。内容本身的，如不得出现的语言、表达的内容等。

（2）有总体通用性的，有专门针对不同类别的综艺节目、不同类别内容的。该细则中的第一部分是通用细则，具体包括如下方面：主创及出境人员选用问题；出镜人员言谈举止问题；造型（服装、化妆）、道具、舞美等布设问题；语言文字问题；节目制作包装问题。第二部分是分类细则，将属于综艺节目的各种类型区分开来，专门制定相关要求。

3. 特点

（1）细致化：对于内容方面要求，有些非常具体。虽然一些要求的具体示例列举在公开可见的文本中略掉了，但是，依然可以看到其细致化的体现。比如，针对访谈及脱口秀节目问题的专门规定有 14 项，如要求不得展示残暴行为的，具体到不得引用虐待动物的场景等；不得渲染和炒作因违法违规被列入相关管理部门黑名单的公众人物或热点人物等。

（2）专业化：体现出针对网络综艺节目制作展示特点有针对性作出的规定。比如，在造型（服装、化妆），道具，舞美等布设问题方面的规定。

（3）垂直化：这一细则作为行业规范，是以行业协会的名义发布的，但理论上应是全体参加行业组织的各个服务商共同意志的产物，就是自己制定的规制自己遵守，这就是“垂直化”之意。

（三）评价

网络综艺行业发展迅速，网络综艺节目具有巨大的传播和影响力，重视和恰当处理相关伦理问题，对该行业的健康发展、受众和社会文明程度的提高有重要意义。该细则包含的 218 条规定，实际上反映的是在综艺节目制作传播过程中出现的政治问题和伦理问题。

从本质上来说，综艺节目服务是一种追逐经济价值的行为，但同时它又是依赖娱乐价值、审美价值、认知价值、公序良俗支撑的一种经济行为。因此，强调综艺节目的社会效益是非常重要的，如何引导其更好地发挥效益则是一项复杂的社会工程、管理工程和制度工程。仅仅通过公权力介入的方式来制定标准是不行的，仅仅依靠公权力监督和执法的方式来保障标准的实施也是不行的，仅仅依靠由公权力人员内部掌握标准的不透明的监管更是不行的。提高现代化治理能力要求必须寻找到适合网络时代的综艺节目的规范方式和规范标准，通过行业协会统一制定行业规范的方式是一种好的选择。

（四）反思

1. 从治理角度来看

治理强调的是治理主体的多元，各类主体都发挥好各自的作用并且相互协调。现在，行业协会在治理中的地位和作用已经越来越多地被人们所认识到。但是，我们还要注意，在这一发展过程中，行业协会要逐渐成长为真正的行业自律自治组织，将以往的错位逐渐纠正，那样它才能真正发挥作用。行业协会的健康发展和成熟，有赖于社团设立制度的改革，有赖于行政法治建设的发展与完善。

2. 从理性角度来看

网络综艺节目制作传播者，可以通过给人们提供娱乐服务来实现其经济目标，因此，我们不能期望其都成为阳春白雪、高雅殿堂或公共讨论的场域。从这个意义上来讲，行业自身对自己作出更高内容方面的要求是可以的。因此，通过行业自律，促使服务商提升社会责任感，在这个意义上去强调兼顾经济效益和社会效益、社会效益优先是符合逻辑和常识的。否则，否定了其经济性本质，一厢情愿地赋予其更多的脱离其本质的意义，既损害了产业发展，也难以切实满足人们的娱乐需要。

五、新浪微博因干扰传播秩序被网信部门处罚

◆ 事例简介

2020 年 6 月 10 日，国家网信办指导北京网信办，约谈新浪微博负责人。此次约谈主要针对新浪微博在蒋某舆论事件中，所直接采取的撤热搜、压热搜、关闭蒋

某夫人董某某微博评论等一系列违规操作，干扰网上传播秩序，以及传播违法违规信息等问题。为此，国家网信办责令其立即整改，暂停更新微博热搜榜及热门话题榜一周，严肃处理相关责任人。同时，要求北京网信办对新浪微博依法从严予以罚款的行政处罚。

◆ 入选理由

超级社交平台已经成为公众获取信息的重要来源，也是海量信息内容管理的中枢，它在民众知情权、表达权的实现中扮演着关键角色，但也容易受到私意与外力的干预而滥用权力。本次网信部门的执法行动是对社交平台干扰传播秩序的纠正，是对公众舆论和公共利益的保护，彰显了平台时代政府在保障公民知情权、表达权中的积极作用。

◆ 专家点评

韩新华（中国传媒大学文化产业管理学院法律系文化法治教研室主任）：

作为唯一入围的执法事例，本事例的典型性在于，国家网信办以往对社交平台的内容监管通常放在低俗色情、网络暴力、导向错误、个人侵权等违法违规信息的传播方面，但是本次处罚理由的重点是微博平台干扰了正常的传播秩序。

目前，微博的活跃用户已经超过5亿，是中国最活跃的社交平台之一，而其热搜榜则常常被视为舆论话题的风向标，是网民透视社会舆论的重要窗口。热搜榜即热门搜索榜单，其设计本意是依据用户搜索关键词的频率等因素形成实时更新的热词榜，以供公众迅速了解一段时间之内的热点事件和流行话语。但目前的热搜榜并不完全是机器排序的结果，人工审核是榜单得以形成的重要环节。这虽然有助于控制违法违规信息内容的传播，但也为包括商业推广、权力干预，以及其他各方力量操纵舆论，干扰传播秩序提供了机会。长期以来，花钱上热搜、撤热搜早已不是秘密，甚至衍生出了产业链。

本执法事例所指涉的"蒋某舆论事件"是指，蒋某被妻子在新浪微博爆出出轨，随后，其疑似动用资本力量限制该话题在微博的发酵和传播。在该事件中，新浪微博采取了撤热搜、限制转发、删除帖文等方式压制舆论，引起了广大网友的不满。与以往主要是来自第三方的力量干扰传播秩序不同，本次舆论干涉事件是微博亲自参与，主动为之，不仅将蒋某舆论事件撤下热搜，还直接对个人账号实施封禁，严重侵犯了公民的知情权和表达权。

在传统的表达自由基本理论中，公民表达权主要防范的是来自国家的监控和审查，因此保护表达自由的立法框架和司法实践一直构建在以政府为假想敌的基础之上，将“政府最小干预”视为保护表达自由的基本原则。但是随着互联网成为社会生活的基础设施，成为绝大多数人进行信息获取、沟通和表达的最重要途径，表达自由的传统理论预设正在发生转变。尤其是超级社交平台的兴起，使得网络信息再次被中心化，平台成为掌控信息呈现的关键和枢纽。内容能否呈现、在哪里呈现、以什么方式呈现、呈现的时间长短最终都取决于平台，平台越来越像一个拥有立法权、执法权和司法权的政治实体，深刻影响着公民知情权和表达权的实现。

正是在这一背景之下，平台时代的权利保障呼吁政府角色发生转变。一方面需要继续防止政府对信息内容的不当干预，尤其是防止政府和平台携手妨碍信息传播；另一方面也呼吁政府积极介入信息表达，帮助公众抵御平台对信息呈现的随意干预，对妨碍信息传播秩序的行为进行纠正，保护公众舆论和公共利益的实现。

实际上，我国网络信息内容治理的立法和执法正在从过去仅仅重视内容规范转变为既重视内容规范也重视传播秩序。比如，2020 年 3 月生效的国家网信办部门规章《网络信息内容生态治理规定》第 22 条，“网络信息内容服务使用者和网络信息内容生产者、网络信息内容服务平台不得通过发布、删除信息及其他干预信息呈现的手段侵害他人合法权益或者谋取非法利益”。本次执法行动就是对该规定的落实。

未来，随着各大平台相继推出热门搜索、热门话题、热文榜等板块，各种外力及平台自身干扰网络舆论的情形还会不断呈现，因此，对网络平台干扰传播秩序的防范和处置也会成为未来一段时间我国网络内容治理、网络生态治理的重点。但需要强调的是，对于这一问题的治理，除了需要政府积极发挥规制作用，还要更多地依靠市场的自由竞争、行业组织的自律，尤其是充分发挥广大网民进行社会监督的作用，全面构建多元主体参与，法律、经济、技术等多种手段相结合的网络内容综合治理格局。

六、人工智能生成内容著作权及不正当竞争纠纷案

◆ 事例简介

2020 年 1 月，深圳市南山区人民法院就深圳市腾讯计算机系统有限公司（以下简称“腾讯公司”）诉上海盈讯科技有限公司（以下简称“盈讯公司”）侵害著作权及不正当竞争纠纷案作出一审判决。

原告腾讯公司自主研发了一套基于数据和算法的智能写作辅助系统——Dreamwriter，由其创作完成的《午评：沪指小幅上涨 0.11% 报 2671.93 点通信运营、石油开采等板块领涨》的财经报道文章（以下称“涉案文章”），在腾讯证券网站上首次发表，并在文章末尾注明“本文由腾讯机器人 Dreamwriter 自动撰写”。被告盈讯公司未经腾讯公司许可，在该文章发表当日擅自复制涉案文章，通过其经营的“网贷之家”网站向公众传播，且发布的内容和涉案文章内容完全相同。腾讯公司认为被告的行为侵犯其享有的著作权，将其诉至法院。

法院经审理认为，腾讯公司研发的 Dreamwriter 创作的财经报道文章，从外在表现形式上看，符合文字作品的形式要求，内容体现出对当日上午相关股市信息、数据的选择、分析、判断，文章结构合理、表达逻辑清晰，具有一定的独创性。另外，从涉案文章的生成过程来分析，该文章的表现形式是由腾讯公司主创团队相关人员个性化的安排与选择所决定的，其表现形式唯一，具有一定的独创性。因此，认定 Dreamwriter 软件在技术上“生成”的创作过程均满足《著作权法》对文字作品的保护条件。据此，深圳市南山区人民法院一审判决盈讯公司侵犯了腾讯公司所享有的信息网络传播权，应承担相应的民事责任，且对侵犯著作权的行为给予救济后，不再符合《反不正当竞争法》适用条件。鉴于被告已经删除侵权作品，法院判定被告赔偿原告经济损失及合理的维权费用 1500 元。

◆ 入选理由

人工智能生成内容是否可以依据《著作权法》予以保护，一直存在争议。该案首次认定人工智能生成内容构成文字作品，对人工智能生成内容构成文字作品的判断标准和步骤进行了有益探索，对相关案件未来的司法实践有借鉴意义。

◆ 专家点评

刘志军（北京市律师协会影视与娱乐法律事务专业委员会委员、北京市百瑞律师事务所高级合伙人）：

我们来回顾一个热点事件。2011 年，一只名叫纳鲁（Naruto）的黑冠猕猴用人类的相机拍下“自拍照”，火遍全球社交媒体。善待动物组织（PETA）代表黑冠猕猴对摄影师发起诉讼，历经数年，PETA 和摄影师最终达成了和解。为什么回顾“自拍照”事件呢？因为黑冠猕猴的“自拍照”不是自然人直接创作完成的，该案涉案文章也不是自然人直接创作完成的，两者都涉及非自然人以非传统方式生成内容的可版权性讨论。

我们知道，如何对人工智能的生成物或生成内容进行法律规制，已经成为无法回避的热点话题。认可人工智能的应用价值，基于民法基本理论认可人工智能应用的相关研发者及特定相关者的劳动付出应当有所回报，进而确定社会公众不应当毫无限制地自由使用，这些应该不存在争议。但是具体到法律适用，如何赋予相关投入者一定的权益保护，学术界和司法机构尚未达成普遍共识。

目前，人工智能应用已经渗透到文化、艺术和科学领域，开始参与绘画、音乐、诗歌和文章写作等富有创造力的活动。对于人工智能在上述领域的生成内容是否可以依据《著作权法》予以保护，两年来不断出现法律争议和司法判决，这对不断深入的司法探索有借鉴意义。

我个人认为，深圳市南山区人民法院 2020 年一审审结的著作权及不正当竞争纠纷案，是“权利属人说”和“人工智能工具说”理论的实践应用，具有强烈的借鉴意义。

该案对于涉案文章是否具有独创性进行了详细论述，重点判断案涉文章的生成过程是否体现了主创团队的个性化选择、判断及技巧等因素。主创团队为涉案文章生成所作出的相关选择与安排，和涉案文章的实际生成时间不同步，是由技术路径或主创团队所使用的工具本身所具备的特性决定的。主创团队的选择与安排，符合《著作权法》关于创作的要求，应当视为创作过程。该案同时认定，涉案文章是由原告主持的多团队成员分工通过 Dreamwriter 软件工具创作完成的作品，是原告主持创作的法人作品（文字作品）。

对于鼓励人工智能在文化、艺术和科学技术领域的应用，对于保护行业创新和技术创新，该案无疑起到了积极促进作用。但是，“权利属人说”和“人工智能工具说”理论能否继续在后续同类案件中被实践应用，还需进一步观察。

最后，我个人理解，无论人工智能生成内容是否构成《著作权法》上的作品，为区别传统意义上的作者署名权，人工智能生成内容的投入者应负担披露义务，标注“合成”或“人工智能生成”字样。这个问题事关诚信、创作客观事实，更关乎内容传播的市场秩序。

七、“群控软件”涉微信数据权益不正当竞争纠纷案

◆ 事例简介

2020 年 6 月 2 日，杭州互联网法院就原告腾讯计算机公司、腾讯科技公司诉被告浙江某网络公司、杭州某科技公司不正当竞争纠纷案进行一审宣判。

两被告开发、运营的“某群控软件”，利用 Xposed 外挂技术为购买该软件服务的微信用户在微信平台中开展商业营销、管理活动提供帮助。主要表现为：自动化、批量化操作微信的行为，包括朋友圈内容自动点赞、群发微信消息、微信被添加自动通过并回复等；监测、抓取微信用户账号信息、好友关系链信息等存储于其服务器，攫取数据信息。两原告认为，两被告的行为妨碍微信平台的正常运行，损害了其对于微信数据享有的数据权益，构成不正当竞争。两被告辩称，被控侵权软件属于技术创新，具有正当性。被控侵权软件用户与其买家好友的社交数据权益应当归用户所有，两原告不享有任何数据权益。

法院经审理认为，两被告的行为不符合用户数据可携带的基本要求，构成了对微信用户信息权益的侵害。被控侵权软件批量化操作微信、发布商业活动信息，异化了个人微信产品的社交平台的服务功能，给用户使用微信产品造成了明显干扰，已妨碍、破坏了两原告合法提供的网络产品与服务的正常运行，属于《反不正当竞争法》第 12 条第 2 款第四项所规定的妨碍、破坏其他经营者合法提供的网络产品或者服务正常运行的行为，构成不正当竞争。最终判令两被告停止涉案不正当竞争行为，赔偿两原告经济损失及合理费用 260 万元，并为其消除影响。

◆ 入选理由

该案是一起典型的涉网不正当竞争案件，在事实认定、法律定性和判决说理层面，都具有前沿性。司法机关秉承审慎包容的态度，坚持促进竞争的立场，对用户和平台数据权益的性质和边界问题进行了富有开创意义的探讨，对司法化解数据权益纠纷产生了积极影响。

◆ 专家点评

赵克峰（北京己任律师事务所合伙人）：

关于杭州互联网法院审理的微信群控案，可以讨论和学习的点有很多，特别是关于该案中涉及的平台和用户数据权益边界的问题，我想可能没有人能比主审法官点评得更好。所以，今天我想从另外两个角度，谈一下这类案件中的两个我很有感触的问题。

第一个问题是技术中立。这是几乎所有网络黑灰产案件中被告最主要的抗辩点。对于这个问题，国内外的法官们都曾尝试提出一些分析和判断的模型，如“实质性非侵权用途规则”“引诱侵权规则”，以及我国法院曾经提出的“非公益必要不干扰原则”等。但事实上，这些规则很难固化为一个长期的判断标准。原因在于，互联网行业发展速度远远超过立法和司法，使得我们不可能将某个案件中法官得出结论的分析框架，套在所有的案件中去适用。

因此，基于我个人的经验和反思，在理解及办理网络黑灰产不正当竞争案件时，一定要坚持个案场景分析，立足涉案行为，基于客观事实进行评判，而不是嵌套所谓“裁判规则”或者结论。特别应当注意的是，判断可能涉嫌不正当竞争的产品或功能，是否具有积极、创新、丰富消费者选择、有利于社会总福利的因素。一个比较典型的场景就是软件和插件。插件实质性替代了软件功能，可能导致软件开发者利益受损，但确实很大程度上便利了用户。这种情况下，是否应该避免直接扣上“不正当竞争”的帽子，为新技术新业态新产品留出一些生存空间。对于这些问题，律师其实应当经常从某一方的观点中跳出来，尝试用一种上帝视角去看每个案件的背景和事实，做到知己知彼，这样或许能更快地找到制胜的要诀。

第二个问题是利益衡量。我觉得微信群控案还反映出利益衡量在涉网不正当竞争案件分析框架中的核心地位。该案有三方主体：微信平台运营者、用户及群控软件开发者。群控软件虽然为微信用户中的“营销号”“微商”提供了便利，但实际上会使社交平台充斥垃圾信息和广告，导致大多数普通微信用户的利益和体验受损、导致微信平台运营者受到损害，而且还很可能导致整个社交媒体平台环境走向恶化。从利益衡量来看，确实产生了反竞争和损害社会总福利的效果，使不正当竞争的行为定性有了根本的立足点。因此，利益衡量方法实际上是由《反不正当竞争法》的行为规制法性质所决定的，也是判断竞争是否正当时的一个重要的客观考虑因素。

最后，微信群控案产生的背景是我们国家的互联网产业飞速发展。法官、学者和律师们共同创造了很多的经典案例，这些判决书都是智慧的结晶。那么，在立法层面，为了实施最高决策层所提出的大数据战略，我们是不是可以尝试抢占数据法律规则的制定权，特别是在数据权属、数据运用、数据流通等领域，有一些先行先试的突破，领世界风气之先呢？我想，这里可能需要我们进行更多的思考，这也再次凸显出微信群控案的判决说理的意义和价值。

八、多起体育赛事直播节目著作权纠纷案作出判决

◆ 事例简介

2020 年，多个法院都对体育赛事直播节目著作权纠纷作出判决，这些判决对长期具有争议性的体育赛事直播节目的版权属性作出了一致的认定。

2020 年 4 月 8 日，上海市浦东新区人民法院对“央视诉 PPTV 转播欧洲足球联赛著作权及不正当竞争案”一审宣判。法院认为，涉案足球赛事节目作为智力成果的一种，属于著作权法调整的范围，被告未经原告许可，在其经营的网站 PPTV 聚力实时直播涉案赛事节目的行为侵害了原告对涉案足球赛事节目“应当由著作权人享有的其他权利”。

2020 年 7 月 9 日，杭州互联网法院对“苏宁体育公司诉浙江电信、杭州电信、浙江广电新媒体侵害作品信息网络传播权纠纷案”一审宣判，判令三被告依法共同赔偿原告 50 万元。法院认为，涉案赛事构成以类似摄制电影的方法创作的作品，三被告未经授权播放赛事节目的行为构成侵权。

2020 年 9 月 23 日，北京市高级人民法院对“央视国际网络有限公司诉暴风集

团股份有限公司著作权纠纷案（又称‘央视诉暴风案’‘央视世界杯案’）”作出再审判决，撤销二审北京知识产权法院将涉案作品认定为录音制品的判决，认定涉案64场世界杯赛事节目构成类电作品。

2020年9月29日，北京市高级人民法院对“新浪互联信息服务有限公司与北京天盈九州岛网络技术有限公司、乐视网信息技术股份有限公司著作权及不正当竞争纠纷案”作出再审判决，认定涉案中超赛事节目构成类电作品，新浪关于涉案赛事节目构成类电作品的再审主张成立，撤销北京知识产权法院作出的二审判决，维持北京市朝阳区人民法院此前作出的一审判决。

◆ 入选理由

这些案件入选一方面是由于案件涉及作品独创性“高低”和“有无”的标准之争，以及直播节目能否满足作品固定性要求、应如何解释类电作品“摄制在一定介质上”的要件、如何界定网络侵权直播行为权利性质等诸多争议性较大的问题；另一方面是因为被众多媒体称为我国“体育赛事画面著作权第一案”的“新浪案”一审判决被二审法院撤销后，其再审在知识产权法学界和产业界备受瞩目，此判决结果将对解决上述司法中难以定论的法律概念和问题、促进体育赛事直播节目的版权保护和产业发展起到十分重要、关键而积极的作用。

◆ 专家点评

严波（中央广播电视总台总经理室版权运营中心主任）：

郑成思先生曾指出，版权维权过程中最困难的事情首先是确认版权在作品中的存在。[1]近些年来，随着体育赛事直播节目的版权价值不断提高，体育赛事直播节目的著作权纠纷案逐渐增多。然而，关于体育赛事直播节目的版权保护路径问题却一直争议不断，法律学界可谓“千锤打锣”，存在“作品保护说”“制品保护说”“广播组织权保护说”“物权法保护说”“反法保护说”等截然不同的学说观点，并导致不同法院关于体育赛事直播节目在著作权法下性质的判决结果也各不相同，让斥巨资购买体育赛事直播节目版权的媒体机构十分困惑，司法维权困难重重。难得的是，2020年，北京市高级人民法院、上海市浦东新区人民法院等法院针对体

[1] 郑成思．版权法［M］．北京：中国人民大学出版社，2009.

育赛事直播节目著作权纠纷案的判决结果陆续出台，在一定程度上起到了“一锤定音”的作用和意义，认定了体育赛事直播节目的类电作品性质，并在作品独创性“高低”和“有无”标准之争，以及直播节目能否满足类电作品“摄制在一定介质上”的要求等争议性问题上有了一个相对清晰的分析和界定。

（一）关于独创性“高低”和“有无”标准之争

多年来，每次谈到体育赛事直播节目的独创性问题，我总喜欢引用学者刘辉的一句话：“作品独创性问题是一个如同‘哥德巴赫猜想’般难解而又非常重要的问题，其复杂性和不确定性一如其重要性一样显著和突出。”[1] 这是这位学者于 2011 年在《知识产权》杂志上发表的关于《作品独创性程度“三分法”理论评析》中的观点。十年来，体育赛事直播节目的独创性似乎印证了这一点。

以本系列案中广受关注的“新浪诉凤凰案”为例，因为二审法院在判决中认为“电影作品与录像制品之间的区别在于独创性程度的高低，而非独创性的有无”，裁定体育赛事直播节目画面“在独创性高度上‘较难’符合电影作品的要求”，否定了一审法院认定中超直播赛事画面为作品的判决观点，并由此引发了我国《著作权法》下，作品独创性到底是“高低”还是“有无”的标准之争。

我们先看看 2020 年本系列案中法院的判决观点。2020 年 4 月，上海市浦东新区人民法院率先在涉及“2016 欧洲足球锦标赛”的著作权纠纷案判决中指出，“著作权法对于作品独创性的要求应该是最低限度的，而非一个抽象的、无法捉摸的‘较高独创性’标准”。随后，北京市高级人民法院于 2020 年 9 月在“新浪诉凤凰”再审案判决中指出，“从体系解释的角度，电影类作品与录像制品的划分标准应为独创性之有无，而非独创性之高低”，并进一步指出“作品的判断标准并不因为单独设置了邻接权而提高”。毫无疑问上述法院的判决在独创性标准问题上给予了一个非常明晰的回答和澄清，对司法实践和产业发展意义都十分重大。

首先，独创性标准的澄清为法院对直播类节目的作品性质分析与界定提供了更加清晰的判罚标准，必将有效防止产生因“抽象的、无法捉摸”的独创性高低判断导致“同案不同判”的风险。

其次，独创性标准的明晰对伴随着技术发展的新兴版权产业的法律保护、交易

[1] 刘辉．作品独创性程度“三分法”理论评析［J］．知识产权，2011（4）．

规范和产业发展有重大而积极的作用和意义。正如上海市浦东新区人民法院在判决书中所指出的，如果独创性标准这个“门槛”定得过高，则会将许多本应得到保护的智力成果排除在版权保护大门之外，这显然不符合《著作权法》激励创作的立法宗旨。无论旧有的体育赛事直播节目、央视春晚等直播综艺节目，还是新兴的网络游戏产业、网络直播产业、短视频产业等，都将受惠于这一标准所带来的版权保护上的积极意义。

（二）关于“体育赛事直播节目”能否满足作品固定性

2020年体育赛事直播节目著作权纠纷系列案对“体育赛事直播节目”能否满足作品固定性问题同样进行了精彩的解读。再以“新浪诉凤凰案”为例，该案二审法院将电影作品应被“摄制在一定介质上”作为主要法律依据，认定赛事直播节目不满足电影作品的固定要求。为此，北京市高级人民法院就此问题作出了不同的认定和阐述：“摄制在一定的介质上”要求的规范意义在于摄制者能够证明作品的存在，并据此对作品进行复制和传播。因此《著作权法和实施条例》中要求电影作品“摄制在一定介质上”并不能等同于要求电影作品必须“稳定地固定”。该条例中的“摄制在一定介质上”要求并不意味着电影作品构成就应超出或者高于作品“可复制性”要件。上海市浦东新区人民法院也在判决书中指出，“世界各国在法律实践中对‘随摄随录’是否符合作品固定性要件存在不同解读，但不论何种解读，各国都在本国的法律实践中通过不同的方式或路径实现了对体育赛事直播节目的全面保护”，并通过赛事现场直播产业实践的事实来认定，体育赛事直播节目不但“始终处于可复制状态”，而且在“摄制同时即实现了固定”，从而符合电影作品“摄制在一定介质上”即固定性的要求。上海市浦东新区人民法院进一步指出，“固定性要件的提出很大程度上是基于确定事实的需要。在各方当事人对足球赛事节目本身无异议的情况下，如果仍以其缺乏固定性要件排除作品著作权保护的话，这将违背基本的经验常识，也不符合立法目的”。换言之，当原告拿着被告直播侵权的证据呈现在法庭上并经过质证被认定为事实依据之后，涉案体育赛事直播节目符合“固定性”早已是不言而喻的事实。

值得关注的是，新修改的《著作权法》第3条：“本法所称的作品是指文学、艺术和科学领域内具有独创性并能以一定形式表现的智力成果。”该定义与国际条约中的相关立法精神一脉相承，将可复制性改为“以一定形式表现”，在很大程度可以解决直播节目能否符合固定性要求的争议。

（三）小结

过去几年里，体育赛事直播节目在司法中的作品性质认定为何会如此艰难，这值得法律学界、司法界深入进行思考。

由于媒体传播技术的发展日新月异，《著作权法》有着天然的滞后性，立法并不可能弥补所有法律上的漏洞和解决疑难杂症。有学者形容《著作权法》如同“一部永远诠释不尽的法律，无论在先有多少论著，当案例发生时还是‘捉襟见肘’”[1]。因此，在审理著作权疑难案件时，尤其在著作权法相关法律概念存在不确定性、法律保护可能存在漏洞、判决结果可能对产业利益产生重大影响等情况下，如果仅通过《著作权法》的字面文义去解释法律规范，缺乏必要的价值评估、漏洞补充和利益平衡，所得结论反而可能偏离正确的轨道。2020 年的体育赛事直播节目著作权纠纷系列案判决，应该说在电影和类电作品独创性、固定性等涉及著作权法基础理论的关键司法问题上作出了透彻而清晰的分析和认定，作为该系列案的经典判决，其意义十分重大，其判决结果必将对今后我国司法实践中统一体育赛事直播节目的相关裁量标准，保护和促进体育赛事直播节目版权产业的发展起到积极的作用。

九、“女童被虐视频”人格权侵权纠纷案

◆ 事例简介

2020 年 9 月 23 日，北京互联网法院对“李某诉魏某、北京微梦创科网络技术有限公司（以下简称‘微梦公司’）侵犯肖像权、名誉权、隐私权案”作出一审判决。

2019 年 5 月，原告李某因不想上学而哭闹，其父母便将她绑在路边一棵树上。其间，李某呈站姿，撩着自己的连衣裙，露出内裤，并持续哭闹。被告魏某经过时使用手机拍摄了该过程，在未做模糊或打马赛克遮掩的处理下，将该视频发送给他

---

[1] 张平．为周晓冰《著作权法适用与审判实务》写序［M］// 周晓冰．著作权法适用与审判实务．北京：中国法制出版社，2008：1.

人上传微博并转发相关微博。原告认为魏某的网络传播行为侵害其肖像权、名誉权和隐私权，微梦公司在李某父亲提出删除视频时未及时处理，应与魏某承担连带责任。被告魏某辩称其行为无主观过错，目的是想保护未成年人，行为并不违法，也并未侵害李某的权益。被告微梦公司辩称其为提供空间存储服务的网络服务者，原告父亲未进行有效通知，因此不承担任何责任。

法院经审理认为，公众对于社会上发生的不当行为均有权发表言论进行批评，但这种批评应当有一定限度，特别是涉及未成年人时，应当把未成年人权益放在首位。法院最终确认魏某未经同意发布涉案视频博文的行为侵犯了李某的肖像权和隐私权；但涉案视频仅为对该事件的客观记录，魏某的网络评论亦在合理范围，无侮辱、诽谤之处，因此认定魏某未侵犯李某名誉权。判决魏某当面向李某赔礼道歉，酌情给予精神损害抚慰金及经济损失。由于魏某自行删除涉案视频，微梦公司不存在采取必要措施的使用空间，因此不承担连带责任。

◆ 入选理由

法治对表达自由实行最小限制原则；法律对未成年人权益保护实行最大化原则。当这个“最小”与“最大”相对时，裁判者将如何做出回应？该案判词的说理层层递进，对职业的或非职业的表达起到了很好的示范作用。

◆ 专家点评

徐迅（中国政法大学传播法研究中心执行主任）：

2020 年，以“女童受虐”为关键词的网络热点事件有若干起，一些事件属爆炸性新闻，极大地刺激人类感官和怜悯弱小的同情心。相比之下，在本次传媒法十大事例评选中，由北京市互联网法院于 2020 年 9 月 23 日判决的“女童被虐视频上网案”并不那么引人注目。但是，它仍在几十例候选事件中脱颖而出，高票入选。究其原因，我以为是“儿童利益最大化原则”在司法实践中的一次成功运用。

不论出于物种延绵的自然规律，还是关怀弱小的人文情怀，保护未成年人都是人类社会、世界各国限制公民权利与自由的最正当的理由。这个理由不具意识形态，是当今人类社会的共识。所以我们会看到一种现象，在传播法领域，为保护未成年人而限制表达自由的各国立法最多，法律修订也比较频繁。在我国，《联合国儿童权利公约》是最早签署的人权公约之一。我国保护未成年人的专门法也有两部，即《未成年人保护法》《中华人民共和国预防未成年人犯罪法》，超过了对其他群体的保护。

不过，作为对国际公约中“儿童权利最大化”基本原则的体现，我国早期政策采用的是“未成年人保护优先”的表述，二者显然并不等同。所以，作为传媒法的研究者和观察者，我们发现，尽管未成年人保护领域专门立法对表达自由的特别限制最多，但是这些规定往往难以落实。由于缺乏实体法的承认、程序法的保障，专门法中的一些规定形同虚设，相关案例极少。

不过，最近十年，相关立法明显进入快车道。特别是《刑事诉讼法》修订、《民法总则》和《民法典》先后颁布后，“未成年人保护优先”的政策宣示不再仅是一种理念，而逐渐成为可操作的法律制度，向着“最大”和“优先”的方向，法律不仅越修订越具体，而且越修订越严格。这个领域中陷阱遍布，法律风险极高，几乎可以视为新闻报道的禁区了。

专业人士都知道，法治对表达自由实行最小限制原则，在某些法定条件下，表达自由占据优先位置，如《民法典》规定的“为了公共利益进行的新闻报道和舆论监督”，法律对表达自由的限制必须是最小范围、最低限制、最低代价的。但这个“最小限制”与未成年人保护的“最大利益”显然有冲突，怎么办？该案判决有明确而坚决的体现。

该案判词中，法官首先宣布：“本案的审理涉及未成年人人格权保护与舆论监督两者的平衡，需要将‘未成年人利益最大化’原则作为解决相关矛盾冲突的基准。”寥寥数十字，司法者的鲜明态度跃然纸上。接下来，判词重点在肖像权、隐私权的侵权构成中展开分析。在肖像权领域，判词在作出一般性分析后，特别提出了“没有必要公开肖像”的核心主张，认为被告即使出发点是善良的，也完全可以在拍摄后以此为证报警，而不必公开传播；即使舆论监督有必要公布影像，也应当打马赛克。在隐私权部分，法官重点说明了当涉及权利主体是未成年人的情形时，行为人应当如何施以“更高的注意义务”。判词分为三层，层层递进，提醒行为人应当注意到：首先是父母明确反对被告拍摄；其次被告对视频的传播扩大了原告隐私被人知晓的范围；最后是影像中拍摄到了女童的内裤。上述这些分析不仅集中体现了司法中的“未成年人利益最大化保护”是如何实施的，而且对各类职业的、非职业的表达者进行了如同教科书和培训班一样的提点与教育指引，这非常有意义。

十、涉“新冠肺炎”疫情侵犯公民隐私权纠纷案

◆ 事例简介

2020年12月，重庆市渝北区人民法院审结首例涉“新冠肺炎”疫情侵犯公民隐私权纠纷案。

2020年7月14日，重庆沙坪坝区一冷冻仓库部分进口白虾外包装新型冠状肺炎病毒核酸检测呈阳性，相关部门迅速组织涉事产品及购买人员进行核酸检测。但被告重庆某营销策划有限公司却将一份名为《重庆已购进口白虾顾客名单》的文章发布在其管理的公众号上供下载，该名单上有包括原告赵某在内的重庆各区县一万多名购买人员的姓名、家庭住址、身份证号码、手机号码等详细个人信息。几天内，很多重庆市民在微信群里都收到了这样一份名单，大家纷纷自查所在小区是否有相关人员并将该名单广泛转载传播。原告赵某认为该行为侵犯其隐私权，遂诉至法院，要求被告重庆某营销策划有限公司在案涉公众号及权威报纸刊登书面道歉信，并赔偿精神损害赔偿金1元。

法院审理后认为，本案虽处在新冠肺炎疫情防控这一特殊公共事件发生的非常时期，但被告未经相关权威机构授权及原告等名单当事人的同意，且在明知侵犯相关当事人隐私的情况下，以“目前是非常时期，没有什么东西比安全和生命更重要”“目的在于希望涉及的群众主动配合官方”为借口擅自将涉及原告姓名、家庭住址、身份证号码、手机号码等个人信息的涉案文章发布在公众平台，不但被公众大量浏览转载，还提供下载，造成了广泛的二次传播，致原告隐私严重泄露，情节恶劣。且其行为不但导致原告个人信息被泄露并被广泛传播，为其人身、财产安全带来巨大安全隐患，还会在新冠肺炎疫情防控的特殊时期造成社会公众恐慌，严重影响了原告的日常人际交往和正常生活。故法院对原告要求被告在报纸和案涉微信公众号刊登、发布书面道歉文章并赔偿精神损害赔偿金1元的诉讼请求予以支持。

◆ 入选理由

2020年，新冠疫情暴发。在中共中央的正确领导和各部门、各地区通力协作

下，我国抗击新冠疫情斗争取得重大战略成果。其中，大数据分析为疫情的追踪和防控起到了重要作用，也引发了疫情防治中的公民个人信息保护的争议。对于如何平衡疫情防控与公民隐私和个人信息保护之间的关系，该案提供了富有代表性的研究材料。

◆ 专家点评

刘文杰（时任中国传媒大学法律系教授，现任中国政法大学比较法学研究院教授）：

2020 年，新冠疫情暴发。应当说，我国疫情防治工作无论在政策措施还是具体效果上都可圈可点，其中，人工智能和大数据技术为疫情的追踪和防控起到了重要的支撑作用。另外，疫情防控期间的公民隐私和个人信息保护问题也凸显出来，该案就是一个有代表性的案例。

我们需要先关注该案的几个关键事实。第一，在被告公布的名单里，出现了购买白虾的消费者的详细个人信息，包括姓名、家庭住址、身份证号码、手机号码等。为什么需要关注这个事实？它向我们展示出，仅就单纯的购物行为，商家对个人信息的采集和掌握可以详细到什么程度。第二，从媒体的报道来看，被告披露的名单是格式化的，而且很可能是自动快速生成的，也就是我们所说的大数据，它的生成和传播都很容易。第三，这个名单是与新冠肺炎相关的，实际上让看到的人感觉名单上的人存在着传染新冠肺炎的危险。第四，这个名单是由一家营销策划公司的公众号发布出来的，也就是由一家企业的公众号发布在网上的。第五，原告在起诉前尝试与被告通过协商解决此事，却被被告强硬拒绝，理由是“目前是非常时期，没有什么东西比安全和生命更重要”，发布名单的目的在于“希望涉及的群众主动配合官方”。

以上事实涉及这样几个问题。

第一，这个案件暴露了市场交易中可能存在的个人信息过度收集和加工问题，购物记录里有身份证号码，这里面的必要性、正当性何在？是不是存在信息的整合，是否违反了《民法典》第 1035 条“不得过度处理个人信息”的要求？如果违反了个人信息保护的法律规定，为什么这种做法还在持续？

第二，这个案件暴露了个人信息泄露的普遍性和严重性。涉案的名单是顾客的交易记录，它的源头应该是商家，最终发布到网上的却是一家营销公司，而且一次就是 1 万多名购买白虾的消费者信息，无论这里面存在着信息泄露还是信息窃取，都说明了个人信息泄露的触目惊心，提醒人们加强个人信息保护刻不容缓。

第三，是个人信息民法保护与行政法、刑法保护的分工问题。我们看到的这个案件是一场民事诉讼，原告只要了 1 元钱的精神损害赔偿，这是不是说明被告行为的危害性不大？恐怕结论正好相反。我们对照最高人民法院、最高人民检察院 2017 年发布的《关于办理侵犯公民个人信息刑事案件适用法律若干问题的解释》，其中第 5 条规定："非法获取、出售或者提供行踪轨迹信息、通信内容、征信信息、财产信息 50 条以上的；非法获取、出售或者提供住宿信息、通信记录、健康生理信息、交易信息等其他可能影响人身、财产安全的公民个人信息 500 条以上的；非法获取、出售或者提供第三项、第四项规定以外的公民个人信息 5000 条以上的。"以上每一项都是构成侵犯公民个人信息罪的"情节严重"标准。我们这个案件里，被告提供的交易信息不但多达 1 万条，而且是在网上公开传播，并给名单上的人打上了"新冠肺炎传播危险"的标签，影响到当事人的人身、财产安全，对于这种行为，恐怕不能通过一元钱的精神损害赔偿能够达到妥善处理的效果。

第四，被告在为自己的行为进行辩解时，曾经声称是为了维护群众的生命安全。这涉及《民法典》第 1036 条第（三）项"为维护公共利益而以合理的方式处理个人信息，不承担民事责任"的规定。什么叫作"为维护公共利益而对个人信息进行合理处理"，这是一个比较宽泛的问题。我就这一原则说三点个人理解：一是不能将笼统的公共利益作为免责事由，而是要具体化为特定场合、特定类型的公共利益，否则这一概念难免遭到滥用；二是不是什么公众利益都可以由一个民事主体来维护或者代表，如判处刑罚是为了维护公共利益，但任何一个民事主体都无权判处他人刑罚；三是在一些有高度专业要求的集体安全场合，如传染病防治，普通民事主体往往缺乏维护公共利益的能力，而其行为也不可能实现维护公共利益的效果。我们看国家网信办《关于做好个人信息保护利用大数据支撑联防联控工作的通知》，其中要求，为疫情防控、疾病防治收集的个人信息，不得用于其他用途。任何单位和个人未经被收集者同意，不得公开姓名、年龄、身份证号码、电话号码、家庭住址等个人信息，因联防联控工作需要，且经过脱敏处理的除外。大家知道，所谓脱敏就是除掉个人信息的可识别性。这个通知实际上说明，个人或企业哪怕是将与疫情防控、疾病防治相关的个人信息加以公开，也不符合维护公共利益的要求，而是涉嫌违法犯罪。